U0452860

编委会

主　编：唐青林　李　舒　　　　副主编：张德荣　刘波玲

编委会成员

唐青林（北京云亭律师事务所）　　李　舒（北京云亭律师事务所）
张德荣（北京云亭律师事务所）　　刘波玲（北京云亭律师事务所）
李　斌（北京云亭律师事务所）　　邢　辉（北京云亭律师事务所）
陆　洋（北京云亭律师事务所）　　磨长春（北京云亭律师事务所）
韩　月（北京云亭律师事务所）　　郭丽娜（北京云亭律师事务所）
贾伟波（北京云亭律师事务所）　　蒋　婉（北京云亭律师事务所）

（注：上述作者单位均系完成写作时所在的单位）

云亭法律
实务书系

股权纠纷
实战指南

主　编　唐青林　李　舒
副主编　张德荣　刘波玲

中国法治出版社
CHINA LEGAL PUBLISHING HOUSE

序　言

股权是商事交易活动中重要标的，是体现投资方式、投资价值和投资目的的载体；股权转让是投融资、公司并购的重要方式，也是公司股东变现股权价值退出公司的主要途径。

股权交易的核心是资本角逐，在有资本出现的地方，不只有市场，也有战场，而且战斗的激烈程度完全不亚于两军对垒。因此如何保证交易顺利进行、保障交易安全、实现交易目的对交易者来说至关重要。

本书作者系深耕于民商事诉讼仲裁的律师，办理过多起公司控制权及股权纠纷争议，熟知因股权易引发的相关问题和纠纷，同时，本书作者特别重视司法裁判案例对法律工作的引导指示作用，以实务问题和裁判规则为导向，在中国裁判文书网及人民法院案例库中精心筛选、收集、整理了大量优质、典型的股权纠纷司法实务案例，并结合自身办案实践进行实务经验总结。

本书以案例研究为出发点，收集最高人民法院和有关省、自治区、直辖市高级人民法院真实案例，挑选极具代表性的股权纠纷法律问题进行分析讲解。我们希望通过系列司法案例的解读，帮助当事人快速提高涉股权法律风险防范意识和能力，从他人的教训中总结经验。同时，我们也希望通过对司法案例的分析，为统一司法裁判尺度贡献绵薄之力。

本书的编撰结构包括裁判要旨、案情简介、实务经验总结、相关法律规定、法院判决等内容。其中，裁判要旨部分，归纳总结了案件的裁判思路；案情简介部分，力求以最简练的语言提炼案件事实，便于读者快速了解案情；实务经验总结部分，从法律风险防范角度提出实务操作要点；法院判决部分，将法院对案例的说理部分详尽列明，供读者进一步理解裁判要旨和判决思路。

本书涉及股权转让合同效力、股东资格确认、股权转让价款、股东优先购买权、股东及相关主体权利义务、股权回购、股权转让担保、股权善意取得、股权转让合同的解除、公司章程决议及相关条款效力、合同性质认定等相关案例，基本覆盖股权及股权交易中涉及的相关事项及问题，知识点密集，所以不论您是带着问题有目的性地检索，还是用于工作、学习资料，相信本书均能给您带来意外收获！

由于本书作者都是战斗在公司法实践第一线的律师，白天忙于各种各样的公司法实践工作，只能利用晚上和节假日进行研究写作，加之水平有限，本书的谬误之处，敬请各界专家、学者、读者予以斧正。

欢迎读者就本书中的有关问题或公司法案例与本书作者进行探讨，本书作者联系邮箱是：18601900636@163.com。

目　　录

第一章　股权转让合同效力

001 股份禁售期内签订转让协议约定禁售期满后办理转让手续的，转让协议有效 ………………………………………………………………… 1

002 公司并购中为规避行政审批、签署两份内容不同的股权转让合同（黑白合同），法院判决无效 …………………………………………… 6

003 未经配偶同意的股权转让协议有效吗？即便配偶坚决不同意也挡不住夫妻一方转让股权？ …………………………………………… 10

004 冒充高官、虚构公司项目骗取股权转让款，股权转让协议可撤销 …… 15

005 内资公司股东将部分股权转让给外资，未经审批的股权转让协议到底是否生效？同案为何不同判？ ……………………………… 18

006 未经批准转让证券公司5%以上股权，股权转让协议有效吗？ ……… 23

007 实际出资人伪造名义股东签章将股权转让给自己，转让行为是否有效？ ……………………………………………………………… 30

008 股东转让股权是否需经配偶同意？未经配偶同意的股权转让协议是否有效？ ……………………………………………………… 33

009 未经证监会豁免要约批准即收购上市公司30%以上股权的合同是否有效？ …………………………………………………………… 37

010 转让房地产公司100%股权的转让合同合法有效 …………………… 41

011 老股东行使股东优先购买权是否导致转让股东与受让人之间的合同无效？ ……………………………………………………………… 46

012 将来才能取得的股权能够转让吗？ …………………………………… 59

013 转让方是否可以将预期取得的股权进行转让？无权处分股权的转让协议是否有效？ ………………………………………………… 63

014 隐名股东是否有权转让股权？如果有权转让，需满足哪些特定条件？ ………………………………………………………………… 66

015 股权变更与股权变更登记是一回事吗？ …………………… 71

第二章　股东资格确认

016 既未登记也未在股东名册记载的"股东"，如何确认股东资格？ …… 77

017 股权转让未办理工商变更登记，受让方主张返还价款应予支持 …… 83

018 与持股90%的大股东签订增资协议并实际投资，最终竟未取得股东资格？ ………………………………………………………… 88

019 最高法为何频频否定代持股合同的效力？——谈代持股合同的效力识别标准和方法 ……………………………………………… 91

020 对外隐名，对内不隐名的隐名出资人，可直接要求公司确认股东资格并办理股权变更登记吗？ ……………………………… 98

021 隐名出资人要求显名，但不能取得其他股东半数以上同意的，不予确认股东资格 ………………………………………………… 102

第三章　股权转让价款

022 股东事先约定股权回购价款，后公司资产发生重大变化可否要求调整价款？ ………………………………………………………… 109

023 股权转让约定审计确定价款，实际履行时对账明确相关金额，系变更原合同约定，一方不应再主张审计定价 ……………………… 113

024 股权转让价格主要取决于双方协商，未经评估不构成显失公平 …… 116

第四章　股东优先购买权

025 应对侵犯股东优先购买权的四种招数之一：投石问路 …………… 121

026 应对侵犯股东优先购买权的四种招数之二：釜底抽薪 …………… 124

027 应对侵犯股东优先购买权的四种招数之三：瞒天过海 …………… 128

028 应对侵犯股东优先购买权的四种招数之四：虚张声势 …………… 132

029 股东转让股权，如何通知其他股东才合法？ ……………………… 135

030 股权转让价格变动后，是否应重新通知其他股东？未重新通知时，是否侵犯了其他股东的优先购买权？ ……………………… 140

031 股东未如实告知股权转让条件，其他股东知情后可行使优先购买权 ………………………………………………………………… 142

032 产权交易场所交易国有股权，股东未进场竞买是否丧失优先购买权？ ………………………………………………………………… 147

033 转让股东放弃股权转让，老股东可否继续主张优先购买权？ ……… 153

034 老股东在法定期间内未行使优先购买权，事后可否再主张行使？ …… 156

035 出售股权并受让价款后，其他股东主张优先购买的，售股股东不得行使"反悔权" ………………………………………………… 160

036 因离婚将股权分配给配偶时，其他股东是否拥有优先购买权？ …… 166

037 老股东行使优先购买权的权利期间从何时开始起算？ ……………… 170

038 "股权转让款+向公司借款"是否构成老股东行使优先购买权的"同等条件"？ ………………………………………………………… 174

039 不要求在同等条件下购买的股东，仅主张侵害优先购买权合同无效的诉讼请求，法院不予支持 ……………………………………… 180

第五章 股东及相关主体权利义务

040 股东会决议约定股东退股且不再履行出资义务，能否对抗股东法定的出资义务？ ………………………………………………………… 194

041 认缴期限未届满的股东转让股权后，还需要对公司承担出资责任吗？ ………………………………………………………………… 196

042 在公司无财产可供执行的情形下，公司债权人有权要求股东的认缴期限加速到期，对公司债务承担补充赔偿责任 ……………………… 199

043	未足额出资的股东对外转让全部股权，就可以不再承担对公司的出资责任了吗？	209
044	出售股权时虽未披露部分负债，但对净资产数额不产生影响的，卖方不构成欺诈	212
045	公司并购中股权转让方应充分披露、受让方应审慎尽职调查	215
046	股权转让后前股东仍可依股权转让协议取得公司收入	224
047	被计入资本公积金的溢价增资，可否要求返还？	227
048	律师尽调竟然要对审计报告的真实性负责？——简评某泰电器IPO财务造假律师被罚案	232

第六章　股权回购

049	职工辞职、除名、死亡后，其股权由公司回购的约定合法有效	237
050	公司业绩不达标，投资人可否要求回购股权？	240
051	江苏高院为何判投资人与目标公司对赌的条款有效？	245
052	对赌协议中，约定公司为大股东回购价款承担连带责任的约定是否有效？	256

第七章　股权转让担保

053	股东对外转让股权，公司是否有权为股转款提供担保？	263
054	借款协议无效，为其提供担保而签订的股权转让合同的效力如何认定？	269
055	股权融资中的"先让与担保"是否应当被认定为无效？	272
056	"股权流质"的约定无效	277

第八章　股权的善意取得

| 057 | 一股三卖，花落谁家？ | 286 |

058 他人伪造股东签名转让其股权，受让人能否取得股权？无权处分股权可否适用善意取得？ ………………………………………… 293

059 购买股权必须调查工商登记档案，否则一旦买到有权利瑕疵的股权并不适用善意取得 ………………………………………………… 297

第九章　公司章程、决议及相关条款效力

060 公司章程规定退休或离职即退股的条款有效吗？ ……………… 302
061 未经工商局登记备案的公司章程修正案合法有效吗？ ………… 307
062 公司章程约定"人走股留"与"公司回购自身股权"条款是否有效？ … 311
063 "到期资金不到位，视为放弃股权"的约定是否有效？ ………… 317
064 公司与股东约定公司未按时完成投产任务须向股东赔偿，该约定有效吗？ ……………………………………………………………… 323
065 股东未在股东会决议上签字，但事后实际履行决议，该股东可否主张决议无效？ …………………………………………………… 326

第十章　股权转让合同的解除

066 解除股权转让合同的通知应在多长时间内发出？解除异议应在何时提出？ ……………………………………………………………… 329
067 股权转让合同的解除权应在何时行使？ ………………………… 333
068 合同解除权的通知可否通过诉讼的方式行使？若可以，合同在何时发生解除的效力？ …………………………………………… 338
069 出让方违约致使受让方未取得股东资格，受让方可解除股权转让合同 …………………………………………………………………… 344
070 股权转让款分期支付，未付到期款项达总款五分之一，转让方可否单方解除合同？ …………………………………………………… 348

第十一章　合同性质认定

071 约定一定期限内签署股权转让协议的意向书应认定为预约合同，股权转让协议签署完成后该意向书效力即终止 …………… 353

072 对赌协议应具备何种必备条款？如何区分对赌协议及股权转让协议？ ……………………………………………………………… 359

073 名为股权置换协议，实为股权转让关系，如何对两者进行区分？ …… 363

074 收购矿山企业100%股权不属于矿业权转让，无需国土部门审批 …… 367

075 是股还是债？"名股实债"问题案例分析 ………………………… 374

第十二章　国有企业股权退出

076 国有企业退出股权投资项目公司的路径及操作流程 …………… 380

人民法院案例库关于股权纠纷裁判规则及机关案例附录

001 股权转让分期付款合同能否适用买卖合同关于买受人未支付到期价款的合同金额达到合同全部价款的五分之一时即可解除合同的规定？ ……………………………………………………………… 394

002 股权转让合同因情势变更解除后的法律后果如何？ …………… 397

003 公司章程规定"人走股留"，由公司回购股权是否有效？ …………… 401

004 对赌协议中关于股权回购的条款约定是否有效？ ……………… 403

005 未经配偶同意，股权转让是否有效？ …………………………… 407

006 外国投资者受让具有义务教育办学内容的学校股权的股权转让协议无效 ……………………………………………………………… 409

007 瑕疵出资股东股权转让是否有效？ ……………………………… 414

008 未经审批，外商投资企业股权转让合同是否有效？ …………… 416

009 投资方与目标公司间"对赌协议"的效力及其可履行性 ………… 422

010 复杂国际商事合同中股权转让与股权让与担保的区分原则 …… 426

011 代持金融机构股权是否有效？ ·· 434

012 当事人投入项目公司工程的借款以债务转移方式由公司实际承担后如何认定实际出资人身份？ ·· 439

013 一人公司股权代持关系如何认定？ ·· 442

014 公司股东能否起诉要求确认其他股东不具备股东资格？ ··············· 448

015 受让股权后发现公司需负担转让前未结清的债务，能否向转让方主张承担违约责任？ ·· 451

016 目标公司的实际控制人及股东故意提供虚假信息、隐瞒真实情况，对投资人接受股权转让条件构成欺诈 ·· 456

第一章 股权转让合同效力

001 股份禁售期内签订转让协议约定禁售期满后办理转让手续的，转让协议有效

阅读提示

公司法规定"公司公开发行股份前已发行的股份，自公司股票在证券交易所上市交易之日起一年内不得转让"，对于在禁售期内签署的股份转让协议，该协议是否有效？本文在此通过最高人民法院的一则公报案例，对上述问题进行分析。

裁判要旨

股份转让协议约定"过渡期"后转让人将所持的标的股份转让于受让人名下，该约定不违反公司法关于禁售期内股份不得转让的规定，不违反公司章程的规定，亦不违反社会公共利益，应认定为合法有效。

案情简介[①]

1. 南京浦东建设发展股份有限公司（以下简称浦东公司）成立于2002年9月，张某平、王某均为浦东公司的发起人、股东。

2. 2004年10月，王某与张某平签订《股份转让协议》，约定王某将其持有的全部浦东公司的17%股份转让给张某平，股份转让款总计8300万元。《股份转让协议》还约定：自《股份转让协议》签订之日起至双方办理完毕股份变更手续止的期间为过渡期，过渡期内张某平代王某行使股东权利（包括表决权、收益

[①] 江苏省高级人民法院，张某平诉王某股权转让合同纠纷一审案，《中华人民共和国最高人民法院公报》2007年第5期。

权、股权转让权等)。

3. 截至2004年12月31日，张某平累计向王某支付股份转让款8100万元，尚有200万元未支付。

4. 2005年1月8日，王某向张某平发出《关于收回股份的通知》，以"迟延支付200万元构成根本性违约"为由终止《股份转让协议》，并宣称王某仍持有浦东公司17%的股份。

5. 张某平认为王某在收取8100万元后毁约的行为有失诚信，向法院诉请判令王某继续履行双方签订的《股份转让协议》。王某辩称：依据公司法的规定，股份有限公司的发起人持有的本公司股份，自公司成立之日起三年内不得转让。《股份转让协议》签订时，尚在股份禁止转让期内，《股份转让协议》规避了法律强制性规定，属无效协议。

6. 江苏省高级人民法院判决《股份转让协议》有效，双方应继续履行。宣判后，双方均未上诉，一审判决已经发生法律效力。

争议原因

张某平和王某作为浦东公司的发起人，在浦东公司成立两年后签订《股份转让协议》，约定"过渡期"后王某将所持的标的股份转让于张某平名下。上述约定并不违反原公司法第一百四十七条第一款关于"发起人持有的本公司股份，自公司成立之日起三年内不得转让"的规定。

公司法规定所禁止的发起人转让股份的行为，是指发起人在公司成立之日起三年内实际转让股份，立法目的在于防范发起人利用公司设立谋取不当利益，并通过转让股份逃避发起人可能承担的法律责任。法律并不禁止发起人为公司成立三年后转让股份而预先签订合同。只要不实际交付股份，就不会引起股东身份和股权关系的变更，即拟转让股份的发起人仍然是公司的股东，其作为发起人的法律责任并不会因签订转让股份的协议而免除。因此，发起人与他人订立合同约定在公司成立三年之后转让股权的，并不违反原公司法第一百四十七条的禁止性规定，应认定为合法有效。

实务经验总结

为避免未来发生类似争议，提出如下建议：

1. 股份有限公司的股东在禁止转让期内转让股份，要注意协议内容的特殊约定，避免股份转让协议无效。为避免股份禁止转让期订立《股份转让协议》被认定无效，可以约定由股份受让人在股份禁止转让期内行使股东权（包括表决权、收益权、股权转让权等），待股份禁止转让期满后办理股权转让变更手续。

2. 股份受让人签订受让股份禁止转让期内的《股份转让协议》采取审慎态度，尽量约定在股份禁止转让期满后再支付股份转让价款或者有其他担保措施。因为在股份禁止转让期满前无法办理股份转让变更手续，出让人持有的公司股份仍是出让人的合法财产，这意味着当出让人与任何第三人出现法律争议并可能承担法律责任时，该股权作为出让人名下的财产随时有可能被第三人保全，甚至是执行。如出现此种局面，股权受让人支付了股份转让价款，却最终无法取得股份，将是"赔了夫人又折兵"。

3. 对于股份出让人而言，签订上述《股份转让协议》也存在重大风险，即股份受让人可能利用股东身份从事损害公司利益等不正当行为，由此产生的法律责任也将由股份出让人承担。如本案"本院认为"部分所指出的，"尽管双方在协议中约定过渡期内王某作为浦东公司股东的一切义务和责任由张某平承担，但这种约定只在双方当事人之间内部有效，而对第三人并不具有法律约束力"。

4. 由于上述《股份转让协议》的签署日期与股权变更日期存在一定的时间间隔，双方都应当设置相应的违约条款以保证合同的履行。对于股份出让人而言，应当设置对方不支付股份转让价款时的违约条款；对于股份受让人而言，应当设置对方不办理股份变更时的违约条款。

相关法律规定

《中华人民共和国公司法》（1999年，已被修订）

第一百四十七条 发起人持有的本公司股份，自公司成立之日起三年内不得转让。

公司董事、监事、经理应当向公司申报所持有的本公司的股份，并在任职期间内不得转让。

《中华人民共和国公司法》（2023修订）

第一百六十条 公司公开发行股份前已发行的股份，自公司股票在证券交易所上市交易之日起一年内不得转让。法律、行政法规或者国务院证券监督管理机构对上市公司的股东、实际控制人转让其所持有的本公司股份另有规定的，从其规定。

公司董事、监事、高级管理人员应当向公司申报所持有的本公司的股份及其变动情况，在就任时确定的任职期间每年转让的股份不得超过其所持有本公司股份总数的百分之二十五；所持本公司股份自公司股票上市交易之日起一年内不得转让。上述人员离职后半年内，不得转让其所持有的本公司股份。公司章程可以对公司董事、监事、高级管理人员转让其所持有的本公司股份作出其他限制性规定。

股票在法律、行政法规规定的限制转让期限内出质的，质权人不得在限制转让期限内行使质权。

特别提示：本案审判时适用1999年公司法，尽管2023年版公司法第一百六十条将限制发起人转让股份的期限由三年缩短为一年，但本案的裁判要旨在公司法修改后仍然具有指导意义。

法院判决

以下为该案在法院审理阶段，判决书中"本院认为"就该问题的论述：

关于本案《股份转让协议》及《过渡期经营管理协议》是否有效、能否撤销的问题。

本案原告、反诉被告张某平和本案被告、反诉原告王某作为浦东公司的发起人，在浦东公司成立两年后，于2004年10月22日签订《股份转让协议》及《过渡期经营管理协议》，约定"过渡期"后王某将所持的标的股份转让于张某平名下。上述约定并不违反公司法第一百四十七条关于"发起人持有的本公司股份，自公司成立之日起三年内不得转让。公司董事、监事、经理应当向公司申报所持有的本公司的股份，并在任职期间内不得转让"的规定，不违反《浦东公司章程》的相关规定，亦不违反社会公共利益，应认定为合法有效。

第一，股份有限公司发起人的主要职责在于设立公司，发起人需要对公司设立失败的后果负责，在公司设立过程中因发起人的过错造成公司损失的，发起人也需要承担相应的责任。公司成功设立后，发起人的身份就被股东的身份所替代，其对公司的权利义务与其他非发起人股东相同。考虑到有些不当发起行为的法律后果和法律责任的滞后性，如果发起人在后果实际发生前因转让股份退出了公司，就很难追究其责任，不利于保护他人或社会公众的合法权益，因此，需要在一定时期内禁止发起人转让其持有的公司股份。公司法第一百四十七条第一款的立法目的即在于防范发起人利用公司设立谋取不当利益，并通过转让股份逃避发起人可能承担的法律责任。该条第二款关于"公司董事、监事、经理应当向公司申报所持有的本公司的股份,并在任职期间内不得转让"的规定,也是基于相同的立法目的。

第二,公司法第一百四十七条所禁止的发起人转让股份的行为,是指发起人在自公司成立之日起三年内实际转让股份。法律并不禁止发起人为公司成立三年后转让股份而预先签订合同。只要不实际交付股份,就不会引起股东身份和股权关系的变更,即拟转让股份的发起人仍然是公司的股东,其作为发起人的法律责任并不会因签订转让股份的协议而免除。因此,发起人与他人订立合同约定在公司成立三年之后转让股权的,并不违反公司法第一百四十七条的禁止性规定,应认定为合法有效。本案中,根据双方当事人所签订的《股份转让协议》第五条、第六条关于"过渡期"的规定、第七条关于"办理股份变更手续"的规定、第十条关于"依照《中华人民共和国公司法》的规定,合法有效地将甲方所持有的股份转让于乙方名下"和"如遇法律和国家政策变化,修改了股份有限公司发起人股份的转让条件和限制,将依照新的法律和政策的规定相应调整合同的生效时间"的规定等协议内容,可以确定双方对公司发起人转让股份的限制有着清醒的认识,故双方虽然在公司成立后三年内签订股份转让协议,但明确约定股份在"过渡期"届满即浦东公司成立三年之后再实际转让。同时,双方签订《股份转让协议》和《过渡期经营管理协议》后,本案被告、反诉原告王某即签署了向浦东公司董事会提出辞去该公司董事职务的申请,不再担任公司董事。综上,双方当事人的上述约定显然并不违反公司法第一百四十七条的规定,亦不违反《浦东公司章程》的相关规定,应认定为合法有效的合同。

第三,本案原告、反诉被告张某平和本案被告、反诉原告王某未在公司成立后三年内实际转让股份,不存在违反公司法第一百四十七条的行为。本案中,王某所持有的是记名股票,根据公司法第一百四十五条第一款、第二款关于"记名股票,由股东以背书方式或者法律、行政法规规定的其他方式转让。记名股票的转让,由公司将受让人的姓名或者名称及住所记载于股东名册"的规定,判断记名股票转让与否应当以股东名册和工商登记的记载为依据。本案中,根据浦东公司股东名册及该公司工商登记的记载,王某仍是浦东公司的股东和发起人,涉案标的股份至今仍属于王某所有。

第四,根据本案原告、反诉被告张某平和本案被告、反诉原告王某所签订的《过渡期经营管理协议》和《授权委托书》,王某在过渡期内作为股东的全部权利和义务都授权张某平行使。该《过渡期经营管理协议》的性质属于股份或股权的托管协议，双方形成事实上的股份托管关系，即法律上和名义上的股东仍是王某，而实际上王某作为浦东公司股东的权利和义务由张某平享有、承担。由于我国公司法对公司股份的托管行为和托管关系并无禁止性规定，因此，本案当事人所签订的《过渡期经营管理协议》合法有效。尽管双方在协议中约定过渡期内王某作为浦东公司股东的一切义务和责任由张某平承担，但这种约定只在双方当事人之间内部有效，而对第三人并不具有法律约束力。正因为该《过渡期经营管理协议》并不能免除王某作为发起人、股东的责任，故王某与张某平签订《过渡期经营管理协议》和《授权委托书》的行为应确认为合法有效。

第五，上述《股份转让协议》和《过渡期经营管理协议》不存在以合法形式掩盖非法目的情形。如上所述，双方订立合同的根本目的是公司成立三年后转让股份，过渡期内由本案原告、反诉被告张某平代行本案被告、反诉原告王某的股权，这一目的并不违法。上述协议形式、内容均合法有效，也不违反《浦东公司章程》第二十八条关于"发起人持有的公司股票自公司成立之日起三年以内不得转让"的规定。王某关于上述协议的签订和履行，使张某平实际取得王某在浦东公司的股份项下的全部权利和利益，王某不再承担其作为股东的风险和义务，双方已实质性转让股份，故上述协议违反公司法和《浦东公司章程》有关公司发起人转让股份的禁止性规定，应确认为无效协议的反诉主张，没有事实和法律依据，不予采纳。

002 公司并购中为规避行政审批、签署两份内容不同的股权转让合同（黑白合同），法院判决无效

裁判要旨

在公司并购过程中，当事人为了规避行政审批，在签署真实的《股权转让协议》同时，恶意串通签订虚假内容的《股权转让协议》，破坏了国家对外商投资、对外投资的监管秩序和外汇管理秩序，属于双方恶意串通，损害国家利益；也属于以合法形式掩盖规避更严格审批要求的非法目的，应认定该协议无效。

案情简介①

1. 股权收购方中国农产品交易有限公司（以下简称农产品公司）与目标公司武汉白某洲农副产品大市场有限公司（以下简称白某洲公司）原股东王某签订了一份《关于武汉白某洲农副产品大市场有限公司70%股权之股权买卖协议》；农产品公司与武汉天某工贸发展有限公司（以下简称天某公司）签订了一份《关于武汉白某洲农副产品大市场有限公司30%股权之股权买卖协议》。两协议所涉股权转让价款为11.56亿港元。

2. 为规避商务部较为严格的专项审查和避税，在农产品公司的认可和默许下，目标公司白某洲公司相关人员通过套印印鉴、模仿签字等方式，炮制出一份虚假的《关于武汉白某洲农副产品大市场有限公司的股权转让协议》（以下简称《0.89亿股权转让协议》）。

3. 股权交易款项支付情况：(1) 农产品公司已将价值3.6亿港元的可换股票据支付给王某。(2) 诉讼中王某承认收到了现金335579575港元。(3)《关于武汉白某洲农副产品大市场有限公司70%股权之股权买卖协议》中应付给王某的1.2亿港元和《关于武汉白某洲农副产品大市场有限公司30%股权之股权买卖协议》中应付给天某公司的2.56亿港元，因发生本案诉讼，3.76亿港元的承付票据款项尚未支付。

4. 商务部在不知情的情况下，收到《0.89亿股权转让协议》等申报文件后批复同意该项并购，并颁发了《外商投资企业批准证书》。

5. 农产品公司在白某洲公司的配合下又以同样方式，变换文件制作方法，依据《0.89亿股权转让协议》在湖北省工商行政管理局办理了白某洲公司的股权、公司性质等事项的变更登记。

6. 原股东王某、天某公司诉称：《0.89亿股权转让协议》是一份以规避法律、损害国家利益、骗取审批机关审批为目的的虚假协议，请求法院宣告无效。

7. 农产品公司和白某洲公司则辩称：《0.89亿股权转让协议》是三方真实意思表示，不具有法定无效情形。(1) 签订该协议是为了便于审批，并非偷梁换柱。(2) 不存在恶意串通，损害国家利益和他人利益的情形。农产品公司并非纳税义务人，不存在恶意串通的利益动机。王某、天某公司是否依法纳税，也不

---

① 最高人民法院，王某、武汉天某工贸发展有限公司与中国农产品交易有限公司股权转让纠纷判决书［（2014）民四终字第33号］。

影响协议的效力。(3) 不存在以合法形式掩盖非法目的情形。(4) 两份协议均已履行，不属于"黑白合同"。如果"白合同"仅违反了部门规章《关于外国投资者并购境内企业的规定》，也不应被认定为无效。

8. 最高人民法院判决讼争《股权转让协议》无效。

争议原因

最高人民法院认为，本案股权转让系外国投资者并购境内企业，农产品公司以发行可换股票据方式支付部分转让价款，实质上是外国投资者以股权作为支付手段并购境内公司，即"股权并购"。商务部等部门联合发布的《关于外国投资者并购境内企业的规定》(2006 修订) 对"股权并购"的文件申报与程序有更严格的要求。当事人串通签订《0.89 亿股权转让协议》，目的是规避必要的较为严格的行政审批要求，破坏了国家对外商投资、对外投资的监管秩序和外汇管理秩序，属于双方恶意串通，损害国家利益；也属于以合法形式掩盖规避更严格审批要求的非法目的，应依照合同法第五十二条第二项、第三项的规定，认定该协议无效。

实务经验总结

为避免未来发生类似争议，提出如下建议：

在公司并购过程中不要为了规避审批、"避税"而自作聪明地签署"黑白合同"，使重大交易游走在合法与非法、有效和无效之间，使重要的股权并购交易走向存在重大不确定性，影响公司发展战略的实施。

律师作为股权并购交易的重要智囊团成员，切忌出此下策的交易方案设计，避免不必要的执业风险。如果该交易方案是律师设计的，最终被法院认定无效，律师将面临非常难堪的局面。

此外，在建设工程施工合同和二手房买卖领域也存在"黑白合同"的现象。

第一，在建设工程施工合同纠纷领域存在"黑白合同"的现象。

《最高人民法院关于审理建设工程施工合同纠纷案件适用法律问题的解释》(2004 年，已失效) 第二十一条规定，当事人就建设工程签订两份不同的黑白合同的，在结算时以备案的白合同作为依据。"当事人就同一建设工程另行订立的建设工程施工合同与经过备案的中标合同实质性内容不一致的，应当以备案的中标合同作为结算工程价款的依据。"

第二，在二手房买卖领域也存在"黑白合同"的现象。

买卖二手房的交易过程中,当事人为了"避税",往往签订一份真实价格的《存量房买卖合同》,同时另行签署一份比真实合同成交价格更低的《存量房买卖合同》,用于向税务局交税和向房管局办理房屋权属变更登记。当房屋价格上涨迅速时,往往发生大量卖家以此要求确认合同无效的诉讼案件。

基于诚实信用的原则,《北京市高级人民法院关于审理房屋买卖合同纠纷案件若干疑难问题的会议纪要》对该类问题作出"房屋买卖合同原则上有效、该规避税收的价格条款无效"的裁判规则,"当事人在房屋买卖合同……中为规避国家税收监管故意隐瞒真实的交易价格,该价格条款无效,但该条款无效不影响合同其他部分的效力。当事人以逃避国家税收为由,要求确认买卖合同全部无效的,不予支持"。

虽然北京高院作出了这个规定,在北京签署避税的"黑白合同"最终在如实纳税后能够如愿买到心仪的房子,但是北京之外的其他省市法院对此问题的判决规则可能不同,签署避税的"黑白合同"最终能否如愿买到心仪的房子,就要看当地法院对此问题是如何判定的。

总之,如果不希望自己的重要的交易事项处于不确定的状态、出现纷争甚至被法院认定合同无效,建议在签署"黑白合同"时一定要三思而后行。

相关法律规定

《中华人民共和国合同法》(已失效)

第五十二条 有下列情形之一的,合同无效:

(一)一方以欺诈、胁迫的手段订立合同,损害国家利益;

(二)恶意串通,损害国家、集体或者第三人利益;

(三)以合法形式掩盖非法目的;

(四)损害社会公共利益;

(五)违反法律、行政法规的强制性规定。

《中华人民共和国民法典》

第一百四十六条 行为人与相对人以虚假的意思表示实施的民事法律行为无效。

以虚假的意思表示隐藏的民事法律行为的效力,依照有关法律规定处理。

第一百五十四条 行为人与相对人恶意串通,损害他人合法权益的民事法律行为无效。

法院判决

以下为该案在法院审理阶段，判决书中"本院认为"就该问题的论述：

由于协议在王某、天某公司和农产品公司三方之间成立，也就不存在天某公司和农产品公司恶意串通损害王某利益的情形。本案股权转让系外国投资者并购境内企业，农产品公司以发行可换股票据方式支付部分转让价款，实质上是外国投资者以股权作为支付手段并购境内公司，即"股权并购"。商务部等部门联合发布的《关于外国投资者并购境内企业的规定》（2006修订）对"股权并购"的文件申报与程序有更严格的要求。当事人串通签订《0.89亿股权转让协议》，目的是规避必要的较为严格的行政审批要求，破坏了国家对外商投资、对外投资的监管秩序和外汇管理秩序，属于双方恶意串通，损害国家利益；也属于以合法形式掩盖规避更严格审批要求的非法目的，应依照合同法第五十二条第二项、第三项的规定，认定该协议无效。需要指出的是，认定该协议中法律适用条款（即当事人约定协议适用中国法的条款）无效，不影响中华人民共和国法律的强制适用，因为本案股权转让属于境外投资者并购境内企业，有关协议依法应当适用中华人民共和国法律。

003 未经配偶同意的股权转让协议有效吗？即便配偶坚决不同意也挡不住夫妻一方转让股权？

裁判要旨

对于夫妻关系存续期间夫妻一方所取得的股权，如依法确认具有夫妻共同财产性质，则非股东配偶所应享有的是股权所带来的价值利益，而非股权本身。股权属于商法规范内的私权范畴，其各项具体权能应由股东本人独立行使，不受他人干涉。且我国现行法律和行政法规没有关于配偶一方转让其在公司的股权须经另一方配偶同意的规定。夫妻之间相互享有家事代理权，受让方有理由相信股权转让协议系出让方夫妻的共同意思表示，在价格合理，且无其他无效理由的情形下，股权转让协议有效。

案情简介①

1. 艾某、张某系夫妻关系,张某名下拥有工贸公司54.93%的股权,该股权在夫妻关系存续期间取得。

2. 2011年10月26日,张某与刘某签订一份《股权转让协议》,约定:张某自愿将其工贸公司的54.93%的股权以32160万元转让刘某。刘某支付前期股权转让款7600万元后,工贸公司为刘某办理了股权变更登记。

3. 2011年12月26日,张某将7600万元付款全部退回刘某,并要求返还股权。

4. 2012年5月23日,艾某、张某向陕西高院提起诉讼,以张某未经艾某同意无权处分夫妻共有的股权为由,请求确认张某与刘某签订的股权转让协议无效并要求刘某返还工贸公司54.93%的股权。

5. 陕西高院经审理认为:《股权转让协议》合法有效,刘某无需返还股权。艾某、张某不服,上诉至最高法。最高法经审理判决:维持原判,驳回上诉请求。

实务经验总结

为避免未来发生类似争议,提出如下建议:

1. 受让自然人股权交易过程中,为避免在协议签订后出让方配偶主张合同效力瑕疵,建议签署股权转让协议前要求转让方配偶同意转让的书面文件或者授权委托书。

2. 转让夫妻共有股权有必要征得配偶同意。股权之中的财产权益属于夫妻共同财产,不宜由一方私自处置。

3. 当事各方签订的股权转让协议约定的转让价款一定要合理,不要造成恶意串通、转移夫妻共有财产的表象,否则有可能被法院认定恶意转移夫妻共同财产、股权转让协议无效。

相关法律规定

《中华人民共和国公司法》(2018年,已被修订)

第七十一条 有限责任公司的股东之间可以相互转让其全部或者部分股权。

---

① 最高人民法院,艾某、张某与刘某、王某、武某、张某、折某股权转让纠纷二审民事判决书[(2014)民二终字第48号]。

股东向股东以外的人转让股权,应当经其他股东过半数同意。股东应就其股权转让事项书面通知其他股东征求同意,其他股东自接到书面通知之日起满三十日未答复的,视为同意转让。其他股东半数以上不同意转让的,不同意的股东应当购买该转让的股权;不购买的,视为同意转让。

经股东同意转让的股权,在同等条件下,其他股东有优先购买权。两个以上股东主张行使优先购买权的,协商确定各自的购买比例;协商不成的,按照转让时各自的出资比例行使优先购买权。

公司章程对股权转让另有规定的,从其规定。

《中华人民共和国公司法》(2023 修订)

第八十四条 有限责任公司的股东之间可以相互转让其全部或者部分股权。

股东向股东以外的人转让股权的,应当将股权转让的数量、价格、支付方式和期限等事项书面通知其他股东,其他股东在同等条件下有优先购买权。股东自接到书面通知之日起三十日内未答复的,视为放弃优先购买权。两个以上股东行使优先购买权的,协商确定各自的购买比例;协商不成的,按照转让时各自的出资比例行使优先购买权。

公司章程对股权转让另有规定的,从其规定。

《最高人民法院关于适用〈中华人民共和国婚姻法〉若干问题的解释(一)》(已失效)

第十七条 婚姻法第十七条关于"夫或妻对夫妻共同所有的财产,有平等的处理权"的规定,应当理解为:

(一)夫或妻在处理夫妻共同财产上的权利是平等的。因日常生活需要而处理夫妻共同财产的,任何一方均有权决定。

(二)夫或妻非因日常生活需要对夫妻共同财产做重要处理决定,夫妻双方应当平等协商,取得一致意见。他人有理由相信其为夫妻双方共同意思表示的,另一方不得以不同意或不知道为由对抗善意第三人。

《最高人民法院关于适用〈中华人民共和国婚姻法〉若干问题的解释(二)》(已失效)

第十六条 人民法院审理离婚案件,涉及分割夫妻共同财产中以一方名义在有限责任公司的出资额,另一方不是该公司股东的,按以下情形分别处理:

(一)夫妻双方协商一致将出资额部分或者全部转让给该股东的配偶,过半数股东同意、其他股东明确表示放弃优先购买权的,该股东的配偶可以成为该公司股东；

（二）夫妻双方就出资额转让份额和转让价格等事项协商一致后，过半数股东不同意转让，但愿意以同等价格购买该出资额的，人民法院可以对转让出资所得财产进行分割。过半数股东不同意转让，也不愿意以同等价格购买该出资额的，视为其同意转让，该股东的配偶可以成为该公司股东。

用于证明前款规定的过半数股东同意的证据，可以是股东会决议，也可以是当事人通过其他合法途径取得的股东的书面声明材料。

《中华人民共和国民法典》

第一千零六十二条 夫妻在婚姻关系存续期间所得的下列财产，为夫妻的共同财产，归夫妻共同所有：

（一）工资、奖金、劳务报酬；

（二）生产、经营、投资的收益；

（三）知识产权的收益；

（四）继承或者受赠的财产，但是本法第一千零六十三条第三项规定的除外；

（五）其他应当归共同所有的财产。

夫妻对共同财产，有平等的处理权。

《最高人民法院关于适用〈中华人民共和国民法典〉婚姻家庭编的解释（一）》（法释〔2020〕22号）

第七十三条 人民法院审理离婚案件，涉及分割夫妻共同财产中以一方名义在有限责任公司的出资额，另一方不是该公司股东的，按以下情形分别处理：

（一）夫妻双方协商一致将出资额部分或者全部转让给该股东的配偶，其他股东过半数同意，并且其他股东均明确表示放弃优先购买权的，该股东的配偶可以成为该公司股东；

（二）夫妻双方就出资额转让份额和转让价格等事项协商一致后，其他股东半数以上不同意转让，但愿意以同等条件购买该出资额的，人民法院可以对转让出资所得财产进行分割。其他股东半数以上不同意转让，也不愿意以同等条件购买该出资额的，视为其同意转让，该股东的配偶可以成为该公司股东。

用于证明前款规定的股东同意的证据，可以是股东会议材料，也可以是当事人通过其他合法途径取得的股东的书面声明材料。

法院判决

以下为该案在最高人民法院审理阶段的"本院认为"关于此部分的论述：

本院认为：本案二审的争议焦点是：关于张某与刘某签订的股权转让协议的效力认定问题。原审判决驳回艾某、张某主张股权转让协议无效的诉讼请求，艾某、张某为此向本院提起上诉，其理由之一是：夫妻一方擅自转让其名下的股权，另一方诉请确认无效，实际是家庭财产纠纷，首先应当适用民法、婚姻法的规定，作为调整商事行为的公司法处于适用的次要地位。本院认为，艾某、张某提起本案诉讼，所依据的是张某与刘某签订的两份股权转让协议，并提出确认协议无效、返还股权的诉讼请求。因此，在双方当事人之间形成的是股权转让合同法律关系，本案案由亦确定为股权转让纠纷。故对本案的处理应当适用我国合同法、公司法的相关调整股权转让交易的法律规范，而不应适用调整婚姻及其财产关系的法律规定。艾某、张某的该项上诉理由不能成立，本院不予支持。

关于艾某、张某提出的股权转让未经艾某同意，股权转让协议无效的上诉理由，本院认为，股权作为一项特殊的财产权，除其具有的财产权益内容外，还具有与股东个人的社会属性及其特质、品格密不可分的人格权、身份权等内容。如无特别约定，对于自然人股东而言，股权仍属于商法规范内的私权范畴，其各项具体权能应由股东本人独立行使，不受他人干涉。在股权流转方面，我国公司法确认的合法转让主体也是股东本人，而不是其所在的家庭。本案中，张某因转让其持有的工贸公司的股权事宜，与刘某签订了股权转让协议，双方从事该项民事交易活动，其民事主体适格，意思表示真实、明确，协议内容不违反我国合同法、公司法的强制性规定，该股权转让协议应认定有效。艾某、张某的该项上诉理由没有法律依据，本院不予支持。

关于艾某、张某提出的本案所涉合同"名为股权转让实为矿权转让"，应当认定无效的上诉理由，本院认为，根据本案查明的事实，2011年10月26日、12月16日，张某与刘某分别签订股权转让协议，约定张某将其在工贸公司的原始股份额660万元、500万元，以13200万元、18960万元转让给刘某。协议中约定了部分股权转让款的支付时间，同时约定余款在刘某进入榆林市常某堡煤矿、张某将财务和资产证件等手续移交完毕、刘某变更为常某堡矿业公司董事等事项后支付。此后，刘某依约向张某支付股权转让款7600万元，工贸公司进行了股东变更登记，法定代表人亦由张某变更为刘某。上述约定及履行情况表明，双方就转让工贸公司的股权达成了一致的意思表示，刘某作为受让方依照约定向张某支付了部分股权转让款，双方亦在工商管理部门进行了股东变更登记。协议中虽有刘某进入榆林市常某堡煤矿、刘某变更为常某堡矿业公司董事等相关约定，但该约定属双方为履行股权转让协议而设定的条件，并不改变刘某受让工贸公司股权的交易性质及事实。工贸公司系常某堡矿业公司的股东，采矿权也始终登记在常某堡矿业公司的名下，因此，本案的股权转让协议不存在转让采矿权的内容，实际履行中亦没有实施转让采矿权的行为，艾某、张某的该项上诉理由没有事实和法律依据，本院不予支持。

004 冒充高官、虚构公司项目骗取股权转让款，股权转让协议可撤销

裁判要旨

以虚假身份采用欺诈手段骗取目标公司信任签订的《股权转让协议书》，该协议的性质应确定为可撤销合同，因可撤销合同自始没有法律约束力，故应当向目标公司返还已经收取的股权转让款。

案情简介①

1. 某农坛公司成立于2003年4月，法定代表人刘某，股东为：某自中心持股60%；某山公司持股40%。某自中心为股份合作制企业，注册资金288万元，法定代表人也为刘某。

2. 2006年，某自中心、某山公司、某农坛公司先后作出股东会决议：股东一致同意某自中心持有的某农坛公司60%的股权转让给某河公司；某山公司放弃优先购买权。随后，某自中心与某河公司签订股权转让协议，约定某河公司以2.6亿元人民币购买某自中心持有的60%股权，合同签订之日交付1000万元定金。协议附件附有虚构的项目开发文件。

3. 签约前，刘某称其为某局局长，曾任某军区司令员，并称其拥有大厂县46800亩土地的一级开发权，用于开发中国中医药科学城，且已经国家发改委，自然资源部立案审批。因其身份特殊，不能直接出售项目，但可以通过出让某自

---

① 最高人民法院，广东某河实业集团有限公司与北京某自中医药科技发展中心一般股权转让侵权纠纷案民事判决书［（2008）民二终字第62号］，《中华人民共和国最高人民法院公报》2009年第1期（总第147期）。

中心60%股权的方式来实现，使某河公司实质取得项目土地的一级开发权。

4. 随后，某河公司向某自中心支付了1000万元定金。但是，该款汇出后，某河公司经向相关部门了解其局长并不是刘某，某军区也从未有过叫刘某的司令，中医药科学城项目也从未经过国家发改委及自然资源部审批。某河公司立即以诈骗罪向公安局报案，随后检察院对刘某批准逮捕。

5. 此后，某自中心向某河公司提起诉讼要求支付股权转让款，某河公司则提起反诉，以欺诈为由要求撤销股权转让协议，要求返还1000万元定金。

6. 该案经北京市高院一审、最高法二审，最终认定股权转让协议因欺诈而被撤销，某自中心返还1000万元定金。

实务经验总结

为避免未来发生类似争议，提出如下建议：

1. 转让双方在订立股权转让协议之时，应当遵循诚实信用的原则，不得实施欺诈行为，特别是关于己方主体身份及关乎合同目的的相关条件，否则将可能被认定为可撤销的合同，合同被撤销后需返还财产。另外，通过欺诈的手段签订股权转让合同，还有可能触犯刑律，被判入狱。

2. 对于受骗一方来讲，其可以通过民事与刑事两条途径来维护自己的合法权益。《最高人民法院关于在审理经济纠纷案件中涉及经济犯罪嫌疑若干问题的规定》（2020修正）第十条规定："人民法院在审理经济纠纷案件中，发现与本案有牵连，但与本案不是同一法律关系的经济犯罪嫌疑线索、材料，应将犯罪嫌疑线索、材料移送有关公安机关或检察机关查处，经济纠纷案件继续审理。"据此可知，对于与经济犯罪相关联的经济纠纷案件，法院应将涉及犯罪嫌疑的相关线索、材料等移送至公安或检察机关进行查处，法律关系并不同一的经济纠纷案件不因此而中止审理，而应继续审理。

相关法律规定

《中华人民共和国合同法》（已失效）

第五十四条第二款 一方以欺诈、胁迫的手段或者乘人之危，使对方在违背真实意思的情况下订立的合同，受损害方有权请求人民法院或者仲裁机构变更或者撤销。

第五十八条 合同无效或者被撤销后，因该合同取得的财产，应当予以返还；不能返还或者没有必要返还的，应当折价补偿。有过错的一方应当赔偿对方因此所受到的损失，双方都有过错的，应当各自承担相应的责任。

《中华人民共和国民法典》

第一百四十八条 一方以欺诈手段，使对方在违背真实意思的情况下实施的民事法律行为，受欺诈方有权请求人民法院或者仲裁机构予以撤销。

第一百五十五条 无效的或者被撤销的民事法律行为自始没有法律约束力。

第一百五十七条 民事法律行为无效、被撤销或者确定不发生效力后，行为人因该行为取得的财产，应当予以返还；不能返还或者没有必要返还的，应当折价补偿。有过错的一方应当赔偿对方由此所受到的损失；各方都有过错的，应当各自承担相应的责任。法律另有规定的，依照其规定。

《最高人民法院关于在审理经济纠纷案件中涉及经济犯罪嫌疑若干问题的规定》（2020修正）

第十条 人民法院在审理经济纠纷案件中，发现与本案有牵连，但与本案不是同一法律关系的经济犯罪嫌疑线索、材料，应将犯罪嫌疑线索、材料移送有关公安机关或检察机关查处，经济纠纷案件继续审理。

法院判决

以下为该案在法院审理阶段，判决书中"本院认为"就该问题的论述：

本院认为，某河公司向原审法院提起诉讼，请求撤销其与某自中心签订的《股权转让协议书》，理由是该协议系受某自中心的法定代表人刘某欺诈而为，违背了某河公司的真实意思表示。为查明该事实，原审法院向侦查刘某涉嫌犯罪的朝阳公安分局进行了调查。朝阳公安分局根据刘某的供述以及对相关部门的调查，确认刘某在为某自中心与某河公司签订《股权转让协议书》时，虚构身份和事实。原审法院依据现有证据，作出关于刘某以虚假身份采用欺诈的手段骗取了某河公司的信任，签订了协议书，使某自中心从某河公司获得1000万元股权转让款的认定，并无不当。某自中心上诉主张认为本案认定事实证据不足，但其并不能提供否定上述事实的证据。故其上诉主张不能成立，本院不予支持。

根据本案查明的事实，刘某作为某自中心的法定代表人，以某自中心的名义，采取欺诈手段与某河公司签订民事合同，所获取的款项被某自中心占有。上述事实产生的法律后果是除刘某个人涉嫌诈骗犯罪外，某自中心与某河公司之间亦因合同被撤销形成了债权债务关系，某自中心依法应当承担相应的民事责任。

故原审法院依据本院《关于在审理经济纠纷案件中涉及经济犯罪嫌疑若干问题的规定》第十条的规定，将刘某涉嫌犯罪的部分移送公安机关，而继续审理本案民事纠纷部分并无不当，本院予以维持。某自中心以本案与公安机关认为的犯罪嫌疑基于同一法律关系，应当裁定驳回某河公司起诉的上诉理由没有法律依据，本院不予支持。

005 内资公司股东将部分股权转让给外资，未经审批的股权转让协议到底是否生效？同案为何不同判？

案例一

裁判要旨

《股权转让协议》并非导致外商投资企业设立的协议，并非我国外商投资企业法律、行政法规中所规定的应当报经审批机关批准后才能生效的合同。该协议是当事人之间真实的意思表示，并不违反内地法律、行政法规的规定，应当认定有效。

案情简介[①]

1. 博某隆公司原为内资公司，股东为某信达公司（持股40%）、李某（持股60%）。

2. 中某中国公司系中国香港公司，中某南京公司系中国大陆公司。

3. 李某与中某中国公司签订《博某隆公司股权转让协议》，约定李某出让博某隆公司60%的股权，中某中国公司委托中某南京公司先行受让博某隆公司60%的股权，再由中某南京公司将股权转让予中某中国公司。该协议未经审批机关批准。

4. 李某与中某南京公司签订《股权转让协议书》，约定李某将博某隆公司60%股权转让给中某南京公司。该《股权转让协议书》双方履行完毕，并办理了

[①] 最高人民法院，中某（海南）置业有限公司、中某（南京）房地产开发有限公司、中某（中国）置业集团有限公司与北京某信达能源投资有限公司、李某、海口博某隆房地产开发有限公司股权转让纠纷二审民事判决书［（2013）民四终字第1号］。

公司工商变更登记。

5. 后双方就《博某隆公司股权转让协议》的解除问题产生争议，某信达公司、李某向海南高院提起诉讼。该案的一个争议焦点是《博某隆公司股权转让协议》是否生效。海南省高院认为该协议因未审批而未生效，最高人民法院认为该协议已生效。

法院判决

以下为该案在法院审理阶段，判决书中"本院认为"就该问题的论述：

关于某信达公司、李某与中某中国公司之间的《博某隆公司股权转让协议》的效力。从《博某隆公司股权转让协议》约定的内容看，是某信达公司、李某与中某中国公司之间签订的关于将李某持有的博某隆公司60%股权转让给中某中国公司或其指定的关联公司的总协议，该协议并非导致外商投资企业设立的协议，并非我国外商投资企业法律、行政法规中所规定的应当报经审批机关批准后才能生效的合同。该协议是三方当事人之间真实的意思表示，并不违反内地法律、行政法规的规定，因此，应当认定有效。

案例二

裁判要旨

股权转让协议的订立与履行，相当于将内资企业转为中外合资经营企业。故涉案《股权转让协议书》属于中外合资经营各方签订的合营协议，应报国家对外经济贸易主管部门审查批准。但本案双方均未履行合同报批手续，在未履行相关合同行政审批程序的情形下，涉案的《股权转让协议书》不能产生相应的法律约束力。

案情简介[①]

1. 天某公司原为内资公司，股东为梁某、江某东。陈某荣原为天某公司总经理，其是中国台湾地区居民。

2. 梁某与陈某荣签订《股权转让协议书》，约定梁某将其持有的天某公司股

[①] 佛山市中级人民法院，梁某与陈某荣、梁某芳股权转让纠纷二审民事判决书[（2015）佛中法民二终字第739号]。

权转让给陈某荣，股权转让款总计140万元。

3. 股权转让协议签订后，陈某荣共向梁某支付股权转让款65万元，双方尚未变更股权变更登记。

4. 梁某诉至法院，请求判令陈某荣向其支付剩余股权转让款75万元及利息。佛山市南海区法院支持了梁某的诉讼请求。

5. 陈某荣不服一审判决，向佛山中院提起上诉。佛山中院认为《股权转让协议书》因未审批而未生效，梁某不可根据该未生效的协议向陈某荣主张支付剩余股权转让款，据此驳回了梁某的诉讼请求。

法院判决

以下为该案在法院审理阶段，判决书中"本院认为"就该问题的论述：

当事人二审诉争的焦点是：涉案《股权转让协议书》是否已生效及陈某荣是否应向梁某支付剩余的股权转让款及违约金。

《中华人民共和国中外合资经营企业法》第三条规定，合营各方签订的合营协议、合同、章程，应报国家对外经济贸易主管部门审查批准。《国务院关于鼓励台湾同胞投资的规定》第五条第一款规定，台湾投资者在大陆投资举办拥有全部资本的企业、合资经营企业和合作经营企业，除适用本规定外，参照执行国家有关涉外经济法律、法规的规定，享受相应的外商投资企业待遇。本案中，梁某与陈某荣签订《股权转让协议书》，约定将梁某持有的天某公司相应股权转让予陈某荣。因陈某荣为台湾地区居民，上述协议的订立与履行，相当于将内资企业转为中外合资经营企业。故涉案《股权转让协议书》属于中外合资经营各方签订的合营协议，应报国家对外经济贸易主管部门审查批准。但本案双方均未履行合同报批手续。

《最高人民法院关于审理外商投资企业纠纷案件若干问题的规定（一）》第一条第一款规定，当事人在外商投资企业设立、变更等过程中订立的合同，依法律、行政法规的规定应当经外商投资企业审批机关批准后才生效的，自批准之日起生效；未经批准的，人民法院应当认定该合同未生效。故涉案《股权转让协议书》依法须经外商投资企业审批机关批准后方能生效。因此，在未履行相关合同行政审批程序的情形下，涉案的《股权转让协议书》不能产生相应的法律约束力。

《最高人民法院关于审理外商投资企业纠纷案件若干问题的规定（一）》第

九条规定，外商投资企业股权转让合同成立后，受让方未支付股权转让款，转让方和外商投资企业亦未履行报批义务，转让方请求受让方支付股权转让款的，人民法院应当中止审理，指令转让方在一定期限内办理报批手续。该股权转让合同获得外商投资企业审批机关批准的，对转让方关于支付转让款的诉讼请求，人民法院应予支持。因本案转让方梁某请求受让方陈某荣继续支付剩余股权转让款，故本院依据上述规定向双方当事人释明：本案各方当事人只有先行办理报批手续，使涉案《股权转让协议书》获得外商投资企业审批机关批准后，才能解决本案股权转让争议。如双方当事人愿意办理报批手续，本案启动中止审理程序，待涉案《股权转让协议书》获得外商投资企业审批机关批准后再恢复审理。但经本院释明后，受让方陈某荣明确答复其没有能力支付相关股权转让对价款，对于涉案《股权转让协议书》不同意与梁某前往相关部门办理报批备案手续。故涉案《股权转让协议书》因当事人的原因仍属于未生效的协议。梁某不可根据该未生效的协议向陈某荣主张支付剩余股权转让款。基于此，陈某荣暂时无须向梁某支付股权转让款及违约金，梁某芳也无须对该债务承担共同清偿责任。

实务经验总结

同样是内资公司的股东将股权转让给了外资，也同样是未经审批部门批准。为什么案例一中最高人民法院认为股权转让协议已生效？而案例二中佛山中院认为股权转让协议未生效呢？本书笔者认为，虽然两案案情看似高度近似，但也有细微差别。

案例一中《博某隆公司股权转让协议》未由作为外资的中某中国公司直接受让股权，而是由内资公司中某南京公司先行受让股权，再由中某南京公司将股权转让予中某中国公司，最高人民法院亦认定该协议是"李某持有的博某隆公司60%股权转让给中某中国公司或其指定的关联公司的总协议"，后依据该协议李某又与中某南京公司签订了《股权转让协议书》，且股权已经登记在了中某南京公司名下。因此根据案件的实际情况，《博某隆公司股权转让协议》的签订并未直接导致博某隆公司由内资公司转为合资经营企业。未经商务部门批准，不影响该《博某隆公司股权转让协议》的效力。

案例二则有所不同，《股权转让协议书》直接约定由中国台湾居民陈某荣受让天某公司股权，"相当于将内资企业转为中外合资经营企业。故涉案《股权转让协议书》属于中外合资经营各方签订的合营协议，应报国家对外经济贸易主管部门审查批准"。因此，未经商务部门批准，《股权转让协议书》不生效。

结合以上两案例，本书笔者总结以下裁判观点：

1. 如内资企业的股东将部分股权直接转让给外资，会直接导致公司由内资公司转为中外合资经营企业。未经商务部门批准，股权转让协议不生效。

2. 如内资企业的股东虽与外资签订股权转让协议，但有以下三种情形时，将不会直接导致公司由内资公司转为中外合资经营企业。未经商务部门批准，不影响股权转让协议的效力：

（1）股权转让协议中约定该股权先由其他内资受让；

（2）股权转让协议中约定该股权由其他内资代持；

（3）外资股东隐瞒其外资身份，以内资名义签订转让协议。

前车之鉴、后事之师。为避免未来发生类似争议，提出如下建议：

第一，内资公司的股东将股权转让给外资时，应明确约定商务部门审批系股权转让协议的生效要件，避免双方在未经审批时，对股权转让协议的效力出现争议。

第二，为及时取得股权，外资受让方应特别注意：在股权转让协议中应明确约定出让方和中外合资经营企业应于何时完成报批义务，并对其未履行或逾期履行报批义务的情况设定违约条款。

第三，为及时取得股权转让款，内资出让方也应特别注意及时完成报批义务。否则未经审批，股权转让协议不生效，出让方不得依据未生效的合同请求受让方支付未付的股权转让款。

第四，如外资虽欲通过股权转让的方式取得内资公司股权，但不希望将公司性质由内资公司变为中外合资企业，可以参考本案约定由其他内资公司先行受让股权，之后再转让至外资公司；或者直接约定由其他内资公司代持股权。此时，未经商务部门审批，不影响股权转让协议的效力。

相关法律规定

《中华人民共和国中外合资经营企业法》（已失效）

第三条 合营各方签订的合营协议、合同、章程，应报国家对外经济贸易主管部门（以下称审查批准机关）审查批准……

《中华人民共和国中外合资经营企业法实施条例》（已失效）

第六条 在中国境内设立合营企业，必须经中华人民共和国对外贸易经济合作部审查批准……

《中华人民共和国合同法》（已失效）

第四十四条第二款 法律、行政法规规定应当办理批准、登记等手续生效的，依照其规定。

《最高人民法院关于审理外商投资企业纠纷案件若干问题的规定（一）》（2020修正）

第一条 当事人在外商投资企业设立、变更等过程中订立的合同，依法律、行政法规的规定应当经外商投资企业审批机关批准后才生效的，自批准之日起生效；未经批准的，人民法院应当认定该合同未生效。当事人请求确认该合同无效的，人民法院不予支持。

前款所述合同因未经批准而被认定未生效的，不影响合同中当事人履行报批义务条款及因该报批义务而设定的相关条款的效力。

第五条 外商投资企业股权转让合同成立后，转让方和外商投资企业不履行报批义务，经受让方催告后在合理的期限内仍未履行，受让方请求解除合同并由转让方返还其已支付的转让款、赔偿因未履行报批义务而造成的实际损失的，人民法院应予支持。

006 未经批准转让证券公司5%以上股权，股权转让协议有效吗？

裁判要旨

证券法中关于"证券公司变更百分之五以上股权的股东需经证监会批准"的规定是对证券公司的股东持股资格的认定，并不是对签订股权转让合同资格的认定，违反该规定不对股权转让合同的效力产生影响。

案情简介[①]

1. 2004年9月13日，广东梅某水电股份有限公司（以下简称梅某公司）与

---

① 最高人民法院，吉某创业投资股份有限公司股权转让纠纷二审民事判决书[（2009）民二终字第00117号]。

吉某创业投资股份有限公司（以下简称吉某公司）签订《股份转让协议》，梅某公司将其持有的某发证券股份有限公司（以下简称某发证券）8.4%的股份转让给吉某公司，转让价格1.20元/股。

2. 2004年12月26日，梅某公司与吉某公司签订《补充协议》：如因吉某公司的证券公司持股资格审批等问题造成股权无法完成过户，吉某公司有权将该股权及其全部权利转让给第三方。

3. 证监会广东监管局发现吉某公司受让某发证券股权及其持股资格未经证监会核准，要求某发证券和吉某公司进行整改。

4. 2006年6月，吉某公司分别与某牛公司、某金公司、某宏公司、某华公司签订四份《股权转让协议》，将其持有的某发证券全部股权分别转让给上述四公司，转让价格为2元/股。

5. 证监会广东监管局经审核认为，此次股权转让符合证监会有关证券公司股权变更审核的相关规定，对此次股权变更无异议。随后某发证券到工商部门办理了股权变更手续。

6. 梅某公司向法院提起诉讼，请求判令：1. 梅某公司与吉某公司签订的《股份转让协议》及《补充协议》无效。2. 吉某公司、某牛公司、某金公司、某宏公司、某华公司将梅某公司所有的8.4%某发证券股份退还给梅某公司。

7. 广东高院驳回了梅某公司的全部诉讼请求，梅某公司不服向最高人民法院上诉，最高人民法院驳回上诉、维持原判。

争议原因

证券法中关于"证券公司变更百分之五以上股权的股东需经证监会批准"的规定是对证券公司的股东持股资格的认定，并不是对签订股权转让合同资格的认定，违反该规定不对股权转让合同的效力产生影响。梅某公司与吉某公司签订的《股份转让协议》及《补充协议》出于双方真实意思表示，维持合同效力并不损害公共利益，该合同有效。并且，《补充协议》中明确约定了"吉某公司有权将该股权及其全部权利转让给第三方，梅某公司对此无异议并配合办理相关手续"等内容，吉某公司通过上述协议取得了对于争议股份的处分权，吉某公司具有转让相应股权的权利。

实务经验总结

为避免未来发生类似争议，提出如下建议：

1. 证券公司变更持有5%股权的股东，需经证监会审批。变更股权比例不足5%，不需报证监会审批，但应当事先向注册地证监局报告。变更股权比例虽不足5%，但因股权变更导致股权受让方持股比例达到5%以上的，或因股权变更导致公司主要股东、实际控制人发生变化的，需经证监会审批。

2. 为避免因证监会未审批等原因导致无法完成股权变更登记，股份转让的双方可以将"取得证监会审批"约定为股权转让协议的生效条件。

3. 股份转让的双方也可将"无法取得证监会审批"约定为解除股权转让协议的情形，并对已支付股权转让价款的返还、违约责任等方面做出约定。

4. 如双方未将"无法取得证监会审批"约定为股权转让协议的生效条件或解除条件，则应借鉴本案中梅某公司与吉某公司签订的《补充协议》内容，约定：如因证监会未审批导致股份受让方无法取得持股资格，股份受让方有权将该股份及其全部权利转让给第三方，股份出让方对此无异议并配合办理相关手续。

相关法律规定

《中华人民共和国证券法》（2014年，已被修订）

第一百二十九条 证券公司设立、收购或者撤销分支机构，变更业务范围，增加注册资本且股权结构发生重大调整，减少注册资本，变更持有百分之五以上股权的股东、实际控制人，变更公司章程中的重要条款，合并、分立、停业、解散、破产，必须经国务院证券监督管理机构批准。

证券公司在境外设立、收购或者参股证券经营机构，必须经国务院证券监督管理机构批准。

第二百一十八条第二款 证券公司违反本法第一百二十九条的规定，擅自变更有关事项的，责令改正，并处以十万元以上三十万元以下的罚款。对直接负责的主管人员给予警告，并处以五万元以下的罚款。

《证券公司管理办法》（已失效）

第九条 证券公司的股东资格应当符合法律法规和中国证监会规定的条件。直接或间接持有证券公司5%及以上股份的股东，其持股资格应当经中国证监会认定。有下列情形之一的，不得成为证券公司持股5%及以上的股东：

（一）申请前三年内因重大违法、违规经营而受到处罚的；

（二）累计亏损达到注册资本百分之五十的；

（三）资不抵债或不能清偿到期债务的；

（四）或有负债总额达到净资产百分之五十的；

（五）中国证监会规定的其他情形。

《证券公司监督管理条例》（2014 修订，现行有效）

第十四条 任何单位或者个人有下列情形之一的，应当事先告知证券公司，由证券公司报国务院证券监督管理机构批准：

（一）认购或者受让证券公司的股权后，其持股比例达到证券公司注册资本的 5%；

（二）以持有证券公司股东的股权或者其他方式，实际控制证券公司 5% 以上的股权。

未经国务院证券监督管理机构批准，任何单位或者个人不得委托他人或者接受他人委托持有或者管理证券公司的股权。证券公司的股东不得违反国家规定，约定不按照出资比例行使表决权。

《中华人民共和国合同法》（已失效）

第五十二条 有下列情形之一的，合同无效：

（一）一方以欺诈、胁迫的手段订立合同，损害国家利益；

（二）恶意串通，损害国家、集体或者第三人利益；

（三）以合法形式掩盖非法目的；

（四）损害社会公共利益；

（五）违反法律、行政法规的强制性规定。

《中华人民共和国民法典》

第一百五十三条第一款 违反法律、行政法规的强制性规定的民事法律行为无效。但是，该强制性规定不导致该民事法律行为无效的除外。

法院判决

以下为该案在法院审理阶段，判决书中"本院认为"就该问题的论述：

关于变更持有 5% 以上股权的股东未经批准的法律后果问题。修订后的证券法第一百二十九条第一款规定："证券公司设立、收购或者撤销分支机构，变更业务范围或者注册资本，变更持有百分之五以上股权的股东、实际控制人，变更公司章程中的重要条款，合并、分立、变更公司形式、停业、解散、破产，必须经国务院证券监督管理机构批准。"而根据 2004 年 7 月 1 日同时施行的《中华人民共和国行政许可法》和国务院令第 412 号《国务院对确需保留的行政审批项目设定行政许可的决定》附件第389项"证券公司变更股东或者股权审批证监会"对证券公司变更股东需证监会批准，决定予以保留并设定行政许可之规定，证券公司变更相应股东或者股权应当经中国证监会审批。

2002年3月1日施行的中国证监会《证券公司管理办法》第九条规定："证券公司的股东资格应当符合法律法规和中国证监会规定的条件。直接或间接持有证券公司5%及以上股份的股东，其持股资格应当经中国证监会认定。有下列情形之一的，不得成为证券公司持股5%及以上的股东：（一）申请前三年内因重大违法、违规经营而受到处罚的；（二）累计亏损达到注册资本百分之五十的；（三）资不抵债或不能清偿到期债务的；（四）或有负债总额达到净资产百分之五十的；（五）中国证监会规定的其他情形。"但上述《证券公司管理办法》规定国务院的审批是对证券公司的股东持股资格的认定，并不是对签订股权转让合同资格的认定。根据合同法第九条第一款之规定："当事人订立合同，应当具有相应的民事权利能力和民事行为能力。"签订合同的当事人主体是否适格，应从权利能力与行为能力两方面来判定。持股资格不能等同于行为人签订合同的资格，上述审批并非合同成立的要件，未经审批不影响当事人签订股权转让协议的权利能力与行为能力。证券法及《国务院对确需保留的行政审批项目设定行政许可的决定》等均未明确规定只有经过批准股权转让合同才生效，因此上述批准行为也不属于合同生效要件。梅某公司关于其与吉某公司签订的《股份转让协议》与《股份转让协议之补充协议》因未经中国证监会批准而未生效的主张没有法律依据，本院不予支持。

根据合同法第五十二条第五项之规定，违反法律、行政法规的强制性规定的合同无效。根据《最高人民法院关于适用〈中华人民共和国合同法〉若干问题的解释（二）》第十四条之规定，"合同法第五十二条第（五）项规定的'强制性规定'，是指效力性强制性规定"。法律、行政法规的强制性规定进一步区分为效力性强制性规定和管理性强制性规定，只有违反效力性强制性规定的才能导致否认行为效力。证券法第一百二十九条规定了证券公司变更持有5%以上股权的股东必须经国务院证券监督管理机构批准，而根据证券法第二百一十八条第二款之规定，"证券公司违反本法第一百二十九条的规定，擅自变更有关事项的，责令改正，并处以十万元以上三十万元以下的罚款。对直接负责的主管人员给予警告，并处以五万元以下的罚款"。《中华人民共和国行政许可法》第八十一条规定："公民、法人或者其他组织未经行政许可，擅自从事依法应当取得行政许可的活动的，行政机关应当依法采取措施予以制止，并依法给予行政处罚；构成犯罪的，依法追究刑事责任。"而《证券公司监督管理条例》第七十一条规定："任何单位或者个人未经批准，持有或者实际控制证券公司5%以上股权的，国务院证券监督管理机构应当责令其限期改正；改正前，相应股权不具有表决权。"即未经中国证监会批准而持有证券公司5%以上股权的，其股权部分权能受到限制，具体是指股权表决权的行使。中国证监会对于违反证券法第一百二十九条的规定，未经批准持有或实际控制证券公司5%以上股权的，实施责令限期改正、罚款、警告等行政处罚直至追究刑事责任，但并未规定相应转让合同无效。在本案一审时，中国证监会广东监管局在致广东高院复函中亦确认，对于证券公司股权转让未经审批的，证券监管机构的做法主要是采取限期整改、限制股东权利和责令转让等监管措施进行纠正，对于本案争议的股权转让，证券监管机构实际采取了限期整改的措施。本案中梅某公司与吉某公司签订的《股份转让协议》及《股份转让协议之补充协议》出于双方真实意思表示，维持该合同效力并不损害公共利益，不能仅以梅某公司与吉某公司协议转让某发证券8.4%的股权未经证券监管机构批准而认定双方签订的转让合同无效。

综上，梅某公司与吉某公司转让某发证券8.4%的股权未经办理批准手续，违反了证券管理的相关要求，但不对合同效力产生影响，该股权转让合同有效。梅某公司关于其与吉某公司签订的《股份转让协议》与《股份转让协议之补充协议》未生效或无效的主张，没有法律依据，本院不予支持。

关于吉某公司与第三人之间的股权转让协议与股权转让行为的效力问题。吉某公司与某华公司等四家第三人分别签订的合同中，各自协议转让的股权比例都低于5%，依据2006年6月22日《中国证券监督管理委员会关于证券公司变更持有5%以下股权的股东有关事项的通知》（证监机构字〔2006〕177号）"证券公司变更持有5%以下股权的股东，不需报我会审批，但应当事先向注册地证监局报告"之规定，经报告后证券监管机构对此次股权转让不持异议。从证监会审批的目的而言，应为确保证券公司股权结构的稳定性和透明性，确保证券市场的公平秩序，对于未经批准持有证券公司超过5%的股权的，其限制股东表决权权能，是为了防止大股东或实际控制人未经批准控制证券公司，进而操纵证券市场，扰乱市场秩序。而从吉某公司与四家第三人之间签订的合同内容及查明的履行情况来看，其最终并未改变约定转让的股权比例，也未对表决权问题作出规避性约定，从其目的看，指向的是经济利益，如"所有者权益""股权转让价格"

等,从实际履行看,其也确实只是变动了股权转让的价格,而股权转让价格不涉及公共利益,因此,不能认为吉某公司与四家第三人之间签订的合同是以合法形式掩盖非法目的的合同。

本案争议的某发证券股权由梅某公司转让于吉某公司,再由吉某公司分别转让给某金公司、某牛公司、某宏公司以及某华公司,股权转让目标公司某发证券的股东名册进行了相应变更,并分别于2004年10月22日和2006年8月23日经广东省工商行政管理局核准股权变更登记。根据《中华人民共和国公司法》第三十二条第二款及第三款之规定,"记载于股东名册的股东,可以依股东名册主张行使股东权利。公司应当将股东的姓名或者名称向公司登记机关登记;登记事项发生变更的,应当办理变更登记。未经登记或者变更登记的,不得对抗第三人",股权转让形式要件已经完成。即使吉某公司因未通过中国证监会审批而没有取得本案争议的股权,其与梅某公司签订的《股份转让协议之补充协议》中也明确约定了"如果因为吉某公司的证券公司持股资格审批等问题造成股权无法完成过户,由吉某公司寻求解决办法并承担其全部后果,吉某公司有权将该股权及其全部权利转让给第三方,梅某公司对此无异议并配合办理相关手续"等内容,吉某公司通过上述协议取得了对于争议股份的处分权,吉某公司具有转让相应股权的权利。中国证监会及广东监管局对吉某公司向第三人转让股权行为无异议,且中国证监会2010年2月5日向延边公路建设股份有限公司、某发证券发出的《关于核准延边公路建设股份有限公司定向回购股份及以新增股份换股吸收合并某发证券股份有限公司的批复》的附件"某发证券股东名单及其持股比例"中,某华公司等四家第三人及其持股比例包括于内。某华公司等四家第三人取得某发证券的股权。因此,梅某公司关于吉某公司与某华公司等第三人之间股权转让无效,本案第三人应承担返还股份义务的主张没有事实与法律依据,本院不予支持。

综上所述,原审判决认定事实清楚,适用法律并无不当,本院予以维持。梅某公司的上诉理由不能成立,本院不予支持。经本院审判委员会研究决定,依照《中华人民共和国民事诉讼法》第一百七十条第一款第一项之规定,判决如下:驳回上诉,维持原判。

007 实际出资人伪造名义股东签章将股权转让给自己，转让行为是否有效？

裁判要旨

即使涉案股权转让协议等文件上的签字印章系伪造，名义股东明确知道目标公司股权登记已作变更，但在此后五年时间内未对涉案股权转让协议提出异议，并继续与股权登记变更后的目标公司共同投资经营其他公司，故应当视名义股东履行了涉案股权转让协议的内容，以其实际行为对涉案股权转让协议进行了追认，故涉案股权转让协议合法有效。

案情简介①

1. 2002年11月22日，某株式会社和新某途公司合资设立某新公司，注册资本465万美元，其中某株式会社出资456万美元，持股98.06%，新某途公司出资9万美元，持股1.94%。新某途的法定代表人韩某途担任某新公司的法定代表人。

2. 2006年9月1日，新某途公司与某株式会社签订《终止协议》，载明因某株式会社不再投资，某新公司终止。9月8日，韩某途作为乙方与甲方某株式会社签订《协议书》一份，约定某株式会社将其持有的某新公司98.06%股权、应缴出资额456万美元一次性全额等价转让给韩某途。上述两份协议均有某株式会社的盖章，后查明该印章系伪造。

3. 2006年底，某新公司完成工商变更登记，由合资企业变更为内资公司。2007年11月8日，某株式会社又与某新公司就合资成立某途公司，并通过了外商投资主管部门的批准。事实上，某株式会社仅是韩某途在某新公司的名义股东，韩某途为实际出资人。

4. 2009年6月4日，某株式会社法定代表人郭某悦在发给韩某途的邮件中认可某株式会社仅为韩某途的名义股东，其原注资由韩某途提供，并同意韩某途将合资公司变更为个人独资公司。

---

① 江苏省高级人民法院，东方某株式会社与韩某途、苏州某新刺绣工艺品有限公司股权转让纠纷二审民事判决书［（2015）苏商外终字第00026号］；最高人民法院，东方某株式会社与韩某途、苏州某新刺绣工艺品有限公司股权转让纠纷申诉、申请民事裁定书［（2016）最高法民申1474号］。

5. 2014年3月11日，某株式会社以韩某途伪造其签章为由提起诉讼，请求认定股权转让的《协议书》无效并恢复其在某新公司的股东身份。本案经苏州中院一审，江苏高院二审，最高法再审，最终认定股权转让协议有效。

实务经验总结

为避免未来发生类似争议，提出如下建议：

1. 对于隐名股东来讲，在选择显名股东之初务必与显名股东签订代持股协议，在协议中特别约定隐名股东显名化的具体方法与途径，以及各自在公司中的权利义务和责任。另外，隐名股东要保留好将出资转给显名股东的相应记录，以便证明自己实际出资。隐名股东在显名的过程中尽量取得显名股东的配合，不要通过伪造公章的方式自行操作，以免事后显名股东不认可，徒增麻烦。

2. 对于显名股东来讲，其务必要按照代持股协议的约定行使自己的权利，在发现隐名股东采取伪造公章等此类不诚信的手段侵犯自己的合法权益时，需要及时声明并拒绝履行，否则在认可且实际履行的情况下，再向法院主张协议无效，恢复股东资格将不会得到法院的支持。

相关法律规定

《中华人民共和国公司法》（2018年，已被修订）

第三十二条 有限责任公司应当置备股东名册，记载下列事项：

（一）股东的姓名或者名称及住所；

（二）股东的出资额；

（三）出资证明书编号。

记载于股东名册的股东，可以依股东名册主张行使股东权利。

公司应当将股东的姓名或者名称向公司登记机关登记；登记事项发生变更的，应当办理变更登记。未经登记或者变更登记的，不得对抗第三人。

《中华人民共和国公司法》（2023修订）

第五十六条 有限责任公司应当置备股东名册，记载下列事项：

（一）股东的姓名或者名称及住所；

（二）股东认缴和实缴的出资额、出资方式和出资日期；

（三）出资证明书编号；

（四）取得和丧失股东资格的日期。

记载于股东名册的股东，可以依股东名册主张行使股东权利。

《最高人民法院关于适用〈中华人民共和国公司法〉若干问题的规定（三）》（2014修正）

第二十四条 有限责任公司的实际出资人与名义出资人订立合同，约定由实际出资人出资并享有投资权益，以名义出资人为名义股东，实际出资人与名义股东对该合同效力发生争议的，如无合同法第五十二条规定的情形，人民法院应当认定该合同有效。

前款规定的实际出资人与名义股东因投资权益的归属发生争议，实际出资人以其实际履行了出资义务为由向名义股东主张权利的，人民法院应予支持。名义股东以公司股东名册记载、公司登记机关登记为由否认实际出资人权利的，人民法院不予支持。

实际出资人未经公司其他股东半数以上同意，请求公司变更股东、签发出资证明书、记载于股东名册、记载于公司章程并办理公司登记机关登记的，人民法院不予支持。

法院判决

以下为该案在法院审理阶段，判决书中"本院认为"就该问题的论述：

本院认为：涉案股权转让协议合法有效，某株式会社无权要求确认其股东身份。理由如下：

一、某株式会社与韩某途之间存在名义股东与实际股东的关系。

本案中，韩某途主张其与某株式会社之间是实际股东与名义股东的关系，某株式会社并非某新公司的实际股东，并提供了某株式会社法定代表人郭某悦在2009年6月4日发送给韩某途儿子韩某涛的电子邮件。郭某悦在邮件中称，其仅是给予合资的名义，并未真实出资，其出资是由韩某途提供。对此，某株式会社主张其已实际出资，并提交了中国建设银行汇入汇票通知书和进账单等证据，用以证明某新公司的出资系由其从境外汇入。本院认为，某株式会社从境外汇入资金的行为，与郭某悦后来在邮件中关于汇入的出资系由韩某途事先提供的陈述并不矛盾。因此，某株式会社提供的证据并不能推翻郭某悦自己在邮件中对某株式会社仅是某新公司名义股东的认可。故某株式会社并没有对某新公司实际出资。本院对韩某途的主张予以支持。

二、某株式会社以其行为对涉案股权转让协议进行了追认。

本案中，某株式会社主张，涉案《协议书》《合同终止协议书》《董事会决议》上的郭某悦签名及私章、某株式会社公章系伪造，并提供了2002年某株式会社在中国境内使用其真实公章的样品，用以证明涉案股权转让协议并非其真实意思。本院认为，郭某悦在上述邮件同时提到："你是在去年（2008年），我又向你提起时，你告知，已经办妥东方在某新刺绣的撤资了。"故郭某悦确认其在2008年就知道其名下的股权已经被转让，某新公司成为个人独资企业。因此，即使涉案股权转让协议等文件上的签字印章系伪造，郭某悦作为某株式会社法定代表人在2008年明确知道某新公司股权登记已作变更，但某株式会社在此后五年时间内未对涉案股权转让协议提出异议，并继续与股权登记变更后的某新公司共同投资经营某途公司，故应当视某株式会社履行了涉案股权转让协议的内容，以其实际行为对涉案股权转让协议进行了追认，故涉案股权转让协议合法有效。并且，由于某株式会社仅为名义股东，并未实际出资某新公司，其权益亦未因涉案股权转让行为受到实际损害，故本院对某株式会社要求确认其仍为某新公司股东并办理股权登记手续的主张不予支持。

008 股东转让股权是否需经配偶同意？未经配偶同意的股权转让协议是否有效？

裁判要旨

现行法律没有规定股东转让股权需经股东配偶的同意，未经其配偶同意转让股权，不影响股权转让协议的效力。

案情简介[①]

1. 1989年1月16日，赵某娟与谷某元登记结婚。2007年7月，谷某元与天某集团共同出资注册成立宏某公司，谷某元认缴出资1200万元，实缴240万元。

2. 2010年11月26日，甲方谷某元与乙方谷某实签订股权转让协议书一份，约定：甲方将其持有的宏某公司认缴的1150万元，实缴190万元的股权转让给

---

① 辽宁省高级人民法院，谷某实与赵某娟股权转让纠纷二审民事判决书[（2015）辽民二终字第00341号]。

乙方。2010年11月22日，宏某公司股东会作出决议同意双方的股权转让。后双方办理了股权变更登记手续。

3. 赵某娟向沈阳市中院起诉，认为谷某实与谷某元签订的股权转让协议未经其同意，请求确认协议无效。一审和原法院重审均支持了原告的诉讼请求。

4. 谷某实不服，向辽宁省高院上诉，辽宁省高院认为用夫妻共同财产出资取得的股权不属于夫妻双方的共同财产，且现行法没有规定股东转让股权需经股东配偶的同意，因此，谷某实与谷某元签订的股权转让协议有效。判决撤销原判，驳回赵某娟的诉讼请求。

实务经验总结

为避免未来发生类似争议，提出如下建议：

1. 股东用夫妻共同财产出资取得的股权，其各项权能应由股东本人独立行使，在进行股权转让时，应当符合公司法（2023修订）第八十四条的规定。我国现行法并未规定股东转让股权需经其配偶的同意，因此，未经配偶同意的股权转让协议仍然有效。

2. 在交易股权转让过程中，建议受让股权的自然人在签署股权转让协议前，要求转让方提供配偶同意股权转让的书面文件或者授权委托书，从而避免在协议签订后出让方配偶主张合同效力瑕疵。

相关法律规定

《中华人民共和国公司法》（2018年，已被修订）

第七十一条　有限责任公司的股东之间可以相互转让其全部或者部分股权。

股东向股东以外的人转让股权，应当经其他股东过半数同意。股东应就其股权转让事项书面通知其他股东征求同意，其他股东自接到书面通知之日起满三十日未答复的，视为同意转让。其他股东半数以上不同意转让的，不同意的股东应当购买该转让的股权；不购买的，视为同意转让。

经股东同意转让的股权，在同等条件下，其他股东有优先购买权。两个以上股东主张行使优先购买权的，协商确定各自的购买比例；协商不成的，按照转让时各自的出资比例行使优先购买权。

公司章程对股权转让另有规定的，从其规定。

《中华人民共和国公司法》（2023 修订）

第八十四条 有限责任公司的股东之间可以相互转让其全部或者部分股权。

股东向股东以外的人转让股权的，应当将股权转让的数量、价格、支付方式和期限等事项书面通知其他股东，其他股东在同等条件下有优先购买权。股东自接到书面通知之日起三十日内未答复的，视为放弃优先购买权。两个以上股东行使优先购买权的，协商确定各自的购买比例；协商不成的，按照转让时各自的出资比例行使优先购买权。

公司章程对股权转让另有规定的，从其规定。

《最高人民法院关于适用〈中华人民共和国婚姻法〉若干问题的解释（一）》（已失效）

第十七条 婚姻法第十七条关于"夫或妻对夫妻共同所有的财产，有平等的处理权"的规定，应当理解为：

（一）夫或妻在处理夫妻共同财产上的权利是平等的。因日常生活需要而处理夫妻共同财产的，任何一方均有权决定。

（二）夫或妻非因日常生活需要对夫妻共同财产做重要处理决定，夫妻双方应当平等协商，取得一致意见。他人有理由相信其为夫妻双方共同意思表示的，另一方不得以不同意或不知道为由对抗善意第三人。

《最高人民法院关于适用〈中华人民共和国婚姻法〉若干问题的解释（二）》（已失效）

第十六条 人民法院审理离婚案件，涉及分割夫妻共同财产中以一方名义在有限责任公司的出资额，另一方不是该公司股东的，按以下情形分别处理：

（一）夫妻双方协商一致将出资额部分或者全部转让给该股东的配偶，过半数股东同意、其他股东明确表示放弃优先购买权的，该股东的配偶可以成为该公司股东；

（二）夫妻双方就出资额转让份额和转让价格等事项协商一致后，过半数股东不同意转让，但愿意以同等价格购买该出资额的，人民法院可以对转让出资所得财产进行分割。过半数股东不同意转让，也不愿意以同等价格购买该出资额的，视为其同意转让，该股东的配偶可以成为该公司股东。

用于证明前款规定的过半数股东同意的证据，可以是股东会决议，也可以是当事人通过其他合法途径取得的股东的书面声明材料。

《最高人民法院关于适用〈中华人民共和国民法典〉婚姻家庭编的解释（一）》

第七十三条 人民法院审理离婚案件，涉及分割夫妻共同财产中以一方名义在有限责任公司的出资额，另一方不是该公司股东的，按以下情形分别处理：

（一）夫妻双方协商一致将出资额部分或者全部转让给该股东的配偶，其他股东过半数同意，并且其他股东均明确表示放弃优先购买权的，该股东的配偶可以成为该公司股东；

（二）夫妻双方就出资额转让份额和转让价格等事项协商一致后，其他股东半数以上不同意转让，但愿意以同等条件购买该出资额的，人民法院可以对转让出资所得财产进行分割。其他股东半数以上不同意转让，也不愿意以同等条件购买该出资额的，视为其同意转让，该股东的配偶可以成为该公司股东。

用于证明前款规定的股东同意的证据，可以是股东会议材料，也可以是当事人通过其他合法途径取得的股东的书面声明材料。

法院判决

以下为该案在法院审理阶段，判决书中"本院认为"就该问题的论述：

《中华人民共和国婚姻法》第十七条规定"夫妻在婚姻关系存续期间所得的下列财产，归夫妻共同所有：（一）工资、奖金；（二）生产、经营的收益；（三）知识产权的收益；（四）继承或赠与所得的财产，但本法第十八条第三项规定的除外；（五）其他应当归共同所有的财产。夫妻对共同所有的财产，有平等的处理权。"本案中，赵某娟与谷某元系1989年1月16日结婚，谷某元组建宏某公司系2007年7月，谷某元当时实缴注册资本240万元，故谷某元出资240万元，系谷某元与赵某娟婚姻关系存续期间发生，在夫妻间没有特别约定的情况下，该出资款项应属夫妻共同财产，但在出资行为转化为股权形态时，现行法律没有规定股权为夫妻共同财产，其也不具有"夫妻对共同所有的财产，有平等的处理权"这样的属性。《中华人民共和国公司法》第七十一条第二款规定："股东向股东以外的人转让股权，应当经其他股东过半数同意。股东应就其股权转让事项书面通知其他股东征求同意，其他股东自接到书面通知之日起满三十日未答复的，视为同意转让。其他股东半数以上不同意转让的，不同意的股东应当购买该转让的股权；不购买的，视为同意转让。"本案宏某公司股东谷某元、天某集团均同意向谷某实及陶某平转让其持有的股权并已经股东会决议确定。而现行法没有规定股东转让股权需经股东配偶的同意,所以,谷某元转让其持有的宏某公司股权,即使未经其配偶赵某娟同意,也没有法律依据确认其转让无效。故对谷某实关于"一审法院认为谷某元生前签订股权转让协议有效需符合夫妻协商一致的观点不正确"的上诉理由,本院予以支持。

009 未经证监会豁免要约批准即收购上市公司 30% 以上股权的合同是否有效?

裁判要旨

证监会要约收购豁免的批准并非股权转让合同的法定生效条件,仅是当事人双方约定的合同生效条件,一方当事人恶意阻止生效条件成就时,视为条件已成就。故《股权转让协议》虽未经证监会批准,但已经生效。

案情简介①

1. 2006 年 6 月 28 日,南某公司与太某洋公司签订股权转让协议,约定:南某公司将持有的中某机 29% 的 10355 万股股份,以 2595 万元的价格转让给太某洋公司。中某机为上市公司,太某洋公司若收购该 29% 的股权,其总持股比例将超过 30%。

2. 协议约定:协议签订后成立,但自证监会未对股权收购而提交的收购报告书在法律、法规规定的期限内提出异议,豁免要约收购义务之日生效;协议成立后太某洋公司首期支付 778 万元定金,余款在股权过户完毕当日支付,南某公司承诺目标股权不会遭遇被质押、查封、冻结的潜在威胁。

3. 2006 年 7 月,太某洋公司依约支付了定金,并向证监会提交了豁免要约收购的申请。同时,南某公司因欠第三人款未还,其所持有的中纺织 7200 万股,被法院查封,因此证监会未明确作出是否批准豁免要约收购的申请。

4. 因股权迟迟未能过户,太某洋公司诉至法院,要求判令南某公司继续履行合同,完成过户义务;南某公司则表示未获得证监会的批准,协议未生效,不

---

① 最高人民法院,江苏南某高科技风险投资有限公司与太某洋机电(集团)有限公司股权转让纠纷案民事判决书[(2009)民提字第 51 号]。

同意继续履行。

5. 一审中，太某洋公司明确表示愿意代南某公司向第三人偿还全部债务，以解除7200万股股权的查封，但南某公司予以拒绝。且太某洋公司已将剩余股权转让款全部交一审法院提存。

6. 本案经上海二中院一审、上海高院二审、最高法提审，最终判定：证监会的批准并非合同生效的法定条件，协议已生效，南某公司需继续履行合同，待证监会批准后，完成过户手续。

实务经验总结

为避免未来发生类似争议，提出如下建议：

1. 协议收购上市公司股权，达到该上市公司已发行股份的30%，继续收购的，需要向该上市所有股东发出要约或向证监会申请批准豁免要约收购。

2. 是否取得豁免要约，并不影响股权转让协议的成立及生效，即豁免要约并不是合同生效的必要条件，而是收购双方以什么方式对抗上市公司其他所有股东的法律条件。也即，收购双方均无权以该协议未取得证监会的批准为由，主张股权转让协议无效或未生效，进而拒绝履行合同。

3. 对于收购方来讲，在出让方中途反悔拒绝履行合同时，为最终能够取得股权，可以向法院申请将股权转让款进行提存，以确保在保证资金安全的前提下，依法依约履行合同义务，确保最终能够取得股权。

相关法律规定

《中华人民共和国合同法》（已失效）

第四十五条 当事人对合同的效力可以约定附条件。附生效条件的合同，自条件成就时生效。附解除条件的合同，自条件成就时失效。

当事人为自己的利益不正当地阻止条件成就的，视为条件已成就；不正当地促成条件成就的，视为条件不成就。

《中华人民共和国民法典》

第一百五十九条 附条件的民事法律行为，当事人为自己的利益不正当地阻止条件成就的，视为条件已经成就；不正当地促成条件成就的，视为条件不成就。

《中华人民共和国证券法》（2019修订）

第六十五条 通过证券交易所的证券交易，投资者持有或者通过协议、其他安排与他人共同持有一个上市公司已发行的有表决权股份达到百分之三十时，继续进行收购的，应当依法向该上市公司所有股东发出收购上市公司全部或者部分股份的要约。

收购上市公司部分股份的要约应当约定，被收购公司股东承诺出售的股份数额超过预定收购的股份数额的，收购人按比例进行收购。

《上市公司收购管理办法》（2014 修订）

第四十七条　收购人通过协议方式在一个上市公司中拥有权益的股份达到或者超过该公司已发行股份的 5%，但未超过 30% 的，按照本办法第二章的规定办理。

收购人拥有权益的股份达到该公司已发行股份的 30% 时，继续进行收购的，应当依法向该上市公司的股东发出全面要约或者部分要约。符合本办法第六章规定情形的，收购人可以向中国证监会申请免除发出要约。

收购人拟通过协议方式收购一个上市公司的股份超过 30% 的，超过 30% 的部分，应当改以要约方式进行；但符合本办法第六章规定情形的，收购人可以向中国证监会申请免除发出要约。收购人在取得中国证监会豁免后，履行其收购协议；未取得中国证监会豁免且拟继续履行其收购协议的，或者不申请豁免的，在履行其收购协议前，应当发出全面要约。

第四十八条　以协议方式收购上市公司股份超过 30%，收购人拟依据本办法第六章的规定申请豁免的，应当在与上市公司股东达成收购协议之日起 3 日内编制上市公司收购报告书，提交豁免申请，委托财务顾问向中国证监会、证券交易所提交书面报告，通知被收购公司，并公告上市公司收购报告书摘要。

收购人自取得中国证监会的豁免之日起 3 日内公告其收购报告书、财务顾问专业意见和律师出具的法律意见书；收购人未取得豁免的，应当自收到中国证监会的决定之日起 3 日内予以公告，并按照本办法第六十一条第二款的规定办理。

第六十一条第二款　未取得豁免的，投资者及其一致行动人应当在收到中国证监会通知之日起 30 日内将其或者其控制的股东所持有的被收购公司股份减持到 30% 或者 30% 以下；拟以要约以外的方式继续增持股份的，应当发出全面要约。

法院判决

以下为该案在法院审理阶段，判决书中"本院认为"就该问题的论述：

本院再审认为：本案争议焦点为本案股权转让协议是否生效、是否合法有效以及是否继续履行等问题。

关于股权转让协议是否生效问题。本案股权转让协议约定："生效日"是指"本协议经双方签字盖章并报上海证券交易所，以及证监会未对本次目标股权收购而提交的收购报告书在法律、法规规定的期限内提出异议，豁免受让方的要约收购义务之日"。证券法第九十六条第一款规定，"采取协议收购方式的，收购人收购或者通过协议、其他安排与他人共同收购一个上市公司已发行的股份达到百分之三十时，继续进行收购的，应当向该上市公司所有股东发出收购上市公司全部或者部分股份的要约。但是，经国务院证券监督管理机构免除发出要约的除外"。本院认为，要约收购豁免批准是法律赋予证券监管部门的行政审批权，但股权收购双方是否取得豁免要约，并不影响收购双方的合同成立及生效，也即豁免要约不是合同生效的必要条件，而是收购双方以什么方式对抗上市公司其他所有股东的法律条件。2006年7月26日，证监会受理了太某洋公司提交的中某机股权收购文件以及豁免要约收购的申请，因标的股权被南某公司的案外债权人追索而被南京中院冻结，客观上导致证监会豁免要约收购批准审查程序无法继续进行。对此事实，本案双方当事人均予认可。南某公司在股权转让协议中承诺"目标股权在转让完成之日前系转让方合法所有，其上未存在任何质押、债务负担或任何形式的第三者权益，权利或限制或任何索赔，也不会遭遇被质押、查封、冻结的潜在威胁，同时承诺本协议一经签署即构成对转让方合法有效并可依法强制执行的义务"。然而，南某公司未能履行其承诺，而且还拒绝太某洋公司为实现解除查封标的股权而提出的代其偿还债务的方案，直接导致标的股权被冻结至今，证监会受理的要约豁免申请审查程序被迫中止。基于以上事实，南某公司为自己的利益设置障碍的行为显而易见。根据《中华人民共和国合同法》第四十五条第二款的规定，南某公司为自己的利益不正当地阻止协议生效的条件成就的，应视为条件已成就。故原审法院认定《股权转让协议》已经生效正确，应予维持。

关于股权转让协议是否合法有效以及可否解除问题。南某公司申诉主张，本案《股权转让协议》签订时，太某洋机电及其上级单位领导胁迫南某公司实际控制人签订本协议，价格显失公平。本案经一审、二审及再审调查，南某公司未能提交受胁迫导致不得已而签约的事实及证据，故其此点申诉理由不能成立。关于转让价格显失公平问题，本案股权转让协议第4.1条、第4.2条约定，"本协议项目下的目标股权转让的对价将依据上海某会计师事务所出具的沪众会字2006第0227号《审计报告》所反映的账面净资产价格为基础协商确定"。该约定明确、具体。而且本案争议的股权，是2002年太某洋公司以0.14元/股的价格转让给南某公司，当时的股票二级市场价格已达到10.5元/股。2006年，南某公司同意以0.25元/股的价格向太某洋公司出让股权时，股票二级市场价格只有7.50元/股。鉴于中某机法人股属于非流通股，所以双方转让股权的价格并不以二级市场价格为测算依据，而是买卖双方从多种因素考虑的结果。现在，随着非流通股可以在股权分置改革后流通，市场价格存在上升预期的情况下，南某公司仅以"转让价格过低"为由主张解除协议，因无诸如双方当事人地位不平等、交易能力不平等以及无交易经验等事实佐证，故对南某公司关于显失公平、协议应予解除的申诉理由不能成立，本院不予支持。

关于协议是否继续履行问题。股权转让协议约定，"如果在2006年12月29日下午5时前（或太某洋公司另行书面同意的较长期限），任何先决条件未被太某洋公司接受、豁免或放弃，则协议将立即终止"。依此约定，南某公司主张在约定期限内太某洋公司没有以约定形式主张权利，故协议因逾履行期限而终止。在实际履行过程中，太某洋公司于2006年8月在以诉讼方式要求南某公司继续履行股权转让协议，通过司法机关向南某公司送达了相关法律文书。本院认为，在股权转让协议期限届满前，太某洋公司已经用诉讼方式明确表达了其继续履行协议的意愿，且提起诉讼的日期没有超过双方在股权转让协议中约定的最后期限。无论在形式要件上和主观意思表示上都满足了协议的约定。故南某公司的此点申诉理由亦不能成立。因证监会已受理太某洋公司提交的要约豁免申请，且太某洋公司已将股权转让款交法院提存，故本案股权转让协议能够继续履行。

010 转让房地产公司100%股权的转让合同合法有效

裁判要旨

《股权转让合同》存在以股权转让为名收购公司土地的性质，且合同当事人因此合同的签订及履行而被另案刑事裁定认定构成非法倒卖土地使用权罪，但无论是否构成刑事犯罪，该合同效力亦不必然归于无效。本案原告欲通过控制目标公司的方式开发使用涉案土地，此行为属于商事交易中投资者对目标公司的投资行为，是基于股权转让而就相应的权利义务以及履行的方法进行的约定，既不改变目标公司本身亦未变动涉案土地使用权之主体，故不应纳入土地管理法律法规的审查范畴，而应依据《中华人民共和国公司法》中有关股权转让的规定对该协议进行审查。在无效力性强制性规范对上述条款中的合同义务予以禁止的前提下，上述有关条款合法有效。

案情简介[①]

1. 恒某公司为自然人独资的有限责任公司，公司股东为周某岐一人。恒某公司预计将取得一宗位于营口市鲅鱼圈区的商业用地使用权。

2. 2010年4月7日，恒某公司（甲方）与沙某武（乙方）签订《股权转让合同》，约定将恒某公司100%股权转让给沙某武，价款18738.832万元。其中，乙方支付5000万元时，甲方将该宗土地的所有相关资料（政府会议纪要、发改委批示、环保局批示、规划局文件、建设用地规划许可证、建设用地规划条件通知书、土地交易中心的招拍挂所有文件等）交由乙方保管。乙方付给第二笔款3000万元时，甲方应办好所有土地的使用证书。

3. 自2010年4月8日起至2011年5月15日止，周某岐共收到沙某武转让款人民币7815万元和美元10万元。在沙某武支付5000万元后，周某岐并未将该宗土地所有相关资料交给沙某武。

4. 2010年7月6日，鲅鱼圈区政府批复将上述土地出让给恒某公司。2010年7月8日，恒某公司办理了该宗土地的土地使用权证书。2010年7月26日，周某岐交纳土地出让金人民币74955328元。周某岐取得该宗土地的使用证书后，未将该证书交给沙某武。

5. 2011年10月6日，沙某武因病去世，付某玲、沙某迪、王某琴系沙某武的法定第一顺序继承人。

6. 2011年11月30日，周某岐因涉嫌非法倒卖土地使用权犯罪被刑事拘留。鲅鱼圈区法院认定周某岐犯合同诈骗罪、非法倒卖土地使用权罪、抽逃出资罪。后营口中院撤销原判，发回重审。2015年3月30日，鲅鱼圈区法院判决周某岐犯非法倒卖土地使用权罪，判处有期徒刑3年。2015年6月23日，营口中院维

---

① 最高人民法院，付某玲、沙某迪等与周某岐、营口恒某房地产开发有限公司等股权转让纠纷二审民事判决书［（2016）最高法民终222号］。

持鲅鱼圈区法院刑事判决。

7. 付某玲、沙某迪、王某琴等起诉至法院，要求解除《公司股权转让合同书》，周某岐及恒某公司返还其股权转让款，并支付利息及违约金。

8. 周某岐及恒某公司答辩称：依据上述生效的刑事裁定书，周某岐以股权转让形式与沙某武签订股权转让合同，属于非法倒卖土地的行为，应当属于无效合同，对该无效合同，双方均有责任，沙某武应承担相应的法律责任。

9. 本案一审辽宁高院、二审最高人民法院均认为《股权转让合同》有效，并据此支持了原告的诉讼请求。

实务经验总结

为避免未来发生类似争议，提出如下建议：

1. 转让房地产公司100%股权的转让合同，本质上是一种股权转让行为，而非土地使用权转让行为，根据公司法的规定，该行为合法有效。但考虑到实践中，一些法院错误地认为该行为构成非法转让、倒卖土地使用权罪，企业家也应预防相应的刑事法律风险，在实施相关行为前应当尽量保证符合相关法律法规关于土地使用权转让的条件，或尽量取得当地政府的同意。

2. 部分法院认定出卖人的行为构成非法转让、倒卖土地使用权罪，缺乏相应的法律依据，颇为值得商榷。

相关法律规定

《中华人民共和国合同法》（已失效）

第五十二条　有下列情形之一的，合同无效：

（一）一方以欺诈、胁迫的手段订立合同，损害国家利益；

（二）恶意串通，损害国家、集体或者第三人利益；

（三）以合法形式掩盖非法目的；

（四）损害社会公共利益；

（五）违反法律、行政法规的强制性规定。

《中华人民共和国民法典》

第一百五十三条　违反法律、行政法规的强制性规定的民事法律行为无效。但是，该强制性规定不导致该民事法律行为无效的除外。

违背公序良俗的民事法律行为无效。

《中华人民共和国城市房地产管理法》（2019 修正）

第三十九条 以出让方式取得土地使用权的，转让房地产时，应当符合下列条件：

（一）按照出让合同约定已经支付全部土地使用权出让金，并取得土地使用权证书；

（二）按照出让合同约定进行投资开发，属于房屋建设工程的，完成开发投资总额的百分之二十五以上，属于成片开发土地的，形成工业用地或者其他建设用地条件。

转让房地产时房屋已经建成的，还应当持有房屋所有权证书。

《中华人民共和国城镇国有土地使用权出让和转让暂行条例》（2020 修订）

第十九条 土地使用权转让是指土地使用者将土地使用权再转移的行为，包括出售、交换和赠与。

未按土地使用权出让合同规定的期限和条件投资开发、利用土地的，土地使用权不得转让。

《中华人民共和国公司法》（2018 年，已被修订）

第七十一条 有限责任公司的股东之间可以相互转让其全部或者部分股权。

股东向股东以外的人转让股权，应当经其他股东过半数同意。股东应就其股权转让事项书面通知其他股东征求同意，其他股东自接到书面通知之日起满三十日未答复的，视为同意转让。其他股东半数以上不同意转让的，不同意的股东应当购买该转让的股权；不购买的，视为同意转让。

经股东同意转让的股权，在同等条件下，其他股东有优先购买权。两个以上股东主张行使优先购买权的，协商确定各自的购买比例；协商不成的，按照转让时各自的出资比例行使优先购买权。

公司章程对股权转让另有规定的，从其规定。

《中华人民共和国公司法》（2023 修订）

第八十四条 有限责任公司的股东之间可以相互转让其全部或者部分股权。

股东向股东以外的人转让股权的，应当将股权转让的数量、价格、支付方式和期限等事项书面通知其他股东，其他股东在同等条件下有优先购买权。股东自接到书面通知之日起三十日内未答复的，视为放弃优先购买权。两个以上股东行使优先购买权的，协商确定各自的购买比例；协商不成的，按照转让时各自的出资比例行使优先购买权。

公司章程对股权转让另有规定的，从其规定。

法院判决

以下为该案在法院审理阶段，判决书中"本院认为"就该问题的论述：

关于《公司股权转让合同书》的效力问题。本院认为，合同效力应当依据《中华人民共和国合同法》第五十二条之规定予以判定。在上诉中，周某岐、恒某公司主张《公司股权转让合同书》第六条第一款、第二款、第四款第一项及第二项因违反法律法规的强制性规定而无效，其无须履行，否则会给社会造成危害。但经审查上述条款，第六条第一款约定了合同生效后，恒某公司所有董事及法定代表人即失去法律赋予的所有权利，意在表明沙某武受让全部股权后即实际控制恒某公司；第二款约定了合同生效后，涉案土地交由沙某武开发使用；第四款第一项约定沙某武支付第一笔5000万元转让款后，恒某公司应将涉案土地的所有资料原件交由沙某武保管，沙某武可开发使用，勘探、设计、施工、销售等相关人员可进入；第四款第二项进一步约定恒某公司应当将工商、税务有关证件交给沙某武，印章由恒某公司派人持有并配合使用。可见，上述条款约定的内容属股权转让中的具体措施及方法，并未违反法律法规所规定的效力性强制性规定，亦未损害国家、集体或其他第三人利益。此外，本院已经注意到，该《公司股权转让合同书》存在以股权转让为名收购公司土地的性质，且周某岐因此合同的签订及履行而被另案刑事裁定[（2015）营刑二终字第00219号刑事裁定书]认定构成非法倒卖土地使用权罪，但对此本院认为，无论是否构成刑事犯罪，该合同效力亦不必然归于无效。本案中业已查明，沙某武欲通过控制恒某公司的方式开发使用涉案土地，此行为属于商事交易中投资者对目标公司的投资行为，是基于股权转让而就相应的权利义务以及履行的方法进行的约定，既不改变目标公司本身亦未变动涉案土地使用权之主体，故不应纳入土地管理法律法规的审查范畴，而应依据《中华人民共和国公司法》中有关股权转让的规定对该协议进行审查。本院认为，在无效力性强制性规范对上述条款中的合同义务予以禁止的前提下，上述有关条款合法有效。另，在周某岐签署的《公司股权转让合同书》中约定将周某岐所持100%的股权予以转让，虽然该合同主体为恒某公司与沙某武，但鉴于周某岐在其一人持股的恒某公司中担任法定代表人且股东个人财产与公司法人财产陷入混同的特殊情形，即便有合同签订之主体存在法人与股东混用的问题，亦不影响该合同在周某岐与沙某武之间依法产生效力。因此，周某岐、恒某公司提出部分条款无效的主张缺乏法律依据，本院不予支持。

011 老股东行使股东优先购买权是否导致转让股东与受让人之间的合同无效？

阅读提示

股权转让纠纷中最常见问题就是，如何识别侵犯股东优先购买权的合同效力，也即转让股东在未经公司其他股东同意且未征询老股东是否放弃优先购买权的情形下，即与股东外受让人签订股权转让合同的效力如何？理论界和司法实务界的观点也是众说纷纭，合同无效、合同可撤销、合同效力待定、合同未成立、未生效等各类效力情形均占一定的比例（详见延伸阅读部分）。本文笔者借助江苏高院的一则判例，依据《最高人民法院关于适用〈中华人民共和国公司法〉若干问题的规定（四）》的规定，结合最高法法官的观点，重述"老股东优先购买权的行使并不导致转让股东与股东外受让人之间股权转让合同的无效，仅产生合同不能履行的法律后果"这一最新观点。[①]

裁判要旨

股东优先购买权是为维护公司人合性而赋予老股东在转让股东对外转让股权时的一种在购买顺序上的先买权，该种优先顺位权的行使并不能否定转让股东与股东以外受让人之间股权转让合同的效力；如果转让股东与股东以外受让人之间签订的股权转让合同不存在合同法上的无效事由，股权转让合同合法有效。

即使转让股东与股东以外受让人之间的合同有效，因老股东优先购买权的行使，合同履行产生法律上履行不能的情形，进而不能产生合同履行和股权变动的效力。但是，股东以外受让人可以依据有效合同的约定，要求转让股东承担解除合同、返还价款、赔偿损失、承担违约责任等民事责任。

---

① 关于本观点更深度地分析可参见，王东敏，《公司法审判实务与疑难问题案例解析》，人民法院出版社，第212-216页。贺小荣、曾宏伟，解读《最高人民法院关于适用〈中华人民共和国公司法〉若干问题的规定（四）》，刊载于《商事法律文件解读》第157辑，人民法院出版社。

案情简介[①]

1. 源某公司系有限责任公司，注册资本1000万元，其中王某宝出资300万元，持股30%；季某珊出资300万元，持股30%；阎某柱出资300万元，持股30%；孙某成出资100万元，持股10%。

2. 2012年12月17日，季某珊和刘某海签订《股权转让协议一》约定：季某珊将源某公司30%的股权转让给刘某海，在法律确认生效时一次性付清350万元价款；如季某珊将股权转让给他人，甲方赔偿乙方价款的20%（70万元）。股东王某宝在场，并与刘某海也签订了内容类似的协议。刘某海与季某珊的协议签订后，该协议内容一直未履行。

3. 2013年1月8日，季某珊与老股东孙某成签订《股权转让协议二》约定：季某珊将源某公司30%的股权以300万元价格转让给孙某成，按每期50万元，分六期付清。协议签订后，孙某成分两期向季某珊支付股权转让款60万元。

4. 另外，季某珊曾于2012年11月18日向孙某成等其他股东寄发是否行使优先购买权的律师函，载明有公司外股东欲以900万元收购其30%股权，征询孙某成等股东是否同意出让，是否行使优先购买权。孙某成收到了前述律师函。

5. 2013年2月1日，源某公司的股权结构变更为季某珊持股30%，孙某成持股70%。

6. 此后，刘某海提起诉讼，要求季某珊继续履行合同，并承担70万元的违约金责任。在庭审过程中，孙某成表示要行使优先购买权。

7. 本案经南京栖霞法院一审、南京中院二审、江苏高院再审，最终判定，季某珊向刘某海转让股权的合同有效，但履行不能，其需向刘某海承担70万元的违约金责任。

争议原因

首先，从立法目的上看，股东优先购买权的设置目的是要维系有限责任公司的人合性，以免未经其他股东同意的新股东加入后破坏股东之间的信任与合作。而要实现这一目的，只要阻止股东以外的股权受让人成为新股东即为已足，亦即只要股权权利不予变动，而无需否定股东与股东以外的人之间的股权转让合同的

[①] 江苏省高级人民法院，刘某海与季某珊股权转让纠纷再审民事判决书[（2015）苏商再提字第00042号]。

效力。

其次，从法律性质上看，股东优先购买权是在股权转让过程中，老股东拥有第一顺位的购买权，该顺位的购买权，其他股东可以放弃，也可以行使。老股东优先购买权的行使或者放弃，不排除后一顺位购买权的存在和有效性。对老股东优先顺位权的保护，支持老股东第一顺位权利的实现，无需取消下一顺位权利关系。具体到本案中，季某珊与刘某海签订的股东转让合同，通过合同建立的是一种债权关系，而债权具有相对性，对合同之外的人没有约束力，进而二人之间订立的《股权转让协议一》对老股东孙某成没有约束力，该《股权转让协议一》的存在与效力如何，不会影响孙某成享有第一顺位的优先购买权。

最后，从反面解释来看，如果因转让股东违反要求老股东行使优先购买权的程序，而认定股权转让合同无效，那么在其他股东放弃优先购买权后，转让股东需与受让人重新订立股权转让合同，否则任何一方均可不受已订立的股权转让合同的约束，显然不合理。

综上，股东未经上述程序向股东以外的人转让股权与股权转让协议的效力无涉。以此，刘某海与季某珊签订的协议系双方的真实意思表示，不违反法律、行政法规的强制性规定，合法有效。

需要提请注意的是，合同有效并不意味着合同就能够得到履行，我们应当将合同有效和合同履行区分来看，虽然转让股东与第三人签订的股权转让合同有效，但是在其他老股东主张行使优先购买权的情形下，第三人是否可以要求继续履行呢？我们认为，对于此种情形应当适用民法典第五百八十条的规定，即法律上不能履行的非金钱债务，对方不得要求履行，对第三人提出的继续履行合同的请求，不能得到支持。因为，第三人要求继续履行的请求，遭遇了"法律"上的履行不能，该处的"法律"就是公司法（2023修订）第八十四条赋予其他老股东的第一顺位的优先购买权。如果继续履行转让股东与第三人的股权转让合同，就会侵犯其他老股东的优先购买权。换言之，其他老股东主张按照同等条件优先购买的行为，阻却了转让股东和第三人之间股权转让合同的履行以及股权变动的效力。具体到本案中，老股东孙某成行使优先购买权的行为，导致季某珊与刘某海之间《股权转让协议一》在法律上的履行不能，江苏高院也就没有支持其继续履行合同的诉求。

但是，即使转让股东与第三人之间的股权转让合同发生了法律上不能履行的情形，也不代表股权转让合同对于双方没有任何的约束力。根据《公司法司法解释四》（2020 修正）第二十一条第三款的规定，股东以外的股权受让人，因股东行使优先购买权而不能实现合同目的的，可以依法请求转让股东承担相应民事责任。因此，第三人可以基于双方之间签订的股权转让合同，行使除继续履行之外的请求权，例如，解除合同、返还已支付的价款、赔偿损失、承担违约责任、承担违约金等。本案中，江苏高院虽然未判决双方继续履行合同，但是判决季某珊向刘某海赔偿 70 万元的违约金。

实务经验总结

在其他股东成功行使股东优先购买权的情形下，必然在转让股东与第三人、其他股东之间成立两个合同。如何识别转让股东与第三人签订的股权转让合同的效力，我们需要树立合同效力和合同履行相区分的原则，即合同有效并不意味着合同一定能够正常履行，且产生合同履行的效果；合同履行存在法律上的障碍，也并不意味着合同归于无效，对双方当事人完全没有约束力。实际上，转让股东与第三人签订的股权转让合同在遭遇老股东的优先购买权时，仅是该合同遇到了法律上履行不能的障碍，第三人只是不能够再要求合同的继续履行，其仍可以基于该合同要求转让股东承担解除合同、返还对价、赔偿损失、承担违约责任的权利。

为平衡老股东与第三人之间的利益，维持交易秩序和公司经营秩序的稳定，防止老股东在没有购买股权意愿的情况下仅要求确认转让股东与第三人之间的合同或股权变动的效力，但不主张优先购买，造成无意义的诉讼，侵犯第三人的合法权益，《公司法司法解释四》（2020 修正）第二十一条规定，人民法院对该种请求不予支持。也即，对老股东来讲，其只要行使优先购买权务必主张在同等条件下购买，不可仅主张合同不能产生股权变动的效力。

相关法律规定

《中华人民共和国公司法》（2018 年，已被修订）

第七十一条 有限责任公司的股东之间可以相互转让其全部或者部分股权。

股东向股东以外的人转让股权，应当经其他股东过半数同意。股东应就其股权转让事项书面通知其他股东征求同意，其他股东自接到书面通知之日起满三十日未答复的，视为同意转让。其他股东半数以上不同意转让的，不同意的股东应当购买该转让的股权；不购买的，视为同意转让。

经股东同意转让的股权，在同等条件下，其他股东有优先购买权。两个以上股东主张行使优先购买权的，协商确定各自的购买比例；协商不成的，按照转让时各自的出资比例行使优先购买权。

公司章程对股权转让另有规定的，从其规定。

《中华人民共和国公司法》（2023 修订）

第八十四条 有限责任公司的股东之间可以相互转让其全部或者部分股权。

股东向股东以外的人转让股权的，应当将股权转让的数量、价格、支付方式和期限等事项书面通知其他股东，其他股东在同等条件下有优先购买权。股东自接到书面通知之日起三十日内未答复的，视为放弃优先购买权。两个以上股东行使优先购买权的，协商确定各自的购买比例；协商不成的，按照转让时各自的出资比例行使优先购买权。

公司章程对股权转让另有规定的，从其规定。

《最高人民法院关于适用〈中华人民共和国公司法〉若干问题的规定（四）》（2020 修正）

第二十一条 有限责任公司的股东向股东以外的人转让股权，未就其股权转让事项征求其他股东意见，或者以欺诈、恶意串通等手段，损害其他股东优先购买权，其他股东主张按照同等条件购买该转让股权的，人民法院应当予以支持，但其他股东自知道或者应当知道行使优先购买权的同等条件之日起三十日内没有主张，或者自股权变更登记之日起超过一年的除外。

前款规定的其他股东仅提出确认股权转让合同及股权变动效力等请求，未同时主张按照同等条件购买转让股权的，人民法院不予支持，但其他股东非因自身原因导致无法行使优先购买权，请求损害赔偿的除外。

股东以外的股权受让人，因股东行使优先购买权而不能实现合同目的的，可以依法请求转让股东承担相应民事责任。

> **法院判决**

以下为该案在法庭审理阶段，判决书中"本院认为"就该问题的论述：

本院再审认为：（一）关于刘某海、季某珊签订的协议的效力问题。

《中华人民共和国公司法》第七十二条第二款、第三款规定："股东向股东以外的人转让股权，应当经其他股东过半数同意。股东应就其股权转让事项书面通知其他股东征求同意，其他股东自接到书面通知之日起满三十日未答复的，视为同意转让。其他股东半数以上不同意转让的，不同意的股东应当购买该转让的股权；不购买的，视为同意转让。""经股东同意转让的股权，在同等条件下，其他股东有优先购买权。两个以上股东主张行使优先购买权的，协商确定各自的购买比例；协商不成的，按照转让时各自的出资比例行使优先购买权。"首先，该条规定赋予其他股东相关权利的目的是要维系有限责任公司的人合性，以免未经其他股东同意的新股东加入后破坏股东之间的信任与合作。而要实现这一目的，只要阻止股东以外的股权受让人成为新股东即为已足，亦即只要股权权利不予变动，而无需否定股东与股东以外的人之间的股权转让合同的效力。其次，该条规定并未规定如转让股东违反上述规定则股权转让合同无效。最后，如果因转让股东违反上述规定即股权转让未经上述程序而认定股权转让合同无效，那么在其他股东放弃优先购买权后，转让股东需与受让人重新订立股权转让合同，否则任何一方均可不受已订立的股权转让合同的约束，显然不合理。综上，股东未经上述程序向股东以外的人转让股权与股权转让协议的效力无涉。本案中，刘某海与季某珊签订的协议系双方的真实意思表示，不违反法律、行政法规的强制性规定，合法有效。

……

（四）关于季某珊应承担的违约责任问题。

1. 虽然刘某海、季某珊间协议签订在前，但刘某海未支付对价，而孙某成支付了部分对价，季某珊亦向孙某成作了履行，故应当认定案涉股权归孙某成所有。因季某珊不再享有案涉股权，季某珊事实上不能再向刘某海交付案涉股权，故刘某海请求季某珊继续履行双方间协议不能成立，本院不予支持。

2. 刘某海主张根据其与季某珊间协议约定，季某珊应支付70万元违约金，季某珊则辩称其未给刘某海造成损失，请求减少违约金。刘某海称季某珊违约给其造成可得利益损失及利息损失，即因源某公司被拆迁以及源某公司2013年销售额近2亿元而使股权大幅升值，其为履行双方间协议向案外人借款而产生的高额利息。本院认为，首先，刘某海对损失的构成作了说明，即主要是可得利益（案涉股权升值）损失。在此情况下，认定双方约定的70万元违约金是否过分高于刘某海的损失细化为认定双方约定的70万元违约金是否过分高于案涉股权的升值。季某珊作为案涉股权的（原）持有人，相较并不是源某公司的股东刘某海而言，证明案涉股权有无升值及升值多少更为便利，因此，季某珊对案涉股权未升值或升值较小的事实负有举证证明责任。因季某珊未举证，故季某珊主张双方约定的 70 万元违约金过分高于刘某海的损失缺乏事实依据。其次，刘某海提交的源某公司 2013 年销售、回款、结算汇总表（刘某海称该证据来源于其与源某公司另案诉讼中源某公司制作后提交的材料）证明源某公司 2013 年销售额为 190372954 元，结合源某公司 2013 年被拆迁的事实，可以认定案涉股权升值 70 万元以上。因此，季某珊关于减少违约金的请求缺乏事实依据，本院不予支持。季某珊应按协议约定给付刘某海 70 万元违约金。

延伸阅读

侵害股东优先购买权的股权转让合同效力识别乱象（18 个司法案例）

（一）既往判例中确认侵犯股东优先购买权的《股权转让合同》有效的判例（4 个判例）。

吉安市中级人民法院，刘某芹与余某兰、欧阳某青等股权转让纠纷一审民事判决书［（2014）吉中民二初字第 84 号］认为：本案中刘某芹优先购买权的成立导致案涉 10.5% 的股权在欧阳某青、胡某文及余某兰之间无法流转，股权转让协议因此无法履行。但刘某芹优先购买权的行使并不影响股权转让协议的效力，其仅导致股权转让协议履行不能。因此，刘某芹相关请求判令欧阳某青、胡某文、余某兰于 2012 年 4 月 25 日签订的《股权转让协议》无效或予以撤销的诉请，缺乏事实及法律依据，本院不予支持。

上海市第一中级人民法院，周某某与姚某某股权转让纠纷一案二审民事判决书［（2011）沪一中民四（商）终字第 883 号］认为：姚某某与周某某间的股权转让协议是双方当事人的真实意思表示，符合合同法有关合同效力的要件，应认定为有效，在合同相对方间产生法律约束力。但由于公司法的特殊规定，即其他股东姚某享有优先购买权，一旦姚某要求行使股东优先购买权，那么，姚某某与周某某间的股权转让协议将无法继续履行。因此，原审法院认定 2006 年协议书全部无效不当，本院在此予以纠正。

衡阳市中级人民法院，石某红与彭某股权转让合同纠纷一案［（2010）衡中法民二终字第 15 号］认为：关于上诉人与被上诉人签订的《股权转让初步协议》是否有效、是否应解除的问题。我国公司法虽然规定股东向股东以外的第三人转让股权应当经其他股东过半数同意，但并未禁止向股东以外的第三人转让股权，可见该协议的内容未违反法律、行政法规的禁止性规定，该协议合法有效。我国公司法第七十二条第二款规定"股东向股东以外的人转让股权，应当经其他股东过半数同意"是股权转让合同履行的条件，不是合同生效的条件。上诉人石某红未得到某和公司另外的股东胡某宣的同意，并不影响其与被上诉人彭某签订《股权转让初步协议》的效力。

广东省高级人民法院，深圳市某野股份有限公司与黄某林、深圳市某联环投资有限公司股权转让纠纷二审民事判决书［（2013）粤高法民二终字第34号］认为：黄某林、张某范均认可黄某林、张某范之间存在隐名出资关系，张某范名下的某联环公司75%股权实际由黄某林出资并享有投资权益，因此，黄某林处分张某范名下的某联环公司75%股权并不损害张某范的利益，黄某林有权转让其实际享有的股权。《中华人民共和国公司法》第七十二条规定的有限责任公司的股东向股东以外的人转让股权，应当经其他股东过半数同意及经股东同意转让的股权在同等条件下其他股东有优先购买权的规定，属于法律的限制性规定，并不属于法律的强制性规定，故某豪公司以黄某林转让某联环公司75%股权未经其同意为由主张《项目合作合同》为无效合同，理据不足，且该转让行为也不影响某豪公司行使优先购买权。

（二）既往判例中确认侵犯股东优先购买权的《股权转让合同》未生效的判例（3个判例）。

常德市中级人民法院，湖南法院网湖南某汉集团有限公司与吕某智股权转让纠纷一案［（2014）常民二终字第82号］认为：某汉集团与吕某智约定的合同生效条件应包括经某汉起重公司股东大会同意并由全体股东签字确认。……某汉集团（当时为某风集团）是某汉起重公司的股东，但吕某智不是。因此，某汉集团向吕某智转让大汉起重公司的股份，系股东向股东以外的人转让股权，应按上述规定的程序办理，即应经其他股东过半数同意。这是强制性规定，不允许章程及合同放宽条件。由于合同中已约定"本股份转让合同经湖南某汉起重公司股东大会同意并由各方签字，报公司登记机关办理股东股份变更登记生效"，而且该约定严于公司法的规定，应认可其效力，所以在无某汉起重公司股东大会同意并由各方签字的情况下，该合同未生效。

长沙市天心区人民法院，某瑞集团有限公司与湖南省某变电工程公司、李某岗、湖南某高建设有限公司及第三人湖南某盛房地产开发有限公司股权转让纠纷一审民事判决书［（2015）天民初字第05077号］认为：侵害股东优先购买权的股权转让合同不发生效力。股东优先购买权是公司法赋予股东的法定权利。基于有限责任公司的人合性和封闭性，股东优先购买权制度在于通过保障其他股东优先获得拟转让股权而维护公司内部信赖关系，法律所否定的是非股东第三人优于公司其他股东取得公司股权的行为，而不是转让股东与非股东第三人之间转让协议。同时，股权是股东基于股东资格而享有的，从公司获取经济利益并参与公司经营管理的权利。为保障股东优先购买权而直接否定转让股东与非股东第三人之间股权转让协议效力，已超越了优先的界限，过度限制了股东转让股权的处分权。本案中，被告某变电公司向股东以外的人转让股权，其没有证据证明曾就转让事项履行了《中华人民共和国公司法》第七十二条第二款规定的法定程序，书面征求原告某瑞集团意见，侵害了原告某瑞集团的优先购买权。在原告某瑞集团未明确放弃优先购买权的情况下，被告某变电公司与被告某高公司签订的《股权转让合同》中关于股权转让的约定不发生效力。第三人某盛公司股东名册、工商登记的股东仍为原告某瑞集团和被告某变电公司，《股权转让合同》标的即被告某变电公司持有的第三人某盛公司的股权尚未发生变动，原告某瑞集团诉至本院主张优先购买权，直接产生阻断股权转让的效力。

徐州市中级人民法院，赵某红与孙某亮、李某等股权转让纠纷二审民事判决书［（2014）徐商终字第0327号］认为：赵某红对李某25%的股权在对外转让时同等条件下享有优先购买权。我国公司法之所以规定有限责任公司股东享有优先购买权，其立法本意一方面在于保证有限责任公司原股东可以通过行使优先购买权增持股权份额，从而实现对公司的控制权；另一方面在于保障有限责任公司的人合性，以确保原股东有权根据自己的实际情况和需要决定是否接纳新股东加入公司或自行退出公司等。本案中，股东李某向股东以外的第三人孙某亮转让股权的行为，事实上侵犯了赵某红的股东优先购买权，故李某与孙某亮之间的股权转让协议依法不发生法律效力。根据《中华人民共和国合同法》第五十八条的规定，合同依法无效或被撤销后，应当恢复至合同订立前的原状，因此，李某与孙某亮之间的股权转让协议依法应当恢复至股权转让合同缔约前的原状，且若此时李某将其持有的股权向公司以外的第三人转让，在同等条件下，赵某红依法当然享有优先购买权。

（三）既往判例中确认侵犯股东优先购买权的《股权转让合同》可撤销的判例（4个判例）。

彭水苗族土家族自治县人民法院，李某贤、刘某安与王某华、彭水县某煤炭有限责任公司等公司决议撤销纠纷一审民事判决书［（2014）彭法民初字第00897号］认为：本案中，被告某公司、谢某胜、刘某军主张在《彭水县某煤炭有限责任公司股权转让协议》签订前曾口头通知二原告询问其是否行使优先购买权，但未举示相应证据，二原告对此也予以否认，对三被告的该项主张不予采纳。被告谢某胜、刘某军签订该协议前没有履行相应的通知程序，侵犯了二原告作为该公司股东对股权的优先购买权。原告刘某安、李某贤的第三项诉讼请求表明二原告愿意行使优先购买权，但本案中所涉股权转让协议已经履行，被告某公司的股东已经发生变更，二原告因其优先购买权受到侵害，对该股权转让协议享有撤销权，被告刘某军与被告谢某胜 2014 年 1 月 9 日签订的《彭水县某煤炭有限责任公司股权转让协议》应当予以撤销。

南宁市中级人民法院，秦某与陈某程、海某因、陈某、广西某盛投资发展有限公司股权转让纠纷一案二审民事判决书〔（2014）南市民二终字第 379 号〕认为：某盛公司的股东为陈某 1、陈某 2、秦某，三人分别出资额为：2082.08 万元，占注册资本比例 26%、1761.76 万元，占注册资本比例 22%、4164.16 万元，占注册资本比例 52%。程某裕并非某盛公司的股东，陈某将持有某盛公司的股权转让给程某裕没有通知秦某，其行为侵害了秦某的优先购买权，程某裕与陈某订立的《股权转让协议书》违反了法律的规定，依法应予撤销。该《股权转让协议书》被依法撤销后，登记在某盛公司程某裕名下的 22% 股权即应返还陈某。

贵州省高级人民法院，某世强公司股东资格确认纠纷案民事裁定书〔（2013）黔高民申字第 540 号〕认为：公司法第七十二条规定，有限责任公司股东向股东以外的人转让股权，应当经其他股东过半数同意，且其他股东在同等条件下享有优先购买权。该条款只是程序上的限制，并非实体上的限制，不属于法律、行政法规的强制性规定，股东对自己的股权享有完全的处分权。如果转让人未履行上述程序，侵害的是其他内部股东的利益即优先购买权而非社会公共利益和国家利益，其他股东认为侵害其优先购买权可以行使撤销权。如果其他股东未在法定的期限内行使撤销权，也不反对股权转让，也不准备行使优先购买权，则股权转让程序的瑕疵并不影响其实体权利，不应否定转让合同的效力。

南宁市中级人民法院，秦某与陈某程、海某因、陈某、广西某盛投资发展有限公司股权转让纠纷一案二审民事判决书〔（2014）南市民二终字第 379 号〕认为：股东优先购买权，是指当股东对外转让其股权时，其他股东享有的以同等条件优先于第三人购买该股权的权利。股东优先购买权又是附有条件的形成权，其行使并非随时可以进行，只有在股东向第三人转让股权时，方可行使，股东对外转让股权是其他股东优先购买权行使的前提。而股东对外转让其股权时，应当履行通知其他股东的义务，没有履行通知义务，即侵害了其他股东的优先购买权，其对外转让股权的行为是具有可撤销的行为。

（四）既往判例中确认侵犯股东优先购买权的《股权转让合同》无效的判例（5个判例）。

新疆石河子市人民法院，王某玲与魏某武、石河子市市政工程养护管理处股权转让纠纷一审民事判决书［（2013）石民初字第1231号］认为：在有限责任公司内部，股东之间转让股权基本不受限制，但向股东之外第三方转让时，则需要经其他股东过半数同意，而且，其他股东在同等条件下有优先购买权。被告市政养护处书面告知原告王某玲后，王某玲明确在同等条件下，要行使优先购买权。优先权的行使应优先适用公司法的规则，其次才是合同法上的规则及民事法上的善意第三人制度。公司法第七十二条明确规定了股权转让时其他股东的同意权和优先购买权。擅自向股东以外的人转让股权的行为，按照公司法的规定，首先侵犯了股东的上述法定权利，不应予以保护。违反公司法关于股东优先购买权的股权转让行为，一是构成其他股东的侵权，二是转让股权的行为本身不应当受到保护，故股东擅自向第三人转让股权的合同应该是无效的，对原告的诉请，本院予以支持。

四川省高级人民法院，泸州某福矿业集团有限公司与葛某文等股权转让纠纷申请案［（2013）川民申字第1771号］认为：关于刘某安代某福矿业公司收购股权行为的效力问题。综观全案，内江某有限责任公司除工商登记的8名股东外的其他出资人具有股东资格，其持有的公司股份为其享有的股权。某福矿业公司认为刘某安为其收购的是内江某有限责任公司的隐名出资份额，并非股权，不受公司法及公司章程的限制，该主张系对公司法的曲解，不予支持。某福矿业公司委托刘某安以其内江某有限责任公司股东的身份收购该公司其他股东股权的行为，其用意为规避《中华人民共和国公司法》第七十二条第二款、第三款规定："股东向股东以外的人转让股权，应当经其他股东过半数同意。股东应就其股权转让事项书面通知其他股东征求同意，其他股东自接到书面通知之日起满三十日未答复的，视为同意转让。其他股东半数以上不同意转让的，不同意的股东应当购买该转让的股权；不购买的，视为同意转让。经股东同意转让的股权，在同等条件下，其他股东有优先购买权……"某福矿业公司的规避行为属损害内江某有限责任公司其他股东的合法权益，为恶意规避。刘某安受某福矿业公司委托收购股权的行为为名义上的股东间股权转让行为，实为隐瞒王某玉等62人对外转让股权，刘某安与王某玉等62人间的股权转让行为违反了《中华人民共和国公司法》第七十二条的强制性规定，应属无效。

驻马店市中级人民法院，原告任某、岳某柱与被告杨某、张某1、刘某、张某2股权转让纠纷一审民事判决书［（2012）驻民三初字第007号］认为：驻马店市某发装饰工程有限公司的《公司章程》第十六条规定：股东向股东以外的人转让其出资时，必须经全体股东过半数同意。不同意转让的股东应当购买该转让的出资，如果不购买该转让的出资，视为同意转让；经股东同意转让的出资，在同等条件下，其他股东对该出资有优先购买权。2012年3月27日杨某与张某签订的股权转让协议，及同日张某与刘某签订的股权转让协议，因杨某、张某未就其股权转让事项书面通知任某、岳某柱，违反了上述法律规定及公司章程，应确认为无效。

广东某冠资讯科技有限公司与中国某水泥（集团）有限公司（CHINAWHITECEMENTLIMIED）企业出售纠纷上诉案认为：横县某水泥厂及被告某冠公司未征得原告的同意，也没有将其与被告某冠公司达成的受让条件告知原告，就擅自将其在某燕公司的全部股权转让给被告某冠公司，侵犯原告的同意权和优先购买权，依照《中华人民共和国中外合资经营企业法》第四条第四款、《中华人民共和国中外合资经营企业法实施条例》第二十条的规定，横县某水泥厂转让某燕公司股权的行为无效，合同双方均对该产权转让协议无效负有过错。

衡阳县人民法院，原告蒋某衡与被告衡阳县某泥矿有限公司、林某华、傅某威、黄某财股权转让纠纷一审民事判决书［（2015）衡民二初字第225号］认为：被告林某华在向股东以外的黄某财、傅某威转让股权时，既未按照公司法规定书面通知原告蒋某衡，亦违反公司章程，未召开股东会就股权转让事宜进行讨论，即与被告黄某财、傅某威签订《股份转让协议》，鉴于有限责任公司兼具人合性和资合性，被告违法转让股权时，必然改变公司股东的成分和公司的封闭性，动摇有限责任公司存在的基础，严重侵害了原告蒋某衡的同意权和优先购买权。被告林某华与黄某财、傅某威签订股权转让协议后，还委托傅某威全权管理公司，并签订授权委托书，以委托之名行转让之实，未将转让事宜告知原告，三被告的行为构成恶意串通。我国合同法第五十二条第二项规定，恶意串通，损害国家、集体或者第三人利益的，合同无效。故原告蒋某衡请求法院确认三被告签订的股权转让协议无效，符合法律规定，本院予以支持。原告主张行使优先购买权，于法有据，本院亦予以支持。

（五）既往判例中确认侵犯股东优先购买权的《股权转让合同》效力待定的判例（1个判例）。

湖北省高级人民法院，武汉某物资贸易有限公司、陈某股权转让纠纷二审民事判决书［（2015）鄂民二终字第00042号］认为：公司法第七十二条中规定："股东向股东以外的人转让股权，应当经其他股东过半数同意。股东应就其股权转让事项书面通知其他股东征求同意，其他股东自接到书面通知之日起满三十日未答复的，视为同意转让。其他股东半数以上不同意转让的，不同意的股东应当购买该转让的股权；不购买的，视为同意转让。经股东同意转让的股权，在同等条件下，其他股东有优先购买权。"公司法赋予了公司股东在同等条件下享有优先购买的权利。武汉某公司原本非某盛公司的股东，陈某向其转让股份时，公司股东依法享有优先购买权，且对于违反公司法规定进行转让的合同有权提起诉讼，予以撤销。陈某与武汉某公司之间签订的《股东股权转让协议书》的效力可能因此而待定。

（六）既往判例中确认原股东未提异议的前提下，《股权转让合同》自签订之日生效的判例（1个判例）。

湖北省高级人民法院，武汉某物资贸易有限公司、陈某股权转让纠纷二审民事判决书［（2015）鄂民二终字第00042号］认为：对于本案陈某与武汉某公司签订的《股东股权转让协议书》何时生效的问题，原审法院认为，双方签订的协议书约定协议经双方签字盖章之日起生效。同时，陈某在转让股权前，将转让其股份的数量、价格等情况告知了某盛公司其他股东，某盛公司股东知晓陈某转让股权且未提出反对意见。此后，公司全部股东亦在《董事会决议》上签字，以书面形式对陈某转让其股权的行为予以确认。虽然《董事会决议》在2013年8月27日才由某盛公司全体股东签字同意，但此前某盛公司其他股东以其行为，作出了对于陈某与武汉某公司之间签订的股权转让协议没有异议和不行使优先购买权的意思表示。由于优先购买权只由某盛公司的股东享有，与受让人武汉某公司无关。因此，在没有权利人对《股东股权转让协议书》提出异议的情况下，陈某与武汉某公司签订的《股东股权转让协议书》自合同签订即发生法律效力。协议书对于双方当事人均具有约束力，双方均应严格按约履行。

012 将来才能取得的股权能够转让吗？

阅读提示

实践中，当事人约定以将来设立的目标公司的股权为交易对象，签订股权转让合同，即所要出让的股权在签订股权转让合同时并未真实存在。问题在于，该股权转让合同的效力如何？目标公司最终未被设立时，受让方是否享有合同解除权？我们将通过法院的一则经典案例，揭晓这个问题的答案。

裁判要旨

标的股权在签订股权转让协议时并未真实存在的，不影响合同效力。转让方未能依协议完成对所要转让股权的目标公司的设立，致使其无法将转让协议约定的股权实际出让给受让方的，构成履行股权转让协议的根本性违约，受让方享有法定解除权。

案情简介[①]

1. 布某友系某稀土公司和某稀土厂的法定代表人，其拟将某稀土公司和某稀土厂整合为某稀土公司（目标公司），整合后某稀土厂不再存在。

2. 2011年4月2日，布某友、赵某美（甲方）与王某刚（乙方）签订《股权转让协议》，约定：甲方承诺于协议签订之日起15个工作日内，办理完结目标公司的企业转制事宜，使目标公司成为以甲方为出资人（其中布某友持有80%股权，赵某美持有20%股权）的有限责任公司。甲方将整合后自己持有100%股权的某稀土公司的全部股权转让给王某刚，总价款为17000万元。

3. 协议签订后，王某刚向布某友支付了部分股权转让款；布某友、赵某美未依约在协议签订后的15个工作日内完成目标公司的转制设立事宜，未成立布某友持有80%股权、赵某美持有20%股权的某稀土公司。

4. 王某刚向辽宁高院起诉请求：（1）解除双方签订的《股权转让协议》；（2）布某友、赵某美返还股权转让款10350万元。

[①] 辽宁省高级人民法院，王某刚与布某友、赵某美股权转让纠纷一审民事判决书［（2018）辽民初70号］。

5. 辽宁高院判决：解除原、被告之间签订的《股权转让协议》，布某友、赵某美向王某刚返还所接收的股权转让款 101999999 元。

实务经验总结

本案中，甲乙双方转让的标的股权在签订股权转让协议时并不存在，故属于将来物买卖。将来物买卖的最大风险在于，当买受人支付了价款后，标的股权所在的目标公司并未设立，或者预售的房屋最终没有建成。如不存在其他法定的合同无效事由，将来物买卖合同有效；即当事人一方以出卖人在缔约时对标的物没有所有权或者处分权为由主张合同无效的，人民法院不予支持。股权转让也适用这一点。将来物最终确定不存在的，买受人有权解除合同；即出卖人因未取得所有权或者处分权致使标的物所有权不能转移，买受人要求出卖人承担违约责任或者要求解除合同并主张损害赔偿的，人民法院应予支持。股权转让也适用这一点。

对于股权转让方而言，订立股权"预售"合同时，需要确保标的股权在将来能真实存在，否则需要向受让人承担违约责任。

对于股权受让方而言，订立股权"预售"合同时，需要慎重决策，也需要确保标的股权在将来能真实存在，否则会承担巨大资金风险。一般情况下，不建议受让方订立股权"预售"合同。在确有必要签订股权"预售"合同时，可与转让方约定：在转让方已设立目标公司的情况下，再开始向转让方支付股权转让款。

相关法律规定

《中华人民共和国合同法》（已失效）

第九十四条 有下列情形之一的，当事人可以解除合同：

（一）因不可抗力致使不能实现合同目的；

（二）在履行期限届满之前，当事人一方明确表示或者以自己的行为表明不履行主要债务；

（三）当事人一方迟延履行主要债务，经催告后在合理期限内仍未履行；

（四）当事人一方迟延履行债务或者有其他违约行为致使不能实现合同目的；

（五）法律规定的其他情形。

第九十七条 合同解除后，尚未履行的，终止履行；已经履行的，根据履行情况和合同性质，当事人可以要求恢复原状、采取其他补救措施，并有权要求赔偿损失。

《最高人民法院关于审理买卖合同纠纷案件适用法律问题的解释》（2012年，已被修正）

第三条　当事人一方以出卖人在缔约时对标的物没有所有权或者处分权为由主张合同无效的，人民法院不予支持。

出卖人因未取得所有权或者处分权致使标的物所有权不能转移，买受人要求出卖人承担违约责任或者要求解除合同并主张损害赔偿的，人民法院应予支持。

《中华人民共和国民法典》

第五百六十三条　有下列情形之一的，当事人可以解除合同：

（一）因不可抗力致使不能实现合同目的；

（二）在履行期限届满前，当事人一方明确表示或者以自己的行为表明不履行主要债务；

（三）当事人一方迟延履行主要债务，经催告后在合理期限内仍未履行；

（四）当事人一方迟延履行债务或者有其他违约行为致使不能实现合同目的；

（五）法律规定的其他情形。

以持续履行的债务为内容的不定期合同，当事人可以随时解除合同，但是应当在合理期限之前通知对方。

第五百六十六条　合同解除后，尚未履行的，终止履行；已经履行的，根据履行情况和合同性质，当事人可以请求恢复原状或者采取其他补救措施，并有权请求赔偿损失。

合同因违约解除的，解除权人可以请求违约方承担违约责任，但是当事人另有约定的除外。

主合同解除后，担保人对债务人应当承担的民事责任仍应当承担担保责任，但是担保合同另有约定的除外。

法院判决

以下为该案在法院审理阶段，判决书中"本院认为"就该问题的论述：

本院认为，关于案涉股权转让协议及补充协议应否予以解除的问题。案涉股权转让协议虽然系双方当事人真实意思表示，总体合法有效，但是本案被告布某友、赵某美所要出让的股权在签订案涉股权转让协议时并未真实存在，故此在股权转让协议中设立了一个前提,即:布某友办完企业转制后,把其持有的原冕宁县某稀土公司和冕宁县某稀土厂要整合成一个由布某友、赵某美共同持有100%股权的目标公司,即新的冕宁县某稀土公司。然而,案涉股权转让协议签订后,布某友未能将完成转制后的冕宁县某稀土公司与冕宁县某稀土厂整合成为股权转让协议所约定的由布某友持股80%、赵某美持股20%的新冕宁县某稀土公司。布某友按当地政府要求,将转制后的冕宁县某稀土公司、冕宁县某稀土厂分别折股41%和10%,于2012年1月12日与冕宁县某矿产有限公司(折股49%)共同投资成立了冕宁县某稀土开发有限公司。2013年11月,冕宁县某稀土公司、冕宁县某稀土厂将各自股权均转让给了布某友,冕宁县某矿产有限公司将股权转让给了裸某,现在是布某友和裸某分别持有某稀土公司51%和49%股权。故此,本院认为,由于布某友未能依协议完成对所要转让股权的目标公司的设立,致使其无法将转让协议约定的股权实际出让给王某刚,构成履行股权转让协议的根本性违约。本院审理中,王某刚提出,其与布某友、赵某美签订股权转让协议约定的是收购某稀土公司这一个目标公司100%的股权,目的是绝对控股,而目前布某友所能实际转让的只是其在某稀土公司持有的51%股权,属于相对控股,违背了其受让公司股权的人合性,订立股权转让合同的根本目的已无法实现。布某友提出,其已将其在某稀土公司持股的稀土矿坑口,连同生产设备、生产经营权移交给了案外人郑某伟,履行了自己的部分转让义务,现查明,布某友并未移交股权转让目标公司的营业执照、经营(安全生产)许可、税务登记等相关证照手续,未经某稀土公司股东会决议同意,也没有取得某稀土公司另一股东裸某放弃优先购买权的书面意见,故此,布某友虽然移交了稀土矿坑口、生产设备及生产经营权,但不符合《中华人民共和国公司法》第七十一条关于有限责任公司股权转让之规定,不具有合法效力。本院认为,由于布某友未能设立股权转让协议所约定的由其夫妇持有100%股权的目标公司,无法实际出让协议约定的目标公司股权,王某刚无法实现订立股权转让协议受让目标公司100%股权的合同目的,本案符合《中华人民共和国合同法》第九十四条规定的法定解除条件,对于本案双方签订的股权转让协议,本院依法予以解除。

对于解除股权转让协议而产生的双方财产互返问题。依据《中华人民共和国合同法》第九十七条,合同解除后,尚未履行的,终止履行;已经履行的,根据履行情况和合同性质,当事人可以要求恢复原状、采取其他补救措施,并有权要求赔偿损失。原告王某刚诉讼请求布某友返还其103500000元,现查明协议履行中，王某刚一方有郑某伟向布某友直接转账支付股权转让款50999999元（亦称5100万元，差1元）；有郑某伟让其控制的辽铜公司，通过四川某峰公司向布某友支付股权转让款共计5000万元（不含温某源控制的四川某峰公司向布某友单独转款400万元）；有王某刚本人向布某友转账支付股权转让款100万元；还有王某刚委托胡某、王某娟向布某友汇款150万元，合计103499999元（亦称10350万元，差1元）。因其中王某刚委托胡某、王某娟向布某友汇款150万元，有布某友给王某刚出具的借条在卷，系布某友用于办理某稀土公司环评报告的借款，不应认定为王某刚支付的股权转让款。王某刚向布某友转账支付的股权转让价款合计应为101999999元，布某友依法在判决确定的时间内向王某刚返还。对于温某源通过四川某峰公司向布某友转款400万元，及布某友向王某刚借款150万元，依法均应由相关各方另行处理。对于布某友已经移交的稀土矿坑口、生产设备及生产经营权，以原来移交时共同签字确认的《冕宁县某稀土公司现场固定资产清单明细》为准，由王某刚在判决确定的时间内向布某友返还。鉴于双方当事人或占用了对方的资金，或占用了对方的资产，时间大体一致，价值基本相当，且原告王某刚的诉讼请求为返还所支付的股权转让款本金，故此双方互不赔偿。

综上，本案原告王某刚与被告布某友、赵某美所签订的股权转让协议及补充协议，系双方真实意思表示，合法有效，但因布某友、赵某美未依协议完成对所要转让股权的目标公司的设立，无法向王某刚履行协议约定的股权出让义务，王某刚无法实现订立股权转让协议受让目标公司100%股权的合同目的，布某友、赵某美在协议履行中构成根本性违约，本案符合《中华人民共和国合同法》第九十四条规定的法定解除条件。对于原告王某刚诉讼提出的解除股权转让协议返还转让款的请求，予以支持。

013 转让方是否可以将预期取得的股权进行转让？无权处分股权的转让协议是否有效？

裁判要旨

转让方在签署股权转让合同时，尚未取得拟转让股权，构成无权处分，股权转让协议系双方真实意思表示，合法有效，但转让方向受让方转移标的股权的物权行为处于效力待定状态，在经权利人追认或事后取得处分权时，物权行为生效。

案情简介[①]

1. 2007年6月21日，某业公司与某销总公司签订《股权转让协议书一》，约定某销总公司将其所有粮食储备库的股权转让给某业公司。因该粮食库属于国有资产，须经某销总公司的上级单位某粮集团批准生效。

2. 此后，某业公司支付了200万元预付款，某粮集团批准按评估价以拍卖的方式出让粮食库股权。

3. 2007年12月9日，拍卖公司拍卖该股权，但是某业公司未能交付3000万元的拍卖款，导致该股权重新拍卖。

4. 2008年7月15日，某业公司与王某昌、付某鑫签订《股权转让协议二》，协议约定：某业公司将预期取得的粮食库全部股权以3600万元转让给王某昌、付某鑫，王某昌与付某鑫直接自行缴纳拍卖款3000万元，某业公司协助办理证照后向其支付600万元。

5. 2008年7月18日，王某昌、付某鑫拍得涉案股权，且在某业公司的协助下，办理了相关证照，直接由某销总公司过户到二者名下。

6. 后来，粮食库改制成有限责任公司，股东王某昌、付某鑫，分别持股51%、49%。但是，王某昌、付某鑫并未按照《股权转让协议二》的要求，另行向某业公司支付600万元股权转让款。

7. 某业公司索要600万元股权转让款未果，诉至法院。本案经大连中院一审、辽宁高院二审均认为《股权转让协议二》无效，最高法再审认定《股权转让协议二》有效。

实务经验总结

为避免未来发生类似争议，提出如下建议：

1. 无权处分的股权转让协议并非无效。因此，转让方与受让方均不得以无权处分的股权转让协议无效为由，逃避合同义务。

2. 转让方在签订股权转让协议后，应当取得股权的处分权或有处分权主体

[①] 最高人民法院，王某昌、付某鑫股权转让纠纷申请再审民事判决书［（2016）最高法民再75号］。

的追认，否则其将不能完成股权转让协议的主义务（交付股权），受让方有权要求其承担赔偿责任。

3. 对于受让方来讲，即使其并非在转让方的手中直接获得股权，但是当转让方依据约定完成了主管批复、证照办理等附属义务时，受让方仍应按照合同的约定支付相应款项。

相关法律规定

《中华人民共和国合同法》（已失效）

第五十一条 无处分权的人处分他人财产，经权利人追认或者无处分权的人订立合同后取得处分权的，该合同有效。

《中华人民共和国民法典》

第五百九十七条 因出卖人未取得处分权致使标的物所有权不能转移的，买受人可以解除合同并请求出卖人承担违约责任。

法律、行政法规禁止或者限制转让的标的物，依照其规定。

《最高人民法院关于审理买卖合同纠纷案件适用法律问题的解释》（2012年，已被修正）

第三条 当事人一方以出卖人在缔约时对标的物没有所有权或者处分权为由主张合同无效的，人民法院不予支持。

出卖人因未取得所有权或者处分权致使标的物所有权不能转移，买受人要求出卖人承担违约责任或者要求解除合同并主张损害赔偿的，人民法院应予支持。

法院判决

以下为该案在法院审理阶段，判决书中"本院认为"就该问题的论述：

本院再审认为：关于双方签订的《产权转让协议书》的效力问题。

根据一、二审及本院再审查明事实，某业公司与王某昌、付某鑫于2008年7月15日签订《股权转让协议二》，该协议书系双方真实意思表示，一、二审根据其内容中涉及的转让产权不属于某业公司所有而认定该合同属于无权处分，并认定该协议无效。本院认为，《中华人民共和国合同法》第五十一条规定：无处分权的人处分他人财产，经权利人追认或者无处分权的人订立合同后取得处分权的，该合同有效。《最高人民法院关于审理买卖合同纠纷案件适用法律问题的解释》第三条规定：当事人一方以出卖人在缔约时对标的物没有所有权或者处分权为由主张合同无效的，人民法院不予支持。出卖人因未取得所有权或者处分权致使标的物所有权不能转移，买受人要求出卖人承担违约责任或者要求解除合同并主张损害赔偿的，人民法院应予支持。根据前述规定，无权处分的合同并不当然无效，此类合同只要系双方真实意思表示，其买卖合同的债权行为即为有效，但卖方向买方转移标的物所有权的物权行为处于效力待定状态，在经权利人追认或事后取得处分权时，物权行为生效。本案中某业公司虽未取得协议涉及的国有资产所有权，但王某昌、付某鑫在签订合同时即已经知晓某业公司仅以协议（预期）的方式受让粮食储备库的股权和资产，且在转让方式的约定中也明确了王某昌、付某鑫需通过直接参加拍卖合法取得，故，该协议的签订是双方真实意思表示，并不存在合同法第五十二条规定的合同无效的情形，根据合同法第四十四条依法成立的合同，自成立时生效的规定，本案涉案《产权转让协议书》在签订时已经生效，一、二审法院因无权处分而认定该协议无效，属于适用法律错误，应予纠正。

014 隐名股东是否有权转让股权？如果有权转让，需满足哪些特定条件？

裁判要旨

股权转让的受让人作为目标公司时任法定代表人明知转让人系隐名股东，且目标公司及其他时任登记股东均未对此次转让提出任何异议，《股权转让合同》合法有效，受让人应按《股权转让合同》的约定履行支付股权转让款的义务。

案情简介①

1. 某煤炭公司的法定代表人为焦某成，主要股东为焦某成、某华公司。某华公司的法定代表人为焦某，焦某、焦某成系亲属关系。

2. 2008年，毛某随与某煤炭公司签订协议，向某煤炭公司投资3000万元建设费用，承包公司某工段的生产和经营。2008年3月，焦某成、焦某分别以生产

---

① 最高人民法院，毛某随与焦某成、焦某等股权转让纠纷二审民事判决书〔（2016）最高法民终18号〕。

用款为由向毛某随借款400万元、500万元。

3. 2009年，毛某随与某煤炭公司签订《股权认购协议书》，约定："毛某随占该公司总股份35200万元12%的股权"，"由焦某、毛某随及原其他股东组成股东会"，"现公司股权以本协议为准，与工商注册无关"。协议同时还约定毛某随与某图公司原来的协议全部终止作废。

4. 《股权认购协议书》签订后，双方未办理工商注册变更登记。

5. 2013年，毛某随与焦某成签订《股权转让合同》，约定将毛某随拥有的某图公司12%的股权作价1亿元人民币转让给焦某成。2014年12月6日，毛某随与焦某成、焦某、某煤炭公司签订《补充协议书》，约定焦某与某煤炭公司为焦某成的全部债务提供连带责任保证。

6. 毛某随向法院提起诉讼，请求判令：焦某成给付股权转让价款1亿元及违约金；焦某、某煤炭公司承担连带保证责任。焦某成等抗辩称：毛某随不具有股东资格，无权转让12%股权。辽宁省高院支持了毛某随的诉讼请求。

7. 焦某成等不服一审判决，向最高人民法院提起上诉，最高人民法院认为毛某随作为隐名股东有权转让股权，判决驳回上诉、维持原判。

争议原因

首先，虽毛某随非某煤炭公司工商登记的股东，但某煤炭公司以签订《股权认购协议书》的形式确认了毛某随股东之身份及份额，系某煤炭公司的隐名股东。《股权认购协议书》确认了毛某随享有12%的股权，明确了其投资份额，无论此协议的签订是基于其他实际出资人股权之转让抑或其他原因，该协议所确定之内容均不违反法律法规的效力性强制性规定，应当依法确认其合法性。因此，就本案纠纷而言，毛某随依据《股权认购协议书》享有以隐名股东身份持有12%的股权。

其次，毛某随作为隐名股东，在满足一定条件下，可以依法转让该股权。本案股权转让的受让人焦某成作为公司时任法定代表人明知毛某随系隐名股东，因此焦某成与毛某随之间转让该12%股权的行为依法成立。且某煤炭公司及其他时任登记股东均未对此次转让提出任何异议，因此《股权转让合同》合法有效。焦某成应按《股权转让合同》的约定履行支付股权转让款的义务。

实务经验总结

为避免未来发生类似争议，提出如下建议：

1. 公司应谨慎出具"确认某某为公司股东"的文件。一旦出具，就有法律效力，股东可以依据此文件要求行使股东权利，甚至转让股权，公司不得再否认该文件的效力。正如本案中最高人民法院指出的，"无论此协议的签订是基于其他实际出资人股权之转让抑或其他原因，该协议所确定之内容均不违反法律法规的效力性强制性规定，应当依法确认其合法性"。

2. 股权受让人在签订股权转让协议前应充分了解情况，尤其是工商登记的股东及其他股东对此次转让是否知情及同意。股权受让人应同时与股权的实际出资人（隐名股东）、工商登记的股东（显名股东）签订股权转让协议，并取得其他登记股东放弃优先购买权、同意转让的书面文件，避免日后产生争议。这是因为，虽然实际出资对外签订的股权转让协议有效，但股权受让人能否顺利地完成工商登记及公司内部股东名册的登记，尚依赖于显名股东的配合；显名股东不配合的，还取决于其他股东是否同意。

3. 在无法完成股东变更登记的情况下，双方可以约定仅转让实际出资者的隐名股东地位以及由此产生的投资权利和义务。

相关法律规定

《最高人民法院关于适用〈中华人民共和国公司法〉若干问题的规定（三）》（2020修正）

第二十四条　有限责任公司的实际出资人与名义出资人订立合同，约定由实际出资人出资并享有投资权益，以名义出资人为名义股东，实际出资人与名义股东对该合同效力发生争议的，如无法律规定的无效情形，人民法院应当认定该合同有效。

前款规定的实际出资人与名义股东因投资权益的归属发生争议，实际出资人以其实际履行了出资义务为由向名义股东主张权利的，人民法院应予支持。名义股东以公司股东名册记载、公司登记机关登记为由否认实际出资人权利的，人民法院不予支持。

实际出资人未经公司其他股东半数以上同意，请求公司变更股东、签发出资证明书、记载于股东名册、记载于公司章程并办理公司登记机关登记的，人民法院不予支持。

法院判决

以下为该案在法院审理阶段，判决书中"本院认为"就该问题的论述：

一、关于《股权认购协议书》的效力以及毛某随是否享有某煤炭公司合法有效股权的问题。

根据本案已经查明的事实，毛某随与某煤炭公司于2009年1月12日签订了《股权认购协议书》，并盖有某煤炭公司印章，焦某及毛某随均签字捺印。根据该协议书中首部的内容可以认定，某煤炭公司已经确认焦某与毛某随享受某煤炭公司股东的权利及义务。在该认购协议书的具体条款中，某煤炭公司进一步确认毛某随的股份占该公司总股份的12%，还明确了"现公司股权以本协议为准，与工商注册无关"以及"此协议是确认股东身份的唯一依据"等内容。

第一，对于焦某成、焦某上诉认为该《股权认购协议书》实质为"增资扩股"的主张，本院认为，依据《中华人民共和国公司法》及相关司法解释的规定，所谓有限责任公司的"增资扩股"应当是公司基于增加注册资本金之目的而增加新股东或原股东增持股份的行为。但从《股权认购协议书》的首部及具体条款的内容看，该认购协议书的目的在于确认焦某、毛某随为某煤炭公司股东的身份，并确定毛某随持股之比例，而并未有增加注册资本金的约定。至于是否存在焦某成、焦某所称的"债转股"的行为，单凭该《股权认购协议书》的内容尚不足以确认，且其对此也未能进一步提供证据予以证明。因此，焦某成、焦某关于《股权认购协议书》实质为"增资扩股"，并认为非经法定程序的"增资扩股"依法无效的主张缺乏事实依据，本院不予支持。

第二，对于毛某随是否具备股东资格的问题，从《股权认购协议书》首部内容看，焦某于2008年3月19日与某煤炭公司全体股东签订了《准格尔旗川掌镇某煤炭有限责任公司股权转让协议书》，但依据某煤炭公司的工商登记材料，焦某始终未出现在某煤炭公司工商登记的股东名册中。据此，可以认定某煤炭公司存在登记股东与实际股东不一致的情形，因此，不能仅依据工商登记之有无而断定毛某随是否为某煤炭公司的股东。本院认为，在公司内部涉及股东之间的纠纷中，法律并未明确规定未经登记的股东不具备股东资格，而是应当结合其他证据综合认定。某煤炭公司以签订《股权认购协议书》的形式，确认了焦某及毛某随股东之身份，并认可该二人享有公司股东的权利及义务，据此，可以确认毛某随系某煤炭公司隐名股东这一身份，其股东资格不因未工商登记而被否定。

第三，对于《股权认购协议书》中确定毛某随持有12%的股权是否有效的问题，本院认为，对公司外部而言，公司的股权应当以对外公示的工商登记为准；而在公司内部，有关隐名股东身份及持股份额之约定等属于公司与实际出资人或名义股东与实际出资人之间形成的债权债务的合意，除非隐名股东要求变更为显名股东以外，该约定不会引起外界其他法律关系的变化，亦不会破坏有限责任公司的人合性，故一般应当认可其有效性。在案涉的《股权认购协议书》中，某煤炭公司确认了毛某随享有12%的股权，明确了其投资份额，无论此协议的签订是基于其他实际出资人股权之转让抑或其他原因，该协议所确定之内容均不违反法律法规的效力性强制性规定，应当依法确认其合法性。因此，就本案纠纷而言，毛某随依据《股权认购协议书》享有以隐名股东身份持有12%的股权。

第四，对于焦某成上诉认为《股权认购协议书》系焦某无权代理签订故不应当认定其效力的问题，本院认为，尽管在某煤炭公司的工商登记信息中并未反映出焦某与该公司之间的关系，但从2008年2月26日焦某以某煤炭公司法定代表人的身份与毛某随签订《某煤炭公司露天煤矿第一工段生产责任制协议》以及在某煤炭公司为毛某随出具的3000万元收款收据上签字的行为可见，某煤炭公司对于焦某以该公司名义与毛某随所从事的行为是认可的，加之焦某与某煤炭公司的法定代表人焦某成之间系同胞兄弟之关系，再考虑到焦某系某煤炭公司对外公示的法人股东内蒙古某煤炭（集团）有限公司的法定代表人之身份，可以看出焦某与某煤炭公司之间存在明显而紧密的利益关系。焦某成主张焦某无权代表某煤炭公司签字，进而否认《股权认购协议书》的效力的上诉主张是不能成立的。

综合上述分析，一审法院作出的《股权认购协议书》合法有效的认定正确，毛某随享有某煤炭公司12%的股权合法有效，其有权转让该股权。

二、关于焦某成是否应当向毛某随支付转让款并承担违约金的问题。

2013年12月28日毛某随与焦某成签订了《股权转让合同》，约定将毛某随持有的某煤炭公司12%的股份转让给焦某成。本院认为，该转让合同涉及隐名股东即实际出资人转让股权的效力问题。前已分析，毛某随在某煤炭公司内部享有的隐名投资人地位以及12%的股权依法应当得到确认和保护，因此，毛某随在满足一定条件下，可以依法转让该股权。毛某随拟转让之股权，系来源于某煤炭公司《股权认购协议书》之确认，作为时任法定代表人的焦某成应当知晓该事实。在明知毛某随为隐名股东的情形下，焦某成与毛某随之间转让该12%股权的行为依法成立。根据本案的实际，某煤炭公司就该转让行为不但未提出异议，而且在2014年12月6日的《补充协议书》中承诺承担连带保证责任，并出具了《担保书》，此外，亦未见某煤炭公司的其他时任登记股东提出任何异议。因此，焦某成与毛某随之间签订的《股权转让合同》合法有效,焦某成、毛某随、焦某、某煤炭公司四方基于此而签订的《补充协议书》亦合法有效,各方均应当依约履行合同。基于已经查明的事实,在《股权转让合同》及《补充协议书》签订后,焦某成未能如约履行支付股权转让款的义务,毛某随主张焦某成继续履行付款义务并承担违约责任的主张符合约定和法律规定。

015 股权变更与股权变更登记是一回事吗?

裁判要旨

股权转让实质上是在公司内部产生的一种民事法律关系,股权转让合同签订后,是否办理工商变更登记,属于合同履行问题。就股权转让行为的外部效果而言,股权的工商变更登记仅为行政管理行为,该变更登记并非设权性登记,而是宣示性登记,旨在使公司有关登记事项具有公示效力。因此,是否进行工商变更登记既不应对股权转让合同的效力问题产生影响,也不应导致股权转让行为是否生效或有效问题。

案情简介[①]

1. 某山投资公司是由南山区政府出资设立的全资国有公司,经营范围是企业区属国有资产的产权管理。某通公司为南山区政府成立的第二家区级资产经营公司,经营范围是受南山区政府委托行使区属国有资产产权所有者权利等。

2. 2000年1月30日,南山区区政府决定将某山投资公司参股的某石油35.88%股权转让给某通公司。

3. 2001年2月27日,某山投资公司与某通公司签订《转让协议书》;2001年3月19日,南山区国资委批准股权转让;2001年4月6日,工商行政管理部门办理股权变更登记。

4. 后因某山投资公司的债权人某堂公司以某山投资公司无偿转让某石油股权逃避债权为由行使撤销权,双方对某山投资公司转让某石油35.88%股权行为

[①] 最高人民法院,深圳市某堂信息咨询服务有限公司与深圳市某投资管理公司、深圳市某通投资控股有限公司撤销权纠纷上诉案民事裁定书[(2007)民二终字第32号]。

生效时间产生争议。某山投资公司认为股权转让行为生效时间为 2001 年 3 月 19 日，而某堂公司则认为生效时间为 2001 年 4 月 6 日。

5. 广东高级人民法院及最高人民法院经审理，均认为股权转让行为生效的日期为 2001 年 3 月 19 日。

争议原因

1. 工商变更登记并非股权转让合同的生效要件。某山投资公司系国有企业，该国有资产的转让应经国有资产管理部门批准。根据民法典第五百零二条第二款关于"依照法律、行政法规的规定，合同应当办理批准等手续的，依照其规定"的规定，本案所涉股权转让行为应自办理批准、登记手续时生效。我国公司法并未明确规定股权转让合同是否以工商变更登记为生效条件。尽管公司法第三十四条规定登记事项发生变更的，应当办理变更登记，《公司登记管理条例》（2005年，已失效）第三十五条第一款规定"有限责任公司股东转让股权的，应当自转让股权之日起 30 日内申请变更登记"，但并不能从上述规定中得出工商登记是股权转让合同的效力要件。所以，本案股权转让合同的生效时间应当是南山区国资委批准转让之日，即 2001 年 3 月 19 日。

2. 工商变更登记并非股权变动的生效要件。就股权转让行为的性质而言，股权转让实质上是在公司内部产生的一种民事法律关系，股权转让合同签订后，是否办理工商变更登记，属于合同履行问题。就股权转让行为的外部效果而言，股权的工商变更登记仅为行政管理行为，该变更登记并非设权性登记，而是宣示性登记，旨在使公司有关登记事项具有公示效力。质言之，股权转让合同签订后，是否办理工商变更登记，不应导致股权转让行为是否生效或有效问题，仅应产生当事人的是否违约以及是否具备对抗第三人效力的问题。

实务经验总结

为避免未来发生类似争议，提出如下建议和提醒：

第一，未进行工商变更登记并不导致股权转让合同无效。转受让双方务必要改掉只有工商变更登记才能使股权转让合同生效的观念，认识到在双方没有约定附条件附期限时，合同一般情况下在双方签章合同成立时生效，但对于像国有股权等则需要经主管部门批准后生效。

第二，工商变更登记也并非股权变动的生效要件。转受让双方应当认识到工商变更登记仅是一种宣示性登记，并不产生设权登记效果。受让方在股权转让合同生效后且被公司登记到股东名册时即取得股权，如果未能进行工商变更登记，股东有权请求公司办理工商变更，并有权要求转让方提供协助义务。

第三，未进行工商变更登记不得对抗善意第三人。虽然工商变更登记仅是一种宣示性登记，但其也是一种对抗性登记，对于未办理股权变更登记的，第三人有权信赖登记事项的真实性，善意第三人可以基于工商登记对原股东的记载要求其承担责任。

相关法律规定

《中华人民共和国公司法》（2018年，已被修订）

第三十二条　有限责任公司应当置备股东名册，记载下列事项：

（一）股东的姓名或者名称及住所；

（二）股东的出资额；

（三）出资证明书编号。

记载于股东名册的股东，可以依股东名册主张行使股东权利。

公司应当将股东的姓名或者名称向公司登记机关登记；登记事项发生变更的，应当办理变更登记。未经登记或者变更登记的，不得对抗第三人。

《中华人民共和国公司法》（2023修订）

第五十六条　有限责任公司应当置备股东名册，记载下列事项：

（一）股东的姓名或者名称及住所；

（二）股东认缴和实缴的出资额、出资方式和出资日期；

（三）出资证明书编号；

（四）取得和丧失股东资格的日期。

记载于股东名册的股东，可以依股东名册主张行使股东权利。

《中华人民共和国合同法》（已失效）

第四十四条　依法成立的合同，自成立时生效。

法律、行政法规规定应当办理批准、登记等手续生效的，依照其规定。

《中华人民共和国民法典》

第五百零二条　依法成立的合同，自成立时生效，但是法律另有规定或者当事人另有约定的除外。

依照法律、行政法规的规定，合同应当办理批准等手续的，依照其规定。未办理批准等手续影响合同生效的，不影响合同中履行报批等义务条款以及相关条款的效力。应当办理申请批准等手续的当事人未履行义务的，对方可以请求其承担违反该义务的责任。

依照法律、行政法规的规定，合同的变更、转让、解除等情形应当办理批准等手续的，适用前款规定。

法院判决

以下为该案在法院审理阶段，判决书中"本院认为"就该问题的论述：

本院认为：关于被撤销的债务人行为即某山投资公司向某通公司转让某石油35.88%股权行为生效时间问题。本案中，某山投资公司转让某石油35.88%股权与某通公司之行为涉及三个日期：一是2001年2月27日即该股权《转让协议书》签订日期；二是2001年3月19日即深圳市南山区国资委批准股权转让的日期；三是2001年4月6日即工商行政管理部门办理该股权变更登记的日期。尽管依据合同法第四十四条第一款关于"依法成立的合同，自成立时生效"的规定，本案所涉某山投资公司转让某石油35.88%股权与某通公司之行为应自2001年2月27日生效；但由于某山投资公司系国有企业，该国有资产的转让应经国有资产管理部门批准。根据合同法第四十四条第二款关于"法律、行政法规规定应当办理批准、登记等手续生效的，依照其规定"的规定，本案所涉股权转让行为应自办理批准、登记手续时生效。那么，本案所涉某石油35.88%股权转让行为生效时间应当是深圳市南山区国资委批准转让之日即2001年3月19日，还是工商行政管理部门办理该股权变更登记的日期即2001年4月6日呢？本院认为，我国公司法并未明确规定股权转让合同是否以工商变更登记为生效条件。尽管新公司法第三十三条规定"登记事项发生变更的，应当办理变更登记"，新《公司登记管理条例》第三十五条第一款规定"有限责任公司股东转让股权的，应当自转让股权之日起30日内申请变更登记"，但并不能从上述规定中得出工商登记是股权转让的效力要件。就股权转让行为的性质而言，股权转让实质上是在公司内部产生的一种民事法律关系，股权转让合同签订后，是否办理工商变更登记，属于合同履行问题。就股权转让行为的外部效果而言，股权的工商变更登记仅为行政管理行为，该变更登记并非设权性登记，而是宣示性登记，旨在使公司有关登记事项具有公示效力。因此，是否进行工商变更登记对股权转让合同的效力问题不应产生影响，工商登记并非股权转让合同效力的评价标准。质言之，股权转让合同签订后，是否办理工商变更登记，不应导致股权转让行为是否生效或有效问题，仅应产生当事人的是否违约以及是否具备对抗第三人效力的问题。因此，本院认为，本案所涉某石油 35.88% 股权转让行为生效时间应当是 2001 年 3 月 19 日即深圳市南山区国资委批准转让之日。某堂公司关于"债务人行为发生之日"应当是工商变更股权登记之日，即 2001 年 4 月 6 日，于法无据，本院不予支持。

延伸阅读

股权变更与股权变更登记的区别

案例一：北京某达投资管理有限责任公司与上海某威投资有限公司、上海某汽配城有限公司股权转让纠纷案［北京市高级人民法院（2009）高民终字第1824号］认为：股权变更不同于股权变更登记。首先，股权变更与股权变更登记是两个不同的概念。根据公司法及《公司登记管理条例》的有关规定，受让人通过有效的股权转让合同取得股权后，有权要求公司进行股东变更登记，公司须根据公司法及公司章程的规定进行审查，经审查股权的转让符合公司法及章程的规定，同意将受让人登记股东名册后，受让人才取得公司股权，成为公司认可的股东，这就是股权变更。但股东名册是公司的内部资料，不具有对世性，不能产生对抗第三人的法律效果，只有在公司将其确认的股东依照《公司登记管理条例》的规定到工商管理部门办理完成股东变更登记后，才取得对抗第三人的法律效果，这就是股权变更登记。因此，股权变更与股权变更登记是两个不同的法定程序。其次，公司股东的工商登记属于宣示性的登记，而不是设权性登记。因为公司将其确认的股东向工商管理部门办理登记，公司的确认已经实现，股东的身份已经确定，股东的权利也已经产生，股东的工商登记仅仅是一种宣示而已。因此，股东权利的获得与行使并不以工商登记程序的完成为条件。股东的工商登记来源于公司的登记，或者说股东的工商登记以公司股东名册为基础和根据。这不仅表现为程序上的时间顺序，更是由两种登记的不同性质决定的。公司股东名册的登记确定股权的归属，工商管理部门将其进行工商登记。公司股东名册的登记发生变动，工商登记的内容亦作相应的更改。两者之间的关系决定了在发生差异的时候，即工商登记的内容与公司股东名册登记内容不一致的时候，作为一般原则，公司股东名册的登记内容应作为确认股权归属的根据；在股权转让合同的当事人之间、股东之间、股东与公司之间因为股权归属问题发生纠纷时，当事人不得以工商登记的内容对抗公司股东名册的记录，除非有直接、明确的相反证明。

案例二：最高人民法院，某黄金集团公司与莱州市某金矿、莱州某矿业有限公司偿还黄金基金纠纷上诉案［（2006）民二终字第78号］认为：关于基本建设经营性基金"债转股"未办理工商登记的法律效力问题，本院认为，基建基金实施"债转股"行为已完成了要约与承诺过程，虽未办理工商登记，但只是不对第三人产生法律效力，债转股协议在当事人之间仍具有拘束力。工商登记只是股权变更的公示方式，只影响股权变更的外部效力，对双方的内部关系来说则不产生影响。上诉人主张因未完成工商登记变更手续，非法律上的出资人而应为债权人的理由不能成立，应予以驳回。

第二章 股东资格确认

016 既未登记也未在股东名册记载的"股东",如何确认股东资格?

阅读提示

无论是基于出资或认缴出资的股权原始取得,还是基于受让或其他形式的股权继受取得,须符合两个要件,即实质要件和形式要件。当股权归属发生争议,特别是存在未经公司章程记载、股东名册记载和工商部门登记等形式要件缺失的情形时,法院如何确认和判断股权归属或股东资格?我们将通过法院的一则经典案例,揭晓这个问题的答案。

裁判要旨

当事人未举示充分证据证明其符合股权取得的实质要件、形式要件及已经实际享有目标公司的股东权利,故其并未取得目标公司股东资格,不享有目标公司的相应股权。

案情简介[①]

1. 2000年7月21日,刘某铭与彭某芳等人共同出资200万元设立某利公司,同时某利公司取得磨盘沟弃土场项目经营权。自2001年6月29日起,彭某芳经手并加盖某利公司财务专用章收取杨某的案涉项目集资款。

2. 2012年8月26日,刘某铭与杨某、刘某国签订《磨盘沟弃土场投资入股协议》,约定:刘某铭、杨某和刘某国共同合伙投资磨盘沟弃土场,刘某铭、杨

[①] 刘某国、杨某与刘某瑜、刘某维等股东资格确认纠纷申请再审民事裁定书[(2020)渝民申380号]。

某和刘某国已分别先后投入资金688万元、72万元、40万元；从2012年开始，弃土场的收益则按各股东的份额进行分配，刘某铭86%，杨某9%，刘某国5%；原各股东所投资的股金在今天签订本协议后，全额退回；在对某利公司进行增资扩股时，将各股东的股份份额写进公司的章程。刘某铭作为某利公司的法定代表人亦在该协议上加盖某利公司的印章，对协议内容予以确认。

3. 协议签订前后，某利公司陆续退还杨某、刘某国的磨盘沟弃土场集资款，并向杨某、刘某国给付分红款。2013年6月，某利公司增加注册资本800万元，由刘某铭货币出资480万元，彭某芳货币出资320万元，并办理了公司工商变更相关事宜。

4. 杨某、刘某国向法院诉请：确认杨某享有某利公司9%的股权，刘某国享有5%的股权，并向工商机关变更股权登记，第三人彭某芳等协助办理股权变更登记。

5. 涪陵区法院一审判决确认杨某、刘某国为某利公司的股东，分别持有7.2%和4%的股权；某利公司上诉后，重庆三中院撤销一审判决，驳回杨某、刘某国的全部诉讼请求；后杨某、刘某国申请再审，重庆高院驳回其再审申请。

争议原因

本案争议的焦点是，杨某、刘某国是否依法享有某利公司的相应股权。

一审法院认为，杨某、刘某国已经依法向某利公司出资，且不违反法律法规强制性规定，享有某利公司股权，具有某利公司的股东身份。

二审法院认为，根据本案现有在卷证据，杨某、刘某国对于某利公司，既未在该公司发起设立时或公司成立后增资扩股时构成实际出资或认缴出资，也未已经实际受让或者以其他形式继受了该公司股权；既未在某利公司的章程、股东名册以及工商部门登记等外观形式上明确记载和登记其股东出资或受让股权等情形，也未已经实际享有参与某利公司重大决策、选择管理者等股东权利，无论是在公司股权取得的实质要件还是形式要件上均不符合法律法规的规定，在法律上其并未依法取得某利公司股东资格，不享有某利公司的相应股权。

我们认为，（一）从形式条件分析。本案中，杨某、刘某国享有某利公司股东身份的信息始终未出现在该公司的章程、工商登记信息、股东名册上。因此，杨某、刘某国在形式上不符合某利公司的股东身份。（二）从实质条件分析。虽刘某铭、杨某、刘某国签订了《磨盘沟弃土投资入股协议》，且该协议加盖了某利公司的印章，但该协议的主体为刘某铭、杨某、刘某国三个自然人，约定的是三人针对投资涪陵江东办事处磨盘沟弃土场的相关事宜及三人在该项目上所占份额多少等内容，该入股协议并不能作为杨某、刘某国已向某利公司支付入股款的证据。而某利公司在2013年增资时，该公司增加的注册资本800万元整也并非来源于杨某、刘某国。本案现有证据也无法证明杨某、刘某国已原始取得或继受取得某利公司的股权，也无法证明杨某、刘某国作为股东参与到某利公司管理事务中，存在行使股东权利的事实，故杨某、刘某国在实质上不符合某利公司的股东身份。我们的理解与重庆高院的裁判观点不谋而合。

实务经验总结

股东资格的确认是处理公司股权纠纷的起点，也是解决公司内部法律关系、处理公司与外部的法律关系的基础。当事人对股东资格发生争议时，人民法院一般会结合公司章程、股东名册、工商登记、出资情况、出资证明书、是否实际行使股东权利等因素，充分、综合考虑当事人实施民事行为的真实意思表示，对股东资格作出认定。

1. 对于出资人来讲，如果其真实意思表示不是借贷，而是想成为公司股东，则其在向公司汇款时最好备注"向某公司的股权出资款"等信息，以免该投入资金的性质被认定为出借款或合伙出资；还应当在出资或认缴出资后及时向公司主张股东权利，请求公司将其记载于股东名册、公司章程，并办理工商变更登记。

2. 对于公司来讲，应当置备并及时更新股东名册，使其与公司章程、工商登记的内容保持一致。此外，为避免出现股东资格纠纷，公司不应以"分红款"的名义向非股东汇款。

相关法律规定

《中华人民共和国公司法》（2018年，已被修订）

第四条 公司股东依法享有资产收益、参与重大决策和选择管理者等权利。

第三十一条 有限责任公司成立后，应当向股东签发出资证明书。

出资证明书应当载明下列事项：

（一）公司名称；

（二）公司成立日期；

（三）公司注册资本；

（四）股东的姓名或者名称、缴纳的出资额和出资日期；

（五）出资证明书的编号和核发日期。

出资证明书由公司盖章。

第三十二条 有限责任公司应当置备股东名册，记载下列事项：

（一）股东的姓名或者名称及住所；

（二）股东的出资额；

（三）出资证明书编号。

记载于股东名册的股东，可以依股东名册主张行使股东权利。

公司应当将股东的姓名或者名称向公司登记机关登记；登记事项发生变更的，应当办理变更登记。未经登记或者变更登记的，不得对抗第三人。

《最高人民法院关于适用〈中华人民共和国公司法〉若干问题的规定（三）》（2020 修正）

第二十一条 当事人向人民法院起诉请求确认其股东资格的，应当以公司为被告，与案件争议股权有利害关系的人作为第三人参加诉讼。

第二十二条 当事人之间对股权归属发生争议，一方请求人民法院确认其享有股权的，应当证明以下事实之一：

（一）已经依法向公司出资或者认缴出资，且不违反法律法规强制性规定；

（二）已经受让或者以其他形式继受公司股权，且不违反法律法规强制性规定。

第二十三条 当事人依法履行出资义务或者依法继受取得股权后，公司未根据公司法第三十一条、第三十二条的规定签发出资证明书、记载于股东名册并办理公司登记机关登记，当事人请求公司履行上述义务的，人民法院应予支持。

《中华人民共和国公司法》（2023 修订）

第四条 有限责任公司的股东以其认缴的出资额为限对公司承担责任；股份有限公司的股东以其认购的股份为限对公司承担责任。

公司股东对公司依法享有资产收益、参与重大决策和选择管理者等权利。

第五十五条 有限责任公司成立后，应当向股东签发出资证明书，记载下列事项：

（一）公司名称；

（二）公司成立日期；

（三）公司注册资本；

（四）股东的姓名或者名称、认缴和实缴的出资额、出资方式和出资日期；

（五）出资证明书的编号和核发日期。

出资证明书由法定代表人签名，并由公司盖章。

第五十六条 有限责任公司应当置备股东名册，记载下列事项：

（一）股东的姓名或者名称及住所；

（二）股东认缴和实缴的出资额、出资方式和出资日期；

（三）出资证明书编号；

（四）取得和丧失股东资格的日期。

记载于股东名册的股东，可以依股东名册主张行使股东权利。

法院判决

以下是重庆高院在再审裁定书中就"杨某、刘某国请求确认享有某利公司股权是否于法有据"的详细论述：

本院认为，杨某、刘某国未举示充分证据证明其符合股权取得的实质要件、形式要件及已经实际享有某利公司的股东权利，故其并未取得某利公司股东资格，不享有某利公司的相应股权。理由如下：

第一，杨某、刘某国未举示充分证据证明其符合公司发起设立时股权原始取得的实质要件。如前所述，原始取得是取得公司股权的方式之一。对于原始取得，其实质要件是以出资（包括公司发起设立时和公司成立后增资扩股时的实际出资或认缴出资）为取得股东资格的必要条件。本案中，杨某、刘某国虽举示了《磨盘沟弃土场投资入股协议》以及彭某芳出具的部分收款收据来主张其对某利公司享有相应的股权，但该协议明确载明系由刘某铭、杨某和刘某国三方共同合伙投资案涉磨盘沟弃土场，且三人于2000年6月分别先后投入资金，而某利公司系于2000年7月21日依法成立，且现无充分证据证明该协议所载的此前杨某、刘某国投入案涉磨盘沟弃土场的资金在某利公司发起设立时基于出资而成为该公司的注册资本，同时也无充分证据证明杨某、刘某国在某利公司发起设立时认缴了出资。

第二，杨某、刘某国未举示充分证据证明其符合公司增资扩股时股权原始取得的实质要件。《磨盘沟弃土场投资入股协议》系签订于2012年8月26日，此时某利公司已于2000年7月21日依法成立，但杨某、刘某国在签署该协议时该协议的名称明确标称为"磨盘沟弃土场投资入股协议",而非明确标称为对某利公司的投资入股等。虽然该协议内容约定了在某利公司增资扩股时将各股东的股份份额写进公司的章程,并加盖了某利公司的印章,但杨某、刘某国所称的向某利公司的出资系向案涉磨盘沟弃土场投入的集资款,且在某利公司2013年增加注册资本前就已全部退还,该公司增加的800万元注册资本也系由刘某铭、彭某芳出资,加之该协议签订时某利公司的股东除刘某铭外还有彭某芳,故该协议对杨某、刘某国在某利公司增资扩股时对某利公司享有多少股份份额也约定不明,也即不能根据该协议认定杨某、刘某国对于某利公司在该公司增资时构成了明确的认缴出资。此外,杨某、刘某国也未举示充分证据证明某利公司2013年增加的800万元注册资本系包含其合法所有财产在内而出资构成。

第三,杨某、刘某国未举示充分证据证明其符合股权继受取得的实质要件。继受取得也是取得公司股权的方式之一。对于继受取得,其实质要件则是已经实际受让或者以其他形式(如股权赠与、股权继承、公司合并等)继受了公司股权。本案中,杨某、刘某国并未举示充分证据证明其已经实际受让或者以其他形式继受了公司股权,故本案不存在公司股权继受取得的情形。

第四,杨某、刘某国未举示充分证据证明其符合股权取得的形式要件及已经实际享有某利公司的股东权利。本案中,某利公司的章程、股东名册以及工商部门登记等并未明确记载和登记杨某、刘某国对某利公司存在股东出资或受让股权等情形。此外,杨某、刘某国虽称某利公司通过彭某芳、万某英等人向其支付过分红或利润,但本院二审查明这些款项有的未载明款项性质,有的备注为"同城收款—借款",有的载明系借到某利公司江东弃土(渣)场2017年分红款等,杨某、刘某国并未举示充分证据证明这些款项明确系某利公司基于享有该公司股权而向该公司股东分配支付的公司红利等。同时,杨某、刘某国也未举示充分证据证明其已经实际享有参与某利公司重大决策、选择管理者等股东权利。

故根据本案现有在卷证据,杨某、刘某国对于某利公司,既未在该公司发起设立时或公司成立后增资扩股时构成实际出资或认缴出资,也未已经实际受让或者以其他形式继受了该公司股权;既未在某利公司的章程、股东名册以及工商部门登记等外观形式上明确记载和登记其股东出资或受让股权等情形,也未已经实际享有参与某利公司重大决策、选择管理者等股东权利,无论是在公司股权取得的实质要件还是形式要件上均不符合法律法规的规定,在法律上其并未依法取得某利公司股东资格,不享有某利公司的相应股权。

017 股权转让未办理工商变更登记，受让方主张返还价款应予支持

阅读提示

股权发生变动的依据是什么？是工商变更登记，还是股东被记载于股东名册，还是股东实际参加公司经营决策？曾经，司法裁判观点对此众说纷纭，有的持"工商登记说"，有的持"股东名册说"，还有的持"综合说"——即股权变动需要上述二者甚至更多要素才能实现。

如今，《九民纪要》出台，其第八条规定，当事人之间转让有限责任公司股权，受让人以其姓名或者名称已记载于股东名册为由主张其已经取得股权的，人民法院依法予以支持，但法律、行政法规规定应当办理批准手续生效的股权转让除外。未向公司登记机关办理股权变更登记的，不得对抗善意相对人。

可见，《九民纪要》所持观点为"股东名册说"，然而，本期案例中，北京高院却持"工商登记说"。案例中，一名股东转让其部分股权后，长达数年未办理工商变更登记，后受让股权主张解除合同，退还500万元股权转让款。对此，法院会如何判决呢？

裁判要旨

股权转让协议签订后，未办理工商变更登记，亦未参与经营，应认定受让方未取得股权，后受让方解除合同后，其要求返还股转价款的请求应予支持。

案情简介[①]

1. 2006年，陈某群一人出资成立某联公司，注册资本1000万元。后来，陈某群以某联公司的名义与万某晖约定转让20%股权，对价500万元，并约定支付款项后签署新的公司章程并办理工商变更登记。

2. 随后，万某晖陆续支付了500万元给陈某群，并与之签订了新的公司章程，但陈某群迟迟未协助万某晖办理工商变更登记。

3. 2011年，某联公司因未办理工商年检被吊销营业执照，2016年，万某晖

---

① 北京某联体育文化有限公司等与万某晖股权转让纠纷再审民事判决书 [（2019）京民再121号]。

将陈某群诉至北京朝阳区法院，请求解除原签订的《股权转让协议》，并要求返还 500 万元股转款。

4. 一审中，陈某群辩称，万某晖付款后已签署新的公司章程，已经取得股东资格，要求退款于法无据。对此，一审法院认为，双方于 2009 年签署新的公司章程不代表万某晖已实现股东资格。事实上，直至 2011 年陈某群仍未办理工商变更登记，后公司被吊销营业执照后，致使股转合同目的不能实现，因此万某晖有权解除合同，并要求退款。

5. 陈某群不服，上诉至北京三中院，该院二审维持原判。

6. 陈某群后申请再审，北京高院提审，该院再审认为，股东资格的取得需要有股权给付行为，目标公司需要有承认新股东的认可行为，陈某群即未办理工商变更登记，亦未能证明万某晖曾经参与公司经营或实际行使过股东权利，因此，原审认定万某晖未取得股东资格正确，故维持原判。

实务经验总结

1. 股权交易中应注意及时要求公司将受让方载入股东名册，办理工商变更登记，尽早实现股权的实际取得。

本期案例中，尽管北京高院认为工商登记是股权发生变动的依据，与 2019 年出台的《九民纪要》第八条中的"股东名册变动说"有所不同，但并不妨碍股权交易实务中我们应注意及时要求公司将受让方载入股东名册，办理工商变更登记。

实务中，因交易双方的熟悉、信任、欺瞒或懒惰，双方并未及时督促公司将受让人姓名或名称记载入股东名册，办理工商变更登记，后续就此爆发冲突的案例比比皆是。另外，甚至有公司根本不按照公司法的规定置备股东名册，在日后连续的股权变动中导致股东关系混乱不清，股权纠纷的隐患进一步增加。因此，公司的股东、董事、高管为了规避此类法律风险，应充分重视对股东名册的置备、保管和更新，以及交易后及时办理工商变更登记。

2. 记载股东名册或许并非股权变动的唯一依据，实务中应充分注意其他因素。

正如本期案例，北京高院在再审判决中专门提及了受让方万某晖"未参与公司经营，行使股东权利"的事实，该院认为，对于一股东而言，尽管公司未办理工商变更登记，但若有实际参与公司经营或者行使股东权利的情形，仍然可能认定其取得股东资格。毕竟，股东名册作为一种公司内部文件，或者基于其变更的工商登记，其起到的是公司内部股东承认新股东加入的作用，以此协调诸位股东的关系，然而若有股东亲自参与公司经营管理，也可起到此类作用，亦可就此认定其取得股东资格。因此，在股权交易实务中，应充分注意"参与公司经营管理，行使股东权利"等对股权变动有影响的因素。

相关法律规定

《中华人民共和国公司法》（2018年，已被修订）

第三十二条　有限责任公司应当置备股东名册，记载下列事项：

（一）股东的姓名或者名称及住所；

（二）股东的出资额；

（三）出资证明书编号。

记载于股东名册的股东，可以依股东名册主张行使股东权利。

公司应当将股东的姓名或者名称向公司登记机关登记；登记事项发生变更的，应当办理变更登记。未经登记或者变更登记的，不得对抗第三人。

《中华人民共和国公司法》（2023修订）

第五十六条　有限责任公司应当置备股东名册，记载下列事项：

（一）股东的姓名或者名称及住所；

（二）股东认缴和实缴的出资额、出资方式和出资日期；

（三）出资证明书编号；

（四）取得和丧失股东资格的日期。

记载于股东名册的股东，可以依股东名册主张行使股东权利。

《最高人民法院关于适用〈中华人民共和国公司法〉若干问题的规定（三）》（2020修正）

第二十三条　当事人依法履行出资义务或者依法继受取得股权后，公司未根据公司法第三十一条、第三十二条的规定签发出资证明书、记载于股东名册并办理公司登记机关登记，当事人请求公司履行上述义务的，人民法院应予支持。

《全国法院民商事审判工作会议纪要》（法〔2019〕254号）

8.当事人之间转让有限责任公司股权，受让人以其姓名或者名称已记载于股东名册为由主张其已经取得股权的，人民法院依法予以支持，但法律、行政法规规定应当办理批准手续生效的股权转让除外。未向公司登记机关办理股权变更登记的,不得对抗善意相对人。

法院判决

以下为该案在法院审理阶段,判决书中"本院认为"就该问题的论述:

关于万某晖是否取得某联公司的股东资格的问题。万某晖签订股权转让合同、签署新的公司章程、支付股权转让款,系履行股权转让合同的义务。当万某晖履行了上述股权转让合同的义务后,有权要求取得某联公司的股东资格。但股东资格的取得不是由股权受让方单方面完成的,必须有股权转让方以及目标公司的配合。即股权转让方需要有转让股权的给付行为,目标公司需要有承认新股东的认可行为。本案中,陈某群、某联公司没有举证证明,陈某群履行了转让股权的义务使万某晖取得股东资格,或者万某晖实际行使了股权权利而表明其享有股东资格。陈某群、某联公司至一审诉讼时尚不认可万某晖拥有股权转让合同中的权利,更不用说认可万某晖的股东资格。基于此,陈某群、某联公司所述万某晖已取得股东资格的说法缺乏证据支持,不能成立。因此,万某晖在长期不能取得股东资格的情况下,起诉解除合同符合法律规定,同时有权要求陈某群返还500万元股权转让款并支付相应利息。原审法院对此处理正确,故本院再审予以维持。

延伸阅读

本书笔者还检索了其他5个案例,案例一中法院采取了"综合性"的观点,认为"公司章程、实际出资、出资证明书、股东名册、出资人是否行使股东权利履行股东义务"等诸多要素都是判断股权发生变动的依据。案例二至案例四中,法院或多或少地认为股权工商变更登记,是股权发生变动的依据。案例五,法院认为股东姓名载于股东名册是股东发生变动的依据。

案例一:吉林省高级人民法院在李某攀与闫某发、赵某林、赵某波、磐石市某旺供热有限公司股权转让纠纷二审一案〔(2015)吉民二终字第24号〕中认为,对于是否为有限责任公司的股东,应着重对股东身份进行实质性审查,即通过对公司章程、实际出资、出资证明书、股东名册、出资人是否行使股东权利履行股东义务等实质性证据加以审查。就本案而言,根据李某攀的诉讼请求,其提起诉讼是以具有某园公司股东身份,行使股东相应的权利。但李某攀未能提供取得股权的实质性证据,证明已经依法向公司出资,即通过出资或受让方式依法原始取得或继受取得股权。只是提交了某旺公司前身某园公司由某龙公司更名而来时的《公司变更登记申请书》、某园公司向工商部门申请变更经营范围、延长经营期限的《变更登记申请事项》及公司年检报告等工商登记资料有股东李某攀字样，而没有举证出公司给其签发的股东名册、出资证明书及公司章程、股东行使股东权利履行股东义务等证据，亦不能举出实际向公司缴纳出资的证据。李某攀主张其继受取得某园公司股权，即受让了李某富20%股权、邵某玲15%股权、邵秋某15%的股权，但只是以出让人证言来证明，鉴于李某攀、闫某发、邵某玲、邵秋某的特殊身份关系，证言无法采信，亦没有股权转让协议及工商部门股权变更登记等相关证据佐证，与原审闫某发以其欠付李某攀工资抵顶李某攀出资的陈述亦相互矛盾，故李某攀主张其继受取得股权的事实不能确认。

案例二：南京市中级人民法院在上诉人邵某因与被上诉人崔某股权转让纠纷一案[（2015）宁商终字第1305号]中认为，邵某转让股权给崔某的行为系赠与行为。首先，邵某在一审庭审中自认转让股权时并未要求崔某支付对价；其次，股东会决议仅确认将邵某27%的股权转让给崔某，未有要求崔某支付对价的内容；最后，邵某在变更股权工商登记时擅自签订了一份有对价的股权转让协议，但其并未告知崔某需要支付对价，崔某在知晓该份股权转让协议后亦未对该协议进行追认，该协议仅是邵某与某信公司办理股权转让手续所用，并非双方形成的合意，故该份股权转让协议不成立，对双方不具有约束力。综上意见，股权变更登记的完成证明了该赠与行为已经完成，邵某也未能举证证明存在法定或约定的撤销事由，故该赠与行为合法有效，受法律保护。

案例三：浙江省高级人民法院在某洲集团股份有限公司、浙江某泽投资发展有限公司等与包头市某资实业有限公司股权转让纠纷一审一案[（2017）浙民初8号]中认为，故本案股权至今在四原告名下而未办理变更登记，符合股权转让合同的约定。本院可以认定被告某资公司因不具有履行合同能力而违约，原告取得全部股权转让款的合同目的不能实现。对原告提出解除本案合同的诉讼请求，本院予以支持。根据合同解除后可请求"恢复原则"和"赔偿损失"的处理原则，在股权尚未办理变更登记的情况下，对某合公司已经支付给原告的2.6亿元股权转让款，应当予以返还。

案例四：湖北省高级人民法院在龚某、韩某股权转让纠纷再审一案[（2016）鄂民再154号]中认为，至二审时，韩某成为公司的大股东后行使股东权利，已经实际控制公司达三年之久。自案涉股权办理变更登记之日起至韩某实际控制公司的期间，社会成本和社会影响已倾注其中，本案纠纷涉及公司的稳定性和相关交易的稳定性。在涉案 60%股权变更登记及交接手续已经履行的情况下，宜维持韩某的股东地位，不宜判决返还股权。对于 2011 年 1 月 11 日双方已经办理了变更登记手续的 60%股权，龚某要求恢复原状，返还股权的诉讼请求，原审不予支持并无不当。龚某关于原审法院曲解《中华人民共和国合同法》第九十七条规定的立法本意，驳回其诉讼请求属适用法律错误的主张，缺乏事实和法律依据，本院不予支持。

案例五：陕西省高级人民法院在西安高新技术产业某投资有限责任公司与西安某通信有限公司、西安某航空科技股份有限公司股权转让纠纷二审一案[（2014）陕民二终字第 00003 号] 中认为，2013 年 1 月，某通信公司已经被记载于某航空公司的股东名册，这是某投公司多次催促某航空公司取得的进展，而登记于股东名册的时间也符合某通信公司催告函中要求的 2013 年 1 月 31 日前的时限。此外，根据某航空公司的《公司章程》第 29 条，股东名册是证明股东持有公司股份的充分证据，某通信公司被记载于股东名册足以证明其已经取得股权。某通信公司是持有某航空公司 22.28%股权的股东。该股东名册没有记载股东地址、股票编号的瑕疵，并不影响股东名册证明某通信公司持有某航空公司股权的功能。因此，某航空公司出具的股东名册是合法有效的。

018 与持股 90%的大股东签订增资协议并实际投资，最终竟未取得股东资格？

裁判要旨

根据公司法的规定，公司增加注册资本应由股东会作出决议，且必须经代表三分之二以上表决权的股东表决通过。增资入股事项和增资协议均未经股东会决议通过，原告也从未行使过股东经营管理公司的义务、享有过公司股东的权利，故原告不能取得股东资格。

案情简介[①]

1. 某朋公司由张某营、王某兵设立，注册资本为人民币 100 万元，其中，张某营出资 90 万元，持股 90%；王某兵出资 10 万元，持股 10%，法定代表人由张某营担任。

2. 2006 年 5 月 9 日，原某臣与张某营签订《入股合资经营协议》，约定某朋公司由原某臣出资入股进行合资经营；双方各自的出资总额以其最终累计的出资额为准，公司对双方已经到位的出资额应出具出资证明。但是，该次增资扩股事宜未经过某朋公司股东会决议通过。

3. 2006 年 9 月 26 日，张某营向原某臣出具收条，注明收到原某臣股金 25 万元，该收条上加盖了某朋公司公章。

4. 此后，经股权转让和增资，至 2008 年 7 月 16 日，某朋公司的注册资本增加至 300 万元，张某营不再担任某朋公司股东。在某朋公司股权变更过程中未涉及原某臣，原某臣未记载于某朋公司的股东名册。

5. 此后，原某臣向法院起诉要求确认股东资格。本案经上海浦东法院一审，上海中院二审，最终未能认定原某臣的股东资格。

实务经验总结

为避免未来发生类似争议，提出如下建议：

1. 投资者若想通过增资扩股的方式取得股东资格，务必要求大股东召集股东会，通过代表三分之二以上表决权股东的表决（若公司章程规定更高的表决权比例，则按照公司章程的规定处理），并在股东会决议中要求公司原股东对增资份额放弃优先购买权。切不可以为公司由控股股东一人实际控制，便可以对公司的一切事宜做主，即便是其股权占比在 90% 以上，诸如增资减资合并分立的事项，也不属于大股东个人的特权，其必须通过股东会决议的方式上升为公司意志，否则因程序违法，投资者并不能取得股东资格。

2. 对于公司的控股股东来讲，必须摆正自己的位置，认识到公司和自己是两个相互独立的主体，完善公司的法人治理结构，严格区分股东会、董事会、经理、法定代表人等公司机关的权力和责任，依照公司法及公司章程的内容和程序

---

① 上海市第一中级人民法院，原某臣与上海某朋生物技术有限公司股票权利确认纠纷一案二审民事判决书［（2010）沪一中民四（商）终字第 69 号］。

行使职权，否则可能因越权行为致使签订的协议或决议被认定为可撤销或无效。

相关法律规定

《中华人民共和国公司法》（2018年，已被修订）

第三十七条 股东会行使下列职权：

（一）决定公司的经营方针和投资计划；

（二）选举和更换非由职工代表担任的董事、监事，决定有关董事、监事的报酬事项；

（三）审议批准董事会的报告；

（四）审议批准监事会或者监事的报告；

（五）审议批准公司的年度财务预算方案、决算方案；

（六）审议批准公司的利润分配方案和弥补亏损方案；

（七）对公司增加或者减少注册资本作出决议；

（八）对发行公司债券作出决议；

（九）对公司合并、分立、解散、清算或者变更公司形式作出决议；

（十）修改公司章程；

（十一）公司章程规定的其他职权。

对前款所列事项股东以书面形式一致表示同意的，可以不召开股东会会议，直接作出决定，并由全体股东在决定文件上签名、盖章。

第四十三条 股东会的议事方式和表决程序，除本法有规定的外，由公司章程规定。

股东会会议作出修改公司章程、增加或者减少注册资本的决议，以及公司合并、分立、解散或者变更公司形式的决议，必须经代表三分之二以上表决权的股东通过。

《中华人民共和国公司法》（2023修订）

第五十九条 股东会行使下列职权：

（一）选举和更换董事、监事，决定有关董事、监事的报酬事项；

（二）审议批准董事会的报告；

（三）审议批准监事会的报告；

（四）审议批准公司的利润分配方案和弥补亏损方案；

（五）对公司增加或者减少注册资本作出决议；

（六）对发行公司债券作出决议；
（七）对公司合并、分立、解散、清算或者变更公司形式作出决议；
（八）修改公司章程；
（九）公司章程规定的其他职权。

股东会可以授权董事会对发行公司债券作出决议。

对本条第一款所列事项股东以书面形式一致表示同意的，可以不召开股东会会议，直接作出决定，并由全体股东在决定文件上签名或者盖章。

第六十六条 股东会的议事方式和表决程序，除本法有规定的外，由公司章程规定。

股东会作出决议，应当经代表过半数表决权的股东通过。

股东会作出修改公司章程、增加或者减少注册资本的决议，以及公司合并、分立、解散或者变更公司形式的决议，应当经代表三分之二以上表决权的股东通过。

法院判决

以下为该案在法院审理阶段，判决书中"本院认为"就该问题的论述：

原某臣与张某营签订《入股合资经营协议》的目的系通过某朋公司增资扩股方式成为某朋公司股东，但是该协议未经某朋公司股东会决议通过，未确定原某臣投资数额及股权份额，且在协议之后某朋公司的多次变更过程中均未涉及原某臣，原某臣也从未行使过股东经营管理公司的义务、享有过公司股东的权利，现张某营已不是某朋公司股东，故原某臣再以其与张某营签订的协议为据主张某朋公司增资扩股吸收其为公司股东的主张无事实依据和可能，故对原某臣的上诉请求本院难以支持。

019 最高法为何频频否定代持股合同的效力？——谈代持股合同的效力识别标准和方法

阅读提示

在通常情况下，隐名出资人与名义股东之间签订的代持股协议为有效协议，这也造成了司法实务中，代持股现象的大量存在。但是，笔者发现最高法连续裁出两个代持股协议无效的案子。笔者以这两个案子为例，向大家展示最高法关于代持股协议效力的识别标准和方法。

裁判要旨

代持股协议虽然仅违反部门规章，未违反法律、法规的强制性规定，但该协议损害社会公共利益的，该代持协议无效。隐名出资人无权依据无效的代持股协议，请求名义股东返还股权，也无权要求公司确认股东资格，办理工商过户手续。

案情简介①

1. 某康人寿公司是一家经银保监会批准成立的保险公司。某策公司与某杰公司分别持有某康人寿公司 2 亿股，持股比例均为 20%。

2. 2011 年，某康人寿公司进行增资扩股。某策公司欲进行增资，但其选择采用隐名持股的方式进行增资。

3. 同时，某策公司与某杰公司签订《信托持股协议》约定，某策公司、某康人寿公司 2 亿股的股份（占 20%）的实益权利，现通过信托的方式委托某杰公司持股。某杰公司同意接受某策公司的委托。随后，某策公司通过某杰公司向某康人寿公司增资 2 亿元。

4. 另外，《保险公司股权管理办法》第八条规定，任何单位或者个人不得委托他人或者接受他人委托持有保险公司的股权。《保险公司股权管理办法》是由银保监会制定的部门规章。

5. 此后，某策公司向某杰公司主张解除《信托持股协议》，并要求某杰公司将 2 亿股股份过户到某策公司，因某杰公司不肯，遂诉至法院。

6. 本案经福建高院一审，认为《信托持股协议》合法有效，某策公司为实际持股人，某杰公司将所代持股份过户给某策公司，某康人寿公司将某策公司记载于股东名册，并办理工商过户登记。

7. 某杰公司不服，上诉至最高法，最高法经审理认为，《信托持股协议》损害了社会公共利益，当属无效，撤销原判，发回重审。

---

① 最高人民法院，福建某杰投资有限公司、福州某策实业有限公司营业信托纠纷二审民事裁定书[（2017）最高法民终 529 号]。

争议原因

本案中,《信托持股协议》的内容违反银保监会制定的《保险公司股权管理办法》禁止代持保险公司股权规定,虽然该管理规定属于部门规章,但在规范目的、内容实质,以及实践中允许代持保险公司股权可能出现的危害后果进行综合分析,违反该管理办法的协议,有损社会公共利益,当属无效。具体分析如下:

第一,《保险公司股权管理办法》在法律规范的效力位阶上虽属于部门规章,并非法律、行政法规,但银保监会是依据保险法授权,为保持保险公司经营稳定,保护投资人和被保险人的合法权益,加强保险公司股权监管而制定。因此,该管理办法禁止代持保险公司股权的规定与保险法的立法目的一致,都是为了加强对保险业的监督管理,维护社会经济秩序和社会公共利益,促进保险事业的健康发展。

第二,《保险公司股权管理办法》系银保监会在本部门的职责权限范围内,根据加强保险业监督管理的实际需要具体制定,该内容不与更高层级的相关法律、行政法规的规定相抵触,也未与具有同层级效力的其他规范相冲突,同时其制定和发布亦未违反法定程序,因此管理办法关于禁止代持保险公司股权的规定具有实质上的正当性与合法性。

第三,从代持保险公司股权的危害后果来看,允许隐名持有保险公司股权,将使真正的保险公司投资人游离于国家有关职能部门的监管之外,如此势必加大保险公司的经营风险,妨害保险行业的健康有序发展。加之由于保险行业涉及众多不特定被保险人的切身利益,保险公司这种潜在的经营风险在一定情况下还将危及金融秩序和社会稳定,进而直接损害社会公共利益。

综上,违反《保险公司股权管理办法》有关禁止代持保险公司股权规定的行为,在一定程度上具有与直接违反保险法等法律、行政法规一样的法律后果,同时还将出现破坏国家金融管理秩序、损害包括众多保险法律关系主体在内的社会公共利益的危害后果。依据原合同法第五十二条的规定,损害社会公共利益的合同无效。因此,本案中某策公司、某杰公司之间签订的《信托持股协议》应认定为无效。进而,某策公司将股份过户至其名下的诉讼请求依法不能得到支持。

实务经验总结

对于隐名出资人来讲,隐名出资人签订的代持股协议,即使没有违反法律法规的效力性规定，但是损害社会公共利益的，同样无效。所以，隐名出资人在与名义股东签订代持股协议，不但要避免违反法律、行政法规的效力性强制性规定，而且要避免违反社会公共利益。特别是对于违反证监会、银保监会等金融监管部门规章的，即使在效力位阶上不属于法律、行政法规，但是有可能损害该部门规章所保护的社会公共利益。

另外，根据民法典等相关规定，合同只有在违反效力性的强制性规定时，才可能无效，而违反管理性的强制性规定，合同并非无效，而仅对合同双方处以公法上的行政责任。但是，如何区分效力性的强制性规定和管理性的强制性规定，却是司法实务中的一大难题。笔者根据相关司法解释和相对成熟的学界通说，提出如下区分方法：

首先是形式的识别方法，即直接看该规范是否直接明文规定了违反该规定的合同即为无效的。例如，房地产法领域关于未办理房屋预售许可证签订的合同无效，建工领域关于无资质或超越资质签订的建设工程合同无效。

其次是实质的识别方法，也即需要看合同违反的规范，是在本质上要禁止该类行为，还是仅仅是限制特定主体市场准入资格、禁止某种特定的履行方式、特定的履行时间和履行地点等。换言之，任何人在任何时间任何地点任何情况下均不可以做的，一般即为效力性的强制性规定。例如，禁止买卖枪支毒品，禁止拐卖妇女儿童等规定。仅仅是限制某类人，在特定条件下，才可以进行的规定，即为管理性的强制性规定。例如，禁止未办理餐饮许可证就开饭馆，但是，我们与该无证经营的饭馆所成立的餐饮服务合同，也是有效的。另外，我们要结合该规范所规制的利益类型和立法目的，来使用前述两种方法，通常来讲如果该规范的目的在于保护社会公共利益，而不仅仅是协调当事人双方之间的利益，该规范即为效力性的强制性规定，反之则为管理性的强制性规定。

需要提醒的是，使用前述两种方法时，我们首先要在效力位阶上看一下，该规范是否属于法律或者行政法规。若仅仅是部门规章或地方性法规或其他规范性文件，我们则不必再以民法典第一百五十三条第一款来判断合同效力。而是需要看该规范性文件是否违反了民法典关于合同无效的其他规定，也即是否有违社会公共利益、违背公序良俗，就像本案中的代持股协议，虽然违反的是部门规章，但其有违社会公共利益，也当属无效。

相关法律规定

《最高人民法院关于适用〈中华人民共和国公司法〉若干问题的规定（三）》（2020修正）

第二十四条 有限责任公司的实际出资人与名义出资人订立合同，约定由实际出资人出资并享有投资权益，以名义出资人为名义股东，实际出资人与名义股东对该合同效力发生争议的，如无法律规定的无效情形，人民法院应当认定该合同有效。

前款规定的实际出资人与名义股东因投资权益的归属发生争议，实际出资人以其实际履行了出资义务为由向名义股东主张权利的，人民法院应予支持。名义股东以公司股东名册记载、公司登记机关登记为由否认实际出资人权利的，人民法院不予支持。

实际出资人未经公司其他股东半数以上同意，请求公司变更股东、签发出资证明书、记载于股东名册、记载于公司章程并办理公司登记机关登记的，人民法院不予支持。

法院判决

以下为该案在法庭审理阶段，判决书中"本院认为"就该问题的论述：

本院认为，某策公司、某杰公司签订的《信托持股协议》内容，明显违反原中国保险监督管理委员会制定的《保险公司股权管理办法》第八条关于"任何单位或者个人不得委托他人或者接受他人委托持有保险公司的股权"的规定，对该《信托持股协议》的效力审查，应从《保险公司股权管理办法》禁止代持保险公司股权规定的规范目的、内容实质，以及实践中允许代持保险公司股权可能出现的危害后果进行综合分析认定。首先，从《保险公司股权管理办法》禁止代持保险公司股权的制定依据和目的来看，尽管《保险公司股权管理办法》在法律规范的效力位阶上属于部门规章，并非法律、行政法规，但原中国保险监督管理委员会是依据《中华人民共和国保险法》第一百三十四条关于"国务院保险监督管理机构依照法律、行政法规制定并发布有关保险业监督管理的规章"的明确授权，为保持保险公司经营稳定，保护投资人和被保险人的合法权益，加强保险公司股权监管而制定。据此可以看出，该管理办法关于禁止代持保险公司股权的规定与《中华人民共和国保险法》的立法目的一致，都是为了加强对保险业的监督管理，维护社会经济秩序和社会公共利益，促进保险事业的健康发展。其次，从《保险公司股权管理办法》禁止代持保险公司股权规定的内容来看，该规定系原中国保险监督管理委员会在本部门的职责权限范围内，根据加强保险业监督管理的实际需要具体制定，该内容不与更高层级的相关法律、行政法规的规定相抵触，也未与具有同层级效力的其他规范相冲突，同时其制定和发布亦未违反法定程序，因此《保险公司股权管理办法》关于禁止代持保险公司股权的规定具有实质上的正当性与合法性。最后，从代持保险公司股权的危害后果来看，允许隐名持有保险公司股权，将使真正的保险公司投资人游离于国家有关职能部门的监管之外，如此势必加大保险公司的经营风险，妨害保险行业的健康有序发展。加之由于保险行业涉及众多不特定被保险人的切身利益，保险公司这种潜在的经营风险在一定情况下还将危及金融秩序和社会稳定，进而直接损害社会公共利益。综上可见，违反原中国保险监督管理委员会《保险公司股权管理办法》有关禁止代持保险公司股权规定的行为，在一定程度上具有与直接违反《中华人民共和国保险法》等法律、行政法规一样的法律后果，同时还将出现破坏国家金融管理秩序、损害包括众多保险法律关系主体在内的社会公共利益的危害后果。《中华人民共和国合同法》第五十二条规定，"有下列情形之一的，合同无效：（一）一方以欺诈、胁迫的手段订立合同，损害国家利益；（二）恶意串通，损害国家、集体或者第三人利益；（三）以合法形式掩盖非法目的；（四）损害社会公共利益；（五）违反法律、行政法规的强制性规定"。故依照《中华人民共和国合同法》第五十二条第四项等规定，本案某策公司、某杰公司之间签订的《信托持股协议》应认定为无效。某策公司依据该《信托持股协议》要求将讼争4亿股股份过户至其名下的诉讼请求依法不能得到支持。

综上，本院认为，某策公司、某杰公司之间虽签订有《信托持股协议》，但双方是否存在讼争4亿股某康人寿公司股份的委托持有关系，需依法追加某孚公司等第三人参加诉讼，进一步查明相关事实后方可作出判定。但无论某策公司、某杰公司之间是否存在讼争保险公司股份的委托持有关系，由于双方签订的《信托持股协议》违反了原中国保险监督管理委员会《保险公司股权管理办法》的禁止性规定，损害了社会公共利益，依法应认定为无效。某策公司可以在举证证明其与某杰公司存在讼争股份委托持有关系的基础上，按照合同无效的法律后果依法主张相关权利。为进一步查明相关案件事实，充分保障各方当事人和有关利害关系人行使诉讼权利，本案应发回原审法院重新审理。

延伸阅读

裁判规则：代持股协议虽未违反法律法规的效力性强制性规定，但损害社会公共利益的，协议无效。

最高人民法院，杨某国、林某坤股权转让纠纷再审审查与审判监督民事裁定书诉争协议［（2017）最高法民申2454号］认为，上市公司股权代持协议，对于其效力的认定则应当根据上市公司监管相关法律法规以及《中华人民共和国合同法》等规定综合予以判定。首先，中国证券监督管理委员会于2006年5月17日颁布的《首次公开发行股票并上市管理办法》第十三条规定："发行人的股权清晰，控股股东和受控股股东、实际控制人支配的股东持有的发行人股份不存在重大权属纠纷。"《中华人民共和国证券法》第十二条规定："设立股份有限公司公开发行股票，应当符合《中华人民共和国公司法》规定的条件和经国务院批准的国务院证券监督管理机构规定的其他条件……"第六十三条规定："发行人、上市公司依法披露的信息，必须真实、准确、完整，不得有虚假记载、误导性陈述或者重大遗漏。"中国证券监督管理委员会于2007年1月30日颁布的《上市公司信息披露管理办法》第三条规定："发行人、上市公司的董事、监事、高级管理人员应当忠实、勤勉地履行职责，保证披露信息的真实、准确、完整、及时、公平。"根据上述规定等可以看出，公司上市发行人必须股权清晰，且股份不存在重大权属纠纷，并公司上市需遵守如实披露的义务，披露的信息必须真实、准确、完整，这是证券行业监管的基本要求，也是证券行业的基本共识。由此可见，上市公司发行人必须真实，并不允许发行过程中隐匿真实股东，否则公司股票不得上市发行，通俗而言，即上市公司股权不得隐名代持。本案之中，在某顿公司上市前，林某坤代杨某国持有股份，以林某坤名义参与公司上市发行，实际隐瞒了真实股东或投资人身份，违反了发行人如实披露义务，为上述规定明令禁止。其次，中国证券监督管理委员会根据《中华人民共和国证券法》授权对证券行业进行监督管理，是为保护广大非特定投资者的合法权益。要求拟上市公司股权必须清晰，约束上市公司不得隐名代持股权，系对上市公司监管的基本要求，否则如上市公司真实股东都不清晰的话，其他对于上市公司系列信息披露要求、关联交易审查、高管人员任职回避等监管举措必然落空，必然损害到广大非特定投资者的合法权益，从而损害到资本市场基本交易秩序与基本交易安全，损害到金融安全与社会稳定，从而损害到社会公共利益。据此，根据《中华人民共和国合同法》第五十二条规定,"有下列情形之一的,合同无效:(一)一方以欺诈、胁迫的手段订立合同,损害国家利益;(二)恶意串通,损害国家、集体或者第三人利益;(三)以合法形式掩盖非法目的;(四)损害社会公共利益;(五)违反法律、行政法规的强制性规定"。本案杨某国与林某坤签订的《委托投资协议书》与《协议书》,违反公司上市系列监管规定,而这些规定有些属于法律明确应予遵循之规定,有些虽属于部门规章性质,但因经法律授权且与法律并不冲突,并属于证券行业监管基本要求与业内共识,并对广大非特定投资人利益构成重要保障,对社会公共利益亦为必要保障所在,故依据《中华人民共和国合同法》第五十二条第四项等规定,本案上述诉争协议应认定为无效。

020 对外隐名,对内不隐名的隐名出资人,可直接要求公司确认股东资格并办理股权变更登记吗?

阅读提示

在司法实践中,代持股的现象司空见惯,进而也滋生了大量实际出资人(隐名出资人)要求显名的诉讼。其实,隐名持股可分为两种类型:一、对内不隐名,对外隐名,也即公司和公司内部的股东,均知晓或认可隐名出资人和名义股东的代持股关系,但公司外部人不知晓存在代持股关系;二、对内隐名,对外也隐名,也即公司和其他股东也不知道隐名出资人和名义股东的代持股关系,公司外部人也不知道代持股关系。本文通过一则最高法的判例,介绍"对内不隐名,但对外隐名"的隐名出资人的显名方法和程序。

裁判要旨

公司及其股东均认可隐名出资人股东身份,且隐名出资人确属实际出资,且以股东身份行使股东权利的,隐名出资人可直接要求公司确认股东资格,并办理股权变更登记。

案情简介[①]

1. 1997年2月4日，某信公司成立，其股东分别为某托公司与原淮阴市某局，注册资本为300万元，该公司系国有企业。

2. 1997年6月，某信公司与张某兰签订《协议书》一份，约定张某兰投入资金400万元人民币，以增资方式获得股权，并就受益方式等作出约定，张某兰及某信公司原法定代表人成廷某在该协议书上签字。

3. 1998年，原淮阴市某局将股权全部转让给金某公司，殷某也作为"股东"加入某信公司。某信公司增资至1000万元，其中，某托公司出资580万元，金某公司出资20万元，殷某出资400万元人民币（占公司注册资本的40%）。其中，殷某400万元的出资实际由张某兰缴付。

4. 1998年3月25日，某信公司股东某托公司、金某公司与张某兰签订《补充合同书》，约定：乙方（张某兰）以殷某的名义进行的投资，殷某不仅享有管理权、监督权，而且最终支配投资及收益分配。

5. 张某兰在殷某成为某信公司股东后，其参与股东会增资及资本确认会议并在会议纪要上签字；同时，其还参与公司就股东及资本额相关章程的修改会议并在公司章程修正案上签字，并参加公司董事会及股东会，通过决议成为某信公司股东会成员、公司董事及公司清算组成员并在相关会议纪要上签名。

6. 此后，张某兰因未能正常行使股东权利，以某信公司和殷某为被告，依法向法院提起诉讼，要求确认其为某信公司股东并占股40%。

7. 本案经淮安市中院一审、江苏省高院二审、最高法再审，最终判定，王某兰为某信公司持股40%的股东。

争议原因

名义股东与隐名出资人之间对隐名出资人的股东地位有明确规定，公司及公司的其他多数股东对于名义出资人与隐名出资人的关系知情，且隐名出资人已经实际行使股东权利的，隐名出资人的股东资格应当认定。本案中，第一，张某兰与某信公司及其他股东签订的《协议书》《补充合同书》均能够证明，张某兰和某信公司及其他股东形成了张某兰成为某信公司股东的真实意思表示。第二，张某兰向某信公司缴纳400万元，为实际出资人，殷某仅为名义股东。第三，《协

[①] 最高人民法院，殷某、张某兰股东资格确认纠纷案民事裁定书 [（2017）最高法民申37号]。

议书》和《补充合同书》均可证明，某信公司及其股东均同意张某兰向某信公司缴纳出资成为股东且某信公司的其他股东对张某兰以殷某的名义进行投资均是明知的。第四，张某兰多次以某信公司股东的身份参加股东会议，实际行使股东权利。

实务经验总结

1. 从隐名出资人显名诉讼的角度上看，其若想确认股东资格并要求法院办理股权过户手续，其需要证明如下要件事实：第一，隐名出资人确实已向公司实际出资。第二，隐名出资人与公司及其他股东已对其成为公司股东的意思表示达成一致。第三，隐名出资人能够证明其以股东身份行使过股东权利，比如参加股东会、指派董事、获取分红等事实。

2. 对欲以隐名出资人的身份参与股权投资的朋友来讲，其不仅需要与名义股东签订代持股协议，最好还要求目标公司和其他股东均确认其股东身份，并留存其实际行使股东权利的各种证据，和其实际向公司缴纳投资款的证据。当然，这些主要的内容均需要以协议的方式落实到条款当中去，只有如此，方能切实确保股东资格和股权收益，建议聘请专业律师出具整套的代持股文件。

相关法律规定

《最高人民法院关于适用〈中华人民共和国公司法〉若干问题的规定（三）》（2020修正）

第二十二条　当事人之间对股权归属发生争议，一方请求人民法院确认其享有股权的，应当证明以下事实之一：

（一）已经依法向公司出资或者认缴出资，且不违反法律法规强制性规定；

（二）已经受让或者以其他形式继受公司股权，且不违反法律法规强制性规定。

第二十三条　当事人依法履行出资义务或者依法继受取得股权后，公司未根据公司法第三十一条、第三十二条的规定签发出资证明书、记载于股东名册并办理公司登记机关登记，当事人请求公司履行上述义务的，人民法院应予支持。

第二十四条　有限责任公司的实际出资人与名义出资人订立合同，约定由实际出资人出资并享有投资权益，以名义出资人为名义股东，实际出资人与名义股东对该合同效力发生争议的，如无法律规定的无效情形，人民法院应当认定该合同有效。

前款规定的实际出资人与名义股东因投资权益的归属发生争议,实际出资人以其实际履行了出资义务为由向名义股东主张权利的,人民法院应予支持。名义股东以公司股东名册记载、公司登记机关登记为由否认实际出资人权利的,人民法院不予支持。

实际出资人未经公司其他股东半数以上同意,请求公司变更股东、签发出资证明书、记载于股东名册、记载于公司章程并办理公司登记机关登记的,人民法院不予支持。

法院判决

以下为该案在法庭审理阶段,判决书中"本院认为"就该问题的论述:

本院认为,关于张某兰是否具有某信公司股东资格问题。《协议书》和《补充合同书》均可证明,某信公司及其股东均同意张某兰向某信公司缴纳出资成为股东且某信公司的其他股东对张某兰以殷某的名义进行投资均是明知的。张某兰多次以某信公司股东的身份参加股东会议,实际行使股东权利。根据《外商投资产业指导目录》(2015修订)内容,房地产开发并未列入上述目录限制类或禁止类产业,故不涉及国家规定实施准入特别管理(负面清单)的外商投资企业的设立和变更,不再需要审批。因此,原审判决依据当事人之间的约定以及出资事实确认张某兰为某信公司的股东,适用法律并无不当。

延伸阅读

裁判规则:隐名股东在其他股东均认可实际出资人的股东身份时可请求办理变更登记。

案例一:最高人民法院审理的林某群与林某、张某股东资格确认纠纷[(2014)民申字第1053号]认为,"本案纠纷中,双方当事人争议的标的是某联公司的股权及股东资格,案涉法律关系的主体包括隐名股东(实际出资人)、显名股东和目标公司(某联公司),某公司不是本案的适格主体……依据各股东在《流转协议》中的约定,林某群'代持'是'为了简化注册手续'。某联公司成立后,林某、张某作为该公司的工作人员参与了公司经营,其作为代持协议中约定的实际出资人,请求结束其股权被代持的状况,并不违反当事人之间的约定。现某联公司登记的股东是林某群、吴某朝,二人均是《流转协议》的缔约人，吴某朝对林某、张某作为实际出资人、隐名股东的身份是清楚并认可的。曾是某联公司原始股东的汪某军的证言亦证明了设立公司时与林某、张某等四人协商等事实。因此，依据本案的事实及相关法律规定，原审判令某联公司为林某、张某办理股东工商登记变更手续、林某群应履行必要的协助义务，适用法律正确"。

案例二：江苏省高级人民法院审理的施某初与江苏某置业有限公司、王某云等股东资格确认纠纷 [（2015）苏商终字第00419号] 认为，"施某初与王某云之间存在股权代持法律关系。根据某公司盖章，王某云、汤某慧、周某签字的《出资证明》所载明内容，'应施某初本人要求，在本公司注册时其全部35%股份一并计入王某云名下'，因此，施某初与王某云之间基于某公司股权的代持法律关系合法有据，应予认定……从在案的《出资证明》及双方往来函件的内容来看，由于某公司其他股东均认可施某初的股东身份，故无需再履行公司法司法解释所规定的需其他股东决议同意的显名程序，原审法院径行判决某公司为施某初办理股东变更登记手续符合法律规定"。

021 隐名出资人要求显名，但不能取得其他股东半数以上同意的，不予确认股东资格

阅读提示

在司法实践中，代持股的现象司空见惯，进而也滋生了大量实际出资人（隐名出资人）要求显名的诉讼。其实，隐名持股可分为两种类型：一、对内不隐名，对外隐名，也即公司和公司内部的股东，均知晓或认可隐名出资人和名义股东的代持股关系，但公司外部人不知晓存在代持股关系；二、对内隐名，对外也隐名，也即公司和其他股东均不知道隐名出资人和名义股东的代持股关系，公司外部人也不知道代持股关系。本文通过一则最高法的判例，介绍"对外隐名，对内也隐名"的隐名出资人的显名方法和程序。

裁判要旨

隐名出资人向公司主张股权的，必须首先证明其有出资行为，其次须经公司

其他股东半数以上同意，否则不能实现显名。其中，其他股东半数以上同意的表现形式通常是，其他股东通过书面说明、合同或股东会决议等方式，明确作出承认或者同意隐名出资人股东身份的意思表示。

案情简介①

1. 2003年7月2日，某龙公司成立，注册资本为5000万元，其中某网络公司出资3000万元，占股60%，吴某宏出资2000万元，占股40%。

2. 2003年7月6日，吴某彬与某网络公司、吴某宏签订协议确定，某网络公司在某龙公司的出资为500万元，占股10%；吴某宏在某龙公司的出资为2250万元，占股45%；吴某彬在某龙公司的出资为2250万元，占股45%。

3. 2003年8月，吴某彬共向某网络公司汇款2250万元，某网络公司出具证明，收到吴某彬注册资金2250万元。

4. 之后，某龙公司进行了增资扩股，吸收投资公司和某瑞公司加入。最终的股权结构变更为某网络公司出资3000万元，占股13.3333%；投资公司出资3750万元，占股16.6667%；某瑞公司出资3750万元，占股16.6667%；吴某宏出资12000万元，占股53.3333%。

5. 吴某彬以股东资格确认纠纷为由起诉，请求人民法院判决确认以某网络公司名义持有的某龙公司股权中75%股权属其所有。但是，除某网络公司以外的某龙公司其他股东均明确表示不同意吴某彬成为某龙公司的股东。

6. 本案经杭州中院一审、浙江高院二审、最高法再审，最终判定吴某彬不具有股东资格，驳回其诉讼请求。

争议原因

第一，隐名出资人向公司主张股权的，必须首先证明其有出资行为，出资行为是其取得股东资格并享有股权的内心真意的外在表示。虽然隐名出资人是借用他人名义向公司出资，其出资行为仍然能够表明其向公司投资并享有股东权益的内心真意。出资、股东资格和股东权益三者之间具有前后因果关系，即先有出资行为，然后取得股东资格和享有股东权益，出资行为是原因和基础，取得股东资格和享有股东权益是结果和目的。因此，对于隐名出资人确认股东资格该等公司

---

① 最高人民法院，吴某彬与浙江某龙投资有限公司、某网络信息技术有限责任公司一般股东权纠纷案［（2013）民申字第2450号］。

内部的股权确认争议，需要考虑当事人的真实意思表示。

第二，实际出资人若要实现隐名股东显名化，须经公司其他股东半数以上同意。有限责任公司具有团体性，该团体性不仅是指公司重大事项需要由股东共同决定，也是指股东的变化需要征求其他股东的意见。另外，有限责任公司具有较强的人合性特点。隐名出资人可以依其个人意志决定是否向公司出资，但是股东资格的取得则不再是以个人意志为基础的个人行为，而是以股东成员合意为基础的股东团体成员身份认同行为，是公司的团体性行为。是否承认隐名出资人的股东身份，意味着其他股东是否接受公司既有成员格局的变化，因此仅仅考察隐名出资人是否有真正的出资是不够的，还要考虑公司其他股东的意见。因此，《最高人民法院关于适用〈中华人民共和国公司法〉若干问题的规定（三）》第二十五条第三款规定，实际出资人若要实现隐名股东显名化，须经公司其他股东半数以上同意。

第三，公司其他股东半数以上同意存在两种形式。一方面是，其他股东明确作出承认或者同意隐名出资人股东身份的意思表示。明确的意思表示可以表现为，其他股东可以作出书面声明，或者在隐名出资人的请求书上签字，或者与隐名出资人及名义出资人共同签订合同，或者是通过股东会决议确认隐名出资人的股东身份。另一方面是，从行为上推定其他股东是否有承认或者同意隐名出资人股东身份的意思表示。例如，其他股东对于隐名出资人实际享有股东权利的知情和认可行为，即其他股东明知隐名出资人行使或者享有了股东权利，但是并未表示反对，可视为一种默许。

本案中，吴某彬虽然能够证明其为实际出资人，但在公司其他股东、某瑞公司、投资公司和吴某宏均不同意其成为显名股东的情形下，吴某彬提出确认以网络公司名义持有的某龙公司股权，并将隐名出资显名化的诉请，不符合法律规定。

实务经验总结

隐名出资人若要成功显名，需要证明三个要件事实：

1. 隐名出资人与名义股东之间存在委托持股的法律关系，即隐名出资人具有成为公司股东的真实意思表示；

2. 隐名出资人能够证明实际出资；

3. 隐名出资人取得公司其他过半数以上股东同意的证据，或是单方的书面声明，或是各方的股东协议，或是公司股东的股东会决议。

另外，隐名出资人能够证明其以股东身份行使过股东权利，比如参加股东会、指派董事、获取分红等事实。

相关法律规定

《最高人民法院关于适用〈中华人民共和国公司法〉若干问题的规定（三）》（2020修正）

第二十二条　当事人之间对股权归属发生争议，一方请求人民法院确认其享有股权的，应当证明以下事实之一：

（一）已经依法向公司出资或者认缴出资，且不违反法律法规强制性规定；

（二）已经受让或者以其他形式继受公司股权，且不违反法律法规强制性规定。

第二十三条　当事人依法履行出资义务或者依法继受取得股权后，公司未根据公司法第三十一条、第三十二条的规定签发出资证明书、记载于股东名册并办理公司登记机关登记，当事人请求公司履行上述义务的，人民法院应予支持。

第二十四条　有限责任公司的实际出资人与名义出资人订立合同，约定由实际出资人出资并享有投资权益，以名义出资人为名义股东，实际出资人与名义股东对该合同效力发生争议的，如无法律规定的无效情形，人民法院应当认定该合同有效。

前款规定的实际出资人与名义股东因投资权益的归属发生争议，实际出资人以其实际履行了出资义务为由向名义股东主张权利的，人民法院应予支持。名义股东以公司股东名册记载、公司登记机关登记为由否认实际出资人权利的，人民法院不予支持。

实际出资人未经公司其他股东半数以上同意，请求公司变更股东、签发出资证明书、记载于股东名册、记载于公司章程并办理公司登记机关登记的，人民法院不予支持。

法院判决

以下为该案在法庭审理阶段，判决书中"本院认为"就该问题的论述：

本院认为，"依据《最高人民法院关于适用〈中华人民共和国公司法〉若干问题的规定（三）》第二十五条第三款的规定：'实际出资人未经公司其他股东半数以上同意，请求公司变更股东、签发出资证明书，记载于股东名册、记载于公司章程并办理公司登记机关登记的，人民法院不予支持．'即实际出资人若要实现隐名股东显名化，须经公司其他股东半数以上同意。即使吴某彬系实际出资人，但在独立法人某瑞公司、投资公司和吴某宏在一、二审中均不同意吴某彬成为某龙公司显名股东，某网络公司二审亦答辩要求驳回上诉的情形下，吴某彬提出确认以某网络公司名义持有的某龙公司股权中75%股权属吴某彬所有、将隐名出资实名化的上诉请求和理由不符合法律规定，本院不予支持"。

延伸阅读

裁判规则：隐名出资人未能证明公司其他过半数以上股东同意，股东资格不予确认。

案例一：最高人民法院审理的甘肃某丰农业生产资料有限公司、朱某忠、兰州市某丰农业生产资料有限公司、甘肃某丰工贸有限责任公司股东资格确认纠纷〔（2016）最高法民申2998号〕认为，"本案中，实际出资人兰州某丰公司请求甘肃某丰公司变更股东已经公司其他股东过半数同意。据此，原判决根据兰州某丰公司实际出资的事实，认定兰州某丰公司系甘肃某丰公司股东并持有85%股权有事实与法律依据。甘肃某丰公司、朱某忠以原判决在未经甘肃某丰公司股东过半数同意的情况下，即认定兰州某丰公司是甘肃某丰公司股东违反法律规定的再审申请理由不能成立"。

案例二：最高人民法院审理的吴某福与邵某益、安徽某娜置业开发有限公司股东资格确认纠纷案〔（2015）民申字第2709号〕认为，"2007年6月1日吴某福等五人订立的《合作协议书》系五人就某娜欧洲城项目A区北段的项目开发合作协议，该协议并未载明此五人同意或确认将吴某福登记为显名股东。二审判决以《最高人民法院关于适用〈中华人民共和国公司法〉若干问题的规定（三）》第二十四条第三款有关'实际出资人未经公司其他股东半数以上同意，请求公司变更股东、签发出资证明书、记载于股东名册、记载于公司章程并办理公司登记机关登记的，人民法院不予支持'的规定为据，对吴某福要求显名登记的诉请不予支持，并无不当"。

案例三：最高人民法院审理的王某与安徽阜阳某泰房地产开发有限公司股东资格确认纠纷案〔（2014）民二终字第185号〕认为，"据法律规定，实际出资人请求登记为股东的，应获得公司其他股东半数以上同意。王某以某泰公司为被告提起诉讼，请求确认其为某泰公司股东及其持股比例。其诉讼请求能否获得支持，取决于王某与某泰公司的出资关系及某泰公司股东是否同意。王某、张某、倪某东三人签订的《合伙协议》及《股东合作协议书》系三人真实意思的表示……王某、张某、倪某东三人《合伙协议》及《股东合作协议书》不违反法律和行政法规的规定，合法有效。王某、张某、倪某东依据三人之间的《合伙协议》及《股东合作协议书》，通过某远公司向某泰公司投资，其形成的财产属于合伙财产，其归属应按《合伙协议》及《股东合作协议书》约定确认。王某与某泰公司之间并不存在直接的出资关系，但一审中，某纺公司、某城公司、某泰公司表示，只要张某、王某等实际投资人达成一致意见，其可以按某远公司的要求将剩余43%股权变更至某远公司指定的人员名下；利某达公司对此亦不持异议。一审判决确认王某为某泰公司股东，确认王某享有某泰公司14.33%的股权，不违反《最高人民法院关于适用〈中华人民共和国公司法〉若干问题的规定（三）》第二十四条第三款的规定，某泰公司全体股东及某泰公司均认可该判决，说明某泰公司全体股东均同意王某持有某泰公司相应的股权。一审判决应予维持"。

案例四：江苏省高级人民法院审理的穆某传与连云港某龙建材有限公司、谭某等股东资格确认纠纷案［（2016）苏民申2618号］认为，"实际出资人要求确认自己的股东身份，必须具备法律规定的前提条件。《最高人民法院关于适用〈中华人民共和国公司法〉若干问题的规定（三）》第二十四条第三款规定，实际出资人未经公司其他股东半数以上同意，请求公司变更股东、签发出资证明书、记载于股东名册、记载于公司章程并办理公司登记机关登记的，人民法院不予支持。依照前述规定，实际出资人如欲取得公司股东的身份，需经过股东会决议程序，征求其他股东的意见。依据在案证据，仅可确认穆某传系股权出让前某龙公司的实际出资人。虽陈某富确认其出资中包含穆某传的实际出资，但从某龙公司历次工商变更登记的情况来看，穆某传自始至终并未取得某龙公司股东的身份，并非某龙公司原股东。穆某传只有具备前述司法解释规定的前提要件，才能被确认为公司股东。2009年9月20日的某龙公司股东会决议仅载明'穆某传依法行使股东权益，参加公司股东会议'，未达到前述确认股权身份的法定要件。因此，穆某传要求确认股东身份的再审理由欠缺事实及法律依据"。

案例五：江苏省高级人民法院审理的王某兵与原海门市某安装工程有限公司股东资格确认纠纷案［（2015）苏审二商申字第00337号］认为，"王某兵为某安装公司的实际出资人，但某安装公司的章程和工商登记均没有王某兵持股情况的记载。王某兵要成为公司法意义上的股东,必须符合《最高人民法院关于适用〈中华人民共和国公司法〉若干问题的规定(三)》第二十四条第三款的规定,即必须经某安装公司其他股东半数以上同意。王某兵现无证据证明某安装公司的其他股东半数以上已同意将其载于公司章程,故其不能成为某安装公司公司法意义上的股东。原判决未支持王某兵请求法院判决确认其为某安装公司股东的诉求,并无不当"。

第三章 股权转让价款

022 股东事先约定股权回购价款，后公司资产发生重大变化可否要求调整价款？

裁判要旨

各方约定股权退出价格为债权方转股债权原值，该约定为当事人意思表示真实，不违反法律、行政法规的强制性规定，对当事人具有法律约束力。尽管《中华人民共和国公司法》规定有关股东可以请求公司以合理的价格收购其股权，但在股东之间对股权回购价格已有明确约定的情况下，不能够脱离原协议约定而另行确定股权回购价格。

案情简介[①]

1. 2000年5月29日，某达公司、某融公司与某矿务局签订《某矿务局债权转股权协议》，三方共同设立某西集团，其中债权方某达公司、某融公司以其对某矿务局的债权按照1∶1的比例折合为对某西集团的出资。某达公司出资6193万元，占注册资本的4.62%。协议还约定，某融公司、某达公司所持有某西集团的股权可采取某西集团公司回购、股权转让和某矿务局收购三种退出方式。退出的期间为7年，从2000年开始退出，2007年前全部退出。

2. 2000年6月9日，三方签订《补充协议》，约定某达公司、某融公司的股权通过某西集团公司回购方式退出时，股权退出价格为债权方转股债权原值。

3. 2001年12月，某西集团支付某达公司股权回购款35万元，某达公司持股比例由4.68%减少为4.65%，出资额由6193万元减少为6158万元。

[①] 最高人民法院，中国某达资产管理股份有限公司与某西集团有限责任公司请求公司收购股份纠纷二审民事判决书［（2016）最高法民终34号］。

4. 2011年8月28日，某西集团通过关于延长经营期限的股东会决议，某达公司表示反对，并要求某西集团回购某达公司的股权，但双方未能达成一致意见。

5. 某达公司向法院提起诉讼，请求判令：某西集团回购某达公司持有的4.65%的股份，回购价款为（1）某达公司的出资额6158万元；（2）按清算、审计及评估后确定的股权价值，两种价款计算方式中较高的价款。

6. 贵州省高院判决：股权回购价款为6158万元+6158万元自2007年1月1日起的利息。

7. 某达公司与某西集团均向最高人民法院提起上诉。最高人民法院驳回双方上诉，维持原判。

争议原因

各方约定股权退出价格为债权方转股债权原值，该约定为当事人意思表示真实，不违反法律、行政法规的强制性规定，对当事人具有法律约束力。尽管原公司法第七十四条规定有关股东可以请求公司以合理的价格收购其股权，但在股东之间对股权回购价格已有明确约定的情况下，不能够脱离原协议约定而另行确定股权回购价格。

至于某西集团后来资产发生了变化，在已有约定的情况下，不能以股权回购时企业财产的实际状况已经发生减少（或增加），约定的股权收购价值就必须相应减少（或增加）。

因此，对于"按清算、审计及评估后确定的股权价值"两种价款计算方式中较高的价款的诉讼请求未予支持，而是判决按照约定的股权回购价款金额支付。

实务经验总结

为避免未来发生类似争议，提出如下建议：

1. 公司全体股东应事先在公司设立之初就约定股权回购价款的计算方式。通常情况下，只有在公司重大决策事项上与股东之间出现重大分歧且通过其他和平手段难以解决时，才会请求回购股权。此时，股东之间已"撕破脸"，很难再通过协商的方式确定各方均可接受的股权回购价款，因此最好的办法就是事先确定好股权回购价款的计算方式。

2. 一旦约定股权回购价款的计算方式，就不要再试图反悔，主张约定的价款过高或过低。即使如本案各方在2000年就确定了回购价款，2011年才发生股权回购事由，双方也应信守当初的协议，不得以公司资产发生重大变化为由请求调整回购价款。

3. 为避免因公司资产发生重大变化、事先约定的回购价款过高或过低致使对于股东一方或公司一方明显不公，本书笔者建议：应约定动态的股权回购价款的计算方式及调整机制（如约定一个最低回购价款，并约定在此基础上根据公司的净资产变化而相应调整最终的股权回购价款），避免像本案一样，约定一个完全静态、固定、无法调整的股权回购价款。

相关法律规定

《中华人民共和国公司法》（2018年，已被修订）

第七十四条 有下列情形之一的，对股东会该项决议投反对票的股东可以请求公司按照合理的价格收购其股权：

（一）公司连续五年不向股东分配利润，而公司该五年连续盈利，并且符合本法规定的分配利润条件的；

（二）公司合并、分立、转让主要财产的；

（三）公司章程规定的营业期限届满或者章程规定的其他解散事由出现，股东会会议通过决议修改章程使公司存续的。

自股东会会议决议通过之日起六十日内，股东与公司不能达成股权收购协议的，股东可以自股东会会议决议通过之日起九十日内向人民法院提起诉讼。

《中华人民共和国公司法》（2023修订）

第八十九条 有下列情形之一的，对股东会该项决议投反对票的股东可以请求公司按照合理的价格收购其股权：

（一）公司连续五年不向股东分配利润，而公司该五年连续盈利，并且符合本法规定的分配利润条件；

（二）公司合并、分立、转让主要财产；

（三）公司章程规定的营业期限届满或者章程规定的其他解散事由出现，股东会通过决议修改章程使公司存续。

自股东会决议作出之日起六十日内，股东与公司不能达成股权收购协议的，股东可以自股东会决议作出之日起九十日内向人民法院提起诉讼。

公司的控股股东滥用股东权利，严重损害公司或者其他股东利益的，其他股东有权请求公司按照合理的价格收购其股权。

公司因本条第一款、第三款规定的情形收购的本公司股权，应当在六个月内依法转让或者注销。

法院判决

以下为该案在法院审理阶段，判决书中"本院认为"就该问题的论述：

本院认为，在股东之间对股权回购有明确约定的情况下，《中华人民共和国公司法》第七十四条有关股东请求公司以合理的价格收购其股权的规定，并非能够完全脱离原出资协议约定而另行确定。某西集团章程第七十一条规定资产管理公司所持股权按《债权转股权协议》和《债权转股权补充协议》实施。某达公司于2000年5月29日及6月9日与某矿务局及某融公司三方签订的《补充协议》和《某矿务局债权转股权协议》，不仅对上述三方股东共同设立某西集团的出资形式和比例作了约定，亦对各股东股权的退出及收购方式作了特别约定。2000年5月29日《债权转股权协议》第十章股权退出，约定某达公司以及某融公司所持有某西集团的股权，可以采取新公司回购、债权方向第三方转让和丙方某矿务局收购三种退出方式，退出的时间为7年，从2000年开始退出，在2007年前全部退出。且对某西集团股权回购或者丙方某矿务局收购计划约定了每年的股权退出比例、股权退出数以及按照溢价率计算的每年股权退出的总价款。2000年6月9日，某达公司与某矿务局、某融公司三方股东就股权退出问题及分取红利、股权退出价款支付计划调整等签订《债权转股权补充协议》作了进一步约定，其中第二条针对股权退出补充约定：债权方的股权通过新公司回购方式退出时，股权退出价格为债权方转股债权原值，不采取溢价方式计算，即当事人实际取消原协议中关于股权退出按照一定股权溢价率支付回购价款的约定。对此约定，并不违反国务院办公厅2003年2月23日国办发〔2003〕8号《关于进一步做好国有企业债权转股权工作的意见》第三条第五项对债转股协议和方案中"要求原企业全部购买金融资产管理公司股权的有关条款"予以废止的规定，上述规定中"原企业"是指当时的丙方某矿务局，本案当事人争议的是某达公司是否有权请求由某矿务局、某融公司及某达公司三方股东共同出资设立的新公司某西集团收购或回购其股权以及以何种价格收购或回购，而并非要求原出资一方购买股权，二者有本质区别。至于原出资人某矿务局主体资格演变如何认定，并不影响对本案中由原出资一方购买股权和新设立的公司购买股权两种性质的判断。当事人约定由三方股东设立的新公司某西集团回购股份，回购方式也非一次性全部回购，而是约定分期分批进行，并没有加大新公司的负担。原审判决认定本案《债权转股权协议》及《债权转股权补充协议》为当事人意思表示真实，内容形式不违反法律、行政法规的强制性规定，协议合法有效，并无不当。某达公司上诉关于本案《债权转股权协议》《债权转股权补充协议》约定的回购方式，因违反国办发〔2003〕8号《关于进一步做好国有企业债权转股权工作的意见》第三条第五项有关规定，对当事人已不再具有效力的理由，不能成立，本院不予支持。某西集团主张原审判决不应该按照某西集团2002年股份账面原值计算收购股权价值，原审没有考虑某西集团资产因所属单位政策性破产而带来的股权价值变化的上诉理由，亦不能成立。对于股权退出方式及价格，是三方股东根据自愿原则自由商定的，对当事人具有法律约束力。至于成立的新公司后来资产发生了变化，并非必然导致股权价值的变化，股权价值还取决于公司其他因素。不能以股权回购时企业财产的实际状况已经发生减少，约定的股权收购价值就必须相应减少，当事人对此亦没有明确约定。况且某达公司债权转为股权作为对某西集团的出资，为某西集团减负，支持其经营，所起作用是显然的，要求相应减少股权回购款，对某达公司亦有不公。某西集团关于原审判决其承担2007年1月1日至判决生效之日的利息无事实和法律依据的上诉主张，本院认为，鉴于双方当事人在《债权转股权协议》《债权转股权补充协议》约定某达公司股权必须到2007年前退出完毕，但某西集团并没有按照约定履行其义务，某西集团迟延履行支付回购股权的款项，相应地给予利息，属法定孳息，具有合法依据。

023 股权转让约定审计确定价款，实际履行时对账明确相关金额，系变更原合同约定，一方不应再主张审计定价

裁判要旨

《股权转让合同》约定，款项数额以双方共同委托的会计师事务所出具的《资产审计报告》为准，但在股权转让合同实际履行过程中，双方当事人并未委托会计师事务所对相关资产进行审计。而在双方就未支付款项进行对账时，双方

不仅未对审计事宜提出异议,还对尚欠数额进行了明确确认。由此可见,双方当事人在合同履行过程中,并未实际执行合同约定的审计条款,应当视为该条款在实际履行过程中进行了变更。因此,对"双方尚未委托会计师事务所出具《资产审计报告》、付款条件尚未成就"的抗辩理由,法院不予支持。

案情简介①

1. 某和公司的股东为郁某(持股 85%)、赵某爱(持股 15%);某栋公司的股东为张某隣、张某。

2. 2007 年 3 月 22 日,某和公司为甲方与乙方某栋公司签订《股权转让合同》,约定:(1) 郁某、赵某爱将其持有的某和公司全部股权转让给乙方及乙方股东,转让价款 3000 万元;(2) 乙方承担并清偿原某和公司部分债务和科技广场项目已垫付的工程款 3.1 亿元,其中垫付款以甲乙双方共同委托的某会计师事务所出具的《资产审计报告》为准;(3) 以上共计 3.4 亿元,付款方式为至 2008 年 12 月 30 日前分十期付清。

3. 合同签订后,双方未委托会计师事务所出具审计报告。后郁某将某和公司 35%股权转让给张某隣,但某栋公司未按合同约定支付价款。

4. 2009 年 3 月 17 日,各方签订《补充合同》,确认了某栋公司所欠合同价款的数额,某栋公司、某和公司、张某隣、张某向郁某、赵某爱承诺,共同承担此次股权转让的债务。同日,郁某、赵某爱将所持某和公司剩余 65%股权转让给了张某隣、张某。

5. 某栋公司等仍未按《补充合同》约定的时间和金额付款。2012 年 4 月 5 日,双方再次对账,确认某栋公司一方尚欠郁某、赵某爱一方的股权转让合同款的金额。

6. 2013 年 6 月 25 日,郁某、赵某爱提起诉讼,请求按照双方于 2012 年 4 月 5 日对账确认的金额,由张某隣、张某、某和公司、某栋公司承担本金及违约金。张某隣、张某、某和公司、某栋公司则提出"本案付款的前提应以某会计师事务所出具的《资产审计报告》确定的数额为准,而该金额尚不确定,所以付款条件尚未成就"的抗辩理由。

7. 天津市高院的判决支持了原告方的诉讼请求,按照双方对账的数额确定

---

① 最高人民法院,张某隣、张某、天津某和科技发展股份有限公司、天津开发区某栋实业发展有限公司与郁某、赵某爱股权转让合同纠纷二审民事判决书〔(2014)民二终字第 36 号〕。

本金及违约金；被告方不服，上诉至最高人民法院，最高人民法院就该争议焦点维持原判。

实务经验总结

为避免未来发生类似争议，提出如下建议：

1. 股权收购前应进行财务审计，根据审计结果确定合同价款。避免类似于本案中先签合同、后做审计的情况。

2. 如股权转让协议中约定合同价款根据签订合同后进行的审计确定，则应同时对审计材料的提供、审计费用的负担进行约定，并设置相应的违约责任条款。同时要考虑到，如审计结果与签订股权转让协议时预想的情况有较大的差异，双方应相应调整合同价款。对于股权受让方而言，还应在股权转让协议中对于未做审计、审计结果与股权转让方之前提供的情况有较大出入等情况，设置单方合同解除条款。

3. 股权转让协议履行过程中，涉及签字盖章的都应谨慎。单方盖章的文件，可视为对另一方的承诺，如另一方接受则相当于对原股权转让协议的变更及补充；双方都盖章的文件，虽然未必叫作"补充协议"，但无其名而有其实，对双方均有约束力。一旦签订了类似文件，就应当按照该文件约定的内容履行，不可再反悔，要求不按该文件履行，而按照原股权转让协议履行。因此，类似于本案中某栋公司在已与对方对账确定合同价款后，又再次要求按照原股权转让协议中约定的以审计结果确定合同价款的主张，不可能得到法院的支持。

相关法律规定

《中华人民共和国合同法》（已失效）

第七十七条　当事人协商一致，可以变更合同。

法律、行政法规规定变更合同应当办理批准、登记等手续的，依照其规定。

第七十八条　当事人对合同变更的内容约定不明确的，推定为未变更。

《中华人民共和国民法典》

第五百四十三条　当事人协商一致，可以变更合同。

第五百四十四条　当事人对合同变更的内容约定不明确的，推定为未变更。

法院判决

以下为该案在法院审理阶段，判决书中"本院认为"就该问题的论述：

根据本案查明的事实,双方当事人于 2007 年 3 月 22 日、2009 年 3 月 17 日先后签订《股权转让合同》《补充合同》《补充合同二》,从上述合同约定看,双方确有在合同履行中对股权转让相关款项进行审计以准确确定应支付金额的意思表示。二审中,张某隣、张某、某和公司、某栋公司主张其曾委托某会计师事务所对某和公司相关资产进行审计,由于郁某、赵某爱拒不提供有关账目导致无法出具报告。但从张某隣、张某、某和公司、某栋公司提供的证据看,并不足以证实上述事实属实。因此可以认为,在股权转让合同实际履行过程中,双方当事人并未委托某会计师事务所对相关资产进行审计。而在 2012 年 4 月 5 日双方就未支付款项进行对账时,张某隣、张某、某和公司、某栋公司不仅未对审计事宜提出异议,还对尚欠数额进行了明确确认。由此可见,双方当事人在合同履行过程中,并未实际执行合同约定的审计条款,应当视为该条款在实际履行过程中进行了变更。在双方对应支付款项及还款方式进行多次约定和确认之后,张某隣、张某、某和公司、某栋公司在诉讼中又提出双方已经确认的数额不能作为支付依据而应当以审计数额为准的主张,缺乏事实和法律依据,本院不予支持。

024 股权转让价格主要取决于双方协商,未经评估不构成显失公平

阅读提示

股权转让交易中,交易双方为了确保公司各项资产及股权本身价格的公允性、客观性,都会聘请专业的资产评估机构对该等标的进行评估,依据评估价格买卖相应股权。那么,若交易完成后,当一方认为股权价格不合理,偏高或偏低,可否以股权价格未经评估,以"显失公平"为由撤销该转让协议呢?本期案例中,本书笔者与您一同分享。

裁判要旨

非上市公司的股权交易价格主要取决于双方协商一致,对股权进行资产评估并非必要要求,该评估与是否构成显失公平并无关联性。

案情简介[①]

1. 某光公司于 2001 年成立,经营房地产业务,其中股东某元公司持股 70%,某邦公司持股 12%。

2. 2015 年,某邦公司将某光公司 12% 的股权转让给某元公司,协商转让价格为 3200 万元,并随后完成工商变更登记。

3. 2017 年末,某邦公司将某元公司和某光公司起诉至成都中院,请求撤销原股转合同,并恢复其股东身份,理由是某元公司作为控股股东隐瞒一项 450 亩土地使用权转让收入,造成转让股价虚低,构成欺诈,显失公平。

4. 一审中,某邦公司为了证明先前转让的股价虚低,申请对股权进行资产评估,法院予以拒绝。法院认为,有限公司股价不像上市公司股价经过充分竞争和博弈,其股价相对净资产有所溢价和折价纯属正常,某邦公司作为小股东具有知情权,应视为知悉公司转让土地事宜,故不予认定存在隐瞒收入之事实,于是一审法院判决驳回起诉。

5. 某邦公司不服,上诉至四川高院,四川高院二审认为,股权价格不仅包括公司净资产,也包括当事人对其投资价值的主观评判,且股价是会随经营情况动态变化的,主要取决于双方协商一致,是否评估与是否构成欺诈、显失公平不具有关联性,一审法院不予评估的处理正确,于是二审维持原判。

实务经验总结

一、法律无法代替买方判断股权交易价格,买方定价时需谨慎再谨慎。

诚如本期案例二审法院所言,股权价格不仅包括公司净资产,也包括当事人对公司投资价值的主观评判。这一点无形中给收购股权的一方施加了更多的注意义务,因此,股权受让方在接受某个股权价格前,除了要调查核实公司的各项主要资产、负债、营业收入、利润、税务状况、诉讼情况等直观的情况,还要对公司所处的行业前景、竞争态势、经营情况、战略规划、经营团队素质与能力等非直观的方面进行研究与判断,有必要的,还应该聘请相关行业专家、估值专家对股权价格进行确定。避免交易后发现价格不符合预期、发觉利益受损的结果。毕竟,即便某些股权价格在估值专家看起来很不合理,但这也只能是估值专家的判

[①] 成都某邦投资有限公司、某元控股集团有限公司股权转让纠纷二审民事判决书 [(2018)川民终 1049 号]。

断,这种市场范畴的判断无法被转化为法律所认可的"显失公平",为了维护商事交易的稳定性,法院不会去审理这种问题,因此,股权收购方协商价格时需谨慎再谨慎。

二、对于卖方而言,应确保受让方充分知悉公司资产及经营状况,避免构成显失公平后撤销。

本案中的另一个焦点在于卖方是否隐瞒该项土地使用权转让收入并构成欺诈。为避免类似风险,股权交易的卖方应充分向买方披露公司资产与经营情况。如安排尽调环节的,应确保如实、全面向对方提供《尽调清单》所要求的公司资料,并在后续签署协议、交割股权时以之前的尽调结果为披露依据,再将该披露依据写入尽调报告、股转协议、交割确认函等文件,要求对方签署确认,认可该卖方披露之全面性、真实性,保证买方日后均无任何理由攻讦卖方曾经在上述某一环节有隐瞒、欺诈、虚假或误导性陈述的行为。

相关法律规定

《中华人民共和国合同法》(已失效)

第五十四条 下列合同,当事人一方有权请求人民法院或者仲裁机构变更或者撤销:

(一)因重大误解订立的;

(二)在订立合同时显失公平的。

一方以欺诈、胁迫的手段或者乘人之危,使对方在违背真实意思的情况下订立的合同,受损害方有权请求人民法院或者仲裁机构变更或者撤销。

当事人请求变更的,人民法院或者仲裁机构不得撤销。

《中华人民共和国民法典》

第一百四十七条 基于重大误解实施的民事法律行为,行为人有权请求人民法院或者仲裁机构予以撤销。

第一百四十八条 一方以欺诈手段,使对方在违背真实意思的情况下实施的民事法律行为,受欺诈方有权请求人民法院或者仲裁机构予以撤销。

第一百四十九条 第三人实施欺诈行为,使一方在违背真实意思的情况下实施的民事法律行为,对方知道或者应当知道该欺诈行为的,受欺诈方有权请求人民法院或者仲裁机构予以撤销。

第一百五十条 一方或者第三人以胁迫手段,使对方在违背真实意思的情况下实施的民事法律行为，受胁迫方有权请求人民法院或者仲裁机构予以撤销。

第一百五十一条 一方利用对方处于危困状态、缺乏判断能力等情形，致使民事法律行为成立时显失公平的，受损害方有权请求人民法院或者仲裁机构予以撤销。

《最高人民法院关于适用〈中华人民共和国民事诉讼法〉的解释》（2022修正）

第一百二十一条 当事人申请鉴定，可以在举证期限届满前提出。申请鉴定的事项与待证事实无关联，或者对证明待证事实无意义的，人民法院不予准许。

人民法院准许当事人鉴定申请的，应当组织双方当事人协商确定具备相应资格的鉴定人。当事人协商不成的，由人民法院指定。

符合依职权调查收集证据条件的，人民法院应当依职权委托鉴定，在询问当事人的意见后，指定具备相应资格的鉴定人。

法院判决

以下为该案在法院审理阶段，判决书中"本院认为"就该问题的论述：

关于股权转让协议的签订过程中是否存在欺诈情形的问题。某邦公司主张某元公司传递虚假情况，以欺诈的方式骗取作为小股东的某邦公司签订严重不公平的股权转让协议侵害了某邦公司的合法权益，该转让协议应属无效。本院认为，如前所述，因某邦公司在案涉股权转让合同订立前即系某光公司股东，依法享有了解某光公司状况的股东权利，股权转让合同订立后亦收取了相应股权转让价款，且某邦公司并未提交证据证明某元公司实施了欺诈行为。就本案现有证据而言，案涉股权转让协议不存在以欺诈的手段订立并损害其利益的情形，不符合《中华人民共和国合同法》第五十二条第一项有关"一方以欺诈、胁迫的手段订立合同，损害国家利益"导致合同无效的规定，故某邦公司有关案涉两份《股权转让协议》因欺诈而无效的主张，无事实和法律依据，本院不予支持。

关于某邦公司主张股权转让协议未经资产评估所以交易价格严重显失公平的问题。本院认为，本案股权转让协议的签订系双方当事人在综合考虑各种因素后，协商一致确认的股权转让价格，协议中并没有约定双方应以公司资产评估价值来确定股权交易价格。案涉股权转让合同的标的为股权，公司股权的交易价格不仅包括公司的实物资产净值，也包括当事人对公司的无形资产、行业前景等实物资产以外的投资价值的主观评判，且公司股权交易价格亦因公司经营状况的变化而呈动态变化状态，主要取决于双方当事人的协商一致，故某邦公司在本案一审期间申请就某光公司的股权价值进行评估与双方在订立股权转让合同时是否存在欺诈之间不具有关联性，一审法院对某邦公司就有关某光公司的股权价值进行评估的申请未予准许，符合《最高人民法院关于适用〈中华人民共和国民事诉讼法〉的解释》第一百二十一条第一款关于"申请人鉴定的事项与待证事实无关联，或者对证明待证事实无意义的，人民法院不予准许"的规定，并无不当。

第四章 股东优先购买权

025 应对侵犯股东优先购买权的四种招数之一：投石问路

裁判要旨

在公司资产没有发生显著变化的情形下，两次股权转让价格相差达14倍以上，实际上是第一次转让抬高价格，排除法律赋予其他股东同等条件下的优先购买权，受让人取得股东资格后，第二次完成剩余股权转让，其目的在于规避公司法关于其他股东优先购买权的规定，从而导致股东无法实际享有在同等条件下的优先购买权。如果认可上述行为的合法性，公司法关于股东优先购买权的立法目的将会落空，有限公司的人合性、封闭性也无法维系。

案情简介[①]

1. 某伯公司于2003年设立，股东分别为吴某崎（占股35%），吴某民（占股60%），吴某媛（占股5%）。

2. 2012年2月1日，吴某民向吴某崎发出《股权转让通知书》，载明：本人自愿以15万元价格转让1%股权，你是否同意购买或者同意向他人转让，请在接到本通知之日起30日内书面答复本人，商定转让事宜。逾期将视为同意向他人转让。

3. 2012年2月27日，吴某崎表示愿意购买1%的股权，但认为1%股权作价15万元，价格太高。

4. 2012年3月10日，吴某民与吴某磊签订《股权转让协议一》，以15万元价格出让1%的股权。2012年10月24日，股权变更工商登记完成。

[①] 江苏省高级人民法院，吴某崎与吴某民确认合同无效纠纷再审民事判决书［（2015）苏商再提字第00068号］。

5. 2012年10月29日，吴某民与吴某磊签订《股权转让协议二》，以69.62万元出让给吴某磊59%的股权。2012年11月27日，第二次股权变更工商登记完成。第二次股权转让价格为1.18万元/1%，仅为第一次股权转让价格的十四分之一。

6. 吴某崎以吴某民与吴某磊侵犯其股东优先购买权为由，请求法院确认吴某民与吴某磊签订的两份股权转让协议均无效。吴某民与吴某磊则辩称吴某崎已放弃了优先购买权，两协议有效。

7. 该案经江苏省江阴市人民法院一审确认两份协议无效，江苏省无锡市中级人民法院二审确认两份协议有效，最终，江苏省高级人民法院再审确认两份协议无效。

实务经验总结

为避免未来发生类似争议，提出如下建议：

1. 不要被对方证明存在恶意串通。若出让方不想原股东取得股权，采用本案中分批出让股权的方式时，首期出让股权时不要以极高的价格只出让1%的股权，可以以相对较高的价格先出让少部分股权，对于剩余股权签订完全独立的股权转让协议，转让价格与首次出让价格不要过于悬殊，剩余股权转让与首期股权转让设定一段相对较长的过渡期。

2. 对于出让方来讲，其在向外转让股权时务必尊重原股东的优先购买权。首先，转让通知在内容上需具体、明确、全面，应包含股权转让款的支付形式、支付期限、违约责任、税费承担等内容；其次，同等条件需已确定，应包括价款数额、付款时间、付款方式等在内的完整交易条件。

3. 对于原股东来讲，若发现出让方采取"投石问路"的方式侵害自己的优先购买权，可以向法院提起确认合同无效之诉，维护自己的合法权益。但是关键必须证明存在恶意串通，否则难以获得最终胜诉。

4. 对于公司的外部受让方来讲，其在购买有限责任公司股权之前，务必要审查目标公司其他股东是否明确已放弃优先购买权，并要求转让方出具其他股东已放弃优先购买权的承诺函，并在股权转让合同中明确约定如因其他股东行使优先购买权而不能取得股权的违约责任。

相关法律规定

《中华人民共和国公司法》（2018年，已被修订）

第七十一条 有限责任公司的股东之间可以相互转让其全部或者部分股权。

股东向股东以外的人转让股权，应当经其他股东过半数同意。股东应就其股权转让事项书面通知其他股东征求同意，其他股东自接到书面通知之日起满三十日未答复的，视为同意转让。其他股东半数以上不同意转让的，不同意的股东应当购买该转让的股权；不购买的，视为同意转让。

经股东同意转让的股权，在同等条件下，其他股东有优先购买权。两个以上股东主张行使优先购买权的，协商确定各自的购买比例；协商不成的，按照转让时各自的出资比例行使优先购买权。

公司章程对股权转让另有规定的，从其规定。

《中华人民共和国公司法》（2023修订）

第八十四条 有限责任公司的股东之间可以相互转让其全部或者部分股权。

股东向股东以外的人转让股权的，应当将股权转让的数量、价格、支付方式和期限等事项书面通知其他股东，其他股东在同等条件下有优先购买权。股东自接到书面通知之日起三十日内未答复的，视为放弃优先购买权。两个以上股东行使优先购买权的，协商确定各自的购买比例；协商不成的，按照转让时各自的出资比例行使优先购买权。

公司章程对股权转让另有规定的，从其规定。

《最高人民法院关于适用〈中华人民共和国公司法〉若干问题的规定（四）》（2020修正）

第二十一条 有限责任公司的股东向股东以外的人转让股权，未就其股权转让事项征求其他股东意见，或者以欺诈、恶意串通等手段，损害其他股东优先购买权，其他股东主张按照同等条件购买该转让股权的，人民法院应当予以支持，但其他股东自知道或者应当知道行使优先购买权的同等条件之日起三十日内没有主张，或者自股权变更登记之日起超过一年的除外。

前款规定的其他股东仅提出确认股权转让合同及股权变动效力等请求，未同时主张按照同等条件购买转让股权的，人民法院不予支持，但其他股东非因自身原因导致无法行使优先购买权，请求损害赔偿的除外。

股东以外的股权受让人，因股东行使优先购买权而不能实现合同目的的，可以依法请求转让股东承担相应民事责任。

法院判决

以下为该案在法院审理阶段,判决书中"本院认为"就该问题的论述:

吴某民与吴某磊之间的涉案两份股权转让协议存在合同法第五十二条第二项规定的恶意串通损害第三人利益的情形,属于无效协议。吴某民和吴某磊在7个月的时间内以极其悬殊的价格前后两次转让股权,严重损害吴某崎的利益。吴某民和吴某磊第一次转让1%的股权价格为15万元,第二次转让59%的股权实际价格62万元(以此测算第二次股权转让价格约为每1%价格1.05万元),在公司资产没有发生显著变化的情形下,价格相差达14倍以上,其目的在于规避公司法关于其他股东优先购买权的规定,从而导致吴某崎无法实际享有在同等条件下的优先购买权,即首次转让抬高价格,排除法律赋予其他股东同等条件下的优先购买权,受让人取得股东资格后,第二次完成剩余股权转让。吴某民在一审庭审中亦明确表示:第一次股权转让吴某磊不是公司股东,吴某民必须考虑同等条件的优先权;(第一次)比后面的要价要高,目的是取得股东身份。这表明吴某民对其与吴某磊串通损害吴某崎利益的意图是认可的。如果认可上述行为的合法性,公司法关于股东优先购买权的立法目的将会落空。综上,民事活动应当遵循诚实信用的原则,民事主体依法行使权利,不得恶意规避法律,侵犯第三人利益。吴某民与吴某磊之间的两份股权转让协议,目的在于规避公司法关于股东优先购买权制度的规定,剥夺吴某崎在同等条件下的优先购买权,当属无效。吴某崎要求确认该两份股权转让协议无效,于法有据,应予支持。

026 应对侵犯股东优先购买权的四种招数之二:釜底抽薪

裁判要旨

通过将控制目标公司股东的上级公司股权全部转让给第三方,使第三方直接控制目标公司股东,从而间接控制目标公司的股权收购的模式,该种股权交易的实质,属于明显规避了公司法有关有限公司股东的优先购买权之规定,符合合同法第五十二条第三项规定的以合法形式掩盖非法目的的情形,应当依法确认为无效。

案情简介[①]

1. 某门公司实际由某星公司、证大某公司、某城公司控制持有，持股比例分别为50%、40%、10%；其中某门公司名下持有上海外滩8-1地块的所有权和开发经营权。

2. 其中，某置业公司持有证大某公司100%的股权，某和公司持有某城公司100%的股权，也即某置业公司与某和公司共间接持有某门公司50%股权。

3. 之后，证大某公司与某城公司因资金等问题欲出售其各自持有的某门公司的全部股权，共计占比50%，二者向某星公司发出转让通知后，因各种原因三者未能达成股权转让协议。

4. 此后，某置业公司和某和公司分别与某昇公司签订股权转让协议，约定二者分别将其持有的证大某公司与某城公司的100%股权出让给某昇公司。至此，某昇公司通过直接控股证大某公司与某城公司间接取得某门公司50%的股权。

5. 某星公司认为某昇公司分别与某置业公司和某和公司签订的股权转让协议，间接取得某门公司50%股权的行为，旨在规避公司法第七十二条关于股东优先购买权的规定，属于恶意串通，损害其合法权益的行为，应为无效，并将协议各方诉至上海第一中级人民法院。

6. 上海第一中级人民法院经审理，支持了某星公司的诉讼请求，确认各被告之间签订的股权转让协议无效，并要求某昇公司返还某置业公司和某和公司原分别持有的证大某公司与某城公司100%股权。

实务经验总结

1. 对于出让股东来讲，其向原股东履行通知义务，务必要善意、谨慎、彻底。不但要将自己直接转让公司股权的情况通知原股东（包括但不限于受让人、受让价格、数量、支付方式等内容），而且在自身的控制股东发生变更之时，也应通知原股东，以防止出让方以侵犯其优先购买权为由，提起确认合同无效之诉。

2. 从保持公司控制权的角度讲，公司原股东不仅要在公司其他股东直接转

[①] 上海市第一中级人民法院，浙江某商业发展有限公司诉上海某投资管理咨询有限公司财产损害赔偿纠纷一案一审民事判决书［（2012）沪一中民四（商）初字第23号］。

让股权时做出及时的响应，适时行使股东优先购买权；而且要密切关注公司其他股东的控股股东发生变更的情况，由于己方并不是公司其他股东的股东，其行使股东优先权存在障碍，但是在其他股东及其控股股东与外部第三人意在通过本案的交易模式间接入股目标公司时，其可以以拥有优先购买权为由，请求法院制止该种恶意规避股东优先购买权的行为。本案中，在某昇公司间接控股某门公司之后，其随即提出了改组董事会的要求，对原股东的控制权造成了威胁，也对公司治理以及外滩地块的项目开发提出了挑战。

3. 需要提醒的是，本案中涉及的交易模式被上海一中院所否定，本书笔者相信主审法官是在依据各方证据（包括各方之间的协议）、综合认定事实、分析各方过错进而适用法律的结果，不代表在其他案件中该种交易模式也必然会被认定为无效，股东优先购买权是否拥有穿透的效力，范围及界限在哪里均需要学界和实务界共同来厘清，所以，若采取该类似的交易模式，需请专业公司法律师把关。

相关法律规定

《中华人民共和国公司法》（2018年，已被修订）

第七十一条 有限责任公司的股东之间可以相互转让其全部或者部分股权。

股东向股东以外的人转让股权，应当经其他股东过半数同意。股东应就其股权转让事项书面通知其他股东征求同意，其他股东自接到书面通知之日起满三十日未答复的，视为同意转让。其他股东半数以上不同意转让的，不同意的股东应当购买该转让的股权；不购买的，视为同意转让。

经股东同意转让的股权，在同等条件下，其他股东有优先购买权。两个以上股东主张行使优先购买权的，协商确定各自的购买比例；协商不成的，按照转让时各自的出资比例行使优先购买权。

公司章程对股权转让另有规定的，从其规定。

《中华人民共和国公司法》（2023修订）

第八十四条 有限责任公司的股东之间可以相互转让其全部或者部分股权。

股东向股东以外的人转让股权的，应当将股权转让的数量、价格、支付方式和期限等事项书面通知其他股东，其他股东在同等条件下有优先购买权。股东自接到书面通知之日起三十日内未答复的，视为放弃优先购买权。两个以上股东行使优先购买权的，协商确定各自的购买比例；协商不成的，按照转让时各自的出资比例行使优先购买权。

公司章程对股权转让另有规定的，从其规定。

《中华人民共和国合同法》（已失效）

第五十二条 有下列情形之一的，合同无效。

（一）一方以欺诈、胁迫的手段订立合同，损害国家利益；

（二）恶意串通，损害国家、集体或者第三人利益；

（三）以合法形式掩盖非法目的；

（四）损害社会公共利益；

（五）违反法律、行政法规的强制性规定。

《中华人民共和国民法典》

第一百五十四条 行为人与相对人恶意串通，损害他人合法权益的民事法律行为无效。

法院判决

以下为该案在法院审理阶段，判决书中"本院认为"就该问题的论述：

本院认为：股东优先购买权具有法定性、专属性、是一种附条件的形成权和期待权。六被告对于上述法律规定应当是明知的，本案中，被告某城公司、被告证大某公司共同出让其合计持有的某门公司50%股权的意思表示是清晰完整的，并由被告某置业公司代表被告某城公司、被告证大某公司作为联合方发函询问原告是否决定购买之一节事实，亦充分证明了被告某城公司、被告证大某公司明知法律赋予股东优先购买权的履行条件和法律地位。但嗣后，被告某城公司和被告证大某公司并未据此继续执行相关股东优先购买的法定程序，而是有悖于某门公司的章程、合作协议等有关股权转让和股东优先购买的特别约定，完全规避了法律赋予原告享有股东优先购买权的设定要件，通过实施间接出让的交易模式，达到了与直接出让相同的交易目的。据此，本院认为，被告某城公司和被告证大某公司实施上述交易行为具有主观恶意，应当承担主要的过错责任。

上述交易模式的最终结果，虽然形式上没有直接损害原告对于某门公司目前维系的50%权益，但是经过交易后，某门公司另50%的权益已经归于被告某烨公司、被告某昇公司所属的同一利益方，客观上确实剥夺了原告对于某门公司另50%股权的优先购买权。目前双方对于某门公司的董事会成员改组事宜已经发生争议，各持50%的股权结构的不利因素已经初见端倪，某门公司未来的经营管理和内部自治的僵局情形也在所难免。显然，上述交易后果的发生，不利于某门公司以及项目公司的实际经营和运作，也难以保障外滩 8-1 地块项目的正常开发。《中华人民共和国合同法》第五十二条第三项规定："有下列情形之一的，合同无效：（三）以合法形式掩盖非法目的。"依据上述法律规定并结合本案基本法律事实，本院认为，被告某城公司、被告证大某公司系某门公司的直接股东，被告某和公司、被告某置业公司又系被告某城公司、被告证大某公司的唯一出资人，被告某和公司、被告某置业公司与被告某昇公司之间实际实施的关于被告某和公司、被告某置业公司持有的被告某城公司、被告证大某公司股权的转让行为，旨在实现一个直接的、共同的商业目的，即由被告某烨公司、被告某昇公司所归属的同一利益方，通过上述股权收购的模式，完成了对被告某城公司、被告证大某公司的间接控股，从而实现对某门公司享有 50% 的权益，最终实现对项目公司享有 50% 的权益。综上所述，被告之间关于股权交易的实质，属于明显规避了《中华人民共和国公司法》第七十二条之规定，符合《中华人民共和国合同法》第五十二条第三项规定之无效情形，应当依法确认为无效，相应的《框架协议》及《框架协议之补充协议》中关于被告某和公司、被告某置业公司向被告某烨公司转让被告某城公司、被告证大某公司 100% 股权的约定为无效，被告某和公司与被告某昇公司、被告某置业公司与被告某昇公司签署的《股权转让协议》亦为无效。

027 应对侵犯股东优先购买权的四种招数之三：瞒天过海

裁判要旨

目标公司股东之间签署《股权转让协议》，从形式上看系公司股东之间相互转让股份，但实质上受让方是代股东之外的人以股东名义收购股权，且收购股权的资金亦来自委托其收购股权的不具有公司股东身份的案外人，该种规避行为属损害了目标公司其他股东优先购买权，为恶意规避。故《股权转让协议》违反了法律的强制性规定及公司章程的相关规定，应认定为无效。

案情简介[①]

1. 某大集团前身为麒麟区百货公司，原系国有企业，经过国企改制，变更为有限责任公司，陈某真、桂某金、陈某华等均为改制后某大集团的股东，均在《公司章程》签名。

2. 某大集团《公司章程》规定：股东之间可以相互转让其全部出资或者部分出资。未经股东会同意，不得向股东以外的其他人转让出资。经股东同意转让的出资，在同等条件下，其他股东对该出资有优先购买权。

3. 桂某金与陈某华签订《股权转让协议》，约定陈某华将其38200元的股权以38200元的价格转让给桂某金。此后，桂某金又陆续购买17名股东股权，占股达1153200元。

4. 事实上，桂某金是代公司外部人马某娣收购股权，股权转让款也由马某娣提供。

5. 股东陈某真以桂某金代股东之外的人以股东名义收购股权，侵害了股东优先购买权为由向法院起诉，要求确认桂某金与陈某华等签订的《股权转让协议》无效。

6. 本案经麒麟区人民法院一审，曲靖市中级人民法院二审，最终认定《股权转让协议》无效。

争议原因

桂某金与陈某华签订的《股权转让协议》，从形式上看系公司股东之间相互转让股份，但实质上桂某金是代股东之外的人以股东名义收购股权，该事实有某大集团、信访部门的证据证实；桂某金收购股权的资金亦来自委托其收购股权的不具有公司股东身份的案外人。马某娣委托桂某金以其某大集团股东的身份收购该公司其他股东股权的行为，其用意为规避2018年公司法第七十一条（2023年公司法第八十四条）"股东向股东以外的人转让股权，应当经其他股东过半数同意。股东应就其股权转让事项书面通知其他股东征求同意，其他股东自接到书面通知之日起满三十日未答复的，视为同意转让。其他股东半数以上不同意转让的，不同意的股东应当购买该转让的股权；不购买的，视为同意转让。经股东同

[①] 曲靖市中级人民法院，桂某金与陈某真、陈某华、第三人曲靖某大集团有限责任公司股权转让纠纷案二审民事判决书 [（2016）云03民终362号]。

意转让的股权，在同等条件下，其他股东有优先购买权"的规定，该种规避行为属损害了某大集团其他股东的合法权益，为恶意规避。故桂某金与陈某华签订的《股权转让协议》违反了法律的强制性规定及公司章程的相关规定，该《股权转让协议》无效。

实务经验总结

1. 收购方慎重选择通过委托公司内部股东收购其他股东股权的方式。该种方式至少有两个风险点：（1）被委托股东签订的股权转让协议有可能因规避股东优先购买权而被认定为无效，而不能取得股权；（2）收购方与被委托股东签订的委托协议并不保证其真正能够获得股权，因为收购方的姓名既不能登记在股东名册上，也不能登记在工商登记簿上，也很难得到公司其他股东及公司的认可，即便不被其他股东提起确认合同无效之诉，也很难真正取得股东资格。

2. 对于公司内部股东来讲，当发现外部第三人有瞒天过海规避股东优先购买权的行为时，其有权利提起确认合同无效之诉，但其需要提供充足的证据，证明外部第三人与受委托股东之间具有委托收购的事实。

相关法律规定

《中华人民共和国公司法》（2018年，已被修订）

第七十一条　有限责任公司的股东之间可以相互转让其全部或者部分股权。

股东向股东以外的人转让股权，应当经其他股东过半数同意。股东应就其股权转让事项书面通知其他股东征求同意，其他股东自接到书面通知之日起满三十日未答复的，视为同意转让。其他股东半数以上不同意转让的，不同意的股东应当购买该转让的股权；不购买的，视为同意转让。

经股东同意转让的股权，在同等条件下，其他股东有优先购买权。两个以上股东主张行使优先购买权的，协商确定各自的购买比例；协商不成的，按照转让时各自的出资比例行使优先购买权。

公司章程对股权转让另有规定的，从其规定。

《中华人民共和国公司法》（2023修订）

第八十四条　有限责任公司的股东之间可以相互转让其全部或者部分股权。

股东向股东以外的人转让股权的，应当将股权转让的数量、价格、支付方式和期限等事项书面通知其他股东，其他股东在同等条件下有优先购买权。股东自接到书面通知之日起三十日内未答复的，视为放弃优先购买权。两个以上股东行使优先购买权的，协商确定各自的购买比例；协商不成的，按照转让时各自的出资比例行使优先购买权。

公司章程对股权转让另有规定的，从其规定。

《中华人民共和国合同法》（已失效）

第五十二条　有下列情形之一的，合同无效：

（一）一方以欺诈、胁迫的手段订立合同，损害国家利益；

（二）恶意串通，损害国家、集体或者第三人利益；

（三）以合法形式掩盖非法目的；

（四）损害社会公共利益；

（五）违反法律、行政法规的强制性规定。

《中华人民共和国民法典》

第一百五十三条　违反法律、行政法规的强制性规定的民事法律行为无效。但是，该强制性规定不导致该民事法律行为无效的除外。

违背公序良俗的民事法律行为无效。

第一百五十四条　行为人与相对人恶意串通，损害他人合法权益的民事法律行为无效。

法院判决

以下为该案在法院审理阶段，判决书中"本院认为"就该问题的论述：

本院认为：《中华人民共和国公司法》第七十一条规定："有限责任公司的股东之间可以相互转让其全部或者部分股权。股东向股东以外的人转让股权，应当经其他股东过半数同意。股东应就其股权转让事项书面通知其他股东征求同意，其他股东自接到书面通知之日起满三十日未答复的，视为同意转让。其他股东半数以上不同意转让的，不同意的股东应当购买该转让的股权；不购买的，视为同意转让。经股东同意转让的股权，在同等条件下，其他股东有优先购买权。两个以上股东主张行使优先购买权的，协商确定各自的购买比例；协商不成的，按照转让时各自的出资比例行使优先购买权。公司章程对股权转让另有规定的，从其规定。"本案中，上诉人桂某金、被上诉人陈某真、原审被告陈某华均为第三人曲靖某大集团有限责任公司的股东，《公司章程》第十八条规定："未经股东大会同意，不得向股东以外的其他人转让出资。经股东同意转让的出资，在同等条件下，其他股东对该出资有优先购买权。"上诉人桂某金与原审被告陈某华签订的《股权转让协议》，从形式上看系公司股东之间相互转让股份，但实质上上诉人桂某金是代股东之外的人以股东名义收购股权，对该事实有被上诉人陈某真在一审提交的录音资料、证人证言等证据予以证实；且曲靖某大集团有限责任公司也陈述公司上下均知道上诉人系代非股东收购股权，曲靖市麒麟区商务局在《信访告知书》中也对非股东委托上诉人收购股权的事实作出表述，告知被上诉人依法维权；上诉人桂某金收购股权的资金亦来自委托其收购股权的不具有公司股东身份的案外人。故上诉人桂某金与原审被告陈某华签订的《股权转让协议》违反了法律的强制性规定及公司章程的相关规定，该《股权转让协议》无效。

028 应对侵犯股东优先购买权的四种招数之四：虚张声势

裁判要旨

转让方向受让方的实际转让股权价格远低于其告知公司股东的价格，该行为直接剥夺了股东在同等条件下的股东优先购买权，违反了公司法的上述强制性规定，该股权转让合同应认定为无效，不发生股权转让的效力。

案情简介①

1. 金某达公司于2002年5月23日成立，其中招某枝出资22.5万元，持股45%；招某泉出资27.5万元，持股55%，公司董事长招某枝负责公司具体运营。

2. 2004年2月，招某泉认为招某枝经营、管理期间损害了其及公司利益，召开股东会决议：（1）免去招某枝董事长职务，移交管理权；（2）招某泉所持股份以1350万元转让予冯某妹。招某枝参加了会议，但未在决议上签字。此后，该决议被法院认定为有效，要求招某枝移交印章、证照、账簿等公司财产。

3. 2004年9月15日，招某泉向金某达公司出具《对外转让出资通知书》，表示愿意将其55%的股权以1350万元的价格转让给冯某妹，并要求召开股东会决议。此后，金某达公司以特快专递方式向招某枝送达股东会召开通知书，通知

---

① 广州市中级人民法院，招某枝诉招某泉解散及清算公司纠纷案 [（2004）穗中法民三初字第270号]。

招某枝对招某泉以 1350 万元价格对外转让股权事宜作出决议。

4. 2004 年 11 月 11 日，金某达公司召开股东会同意招某泉以 1350 万元的价格把其股份转让给冯某妹、薛某。2004 年 12 月 15 日，招某泉与冯某妹签订《股份转让合同》，约定招某泉以 27.5 万元的价格将 55% 的股份转让给冯某妹。合同签订后，冯某妹向招某泉支付了全部股权转让款 27.5 万元。

5. 后因招某枝拒绝退出管理层，二者矛盾升级，招某枝以侵犯其股东优先购买权为由起诉确认招某泉转让股权无效，并要求解散公司。该案经广州中院一审确认股权转让协议无效。

争议原因

股东优先购买权是形成权，股东要求行使优先购买权时，无需转让股东再作承诺，即在享有优先购买权股东与转让股东间成立拟转化股权的股权转让合同，且该合同是以转让股东与第三人间约定的"同等条件"为内容。

本案中，招某泉在以特快专递方式向股东招某枝送达的股东会召开通知书中，载明招某泉是以 1350 万元价格把其股份转让给冯某妹。及后金某达公司召开股东会议作出的股东会决议中，亦是决定招某泉以 1350 万元价格转让其股份。但招某泉在上述股权转让合同中约定以 27.5 万元的价格转让其股份，冯某妹实际支付股权转让款 27.5 万元。

由此可见，招某泉转让股权给冯某妹的价格远低于其告知招某枝的价格。该行为直接剥夺了招某枝在同等条件下的股东优先购买权，违反了公司法的上述强制性规定，故该股权转让合同应认定为无效，不发生股权转让的效力。

实务经验总结

为避免未来发生类似争议，提出如下建议：

1. 对于转让方来讲，不得使用虚张声势的方式来恶意规避股东优先购买权。

2. 对于受让方来讲，当发现转让方通过虚张声势的方式来规避股东的优先购买权时，可以提起确认合同无效之诉，维护己方的合法权益。同时注意保留对外转让通知书，股东会决议等文件，收集转让方与第三人的股权转让协议、纳税凭证等证据。另外需要注意的是，"同等条件"应当综合股权的转让价格、付款方式及期限等因素确定，当转让价格相同，但付款方式、期限等因素不一致时，也可主张确认合同无效。

相关法律规定

《中华人民共和国公司法》（2018年，已被修订）

第七十一条　有限责任公司的股东之间可以相互转让其全部或者部分股权。

股东向股东以外的人转让股权，应当经其他股东过半数同意。股东应就其股权转让事项书面通知其他股东征求同意，其他股东自接到书面通知之日起满三十日未答复的，视为同意转让。其他股东半数以上不同意转让的，不同意的股东应当购买该转让的股权；不购买的，视为同意转让。

经股东同意转让的股权，在同等条件下，其他股东有优先购买权。两个以上股东主张行使优先购买权的，协商确定各自的购买比例；协商不成的，按照转让时各自的出资比例行使优先购买权。

公司章程对股权转让另有规定的，从其规定。

《最高人民法院关于适用〈中华人民共和国公司法〉若干问题的规定（四）》（2020修正）

第十八条　人民法院在判断是否符合公司法第七十一条第三款及本规定所称的"同等条件"时，应当考虑转让股权的数量、价格、支付方式及期限等因素。

《中华人民共和国公司法》（2023修订）

第八十四条　有限责任公司的股东之间可以相互转让其全部或者部分股权。

股东向股东以外的人转让股权的，应当将股权转让的数量、价格、支付方式和期限等事项书面通知其他股东，其他股东在同等条件下有优先购买权。股东自接到书面通知之日起三十日内未答复的，视为放弃优先购买权。两个以上股东行使优先购买权的，协商确定各自的购买比例；协商不成的，按照转让时各自的出资比例行使优先购买权。

公司章程对股权转让另有规定的，从其规定。

法院判决

以下为该案在法院审理阶段，判决书中"本院认为"就该问题的论述：

依照《中华人民共和国公司法》第七十二条第三款的规定，当股东转让股权时，在同等条件下，其他股东对该股权享有优先购买权。"同等条件"是行使优先购买权的实质性要求，是指转让方对其他股东和对第三人转让条件的相同，不区别对待。在条件相同的前提下，其他股东处于优先于股东之外的第三人购买的地位。本案中，被告招某泉在 2004 年 11 月以特快专递方式向股东招某枝送达的股东会召开通知书中，载明招某泉是以 1350 万元价格把其股份转让给冯某妹。及后金某达公司于 2004 年 11 月 11 日召开股东会议作出的股东会决议中，亦是决定招某泉以 1350 万元价格转让其股份。但招某泉在上述股权转让合同中约定以 27.5 万元的价格转让其股份，冯某妹实际支付股权转让款 27.5 万元。由此可见，招某泉转让股权给冯某妹的价格远低于其告知招某枝的价格。该行为直接剥夺了招某枝在同等条件下的股东优先购买权，违反了公司法的上述强制性规定，故该股权转让合同应认定为无效，不发生股权转让的效力。

029 股东转让股权，如何通知其他股东才合法？

阅读提示

2018 年修正的公司法规定有限责任公司的股东向股东以外的人转让股权，应当经其他股东过半数同意，应就其股权转让事项书面通知其他股东征求同意。问题在于，书面通知如何作出？什么样的通知才是符合法律规定的书面通知？我们将通过法院的一则经典案例，揭晓这个问题的答案。

2023 年修订的公司法第八十四条已删除"有限责任公司的股东向股东以外的人转让股权，应当经其他股东过半数同意"之规定，新公司法实施后，类似案件裁判规则将会发生变化。

裁判要旨

拟对外转让股权的股东不仅需要向其他股东告知自己欲对外转让股权，还应当告知受让人、转让数量、转让价格、支付方式、履行期限等主要内容；在其他股东同意转让股权的情况下，其享有的优先购买权并不丧失，转让股东仍须就转让股权的同等条件再次通知其他股东。

案情简介[①]

1. 某昭公司注册资本5000万元，股东为杨某淮（持股60%）、钟某全（持股34%）和陈某兵（持股6%）。

2. 2017年2月27日，钟某全与朱某刚签订《某昭公司股权转让协议》，约定钟某全将持有的某昭公司5万股权（占注册资本的0.1%）转让给朱某刚。

3. 2017年4月14日，钟某全通过公证方式向杨某淮邮寄《关于限期办理工商变更登记的通知》《某昭公司股权转让协议》《股权转让补充协议》，要求杨某淮及某昭公司在接到通知后15日内依法办理股权转让工商登记事宜。

4. 2017年8月18日，钟某全与朱某刚另行签订《股权转让补充协议》，载明：朱某刚需另行向钟某全支付股权转让溢价款4万元。

5. 2018年1月19日，钟某全与朱某刚签订协议，约定解除《某昭公司股权转让协议》《股权转让补充协议》，钟某全将收取的股权转让款0.8万元返还给朱某刚。

6. 后杨某淮向武侯区人民法院起诉请求：1. 确认《某昭公司股权转让协议》《股权转让补充协议》无效；2. 判令杨某淮以同等条件优先购买钟某全拟转让于朱某刚的某昭公司0.1%的股权。

7. 武侯区法院一审判决支持了杨某淮的诉讼请求；钟某全不服，提起上诉，成都中院认定相关协议有效，并支持了钟某全的优先购买请求；四川高院再审后，驳回了杨某淮的全部诉讼请求。

实务经验总结

1. 对于转让方来讲，拟对外转让股权的有限责任公司股东需要向其他股东告知自己欲对外转让股权，并应当以书面或者其他能够确认收悉的合理方式告知受让人、转让数量、转让价格、支付方式、履行期限等主要内容。

2. 对于受让方而言，受让股权之前应关注：其他股东是否已放弃优先购买权，获得其他股东放弃优先购买权的书面声明后，再受让标的股权。如果因其他股东行使优先购买权而不能实现合同目的，可以依法请求转让股东承担相应民事责任。

3. 对于其他股东而言，需在合理期限内行使优先购买权，还需在原股东继

---

① 四川省高级人民法院，钟某全、杨某淮股权转让纠纷再审民事判决书 [（2019）川民再418号]。

续转让股权的前提下行使。股东主张优先购买权的，应当在收到通知后，在公司章程规定的行使期间内提出购买请求。公司章程没有规定或者规定不明确的，以通知确定的期间为准，通知确定的期间短于三十日或者未明确行使期间的，行使期间为三十日。

相关法律规定

《中华人民共和国公司法》（2018 年，已被修订）

第七十一条 有限责任公司的股东之间可以相互转让其全部或者部分股权。

股东向股东以外的人转让股权，应当经其他股东过半数同意。股东应就其股权转让事项书面通知其他股东征求同意，其他股东自接到书面通知之日起满三十日未答复的，视为同意转让。其他股东半数以上不同意转让的，不同意的股东应当购买该转让的股权；不购买的，视为同意转让。

经股东同意转让的股权，在同等条件下，其他股东有优先购买权。两个以上股东主张行使优先购买权的，协商确定各自的购买比例；协商不成的，按照转让时各自的出资比例行使优先购买权。

公司章程对股权转让另有规定的，从其规定。

《中华人民共和国公司法》（2023 修订）

第八十四条 有限责任公司的股东之间可以相互转让其全部或者部分股权。

股东向股东以外的人转让股权的，应当将股权转让的数量、价格、支付方式和期限等事项书面通知其他股东，其他股东在同等条件下有优先购买权。股东自接到书面通知之日起三十日内未答复的，视为放弃优先购买权。两个以上股东行使优先购买权的，协商确定各自的购买比例；协商不成的，按照转让时各自的出资比例行使优先购买权。

公司章程对股权转让另有规定的，从其规定。

《最高人民法院关于适用〈中华人民共和国公司法〉若干问题的规定（四）》（2020 修正）

第十七条 有限责任公司的股东向股东以外的人转让股权，应就其股权转让事项以书面或者其他能够确认收悉的合理方式通知其他股东征求同意。其他股东半数以上不同意转让，不同意的股东不购买的，人民法院应当认定视为同意转让。

经股东同意转让的股权，其他股东主张转让股东应当向其以书面或者其他能够确认收悉的合理方式通知转让股权的同等条件的，人民法院应当予以支持。

经股东同意转让的股权，在同等条件下，转让股东以外的其他股东主张优先购买的，人民法院应当予以支持，但转让股东依据本规定第二十条放弃转让的除外。

第十八条 人民法院在判断是否符合公司法第七十一条第三款及本规定所称的"同等条件"时，应当考虑转让股权的数量、价格、支付方式及期限等因素。

第十九条 有限责任公司的股东主张优先购买转让股权的，应当在收到通知后，在公司章程规定的行使期间内提出购买请求。公司章程没有规定行使期间或者规定不明确的，以通知确定的期间为准，通知确定的期间短于三十日或者未明确行使期间的，行使期间为三十日。

第二十条 有限责任公司的转让股东，在其他股东主张优先购买后又不同意转让股权的，对其他股东优先购买的主张，人民法院不予支持，但公司章程另有规定或者全体股东另有约定的除外。其他股东主张转让股东赔偿其损失合理的，人民法院应当予以支持。

第二十一条 有限责任公司的股东向股东以外的人转让股权，未就其股权转让事项征求其他股东意见，或者以欺诈、恶意串通等手段，损害其他股东优先购买权，其他股东主张按照同等条件购买该转让股权的，人民法院应当予以支持，但其他股东自知道或者应当知道行使优先购买权的同等条件之日起三十日内没有主张，或者自股权变更登记之日起超过一年的除外。

前款规定的其他股东仅提出确认股权转让合同及股权变动效力等请求，未同时主张按照同等条件购买转让股权的，人民法院不予支持，但其他股东非因自身原因导致无法行使优先购买权，请求损害赔偿的除外。

股东以外的股权受让人，因股东行使优先购买权而不能实现合同目的的，可以依法请求转让股东承担相应民事责任。

法院判决

以下是四川高院在民事判决书中就"钟某全转让股权时是否依法履行了通知义务"的详细论述：

本院认为，"首先，本院赞同二审法院的以下观点，即为保护有限责任公司股东在同等条件下的优先购买权，拟对外转让股权的股东不仅需要向其他股东告知自己欲对外转让股权，还应当告知受让人、转让数量、转让价格、支付方式、履行期限等主要内容。根据《最高人民法院关于适用〈中华人民共和国公司法〉若干问题的规定（四）》第十七条'有限责任公司的股东向股东以外的人转让股权，应就其股权转让事项以书面或者其他能够确认收悉的合理方式通知其他股东征求同意。其他股东半数以上不同意转让，不同意的股东不购买的，人民法院应当认定视为同意转让。经股东同意转让的股权，其他股东主张转让股东应当向其以书面或者其他能够确认收悉的合理方式通知转让股权的同等条件的，人民法院应当予以支持'的规定，转让股东可以一次告知前述全部内容，也可以分几次告知。本案中，钟某全于2017年1月18日、1月20日通过短信和邮件通知杨某淮，其拟对外转让22%的股权，要求限期回复是否愿意购买。该通知载明的转让股权数量与实际转让数量不符，且其中'逾期回复视为不同意购买'只是钟某全的单方意思表示，不符合某昭公司章程第十四条第二款'股东应就其股权转让事宜书面通知其他股东征求意见，其他股东自接到书面通知之日起满三十日未答复的，视为同意转让'的规定，对杨某淮没有约束力。即使杨某淮收到通知后未回复，也只能视为同意转让，而非不同意购买。在杨某淮同意转让股权的情况下，其享有的优先购买权并不丧失，钟某全仍须就转让股权的同等条件再次通知杨某淮。但此后钟某全在未通知杨某淮的情况下，于2017年2月27日与朱某刚签订《某昭公司股权转让协议》，又于2017年3月13日与朱某刚、某兴教育公司等签订《股权转让补充协议》，同日收取了朱某刚支付的股权转让价款。虽然钟某全于2017年4月14日向杨某淮邮寄了《某昭公司股权转让协议》《股权转让补充协议》，但同时还邮寄了《关于限期办理工商变更登记的通知》，要求杨某淮和某昭公司在接到通知后15日内依法办理股权转让工商登记。显然，钟某全向杨某淮邮寄《某昭公司股权转让协议》《股权转让补充协议》的目的并非告知杨某淮股权转让的同等条件，并征求其是否行使优先购买权，而是告知杨某淮股权已经转让的事实，并要求其协助办理股权变更登记手续。此外，钟某全一方面主张已经向杨某淮告知股权转让相关事项，另一方面又主张第一份《股权转让补充协议》约定的价格并非真实的转让价格，显然自相矛盾。因此，二审法院认定钟某全转让股权时未依法履行通知义务，并无不当"。

030 股权转让价格变动后，是否应重新通知其他股东？未重新通知时，是否侵犯了其他股东的优先购买权？

裁判要旨

股权转让价格系"同等条件"的重要因素，股权转让价格发生了重大变化，应视为"同等条件"已发生实质性变更。转让方应当在股权转让条件发生实质性变更后重新通知股东，转让方未就变更后的股权转让条件告知股东，其行为违反了公司法有关股权转让的限制性条款，侵害了股东在同等条件下的优先购买权。

案情简介①

1. 某东公司的股东出资情况为某学会出资60万元，持股比例54.54%；某元公司、某通公司各出资25万元，持股比例22.73%。

2. 2012年6月18日，某东公司召开股东会，会议对某学会、某通公司所持某东公司77.27%的股权对外转让事宜进行了审议。某学会、某通公司均同意转让，某元公司不同意转让。

3. 2012年9月25日，某学会、某通公司共同致函某元公司，称某学会、某通公司将所持某东公司77.27%的股权通过竞价方式对外转让，底价暂定600万元，特征询某元公司是否行使优先购买权。某元公司未报名参与竞买，也未在收到通知之日起30日内答复。

4. 2012年12月20日，某学会、某通公司在未通知某元公司的情况下与某博尔公司签订了《股权转让协议》，约定某学会、某通公司将其所持某东公司77.27%股份转让给某博尔公司，转让价格360万元，另行提供分公司事项处理保证金240万元用于处理分公司后续事宜。

5. 某元公司以其优先购买权被侵犯为由，请求法院判令上述股权转让协议无效，确认某元公司对某学会、某通公司持有的某东公司的股权享有优先购买权。本案历经南京市玄武区法院一审、南京市中院二审、江苏省高院再审，认为

---

① 江苏省高级人民法院，江苏某国际咨询有限责任公司与江苏某国际评估咨询有限公司、江苏省某学会等股权转让纠纷再审复查与审判监督民事裁定书［（2015）苏审三商申字第00398号］。

某学会、某通公司未在股权转让条件发生重大变更后重新通知某元公司，构成对其优先购买权的侵犯。但由于在案件审理过程中，法院征求某元公司的意见，某元公司未表示同意以同等条件购买案涉股权，法院认定应视为某元公司同意转让并放弃优先购买权。

实务经验总结

为避免未来发生类似争议，提出如下建议：

1. 有限责任公司的股东转让股权，其他股东在同等条件下享有优先购买权，对"同等条件"应当综合股权的转让价格、价款履行方式及期限等因素确定。当股权转让价格等发生重大变化，应视为股权转让条件已发生实质变更，应当重新通知其他股东。

2. 股东应当在约定或法定的期限内及时行使优先购买权，若股东在期限内未表示同意以同等条件购买该股权，应视为同意转让并放弃优先购买权。

相关法律规定

《中华人民共和国公司法》（2018年，已被修订）

第七十一条 有限责任公司的股东之间可以相互转让其全部或者部分股权。

股东向股东以外的人转让股权，应当经其他股东过半数同意。股东应就其股权转让事项书面通知其他股东征求同意，其他股东自接到书面通知之日起满三十日未答复的，视为同意转让。其他股东半数以上不同意转让的，不同意的股东应当购买该转让的股权；不购买的，视为同意转让。

经股东同意转让的股权，在同等条件下，其他股东有优先购买权。两个以上股东主张行使优先购买权的，协商确定各自的购买比例；协商不成的，按照转让时各自的出资比例行使优先购买权。

公司章程对股权转让另有规定的，从其规定。

《中华人民共和国公司法》（2023修订）

第八十四条 有限责任公司的股东之间可以相互转让其全部或者部分股权。

股东向股东以外的人转让股权的，应当将股权转让的数量、价格、支付方式和期限等事项书面通知其他股东，其他股东在同等条件下有优先购买权。股东自接到书面通知之日起三十日内未答复的，视为放弃优先购买权。两个以上股东行使优先购买权的，协商确定各自的购买比例；协商不成的，按照转让时各自的出资比例行使优先购买权。

公司章程对股权转让另有规定的，从其规定。

法院判决

以下为该案在法院审理阶段，判决书中"本院认为"就该问题的论述：

《中华人民共和国公司法》（2005修订）第七十二条第三款规定："经股东同意转让的股权，在同等条件下，其他股东有优先购买权。两个以上股东主张行使优先购买权的，协商确定各自的购买比例；协商不成的，按照转让时各自的出资比例行使优先购买权。"按此规定，股东行使优先购买权的核心是在"同等条件"下优先取得转让的股权。"同等条件"应当综合股权的转让价格、价款履行方式及期限等因素确定。本案中，某学会与某通公司虽在2012年9月25日将"其持有的某东公司合计77.27%股份作为一个整体通过竞价方式对外转让，底价暂定600万元"的股权转让条件告知了某元公司，事实上却以"转让价格360万元，另行提供分公司事项处理保证金240万元用于处理分公司后续事宜"的条件向某博尔公司转让了股权，并于2012年12月20日签订了"股权转让协议"，故该转让条件与某学会、某通公司先前告知某元公司"以底价600万元竞价转让股权"的条件发生了实质性的变更，某学会、某通公司应当重新告知某元公司，确认某元公司在"转让价格360万元，另行提供分公司事项处理保证金240万元用于处理分公司后续事宜"的同等条件下是否行使优先购买权。现有证据不能证明某学会与某通公司已尽告知义务，一审法院据此认定某元公司有权在合理期限内行使优先购买权，于法有据。

031 股东未如实告知股权转让条件，其他股东知情后可行使优先购买权

裁判要旨

拟转让股权股东未如实向公司其他股东通知股权转让真实条件，采取内外有别的方式提高股权转让条件，不符合公司法相关规定，有违诚实信用原则，其他股东知情后可行使优先购买权。

案情简介[①]

1. 湖南株洲某房地产开发有限公司（以下简称某山公司）共有九名股东，楼某君的持股比例为6.91%，方某荣等其他8名股东持股比例总计为93.09%。

2. 2009年5月25日，方某荣等八名股东与伍某红等三人签订《股权转让协议》，约定方某荣等八名股东将其持有的某山公司全部股权转让给伍某红等三人，转让价格为8824万元，支付方式为先交付1000万元定金，交付4000万元股权转款后办理股权过户，过户完毕后再交付余款等。

3. 7月6日，某山公司召开股东会。方某荣等八名股东将股权转让条件确认为转让价格8824万元，付款方式为一次性付清。楼某君主张购买，但不同意一次性付清，要求按方某荣等八名股东与伍某红等三人签订的《股权转让协议》约定的支付方式支付。各方未达成一致意见。

4. 9月11日再次召开股东会，方某荣等八名股东同意其所持该公司93.09%的股份不再对外转让，楼某君弃权。

5. 楼某君向法院诉请判令：确认楼某君依法行使股东优先权，以《股权转让协议》中的权利和义务为同等履行条件。

6. 金华中级人民法院、浙江高院均判决支持楼某君的诉讼请求。方某荣等八名股东不服，向最高人民法院申请再审，最高人民法院裁定驳回再审申请。

争议原因

方某荣等八名股东在股东会中提出的股权转让条件与其对伍某红等三人签订股权转让合同约定的条件相比，虽然价格一致，但增加了股权受让方的合同义务和责任。方某荣等八名股东的该行为，未如实向公司其他股东通报股权转让真实条件，采取内外有别的方式提高股权转让条件，不符合公司法相关规定，有违诚实信用原则。

楼某君在获悉方某荣等八名股东对伍某红等三人的股权转让合同后，坚持明确主张按方某荣等八名股东对伍某红等三人转让合同的条件行使优先购买权，系合理主张共有权益人的权利，符合公司法的规定，楼某君的主张应获得支持。

---

① 最高人民法院，楼某君与方某荣、毛某财、王某明、陈某强、王某满、张某兴、徐某梅、吴某灯有限责任公司股东优先购买权纠纷案 [（2011）民提字第113号]。

实务经验总结

为避免未来发生类似争议，提出如下建议：

1. 有限公司股东向股东以外的第三人转让股权，应以书面形式将股权转让的条件告知其他股东，书面告知的内容应包括股权转让的数量、价格、支付方式和期限等事项。

2. 股东作为商事主体，应遵守诚实信用的基本原则，切忌采取隐瞒交易条件、签订阴阳合同等方式迫使其他股东放弃优先购买权，否则其他股东在知晓真实的交易条件后有权主张按照真实的转让条件行使优先购买权。

3. 如股东将股权转让给原股东以外的第三人的意愿非常强烈，而不愿由其他股东行使优先购买权时，应先征询其他股东的意见，然后再与第三人签订股权转让协议，给自己保留"反悔"转让股权的余地。否则一旦签署合同，就毫无反悔余地，只能按照该股权转让协议约定的条件由相关主张优先购买的股东优先购买。

相关法律规定

《中华人民共和国民法典》

第七条 民事主体从事民事活动，应当遵循诚信原则，秉持诚实，恪守承诺。

《中华人民共和国公司法》（2023修订）

第八十四条 有限责任公司的股东之间可以相互转让其全部或者部分股权。

股东向股东以外的人转让股权的，应当将股权转让的数量、价格、支付方式和期限等事项书面通知其他股东，其他股东在同等条件下有优先购买权。股东自接到书面通知之日起三十日内未答复的，视为放弃优先购买权。两个以上股东行使优先购买权的，协商确定各自的购买比例；协商不成的，按照转让时各自的出资比例行使优先购买权。

公司章程对股权转让另有规定的，从其规定。

《中华人民共和国公司法》（2018年，已被修订）

第七十一条 有限责任公司的股东之间可以相互转让其全部或者部分股权。

股东向股东以外的人转让股权，应当经其他股东过半数同意。股东应就其股权转让事项书面通知其他股东征求同意，其他股东自接到书面通知之日起满三十日未答复的,视为同意转让。其他股东半数以上不同意转让的,不同意的股东应当购买该转让的股权;不购买的,视为同意转让。

经股东同意转让的股权,在同等条件下,其他股东有优先购买权。两个以上股东主张行使优先购买权的,协商确定各自的购买比例;协商不成的,按照转让时各自的出资比例行使优先购买权。

公司章程对股权转让另有规定的,从其规定。

《最高人民法院关于适用〈中华人民共和国公司法〉若干问题的规定(四)》(2020修正)

第十八条 人民法院在判断是否符合公司法第七十一条第三款及本规定所称的"同等条件"时,应当考虑转让股权的数量、价格、支付方式及期限等因素。

第二十条 有限责任公司的转让股东,在其他股东主张优先购买后又不同意转让股权的,对其他股东优先购买的主张,人民法院不予支持,但公司章程另有规定或者全体股东另有约定的除外。其他股东主张转让股东赔偿其损失合理的,人民法院应当予以支持。

法院判决

以下为该案在法院审理阶段,判决书中"本院认为"就该问题的论述:

2009年6月3日,某山公司在株洲日报上发布召开股东会通知及所议股权转让的事项。楼某君采取向方某荣寄信、在报纸上刊登《通知》的方式明确表示要按同等条件行使优先购买权,并于同年7月1日以向法院提起诉讼的方式主张行使优先购买权,形成本案。同年7月6日,某山公司股东会如期召开,讨论方某荣等八名股东转让股份事宜。方某荣等八名股东将股权转让条件确认为转让价格8824元,付款方式为一次性付清。楼某君主张购买,但要求按方某荣等八名股东与伍某红等三人签订的合同行使优先购买权。各方未达成一致意见。上述事实表明,方某荣等八名股东在与伍某红等三人签订股权转让合同后,楼某君主张按照方某荣等八名股东对外签订的股权转让条件行使优先购买权时双方发生了纠纷。方某荣等八名股东因转让股权于2009年4月至5月期间先后与伍某红等三人签订三份协议,明确表达了转让股权的意思及转让条件等,但在同年7月6日召开的股东会中其在履行征求其他股东是否同意转让及是否行使优先购买权时,隐瞒了对外转让的条件,仅保留了转让价格,对合同约定的履行方式及转让股权后公司债务的承担等予以变更。《中华人民共和国公司法》第七十二条规定,股东对外转让股权时应当书面通知股权转让事项，在同等条件下，其他股东有优先购买权。方某荣等八名股东在签订对外转让股权合同后，在公司股东会中公布转让股权事项时有所隐瞒，将其转让股权款的支付方式，由对伍某红等三人转让合同的先交付 1000 万元定金、交付 4000 万元的股权转款后办理股权过户，过户完毕后再交付余款等，变更为一次性支付股权转让款；对伍某红等三人转让合同中约定的债务由转让股东方某荣等八名股东承担等内容不再涉及。方某荣等八名股东在股东会中提出的股权转让条件与其对伍某红等三人签订股权转让合同约定的条件相比，虽然价格一致，但增加了股权受让方的合同义务和责任。方某荣等八名股东的该行为，未如实向公司其他股东通报股权转让真实条件，采取内外有别的方式提高股权转让条件，不符合《中华人民共和国公司法》相关规定，有违诚实信用原则。楼某君在自己获悉方某荣等八名股东对伍某红等三人的股权转让合同后，坚持明确主张按方某荣等八名股东对伍某红等三人转让合同的条件行使优先购买权，系合理主张共有权益人的权利，符合《中华人民共和国公司法》的规定，楼某君的主张应获得支持。

在本案一审诉讼期间，7月20日，方某荣等八名股东与伍某红等三人签订《解除股权转让协议》，约定解除其间涉及转让本案股权的三份合同，方某荣等八名股东退还定金 10000 万元，赔偿损失 2000 万元。9月11日，某山公司召开股东会，方某荣等八名股东在会上明确表示不再对外转让。方某荣等八名股东的上述行为表明其恶意撤销已经成就的他人行使优先权的条件，原一、二审法院判决认为方某荣等八名股东与楼某君之间存在要约与承诺，合同应当成立的观点虽然理由欠妥，但结果并无不当。

在本案再审程序中，方某荣等八名股东与楼某君协商，将楼某君与某山公司的其他债务及涉及本案转让的股权一并处理，双方又重新达成协议，方某荣等八名股东又再次明确其转让股权的意思，且双方对股权转让的价格及公司债务的承担等达成一致意见并签署了协议，但双方关于股权转让款先支付到哪一个共管账户的问题未形成一致意见。在楼某君按照协议的约定备足股权转让款时，方某荣等八名股东又提出反悔意见。其中，吴某灯、徐某梅表示全面反悔协议内容，方某荣表示在先支付股权转让款的情况下可以转让股权，其余五名股东表示在保证拿到股权转让款的情况下，履行约定的内容。

根据本案在一审、二审及再审程序中查明的事实，方某荣等八名股东因转让股权，有两次签订合同的行为，第一次是在受理本案之前与伍某红等三人，第二次是在再审程序中与楼某君，又先后选择放弃合同，对其股权是否转让及转让条件作了多次反复的处理。方某荣等八名股东虽然合法持有某山公司股权，但其不能滥用权利，损害相对人的合法民事权益。作为公司其他股东的楼某君为受让方某荣等八名股东股权，继续经营公司，两次按照方某荣等八名股东的合同行为准备价款，主张行使优先购买权，但方某荣等八名股东均以各种理由予以拒绝。尤其是在本院再审期间，方某荣等八名股东已经同意将股权转让给楼某君，并将公司与股东及公司以外的其他债务均一并进行了处理，但方某荣等八名股东在签订协议后又反悔。在此情形下，本院如果支持了方某荣等八名股东的再审主张，允许方某荣等八名股东多次随意变更意思表示，不顾及对交易相对人合理利益的维护，对依法享有优先购买权的公司其他股东明显不公平，同时也纵容了不诚信的行为。

综上，原一、二审判决认定事实清楚，虽然适用法律的理由欠妥，但判决结果正确，对方某荣等八股东的再审申请应予以驳回。判决驳回再审申请，维持浙江省高级法院判决。

032 产权交易场所交易国有股权，股东未进场竞买是否丧失优先购买权？

裁判要旨

虽然国有产权转让应当进产权交易所进行公开交易，但因产权交易所并不具有判断交易一方是否丧失优先购买权这类法律事项的权利，在法律无明文规定且股东未明示放弃优先购买权的情况下，享有优先购买权的股东未进场交易，并不能根据交易所自行制定的"未进场则视为放弃优先购买权"的交易规则，得出其优先购买权已经丧失的结论。

案情简介[①]

1. 某能源公司股东为电力公司、某静公司，双方持股分别为61.8%、38.2%，其中电力公司为国有企业，其持有的股份为国有产权。

---

① 上海市第二中级人民法院，上海某电力有限公司、某电力物资有限公司与某实业（集团）有限公司股权转让纠纷二审民事判决书［（2014）沪二中民四（商）终字第1566号］。

2. 2012年2月15日，某能源公司通过股东会决议，内容为：(1) 同意电力公司转让其所持61.8%股权；(2) 某静公司不放弃优先购买权。

3. 2012年6月1日，某能源公司将股权公开转让材料报送国有产权交易所（联交所）。联交所对该股权转让信息进行公告：交易条件为总价款48691000元，一次性付款，另外拟受让方须代目标公司偿还3500万元债务，公告期一个月；其他股东拟参与受让的，应在公告期间提出受让申请，并在竞价现场同等条件下优先行使购买权，否则视为放弃受让。

4. 电力公司通过特快专递、公证等方式通知了某静公司挂牌信息。7月2日，某静公司向联交所发函称，系争转让股权信息披露遗漏、权属存在争议，以及某静公司享有优先购买权，请求暂停挂牌交易，重新披露信息。

5. 7月3日，水利公司与电力公司签订产权交易合同，内容为：水利公司以公告价受让电力公司持有的某能源公司61.8%股权，并须代某能源公司偿还3500万元的债务等。同日，联交所给某静公司发出不予中止交易决定书。9月11日，某能源公司将水利公司列入股东名册，但未办理工商登记变更。

6. 某静公司认为其对61.8%股权享有优先购买权，并要求按公告条件行使该优先购买权，电力公司、水利公司及联交所则认为某静公司未进场交易已丧失了优先购买权。

7. 某静公司为维护自己合法权益，诉至上海市黄浦区人民法院，经审理判定：某静公司对电力公司转让的股权享有优先购买权。

8. 电力公司及水利公司均不服，上诉至山海第二中级人民法院，经审理判决，驳回上述，维持原判。后该案被最高人民法院公报刊载为公报案例。

争议原因

1. 未进场交易并不意味着放弃优先购买权。

虽然国有产权转让应当进产权交易所进行公开交易，但因产权交易所并不具有判断交易一方是否丧失优先购买权这类法律事项的权利，在法律无明文规定且股东未明示放弃优先购买权的情况下，享有优先购买权的股东未进场交易，并不能根据交易所自行制定的"未进场则视为放弃优先购买权"的交易规则，得出其优先购买权已经丧失的结论。

从商事交易的角度来说，商事交易尽管要遵循效率导向，也要兼顾交易主体利益的保护。并且，具有优先购买权的股东未进场交易，联交所亦可通知其在一定期限内作出是否接受最后形成的价格的意思表示，不到场并不必然影响交易的效率。若片面强调具有优先购买权的股东不到场交易则丧失该权利，无疑突出了对联交所利益和善意第三人利益的保护，而弱化了对具有优先购买权的股东利益的保护，必将导致利益的失衡。

2. 电力公司未将包含拟受让人信息的转让通知告知某静公司，在通知内容上存在瑕疵。

我国公司法规定了股东向股东以外的人转让股权的，应当向其他股东充分履行通知义务。其他股东在同等条件下享有优先购买权。此处所涉通知的内容，应当包括拟转让的股权数量、价格、履行方式、拟受让人的有关情况等多项主要的转让条件。结合本案，在某静公司已明确表示不放弃优先购买权的情况下，电力公司确定将股权转让给水利公司后，并未将明确的拟受让人的情况告知某静公司。故而对于某静公司及时、合法地行权造成了障碍。而权利的放弃需要明示，故不能当然地认定某静公司已经放弃或者丧失了该股东优先购买权。

实务经验总结

为避免未来发生类似争议，提出如下建议和提示：

1. 对拟转让国有股权的转让方和资产交易所来讲：务必改正"不进场交易就丧失优先购买权"的错误认识。在转让国有股权时，不但需要根据《企业国有产权交易操作规则》的要求披露拟转让股权的相关情况及所要求的交易条件，另外其在场内经过拍卖等程序确定交易对象之后，一定要在合理期间内向目标公司原股东征询是否行使优先购买权的意见，转让通知中务必要明确记载拟受让人情况，拟转让的股权数量、价格、履行方式，以及拟签订合同的其他主要内容。切记不可因原股东未进场竞价，就不再向其发通知，直接签约作股权变更，否则存在原股东行使优先购买权致使股权转让合同无法履行，股权无法变动的风险。

2. 对拟受让国有股权的受让方来讲，在进场交易，缴纳履约保证金之前，一定要征询转让方以及目标公司其他股东，是否已经放弃股东优先购买权，并要求其出具书面的放弃优先购买权的承诺函，否则可能会经过一番竞价，且垫付大笔费用之后，因目标公司其他股东行使优先购买权而不能最终取得股权。

3. 对享有优先购买权的原股东来讲，其若想行使股东优先购买权，务必要及时明确地表达自己行使优先购买权的意愿，在对交易所公告披露的信息存在异议时，及时发出书面的异议申请，要求其改正或停止交易。另外，在因故未能进场交易，丧失竞价机会时，可以向转让股东行使优先购买权，按照场内交易最终确定的交易条件行使优先购买权。

4. 对于国有产权交易所来讲，其务必摆正自己的位置，认识到其性质为经政府批准设立，不以营利为目的，仅为产权交易提供场所设施和市场服务，并按照规定收取服务费的事业法人，并非司法机构，并不具有处置法律纠纷的职能，无权对是否享有优先购买权等问题作出法律意义上的认定。当其收到有关当事人提出中止信息公告书面申请和有关材料后，务必慎重对待，及时暂停挂牌交易，待股东之间的相关纠纷依法解决后方恢复交易。切勿以为未进场交易就丧失了优先购买权。

相关法律规定

《中华人民共和国公司法》（2018年，已被修订）

第七十一条 有限责任公司的股东之间可以相互转让其全部或者部分股权。

股东向股东以外的人转让股权，应当经其他股东过半数同意。股东应就其股权转让事项书面通知其他股东征求同意，其他股东自接到书面通知之日起满三十日未答复的，视为同意转让。其他股东半数以上不同意转让的，不同意的股东应当购买该转让的股权；不购买的，视为同意转让。

经股东同意转让的股权，在同等条件下，其他股东有优先购买权。两个以上股东主张行使优先购买权的，协商确定各自的购买比例；协商不成的，按照转让时各自的出资比例行使优先购买权。

公司章程对股权转让另有规定的，从其规定。

《中华人民共和国公司法》（2023修订）

第八十四条 有限责任公司的股东之间可以相互转让其全部或者部分股权。

股东向股东以外的人转让股权的，应当将股权转让的数量、价格、支付方式和期限等事项书面通知其他股东，其他股东在同等条件下有优先购买权。股东自接到书面通知之日起三十日内未答复的，视为放弃优先购买权。两个以上股东行使优先购买权的，协商确定各自的购买比例；协商不成的，按照转让时各自的出资比例行使优先购买权。

公司章程对股权转让另有规定的，从其规定。

《中华人民共和国企业国有资产法》（2008修正）

第五十四条第一款 国有资产转让应当遵循等价有偿和公开、公平、公正的原则。

除按照国家规定可以直接协议转让的以外，国有资产转让应当在依法设立的产权交易场所公开进行。

转让方应当如实披露有关信息，征集受让方；征集产生的受让方为两个以上的，转让应当采用公开竞价的交易方式。

《企业国有产权转让管理暂行办法》

第四条 企业国有产权转让应当在依法设立的产权交易机构中公开进行，不受地区、行业、出资或者隶属关系的限制。国家法律、行政法规另有规定的，从其规定。

《企业国有产权交易操作规则》（已失效）

第九条 转让方应当在产权转让公告中披露转让标的基本情况、交易条件、受让方资格条件、对产权交易有重大影响的相关信息、竞价方式的选择、交易保证金的设置等内容。

第三十二条 产权转让信息公告期满后，产生两个及以上符合条件的意向受让方的，由产权交易机构按照公告的竞价方式组织实施公开竞价；只产生一个符合条件的意向受让方的，由产权交易机构组织交易双方按挂牌价与买方报价孰高原则直接签约。涉及转让标的企业其他股东依法在同等条件下享有优先购买权的情形，按照有关法律规定执行。

《最高人民法院关于适用〈中华人民共和国公司法〉若干问题的规定（四）》（2020修正）

第十七条 有限责任公司的股东向股东以外的人转让股权，应就其股权转让事项以书面或者其他能够确认收悉的合理方式通知其他股东征求同意。其他股东半数以上不同意转让，不同意的股东不购买的，人民法院应当认定视为同意转让。

经股东同意转让的股权，其他股东主张转让股东应当向其以书面或者其他能够确认收悉的合理方式通知转让股权的同等条件的，人民法院应当予以支持。

经股东同意转让的股权，在同等条件下，转让股东以外的其他股东主张优先购买的，人民法院应当予以支持，但转让股东依据本规定第二十条放弃转让的除外。

第十八条 人民法院在判断是否符合公司法第七十一条第三款及本规定所称的"同等条件"时，应当考虑转让股权的数量、价格、支付方式及期限等因素。

第二十二条 通过拍卖向股东以外的人转让有限责任公司股权的，适用公司法第七十一条第二款、第三款或者第七十二条规定的"书面通知""通知""同等条件"时，根据相关法律、司法解释确定。

在依法设立的产权交易场所转让有限责任公司国有股权的，适用公司法第七十一条第二款、第三款或者第七十二条规定的"书面通知""通知""同等条件"时，可以参照产权交易场所的交易规则。

法院判决

以下为该案在法院审理阶段，判决书中"本院认为"就该问题的论述：

本院认为，本案最主要的争议焦点为：某静公司是否已经丧失了涉案股权的股东优先购买权。对此，本院认为，某静公司并未丧失涉案股权的股东优先购买权。理由一，考虑到有限公司的人合性特征，《中华人民共和国公司法》等相关法律法规规定了股东向股东以外的人转让股权的，应当向其他股东充分履行通知义务。其他股东在同等条件下享有优先购买权。此处所涉通知的内容，应当包括拟转让的股权数量、价格、履行方式、拟受让人的有关情况等多项主要的转让条件。结合本案，首先，在电力公司于某能源公司股东会议中表示了股权转让的意愿后，某静公司已明确表示不放弃优先购买权。其次，电力公司确定将股权转让给水利公司后，也并未将明确的拟受让人的情况告知某静公司。故而对于某静公司及时、合法地行权造成了障碍。而权利的放弃需要明示，故不能当然地认定某静公司已经放弃或者丧失了该股东优先购买权。理由二，某静公司在联交所的挂牌公告期内向联交所提出了异议，并明确提出了股东优先购买权的问题，要求联交所暂停挂牌交易。但联交所未予及时反馈，而仍然促成电力公司与水利公司达成交易。并在交易完成之后，方通知某静公司不予暂停交易，该做法明显欠妥。需要说明的是，联交所的性质为经市政府批准设立，不以营利为目的，仅为产权交易提供场所设施和市场服务，并按照规定收取服务费的事业法人。基于此，联交所并非司法机构，不具有处置法律纠纷的职能，其无权对某静公司是否享有优先购买权等作出法律意义上的认定。故当某静公司作为某能源公司的股东在挂牌公告期内向联交所提出异议时，联交所即应当暂停挂牌交易，待某能源公司股东之间的纠纷依法解决后方恢复交易才更为合理、妥当。故其不应擅自判断目标公司其余股东提出的异议成立与否，其设定的交易规则也不应与法律规定相矛盾和冲突。理由三，虽然电力公司已经与水利公司完成股权转让的交接手续，水利公司也已经登记入某能源公司的股东名册。但如若作为某能源公司股东的某静公司在法律规定的期限内依法行权的，则前述登记状态并不能与法律相对抗。即，股权转让并不存在不可逆的情形，而仍然有回旋余地。此外，经审查，原审法院并不存在超期审判、超越诉请作出判决，违法变更合议庭成员等程序违法事项。故本院对于电力公司、水利公司的上诉理由以及某能源公司、联交所的述称理由均不予采信。此外，原审酌情给予某静公司20日的行权期限具有合理依据，并无不妥。电力公司、水利公司的上诉理由均不能成立，原审判决于法不悖，可予维持。

033 转让股东放弃股权转让，老股东可否继续主张优先购买权？

阅读提示

在老股东主张行使优先购买权的情况下，转让股东在与老股东达成书面的转让协议前，能否发生股权转让呢？也即，转让股东在股权转让过程中是否拥有"反悔权"呢？《公司法司法解释四》（2020修正）第二十条给出了答案，赋予了转让股东在老股东主张优先购买权时放弃转让的权利，进一步厘清了优先购买权的制度目的，平衡了转让股东和老股东的利益。本文将通过南京中院的一则案例，阐述转让股东反悔权的制度原理。

裁判要旨

股东优先购买权以股东对外转让股权为前提，若转让股东与第三人解除了股权转让合同，老股东行使优先购买权的前提就不复存在，进而老股东也就不能再主张行使优先购买权。

案情简介[①]

1. 南京某设计院为一家有限责任公司，其中张某、周某勇均为该设计院的

[①] 南京市中级人民法院，周某勇与张某、阎某华股权转让纠纷民事裁定书[（2013）宁商申字第7号]。

股东。

2. 2009年，张某欲转让股权，并与公司外第三人阎某华签订了《股权转让协议》，并在设计院股东会上将该转让协议的条件告知其他股东，征询是否行使优先购买权。

3. 周某勇在股东会上表示，不同意张某向第三人转让公司股权，并主张在同等条件下的优先购买权。

4. 此后，张某又与第三人阎某华协商解除了《股权转让协议》，放弃了对外转让股权。

5. 周某勇以"优先购买权作为形成权，只要股东将其股权转让给第三人，公司的其他股东就可以行使优先购买权，无论张某与第三人之间的股权转让协议是否解除，对优先购买权都无影响"为由，提起诉讼，要求行使优先购买权。

6. 本案经历一审、二审、最终由南京中院再审认定，张某放弃转让股权，周某勇不享有优先购买权。

争议原因

公司法设置股东优先购买权的目的，在于协调"转让股东自由处分股权的利益"与"老股东保持公司人合性的利益"，当二者产生冲突时，转让股东礼让老股东，老股东在同等条件下拥有优先购买权。

但是，老股东的该种优先购买权仅是一种顺位上的优先权，其只要达到防止新的陌生股东进入公司破坏公司人合性的目的即可，而不需要过分限制转让股东自由处分股权的权利。当转让股东放弃对外转让股权时，老股东行使优先购买权的顺位前提业已不复存在，维持公司人合性的制度目的业已实现；转让股东仍拥有股东资格，其仍可根据自己的意志，决定是否转让股权。

本案中，张某与阎某华协商解除《股权转让协议》后，张某仍为股权持有人，仍具有自由处分股权的权利，同时周某勇行使优先购买权的"同等条件"也就丧失了，即使其已经同意以同等条件行使优先购买权，也不能得到支持。

实务经验总结

对于转让股东来讲，当其不想将股权转让给老股东，而老股东又行使优先购买权时，其可以行使反悔权，放弃与第三人之间的股权转让事宜，以阻止老股东获得自己的股权。但其行使反悔权时，不可滥用该权利，反复反悔，恶意规避老股东的优先购买权，否则法院也可能支持老股东行使优先购买权的主张。

对于老股东来讲，其务必意识到转让股东拥有反悔权，即使其行使优先购买权，也不必然就可以获得股权。

相关法律规定

《中华人民共和国公司法》（2018 年，已被修订）

第七十一条 有限责任公司的股东之间可以相互转让其全部或者部分股权。

股东向股东以外的人转让股权，应当经其他股东过半数同意。股东应就其股权转让事项书面通知其他股东征求同意，其他股东自接到书面通知之日起满三十日未答复的，视为同意转让。其他股东半数以上不同意转让的，不同意的股东应当购买该转让的股权；不购买的，视为同意转让。

经股东同意转让的股权，在同等条件下，其他股东有优先购买权。两个以上股东主张行使优先购买权的，协商确定各自的购买比例；协商不成的，按照转让时各自的出资比例行使优先购买权。

公司章程对股权转让另有规定的，从其规定。

《中华人民共和国公司法》（2023 修订）

第八十四条 有限责任公司的股东之间可以相互转让其全部或者部分股权。

股东向股东以外的人转让股权的，应当将股权转让的数量、价格、支付方式和期限等事项书面通知其他股东，其他股东在同等条件下有优先购买权。股东自接到书面通知之日起三十日内未答复的，视为放弃优先购买权。两个以上股东行使优先购买权的，协商确定各自的购买比例；协商不成的，按照转让时各自的出资比例行使优先购买权。

公司章程对股权转让另有规定的，从其规定。

《最高人民法院关于适用〈中华人民共和国公司法〉若干问题的规定（四）》（2020 修正）

第二十条 有限责任公司的转让股东，在其他股东主张优先购买后又不同意转让股权的，对其他股东优先购买的主张，人民法院不予支持，但公司章程另有规定或者全体股东另有约定的除外。其他股东主张转让股东赔偿其损失合理的，人民法院应当予以支持。

法院判决

以下为该案在法庭审理阶段，判决书中"本院认为"就该问题的论述：

本院认为：《中华人民共和国公司法》第七十二条第三款规定：经股东同意转让的股权，在同等条件下，其他股东有优先购买权。本案中，周某勇在 2009 年 4 月 21 日南京某设计院有限公司股东大会上，不同意张某向第三人转让公司股权，并主张在同等条件下的优先购买权，其行为符合法律规定。但此后张某与阎某华协商解除了《股权转让协议》，张某仍系股权持有人。因南京某设计院有限公司是有限责任公司，根据有限责任公司的人合性特征，以及股东意思自治和股权转让自由的原则，张某解除股权转让协议是其作为转让股东的自由意志，故原审判决认定张某作为股权持有人享有自由处分其股权的权利并无不当。根据法律规定，其他股东行使优先购买权的前提是股东同意转让股权，如果转让股东解除与第三人的股权转让协议，其他股东行使优先购买权的基础便不存在。鉴于张某明确表示放弃转让股权，周某勇主张优先购买权的前提已经丧失，因此原审判决认定周某勇的诉讼主张缺乏事实和法律依据亦无不当。

034 老股东在法定期间内未行使优先购买权，事后可否再主张行使？

阅读提示

"有权不用，过期作废"这句话用在股东优先购买权的行使上再贴切不过，为了防止老股东滥用优先购买权拖延转让股东对外转让股权，《公司法司法解释四》（2020 修正）第十九条规定了优先购买权行使的期间（不少于三十日）。本文将通过一则案例，向大家展示，老股东的优先购买权是如何"有权不用，过期作废"的。

裁判要旨

老股东拒收转让通知的行为并不能阻却该通知发生效力，在三十日内未答复的视为同意；在转让股东告知老股东对外转让的同等条件，而老股东并未在规定的期限（不少于三十日）行使优先购买权的，视为放弃优先购买权，转让股东有权对外转让股权。

案情简介①

1. 某冶公司由某工公司、某汇公司、某地公司投资设立、分别持股40%、26.67%、33.33%。

2. 2007年12月7日，某工公司向某汇公司发出通知函载明，其拟对外转让40%的股权，要求某汇公司是否同意及是否购买进行回函，若自送达之日起30日内未回复，视为同意对外转让。某工公司对该次送达过程全程公证。

3. 2007年12月8日，该通知函送达至某汇公司住所，但某汇公司未签收，且退信栏中载明：经电话联系，收件人要求退回。

4. 2008年4月1日，某工公司通知某汇公司：其持有的40%股权已在交易所挂牌出让，并产生一家意向受让方；如某汇公司行使优先购买权，请将1460万元股权转让款交付至产权交易所，并签订股权转让合同，如在送达之日起20日内未交付股权转让款，视为放弃优先购买权。

5. 2008年4月30日，某工公司与公司外第三人以1460万元价格签订股权转让合同；产权交易所也出具了产权交易凭证。

6. 此后，某汇公司诉至法院，要求确认某工公司对外转让股权无效，并要求行使优先购买权。本案经海淀法院一审，驳回了某汇公司的诉讼请求。

争议原因

首先，某工公司已向某汇公司的法定注册地址邮寄送达了通知函并经过了公证，即使某汇公司拒收也不能阻却该通知行为发生效力，法院对某工公司的该送达行为予以认可。因此，某汇公司在收到该通知后三十日内，并未作出是否同意的意思表示，视为同意对外转让股权。

其次，在某工公司将挂牌出让股权的同等条件告知某汇公司后，某汇公司并未在规定的期间内行使优先购买权，视为其放弃了优先购买权。《公司法司法解释四》第十九条规定，有限责任公司的股东主张优先购买转让股权的，应当在收到通知后，在公司章程规定的行使期间内提出购买请求。公司章程没有规定行使期间或者规定不明确的，以通知确定的期间为准，通知确定的期间短于三十日或者未明确行使期间的，行使期间为三十日。据此，股东优先购买权也是有权利期

---

① 北京市海淀区人民法院，原告北京某汇丰咨询有限公司与被告中国某科工集团公司、北京某交易所有限公司、第三人北京某创信贸易有限公司股权转让合同纠纷一案 [（2008）海民初字第27259号]。

限的，逾期未行使，视为放弃。

综上，某汇公司完全可以在法定的期限内以同等条件行使其优先购买权，因其自身放弃该权利，故某汇公司再次要求行使优先购买权的诉讼请求不能得到支持。

实务经验总结

这则案例提示老股东若欲行使优先购买权，且不可采取拖延战术，恶意阻止转让股东对外转让股权，即使拒收，也不能阻却转让股东发出转让通知的效力；一旦其知晓对外转让股权的同等条件后，务必按照通知载明的时间（不短于三十日）予以回复，否则将面临视为放弃优先购买权的后果。

对于转让股东来讲，其欲对外转让股权，务必尊重老股东的同意权和优先购买权，严格履行告知义务，征询老股东是否同意，是否行使优先购买权，并保留好履行告知义务的证据，在老股东恶意拒收时，可以选择公证送达的方式。当然，转让股东给予老股东行使优先购买权的行使期间不能少于三十日。

相关法律规定

《中华人民共和国公司法》（2018 年，已被修订）

第七十一条 有限责任公司的股东之间可以相互转让其全部或者部分股权。

股东向股东以外的人转让股权，应当经其他股东过半数同意。股东应就其股权转让事项书面通知其他股东征求同意，其他股东自接到书面通知之日起满三十日未答复的，视为同意转让。其他股东半数以上不同意转让的，不同意的股东应当购买该转让的股权；不购买的，视为同意转让。

经股东同意转让的股权，在同等条件下，其他股东有优先购买权。两个以上股东主张行使优先购买权的，协商确定各自的购买比例；协商不成的，按照转让时各自的出资比例行使优先购买权。

公司章程对股权转让另有规定的，从其规定。

《中华人民共和国公司法》（2023 修订）

第八十四条 有限责任公司的股东之间可以相互转让其全部或者部分股权。

股东向股东以外的人转让股权的，应当将股权转让的数量、价格、支付方式和期限等事项书面通知其他股东，其他股东在同等条件下有优先购买权。股东自接到书面通知之日起三十日内未答复的，视为放弃优先购买权。两个以上股东行使优先购买权的，协商确定各自的购买比例；协商不成的，按照转让时各自的出资比例行使优先购买权。

公司章程对股权转让另有规定的，从其规定。

《最高人民法院关于适用〈中华人民共和国公司法〉若干问题的规定（四）》（2020修正）

第十九条 有限责任公司的股东主张优先购买转让股权的，应当在收到通知后，在公司章程规定的行使期间内提出购买请求。公司章程没有规定行使期间或者规定不明确的，以通知确定的期间为准，通知确定的期间短于三十日或者未明确行使期间的，行使期间为三十日。

法院判决

以下为该案在法庭审理阶段，判决书中"本院认为"就该问题的论述：

本院认为：一、某工公司转让其持有某冶公司40%股权的交易行为的效力问题。根据我国法律规定，有限公司股东向股东之外的人转让股权，应当经其他股东过半数同意。股东应就其股权转让事项书面通知其他股东征求同意，其他股东自接到书面通知之日起满三十日未答复的，视为同意转让。其他股东半数以上不同意转让的，不同意转让的股东应当购买该转让的股权；不购买的，视为同意转让。某冶公司章程亦约定："股东向股东以外的人转让其出资时，必须经全体股东过半数同意；不同意转让的股东应当购买该转让出资，如果不购买该转让的出资，视为同意转让。"案中，一方面，某工公司已向某汇丰公司的法定注册地址邮寄送达了通知函并经过了公证，但该公司要求退回，某汇丰公司拒收通知函的事实并不能阻却该通知行为发生效力，我院对某工公司的该送达行为予以认可。另一方面，谢某前往产权交易所取走通知函和空白交易合同，其认为只是领取行为，并不表示其认可转让行为。但该行为已经能够证明某汇丰公司在挂牌阶段已经知晓某冶公司股权被转让的详细情况，我院对其收到通知函这一事实予以认可，在接到该通知后法定期限内某汇丰公司并未主张其优先购买权，可视为其已经放弃。故本院对某工公司已经完成相应的通知义务予以认可，其转让程序合法有效。

二、某汇丰公司的优先购买权是否受到侵害的问题。庭审中，某汇丰公司明确其第二项诉讼请求即维护其优先购买权，具体指某工公司在进行股权转让时应适时通知其内容。结合上述第一个问题的论述，某汇丰公司在法定期限内未主张其优先购买权,且某工公司转让某冶公司股权的价格已经确定,某汇丰公司完全可以在法定的期限内以同等条件行使其优先购买权,是其自身放弃该权利,故本院对某汇丰公司的该项诉请不予支持。

035 出售股权并受让价款后,其他股东主张优先购买的,售股股东不得行使"反悔权"

阅读提示

在股权转让中,有股东主张优先购买权的情形下,拟转股的股东是否享有"反悔权"? 2017年8月公布的《最高人民法院关于适用〈中华人民共和国公司法〉若干问题的规定(四)》第二十条中承认了该"反悔权":有限责任公司的转让股东,在其他股东主张优先购买后又不同意转让股权的,对其他股东优先购买的主张,人民法院不予支持。

然而,该问题是否就尘埃落定了呢?本书笔者于去年分享了一案例〔(2013)宁商申字第7号〕,该案例中,南京中院支持了该"反悔权"。时隔一年,另一案例却作出相反裁判,否认了该"反悔权"。贵州高院在该案中认为,因该拟转股股东已收到部分股转价款2000万元(占股转总价约20%),所以"双方事实上成立了股转合同",因此支持了原告强制执行该股权的请求。

上述可见,司法实践中对股东优先权性质、行使问题仍不完全统一,本书笔者希望该案例能继续引发读者更多思考。

裁判要旨

公司股东向外部人转让股权,其他股东主张优先购买权后即支付价款,该等股东即与拟转股股东之间成立股转合同关系,拟转股股东不得撤回出让股权的意思表示,须继续转让股权,以履行该合同义务。

案情简介①

1. 朱某荣、斯某兵拟将所持某烨公司合计80%股权出售给某川公司,双方

---

① 朱某荣、斯某兵等与方某燕等股权转让纠纷一审民事判决书〔(2018)黔民初142号〕。

签订的《股权转让合同》约定，首期支付 2000 万元，末期支付 7000 万元。后某川公司支付该 2000 万元给朱某荣、斯某兵。

2. 对此，公司另一股东方某燕早先并不知情，知悉后，以股东优先购买权受侵犯为由，将朱某荣、斯某兵起诉至贵阳中院，贵阳中院判决确认方某燕享有优先购买权。

3. 按照法院规定和通知，方某燕将股权转让价款 2000 万元支付至贵阳中院账户后，贵阳中院启动执行程序，强制执行该某烨公司股权。

4. 在执行过程中，朱某荣、斯某兵曾多次提起执行异议、复议请求，均被相关司法机关驳回。

5. 朱某荣向方某燕发出通知，要求及时支付 7000 万元股权转让尾款，否则将解除股权转让合同。

6. 不久，朱某荣、斯某兵又向贵州高院起诉方某燕，要求解除该股转合同，并返还该 80% 股权。

7. 贵州高院于此案一审中，向朱某荣、斯某兵释明：其是否将诉讼请求由解除合同变更为给付剩余股权转让款 7000 万元，朱某荣、斯某兵选择不变更。后贵州高院一审判决，方某燕已经根据有效民事判决，行使了优先购买权，履行了支付首期股转款的义务，双方事实上成立了股转合同，法院继续支持对该股权转让的执行，故本院不支持朱某荣、斯某兵要求解除合同及返还股权的请求。

实务经验总结

1. 公司章程中应尽可能明确是否设置该"反悔权"，减少日后纠纷的可能性。

本期案例中，贵州高院否认了该"反悔权"，这是与最高法的《最高人民法院关于适用〈中华人民共和国公司法〉若干问题的规定（四）》（2020 修正）第二十条形成冲突的，也与目前主流的司法裁判观点相左（本期"延伸阅读"中的六个案例有五个案例均支持该"反悔权"）。为了减少司法观点不统一带来的不确定性，建议股东尽早按照《最高人民法院关于适用〈中华人民共和国公司法〉若干问题的规定（四）》（2020 修正）第二十条之规定，在公司章程中明确是否设置该"反悔权"，以减少日后股权转让后不同股东间出现分歧的可能，同时也较好稳定股东对公司股权合理变动的预期。

2. 行使"反悔权"应注意不构成该权利的滥用，否则将有违诚实信用原则。

目前，已有司法案例（详见本文"延伸阅读"部分）认为该"反悔权"的行使必须受到一定程度的限制，如成都中院在一案［（2018）川01民终10504号］中提及，某股东反悔后又出售股权，且该售价远高于原先价格的，该先前"反悔"行为应属无效，最终使得其他股东得以按原先价格受让案涉股权。另外，成都中院还在一案［（2019）川01民终6462号］中认为，拟转股股东并未反复行使"反悔权"，亦不构成权利滥用。可见，行使该反悔权应该在合理限度范围内，超出合理限度的反悔行为可能被司法认定为无效，最终仍然无法避免目标股权被转让给其他股东的结局。

相关法律规定

《中华人民共和国公司法》（2018年，已被修订）

第七十一条　有限责任公司的股东之间可以相互转让其全部或者部分股权。

股东向股东以外的人转让股权，应当经其他股东过半数同意。股东应就其股权转让事项书面通知其他股东征求同意，其他股东自接到书面通知之日起满三十日未答复的，视为同意转让。其他股东半数以上不同意转让的，不同意的股东应当购买该转让的股权；不购买的，视为同意转让。

经股东同意转让的股权，在同等条件下，其他股东有优先购买权。两个以上股东主张行使优先购买权的，协商确定各自的购买比例；协商不成的，按照转让时各自的出资比例行使优先购买权。

公司章程对股权转让另有规定的，从其规定。

《中华人民共和国公司法》（2023修订）

第八十四条　有限责任公司的股东之间可以相互转让其全部或者部分股权。

股东向股东以外的人转让股权的，应当将股权转让的数量、价格、支付方式和期限等事项书面通知其他股东，其他股东在同等条件下有优先购买权。股东自接到书面通知之日起三十日内未答复的，视为放弃优先购买权。两个以上股东行使优先购买权的，协商确定各自的购买比例；协商不成的，按照转让时各自的出资比例行使优先购买权。

公司章程对股权转让另有规定的，从其规定。

《最高人民法院关于适用〈中华人民共和国公司法〉若干问题的规定（四）》（2020修正）

第二十条　有限责任公司的转让股东，在其他股东主张优先购买后又不同意转让股权的，对其他股东优先购买的主张，人民法院不予支持，但公司章程另有规定或者全体股东另有约定的除外。其他股东主张转让股东赔偿其损失合理的，人民法院应当予以支持。

法院判决

以下为该案在法院审理阶段，判决书中"本院认为"就该问题的论述：

本案的争议焦点是原告是否有权要求返还某烨公司80%股权。本院认为，朱某荣、斯某兵与某川公司签订的《股权转让合同》及《某烨公司股权转让合同之补充协议》均约定：支付首期股权转让款项2000万元后同时过户股权，股权过户同时办理质押。2017年6月28日，贵阳市中级人民法院作出（2017）黔01民初242号生效民事判决，判决主文为：一、确认方某燕享有优先购买权，在判决生效后30日内行使，行权内容、条件与朱某荣、斯某兵与某川公司签订股权转让合同相同；二、驳回方某燕其他诉求。2017年8月11日、28日，案外人宋某啸代方某燕将股权转让价款500万元、1500万元支付至贵阳市中级人民法院账户，注明：代方某燕支付朱某荣，斯某兵购买某烨公司股权款项。据此，方某燕已经根据（2017）黔01民初242号民事判决，行使了优先购买权，履行了支付首期股权转让款的义务，双方事实上成立了股权转让合同法律关系，按《某烨公司股权转让合同》及《某烨公司股权转让合同之补充协议》的约定，方某燕可以获得股权。（2017）黔01民初242号民事判决作出后，朱某荣、斯某兵并不主动履行该判决，朱某荣反而受让了斯某兵股权，贵阳市中级人民法院作出执行裁定并强制转让股权后，朱某荣、斯某兵多次提起执行异议复议，提起检察监督，并对（2017）黔01民初242号民事判决申请再审和申诉，这些行为明确表示了其不愿意转让股权给被告的意愿，也给股权转让合同的继续履行带来了极大的不确定性，在这种情况下，被告无法正常履行义务，因此，被告不存在违约行为，朱某荣、斯某兵所提供的证据也不足以证明被告不具有履行能力或不愿继续履行，故朱某荣、斯某兵要求解除股权转让合同法律关系的诉讼请求不能得到支持，也就不能要求被告返还股权。

延伸阅读

目前，大多数司法裁判支持"反悔权"的行使。本书笔者还检索了其他案例，仅有案例三、案例五未支持该"反悔权"之行使。然而，在案例五中，法院仍然是承认该"反悔权"存在的,只是因权利人的滥用才没有支持其效力。因此,案例三与本期案例中持"反悔权"否认说的仍然是少数。

此外,案例一是本书笔者曾于2018年11月14日分享过的案例,其观点与本期案例不同,支持了该"反悔权"。在此请读者注意,并欢迎与本书笔者继续探讨。

案例一:南京市中级人民法院在周某勇与张某、阎某华股权转让纠纷一案中[(2013)宁商申字第7号]认为,本案中,周某勇在2009年4月21日南京某设计院有限公司股东大会上,不同意张某向第三人转让公司股权,并主张在同等条件下的优先购买权,其行为符合法律规定。但此后张某与阎某华协商解除了《股权转让协议》,张某仍系股权持有人。根据法律规定,其他股东行使优先购买权的前提是股东同意转让股权,如果转让股东解除与第三人的股权转让协议,其他股东行使优先购买权的基础便不存在。

案例二:南宁市中级人民法院在秦某与陈某程、海某因、陈某、广西某盛投资发展有限公司股权转让纠纷一案二审[(2014)南市民二终字第379号]中认为,秦某上诉称其以同等条件向法院起诉主张优先购买权,属于对陈某对外转让股权的要约作出承诺。对此本院认为,股东优先购买权又是附有条件的形成权,其行使并非随时可以进行,只有在股东向第三人转让股权时,方可行使,股东对外转让股权是其他股东优先购买权行使的前提。股东可以选择继续转让或者终止转让,股权转让一旦终止,其他股东不能主张行使优先购买权。本案中,陈某与程某裕之间产生的股权转让行为侵害了秦某的优先购买权,被依法撤销后,陈某选择继续转让,秦某即可行使优先购买权,陈某选择终止转让,是陈某的自由意志,不受制于秦某行使优先购买权的意愿,秦某不能行使优先购买权。秦某以陈某与程某裕之间的股权转让行为被依法撤销后,应由其在同等条件下享有并行使陈某转让给程某裕股权的优先购买权没有法律依据,理由不成立,本院不予支持。

案例三:山西省高级人民法院在孙某志与王某诚、斯某用、大同市某安房地产开发有限公司股权转让纠纷二审一案[(2015)晋商终字第88号]中认为,王某诚未依章程即将自己的40%股权转让给斯某用。从孙某志起诉的情况看,也证实了这一点,可以说王某诚转让股权给斯某用,有明显的瑕疵,但一审法院认定此案时,认定王某诚侵犯了孙某志的股东知情权和优先购买权,同时认为优先购买权是形成权,权利人应当在一定的合理期限内行使。

案例四：成都市中级人民法院在于某章、林某光股权转让纠纷二审一案[（2019）川01民终6462号]中认为，关于于某章表示不同意转让股权后，林某光能否行使优先购买权的问题。《最高人民法院关于适用〈中华人民共和国公司法〉若干问题的规定（四）》第二十条之规定是为了保护有限责任公司的人合性，在转让股东"又不同意转让股权"时，可以达到阻止外部人进入公司的目的，故法律允许转让股东反悔，并不再赋予其他股东过多权利。本案中，于某章在林某光等主张优先购买后，又不同意转让股权，符合前述法条规定的"反悔权"构成要件，且于某章并未在其他股东主张优先购买权时反复行使"反悔权"，亦不构成权利滥用。同时，双方确认某元水产公司章程中并未限制"反悔权"的行使。因此，于某章主张"反悔权"符合法律规定。故林某光要求行使优先购买权的主张，本院不予支持。

案例五：成都市中级人民法院在钟某全、杨某淮股权转让纠纷二审一案[2018川01民终10504号]中，钟某全称，其有权行使"反悔权"，其已与谢某解除股权转让协议，因此杨某淮无权主张行使优先购买权。对此本院认为，《最高人民法院关于适用〈中华人民共和国公司法〉若干问题的规定（四）》第二十条之规定，是适用于转让股东放弃转让股权的情形，目的是保护有限责任公司的人合性。本案中，从钟某全上诉状所附《通知书》内容可知，虽然钟某全解除了与谢某的股权转让协议，但钟某全并没有放弃转让股权的意思表示，而是在一审法院判决支持杨某淮按同等条件行使优先购买权的情况下，以行使"反悔权"的名义，将股权转让价款提高至原协议约定价款的15倍继续对外转让股权，以此来阻止杨某淮等其他股东行使优先购买权。钟某全的行为既不符合《公司法解释（四）》第二十条规定的情形，也有违诚实信用原则，其所谓行使"反悔权"的主张，不应得到支持。

案例六：岳阳市中级人民法院在王某、陈某义股权转让纠纷二审一案[（2019）湘06民终382号]中认为，除了公司章程另有规定或全体股东另有约定两种情形外，转让股东享有"又不同意转让股权"的权利。二审中经本院释明，四上诉人已书面明确表示不同意转让股权，且没有证据证明某利公司章程另有规定和某利公司全体股东另有约定，故赵某斌要求按四上诉人与王某泉、何某安之间的股权转让协议约定的同等条件购买四上诉人的股权的诉讼请求，不应得到支持。赵某斌主张优先购买权后，一审法院未询问四上诉人的意见径行判决不当，应予纠正。

036 因离婚将股权分配给配偶时，其他股东是否拥有优先购买权？

阅读提示

拥有有限责任公司股权的夫妻在离婚时，通常会在离婚协议中约定，一方持有的股权，属于夫妻共有财产，离婚后，另一方有权获得一半的公司股权。但现实的情况是，当双方领取离婚证后，一方拿着离婚协议，要求另一方将股权过户给另一方时，另一方会辩称，公司其他股东不同意你成为股东，要行使优先购买权，因此股权不可过户。那么，因离婚需要分割股权时，公司其他股东是否拥有优先购买权呢？

裁判要旨

股东在离婚协议中约定，将部分或全部股权分割给其配偶的，该协议合法有效；但是，配偶若想将该部分股权过户到自己名下，需要提供经过公司过半数股东同意，其他股东明确表示放弃优先购买权的证明材料，否则法院不予支持。

值得注意的是，2023年修订的公司法第八十四条删除了"股东向股东以外的人转让股权，应当经其他股东过半数同意"之规定，我们认为新法施行后，不论是将股权过户给配偶还是对外转让，不用经股东同意，但需关注其他股东是否行使优先购买权。

案情简介[①]

1. 仇某（女方）与张某（男方）于1994年12月26日登记结婚。2010年10月15日，张某突发脑出血住院治疗，于2010年11月9日出院。出院后，仇某与张某协议离婚。

2. 双方在离婚协议中约定，除原二人共有的一套房屋和100万元存款归女方所有外，男方在省某公司66万元的出资，省某集团36万元的出资，也归女方所有。协议签订后，双方领了离婚证。

[①] 洛阳市中级人民法院，上诉人仇某因与被上诉人张某离婚后财产分割纠纷二审民事判决书[（2014）洛民终字第1267号]。

3. 此后，男方以该离婚协议是女方在欺诈胁迫的情形下签订的为由向法院提出撤销该协议的请求，但是经一审二审法院审理，均驳回了男方的请求。

4. 在二人离婚期间，河南省某建筑工程有限公司和省某集团均进行了改制，男方持有省某公司的股权比例变更为 1.23%，持有省某集团的股权比例变更为 1.07%。

5. 此后，女方起诉男方要求其按照离婚协议的约定将省某公司和省某集团的股权过户到女方名下，但其并没有提供省某公司和省某集团其他股东同意或放弃优先购买权的证明材料。

6. 本案经洛阳西工法院一审，洛阳中院二审，均判决驳回女方的诉讼请求。

争议原因

男女双方在离婚协议中，关于对公司出资进行分割的约定，因公司进行改制无法确认协议中分配给女方的出资所对应的股权比例。男方持有的公司股权属于男女双方的共同财产，在女方提出依法分割时，应当予以分割。因此男方持有的公司股权中的一半应当归女方所有。

但是，按照当时公司法规定，男女双方之间如果想将男方在公司的出资额部分转让给女方，须经该公司过半数股东同意、其他股东明确表示放弃优先购买权，女方才可以成为该公司股东。女方需提交股东会决议或通过其他合法途径取得的股东的书面声明材料等证据证明过半数股东同意。但是，在本案中，女方起诉要求男方协助其变更股东登记，并没有提供其他股东同意或放弃优先购买权的证明材料，所以其要求将股权过户到自己名下的请求，法院不予支持。

实务经验总结

基于有限责任公司的人合性，为了避免股东间和谐稳定、相互信赖的关系被破坏，夫妻间的纠纷解决不能够侵犯其他股东的优先受让权。因此，股东离婚时向配偶转让并不排除其他股东优先购买权的行使。所以，对于有潜在离婚危机的股东来讲，务必要清楚其在离婚协议中将股权转让给配偶时，其他股东可以行使优先购买权，只有当其他股东放弃优先购买权时，该股东的配偶才能获得股权。

其实，在公司创业之初，为避免由于股东离婚而引起股权结构的动荡，各股东可以在创业之初就未雨绸缪，要求各股东及其配偶出具声明，各股东所持有的股权均属于该股东个人所有，不属于夫妻共同财产。本文延伸阅读部分，我们将给出"股东股权属于个人所有，非夫妻共有财产"的协议模板。

相关法律规定

《中华人民共和国公司法》（2018年，已被修订）

第七十一条 有限责任公司的股东之间可以相互转让其全部或者部分股权。

股东向股东以外的人转让股权，应当经其他股东过半数同意。股东应就其股权转让事项书面通知其他股东征求同意，其他股东自接到书面通知之日起满三十日未答复的，视为同意转让。其他股东半数以上不同意转让的，不同意的股东应当购买该转让的股权；不购买的，视为同意转让。

经股东同意转让的股权，在同等条件下，其他股东有优先购买权。两个以上股东主张行使优先购买权的，协商确定各自的购买比例；协商不成的，按照转让时各自的出资比例行使优先购买权。

公司章程对股权转让另有规定的，从其规定。

《中华人民共和国公司法》（2023修订）

第八十四条 有限责任公司的股东之间可以相互转让其全部或者部分股权。

股东向股东以外的人转让股权的，应当将股权转让的数量、价格、支付方式和期限等事项书面通知其他股东，其他股东在同等条件下有优先购买权。股东自接到书面通知之日起三十日内未答复的，视为放弃优先购买权。两个以上股东行使优先购买权的，协商确定各自的购买比例；协商不成的，按照转让时各自的出资比例行使优先购买权。

公司章程对股权转让另有规定的，从其规定。

《最高人民法院关于适用〈中华人民共和国民法典〉婚姻家庭编的解释（一）》

第七十三条 人民法院审理离婚案件，涉及分割夫妻共同财产中以一方名义在有限责任公司的出资额，另一方不是该公司股东的，按以下情形分别处理：

（一）夫妻双方协商一致将出资额部分或者全部转让给该股东的配偶，其他股东过半数同意，并且其他股东均明确表示放弃优先购买权的，该股东的配偶可以成为该公司股东；

（二）夫妻双方就出资额转让份额和转让价格等事项协商一致后，其他股东半数以上不同意转让，但愿意以同等条件购买该出资额的，人民法院可以对转让出资所得财产进行分割。其他股东半数以上不同意转让，也不愿意以同等条件购买该出资额的，视为其同意转让，该股东的配偶可以成为该公司股东。

用于证明前款规定的股东同意的证据，可以是股东会议材料，也可以是当事人通过其他合法途径取得的股东的书面声明材料。

法院判决

以下为该案在法庭审理阶段，判决书中"本院认为"就该问题的论述：

本院认为，仇某与张某之间签订的离婚协议系双方当事人的真实意思表示，依法有效。现仇某起诉要求张某协助将所持有的两公司股份变更登记到仇某名下，根据《最高人民法院关于适用〈中华人民共和国婚姻法〉若干问题的解释（二）》第十六条第一款第一项中规定，仇某应提供证据证明两公司"过半数股东同意、其他股东明确表示放弃优先购买权"。对此，仇某未提供证据，故其要求将张某持有的两公司股份变更登记到其名下的上诉请求，本院无法支持。仇某上诉称，其与张某离婚协议中约定河南省某建筑集团有限公司中张某的36万元股份已做处分，请求分割离婚协议中未分割张某隐匿的河南省某建筑集团有限公司304.61万元股份。本院认为，因河南省某建筑集团有限公司已经改制，张某在公司实际出资额所占的出资比例已经变更，无法区分张某原出资额36万元在改制后股东出资中所占的比例，故仇某关于离婚协议中河南省某建筑工程有限公司36万元股份变更登记的诉求现无法实现，一审法院将张某在河南省某建筑工程有限公司持有的出资额340.61万元（出资比例为1.07%）平均分割并无不当。

延伸阅读

股东股权属于其个人财产的协议，非夫妻共有财产协议书

甲方：

乙方：

甲乙双方是经合法登记的夫妻，且乙方作为某某公司（以下简称公司）创始人，持有[ ]%的公司股权，对应公司注册资本人民币[ ]元（以下简称标的股权）。

经双方协商一致，现就标的股权有关问题达成协议如下：

一、双方确认，标的股权属于乙方个人财产，不属于甲乙双方的夫妻共同财产，甲方对标的股权不享有任何权益。

二、双方进一步确认，乙方作为公司股东作出的任何行为或决定，均不需要甲方另行授权或同意。

三、乙方同意，若乙方就标的股权获得任何收益，包括但不限于分红、处分表的股权获得的收益等，乙方应自获得该等收益之日起［　］日内，将该收益的50%支付给甲方。甲方同时确认，本条规定仅视为乙方对甲方的支付义务，不得视为赋予甲方任何与标的股权相关的权力。

四、本协议自双方签署之日生效，且长期有效。

甲方：　　　　　　　　　　　　　　乙方：

　年　月　日　　　　　　　　　　　年　月　日

037 老股东行使优先购买权的权利期间从何时开始起算？

阅读提示

为了实现公司的人合性、股权的流动性与交易安全性之间的平衡，有限责任公司的股东对外转让股权时，由于第三人的加入会改变业已形成的人际关系从而影响到公司的人合性，对老股东的重大利益产生影响，公司法赋予老股东阻止无信任关系的其他人通过受让股权的方式加入公司的优先购买权。但是，优先购买权行使的前提条件是什么？以及权利行使的计算期间如何起算？本案将通过一则案例，解答这一问题。

裁判要旨

股东对外转让股权，在其将与第三人之间转让股权的对象、价格、支付方式、期限等要素通知其他股东之前，因其他股东不能根据前述"同等条件"对是否行使优先购买权作出判断，进而其他股东行使优先购买权的条件就不能成就，权利行使的期间就不能起算。

案情简介[①]

1. 某环公司原有两位股东，其中，张某持股比例增至51%，某银公司持股

[①] 天津市第一中级人民法院，江苏天津某银实业发展有限公司、天津某商投资咨询有限公司公司决议效力确认纠纷二审民事判决书［（2018）津01民终2745号］。

比例49%，张某任某环公司的法定代表人。

2. 2013年12月3日，某银公司向张某送达股权转让通知函，告知其欲转让持有的49%股权，转让价格为2982万元，并告知张某可行使优先购买权，要求张某在收到函后5日内予以书面答复，否则视为放弃优先购买权。张某签收了该函件。

3. 2013年12月7日，某银公司在晚报上发布拟转让持有49%股权的公告，并载明了交易对象的条件，以及征询或异议的有效期限为自发布之日至2013年12月19日。后某银公司并未实际转让其所持股权。

4. 2014年11月25日，某银公司召开股东会，形成《股东会决议》：某银公司将49%股权以4803900元价格转让给某商公司，张某放弃行使优先购买权。该决议有某银公司盖章，且伪造了张某的签名。同日，其与某商公司签订《股权转让协议》约定，将49%股权转让给某商公司，合同中并未约定转让价款及其他权利义务。此后，某银公司通过代办机构办理了工商过户登记。

5. 此后，张某以侵害其优先购买权等为由提起确认股东会决议无效之诉。本案经天津北辰法院一审、天津中院二审，均判定股东会决议无效。

争议原因

本案中焦点问题是，某银公司与某商公司2014年11月25日签订股权转让协议前是否完成通知张某的义务。

首先，根据《最高人民法院关于适用〈中华人民共和国公司法〉若干问题的规定（四）》（2020修正）第十七条的规定，有限责任公司的股东向股东以外的人转让股权，应就其股权转让事项以书面或者其他能够确认收悉的合理方式通知其他股东征求同意。某银公司虽然在2013年12月3日向张某送达了书面通知，但是，该通知仅载明某银公司具有转让其股权的意向及转让金额，虽告知了张某可行使优先购买权，但对转让的对象、支付方式及期限等均未作出表示，属于对转让股权的条件规定不明，致使其他股东未能在明确的"同等条件"下行使优先购买权，故该通知存在瑕疵。

其次，张某在签收通知但并未作出收购股权的意思表示的情形下，某银公司虽然登报公告股权转让事项，但是公告中亦未明确相关信息，其后并未实际转让其名下股权。虽然对于股东发出征求其他股东意见的通知后股权转让的期限，相关法律法规及公司章程中并无明确规定，但2014年11月25日某银公司与某商公司签订股权转让协议时，股权转让的对象、转让价款等已经明确，此时距向张某送达书面通知已近一年，转让的价款亦进行了调整，并非通知中载明的2982万元，而是4803900元。为保障其他股东在同等条件下行使优先购买权，某银公司应将该次股权转让的相关情况通知其他股东。

综上，2013年12月3日的通知及12月7日的公告因对股权转让的重要信息标注不明，不能以此认定某银公司完成通知义务。

实务经验总结

根据2018年公司法第七十一条的规定，老股东只享有转让股东与第三人之间股权转让"同等条件"下的顺位先买权。只有当"同等条件"明确时，老股东才能行使优先购买权，如果"同等条件"不明确，当老股东无行使优先购买权的前提，优先购买权的期间也定不能够起算。2023年修订的公司法第八十四条第二款规定"股东向股东以外的人转让股权的，应当将股权转让的数量、价格、支付方式和期限等事项书面通知其他股东"，明确了通知要素。

这就提示转让股东在征询老股东是否行使股东优先购买权的意见时，务必在征询通知中，载明其拟与第三人签订股权转让合同的主体、价格、数量、支付方式、期限等真实、准确、完整的交易条件，以便老股东能够衡量判断是否需要行使优先购买权。

同时，本案也提醒老股东，当转让股东向其发出的征询通知中，未载明或未准确完整地载明转让股东与第三人之间的交易条件时，可以要求其告知转让股东与第三人之间真实、准确、完整的交易条件，并声明若不能告知，股东优先购买权的期间不起算。

相关法律规定

《中华人民共和国公司法》（2018年，已被修订）

第七十一条 有限责任公司的股东之间可以相互转让其全部或者部分股权。

股东向股东以外的人转让股权，应当经其他股东过半数同意。股东应就其股权转让事项书面通知其他股东征求同意，其他股东自接到书面通知之日起满三十日未答复的，视为同意转让。其他股东半数以上不同意转让的，不同意的股东应当购买该转让的股权；不购买的，视为同意转让。

经股东同意转让的股权，在同等条件下，其他股东有优先购买权。两个以上股东主张行使优先购买权的，协商确定各自的购买比例；协商不成的，按照转让时各自的出资比例行使优先购买权。

公司章程对股权转让另有规定的，从其规定。

《中华人民共和国公司法》（2023 修订）

第八十四条　有限责任公司的股东之间可以相互转让其全部或者部分股权。

股东向股东以外的人转让股权的，应当将股权转让的数量、价格、支付方式和期限等事项书面通知其他股东，其他股东在同等条件下有优先购买权。股东自接到书面通知之日起三十日内未答复的，视为放弃优先购买权。两个以上股东行使优先购买权的，协商确定各自的购买比例；协商不成的，按照转让时各自的出资比例行使优先购买权。

公司章程对股权转让另有规定的，从其规定。

《最高人民法院关于适用〈中华人民共和国公司法〉若干问题的规定（四）》（2020 修正）

第十七条　有限责任公司的股东向股东以外的人转让股权，应就其股权转让事项以书面或者其他能够确认收悉的合理方式通知其他股东征求同意。其他股东半数以上不同意转让，不同意的股东不购买的，人民法院应当认定视为同意转让。

经股东同意转让的股权，其他股东主张转让股东应当向其以书面或者其他能够确认收悉的合理方式通知转让股权的同等条件的，人民法院应当予以支持。

经股东同意转让的股权，在同等条件下，转让股东以外的其他股东主张优先购买的，人民法院应当予以支持，但转让股东依据本规定第二十条放弃转让的除外。

第十八条　人民法院在判断是否符合公司法第七十一条第三款及本规定所称的"同等条件"时，应当考虑转让股权的数量、价格、支付方式及期限等因素。

第十九条　有限责任公司的股东主张优先购买转让股权的，应当在收到通知后，在公司章程规定的行使期间内提出购买请求。公司章程没有规定行使期间或者规定不明确的，以通知确定的期间为准，通知确定的期间短于三十日或者未明确行使期间的，行使期间为三十日。

法院判决

以下为该案在法庭审理阶段，判决书中"本院认为"就该问题的论述：

本院认为：某银公司与某商公司2014年11月25日签订股权转让协议前是否完成通知张某的义务。根据《最高人民法院关于适用〈中华人民共和国公司法〉若干问题的规定（四）》第十七条的规定，有限责任公司的股东向股东以外的人转让股权，应就其股权转让事项以书面或者其他能够确认收悉的合理方式通知其他股东征求同意。某银公司抗辩其在2013年12月3日向张某送达了书面通知，张某已实际放弃优先购买权。上述通知仅载明某银公司具有转让其股权的意向及转让金额，虽告知了张某可行使优先购买权，但对转让的对象、支付方式及期限等均未作出表示，属于对转让股权的条件规定不明，致使其他股东未能在明确的"同等条件"下行使优先购买权，故该通知存在一定瑕疵。张某在签收上述通知后并未作出收购股权的意思表示，某银公司进行了登报公告股权转让事项，公告中亦未明确相关信息，其后并未实际转让其名下股权。虽然对于股东发出征求其他股东意见的通知后股权转让的期限，相关法律法规及某环公司的章程中并无明确规定，但2014年11月25日某银公司与某商公司签订股权转让协议时，股权转让的对象、转让价款等已经明确，此时距向张某送达了书面通知已近一年，转让的价款亦进行了调整，并非通知中载明的29820000元，而是4803900元。为保障其他股东在同等条件下行使优先购买权，某银公司应将该次股权转让的相关情况通知其他股东，2013年12月3日的通知及12月7日的公告因对股权转让的重要信息标注不明，不能以此认定某银公司完成通知义务。现某银公司、某商公司均未提交证据证实在股权转让协议订立前依法通知某环公司另一股东张某行使优先购买权，故某银公司、某商公司的该项抗辩意见，不予采纳。

038 "股权转让款+向公司借款"是否构成老股东行使优先购买权的"同等条件"？

阅读提示

股东优先购买权行使的前提是"同等条件"，但是何谓"同等条件"，2018年公司法并没有明确列举，2023年修订的公司法及《最高人民法院关于适用〈中华人民共和国公司法〉若干问题的规定（四）》（2020修正）列举了数量、价格、支付方式、期限四个核心要素后，还列举了一个"等"因素，而这个

"等"因素具体包含哪些因素？笔者将通过几则法院的真实判例，来揭示"等"因素的真面目。

裁判要旨

优先购买权的同等条件，是指出让股东与股东以外的第三人之间合同确定的主要转让条件，如出让股东与受让人约定的投资、业务合作、债务承担等条件，也应认定为主要条件。第三人除股权转让款之外的借款相当于对公司的一种投资方式，是股权转让的条件之一，可视为是一种"同等条件"。

案情简介①

1. 1989年11月4日，气门厂成立，此后改制为有限责任公司，股东为梁某、徐某、郝某，持股比例分别约为30.51%、43.54%、25.95%。

2. 2011年4月8日，杨某与梁某签订《股权转让协议》约定：梁某将气门厂0.1%的股权以1万元的价格转让给杨某，3日内付清，且杨某在完成转让后10日内完成以下两项附加条件中的一项：1.杨某借款300万元给气门厂，年息6%，期限为1年；2.若气门厂未能同意向杨某借款的决定，则杨某提供给梁某150万元的无息借款。

3. 同日，梁某向徐某及郝某寄送了召集股东会通知及《股权转让协议》复印件，告知两人可在同等条件下行使优先购买权。

4. 2011年5月3日，徐某回复称：对梁某出让0.1%股权的价格及履行方式均表示同意，但对所附条件不认可，主张行使优先购买权。

5. 2011年5月9日，气门厂召开股东会，三名老股东同意向杨某借款300万元，但对于0.1%的股权转让，徐某表示行使优先购买权，但不同意借款300万元给公司。最终股东会结论为：无股东以借款300万元给公司和支付1万元的同等条件行使优先权购买本次转让的股权。

6. 2011年5月10日，杨某向梁某支付了1万元股权转让款。此后，杨某向气门厂的三位股东及负责人寄送了要求办理股权转让工商备案登记的通知，要求办理股权变更登记，但至今未果。

7. 杨某遂向法院起诉，要求判令气门厂到工商局办理过户登记，其他股东

---

① 上海市第二中级人民法院，杨某与某气门厂有限公司股权转让纠纷一案二审民事判决书［(2012)沪二中民四(商)终字第16号］。

予以协助。许某则以"对公司借款不属于同等条件"侵害其优先购买权为由进行抗辩。本案经上海虹口法院一审、上海二中院二审,最终认定,股权转让款+向公司借款属于同等条件。

争议原因

本案的争议焦点在于股权转让中的杨某向气门厂借款 300 万元是否构成优先购买权中的"同等条件"。

上海虹口法院认为,在股权转让款外附加向公司借款不属于同等条件。因为,股权转让基于支付相应对价而取得相应股权,故优先购买权中的"同等条件"不适宜超出股权转让主体、客体及内容以外作扩大解释。杨某向气门厂提供 300 万元借款用于归还高息借款属于公司经营范畴,系与气门厂之间的借贷法律关系,不应视为股权转让主体间的"同等条件"。涉案《股权转让协议》载明了股权转让的数量、价格和履行方式,应当作为其他股东行使优先购买权的"同等条件",但借款 300 万元的"附加条件"作为"同等条件"缺乏法律依据,损害了有利害关系的其他当事人利益,不应支持。

上海二中院认为,股东外第三人在支付股权转让款外附加向公司借款属于同等条件,但是附加向转让股东个人借款不属于同等条件。因为,所谓优先购买权的同等条件,是指出让股东与股东以外的第三人之间合同确定的主要转让条件,如出让股东与受让人约定的投资、业务合作、债务承担等条件,也应认定为主要条件。梁某在向杨某转让股份的同时,杨某承诺向气门厂借款 300 万元,相当于是杨某对气门厂的一种投资方式,是股权转让的条件之一,可视为一种"同等条件"。徐某等气门厂股东应按此条件行使优先购买权。但是,梁某和杨某约定,若气门厂不同意借款,则杨某承诺借款给梁某 150 万元,该借贷是梁某与杨某之间的借贷关系,并牵涉到对个人信用的评价,且与气门厂无关,不应视为股权转让的"同等条件"。

本文作者也同意上海二中院的观点,将对公司的借款视为老股东行使优先购买权的条件,而将对转让股东的个人借款不视为同等条件。因为,根据《最高人民法院关于适用〈中华人民共和国公司法〉若干问题的规定(四)》第十八条的规定,人民法院在判断是否符合公司法第七十一条规定的"同等条件"时,应当考虑转让股权的数量、价格、支付方式及期限等因素。本条虽然明确将股权转让的数量、价格、支付方式和期限作为主要的衡量因素,但同时以"等"字为其他因素的综合适用留足了空间。该处的其他因素，我们认为除前述关键因素外，向公司增资扩股、提供无息或低息贷款促进经营、提供公司经营发展所必需的技术秘密、销售渠道等有助于维护公司和其他全体股东整体利益的因素，也可以作为同等条件予以考虑，其他股东在不能够提供同等条件时，应当不允许其行使优先购买权。

但需要提醒的是，同等条件虽然是一个广义的概念，但是出让股东和第三人还是需要保持必要的克制和理性，不能够滥用同等条件，故意增加不公平、不合理的条件，专用于"吓"跑老股东。比如，该案中"股权转让款+对股东个人借款"的条件，明显侵害了老股东的合法权益，因而不能被法院认可。

实务经验总结

股东优先购买权制度是维持转让股东自由转让股权的财产利益和其他股东人合性的利益平衡的司法制度。同等条件的设置，平衡了转让股东、老股东、第三人三方的利益，既保护了公司的人合性也保障了股权的正常流通。因此，准确地识别"同等条件"的内涵和外延就成为重中之重。2023年修订的公司法第八十四条和《最高人民法院关于适用〈中华人民共和国公司法〉若干问题的规定（四）》（2020修正）第十八条明确列举了认定股权转让"同等条件"的转让股权的数量、价格、支付方式以及期限等因素。对于上述要素的界定，我们认为应当注意以下几点：

1. 股权转让数量同等，也就意味着排除了老股东部分行使优先购买权的可能，因为转让股东整体转让股权的价值可能远高于部分转让股权的价值，很有可能股权数量不同，包含不同的控制权溢价。

2. 价格同等，意味着老股东应当以等于或高于第三人价格的条件行使优先购买权，同等对于其他能够通过金钱进行衡量的因素，一并加到价格因素中进行考虑。

3. 支付方式同等，主要目的在于保障转让股东能够及时、足额地获得股权转让价金的权利，因此，原则上应当肯定老股东有权按照转让股东和第三人的支付方式行使优先购买权。

4. 支付期限同等，目的在于老股东行使优先购买权时的支付期限应当不晚于第三人的支付期限；但是，如果转让股东和第三人约定明显不合理的较短期限，人民法院也应当根据股权转让款的金额大小，其他股东支付能力的强弱来综合判断支付期限。

相关法律规定

《中华人民共和国公司法》（2018年，已被修订）

第七十一条　有限责任公司的股东之间可以相互转让其全部或者部分股权。

股东向股东以外的人转让股权，应当经其他股东过半数同意。股东应就其股权转让事项书面通知其他股东征求同意，其他股东自接到书面通知之日起满三十日未答复的，视为同意转让。其他股东半数以上不同意转让的，不同意的股东应当购买该转让的股权；不购买的，视为同意转让。

经股东同意转让的股权，在同等条件下，其他股东有优先购买权。两个以上股东主张行使优先购买权的，协商确定各自的购买比例；协商不成的，按照转让时各自的出资比例行使优先购买权。

公司章程对股权转让另有规定的，从其规定。

《中华人民共和国公司法》（2023修订）

第八十四条　有限责任公司的股东之间可以相互转让其全部或者部分股权。

股东向股东以外的人转让股权的，应当将股权转让的数量、价格、支付方式和期限等事项书面通知其他股东，其他股东在同等条件下有优先购买权。股东自接到书面通知之日起三十日内未答复的，视为放弃优先购买权。两个以上股东行使优先购买权的，协商确定各自的购买比例；协商不成的，按照转让时各自的出资比例行使优先购买权。

公司章程对股权转让另有规定的，从其规定。

《最高人民法院关于适用〈中华人民共和国公司法〉若干问题的规定（四）》（2020修正）

第十八条　人民法院在判断是否符合公司法第七十一条第三款及本规定所称的"同等条件"时，应当考虑转让股权的数量、价格、支付方式及期限等因素。

法院判决

以下为该案在法庭审理阶段，判决书中"本院认为"就该问题的论述：

本院认为：本案的焦点问题仍在于股权转让协议中约定的梁某向杨某转让气门厂股份后，杨某承诺借款给气门厂300万元及如气门厂不同意该借款，杨某承诺借款给梁某150万元的条款是否构成优先购买权中的"同等条件"，气门厂其他股东是否应按该"同等条件"行使优先购买权。所谓优先购买权的同等条件，是指出让股东与股东以外的第三人之间合同确定的主要转让条件,如出让股东与受让人约定的投资、业务合作、债务承担等条件,也应认定为主要条件。梁某在向杨某转让股份的同时,杨某承诺向气门厂借款300万元,相当于是杨某对气门厂的一种投资方式,是股权转让的条件之一,可视为是一种"同等条件"。徐某等气门厂股东应按此条件行使优先购买权。原审法院认为该借款属另一法律关系,不应视为股权转让主体间的"同等条件"的认定不当,本院予以纠正。杨某与梁某签订的股权转让协议还约定,若气门厂不同意借款,则杨某承诺借款给梁某150万元,该借贷是梁某与杨某之间的借贷关系,并牵涉到对个人信用的评价,且与气门厂无关,不应视为股权转让的"同等条件"。

延伸阅读

裁判规则一:股权转让款之外另行向公司借款可作为同等条件内容。

案例一:阳江市中级人民法院审理的覃某华、阳春市某电站股权转让纠纷[(2017)粤17民终703号]认为,"根据《中华人民共和国公司法》第七十一条第三款的规定,股东在同等条件下享有优先购买权。本案中,黄某炯等11名股东转让股权的条件是受让人借款100万元给阳春市某电站有限公司偿还银行借款、每股转让价格为26万元。受让人范某坤、江某娟已实际提供了借款100万元给阳春某电站,并按每股26万元的价格支付转让款给黄某炯等11名股东。虽然本案现有证据未反映黄某炯等11名股东就股权转让事项以书面方式通知覃某华并征求覃某华的同意,但在本案一、二审庭审中征询覃某华是否同意按上述同等条件购买本案股权时,覃某华均表示仅同意以每股26万元的价款受让黄某炯等11名自然人股东转让的股权,而不同意提供借款100万元给阳春某电站。因此,在覃某华不同意提供借款100万元给阳春某电站的情况下,覃某华对黄某炯等11名自然人股东转让的股权不享有优先购买权。覃某华主张对黄某炯等11名股东转让的股权享有优先购买权,理据不足,本院不予支持"。

裁判规则二:股权整体受让可作为"同等条件"内容。

案例二:贵州省高级人民法院审理的瓮安某强公司股东资格确认纠纷案民事裁定书[(2013)黔高民申字第540号]认为,"对外出让股权的条件应由出让股权的股东确定,出让股权的股东认为股权整体出让能实现利益最大化,那么股权整体受让也是同等条件之一,蔡某山要求就某个股东的股权单独行使优先购买权不符合同等条件的要求,依法应视其放弃行使优先购买权。本院认为,主张行使优先购买权的股权应以出让人确定的同等条件受让股权，如有异议则应视为放弃行使优先购买权"。

裁判规则三：对外股权转让"同等条件"的一般内容。

案例三：江苏省高级人民法院审理的江苏某国际咨询有限责任公司与江苏某国际评估咨询有限公司、江苏省某学会等股权转让纠纷再审复查与审判监督民事裁定书［(2015)苏审三商申字第00398号］认为，"股东行使优先购买权的核心是在'同等条件'下优先取得转让的股权。'同等条件'应当综合股权的转让价格、价款履行方式及期限等因素确定"。

案例四：鹤壁市山城区人民法院审理的河南某集团有限公司与鹤壁某发电有限责任公司、某石油勘探局、第三人徐州某资产管理有限公司股权转让纠纷一案［(2011)山民初字第1838号］认为，"根据被告某石油勘探局与第三人某资产签订的《产权交易合同》的约定，被告某石油勘探局转让股权的条件主要有：1.产权转让的标的为某石油勘探局持有的同力公司40%的股权；2.产权转让的价格为20001元；3.产权转让的价款在合同签署后5个工作日内一次性付清；4.标的产权的工商变更登记手续在合同生效后60日内完成，某石油勘探局给予必要的协助。上述约定是本院确定同等条件的依据"。

039 不要求在同等条件下购买的股东，仅主张侵害优先购买权合同无效的诉讼请求，法院不予支持

阅读提示

公司法赋予了有限责任公司老股东优先购买权以维持公司的人合性，维护老股东对公司的控制权，但当老股东的优先购买权受到侵害时，其提出诉讼请求的标准动作是什么？本案结合《最高人民法院关于适用〈中华人民共和国公司法〉若干问题的规定（四）》（2020修正）出台后，裁判文书网首先公布的第一篇涉及股东优先购买权的案例，揭示受侵害股东提出诉讼请求的标准动作。

裁判要旨

有限责任公司的股东向股东以外的人转让股权，未就其股权转让事项征求其

他股东意见，或者以欺诈、恶意串通等手段，损害其他股东优先购买权，其他股东主张按照同等条件购买该转让股权的，人民法院应当予以支持，但其他股东仅提出确认股权转让合同及股权变动效力等请求，未同时主张按照同等条件购买转让股权的，人民法院不予支持。

案情简介[①]

1. 2004年12月20日，周某平、陈某菊夫妇设立了某田公司，周某平占股51%，陈某菊占股49%。

2. 2009年2月23日，周某平、陈某菊（转让方）和王某平、易某民（受让方）签订了《股权转让协议书一》，约定：受让方向转让方支付660万元受让转让方全部股权，但转让方在全部转让款到位前保留1%的名义股权，不享有实际股东权利。

3. 此后，转让方如约将99%的股权过户给受让方，但受让方并未如约将全部股权转让款支付到位。后经诉讼执行，受让方支付了全部股权转让款，但未支付延期支付的利息，转让方亦没有将剩余1%股权过户。

4. 2010年8月10日，王某平、易某民又与第三人签订《股权转让协议二》，将公司99%的股权以990万元的价格转让给了第三人，但是并未通知周某平、陈某菊行使同意权及优先购买权。

5. 此后，周某平、陈某菊以其股东优先购买权受到侵害为由请求法院确认《股权转让协议二》无效，但其并未提出在同等条件下要求购买。

6. 本案经岳阳楼法院一审，岳阳市中院二审，最终认定《股权转让协议二》有效，驳回周某平、陈某菊的诉讼请求。

实务经验总结

1. 优先购买权受侵害，股东须在主张侵权的股权转让协议无效的同时，主张按同等条件购买股权。前述两个条件缺一不可，老股东不能仅主张侵害优先购买权的合同无效，而不主张在同等条件下优先购买，否则这不仅使新缔结的合同效力处于不确定的状态之中，也使老股东处分股权的目的不能实现。

2. 老股东应当及时行使股东优先购买权，其应自知道或者应当知道行使优

[①] 岳阳市中级人民法院，周某平、陈某菊与欧阳某某、阳某元等股权转让纠纷二审民事判决书[（2017）湘06民终1094号]。

先购买权的同等条件之日起三十日内主张。需要注意的是，若基于侵害股东优先购买权合同股权变更登记之日起超过一年，老股东再主张的也将不会得到支持。

相关法律规定

《中华人民共和国公司法》（2018 年，已被修订）

第七十一条 有限责任公司的股东之间可以相互转让其全部或者部分股权。

股东向股东以外的人转让股权，应当经其他股东过半数同意。股东应就其股权转让事项书面通知其他股东征求同意，其他股东自接到书面通知之日起满三十日未答复的，视为同意转让。其他股东半数以上不同意转让的，不同意的股东应当购买该转让的股权；不购买的，视为同意转让。

经股东同意转让的股权，在同等条件下，其他股东有优先购买权。两个以上股东主张行使优先购买权的，协商确定各自的购买比例；协商不成的，按照转让时各自的出资比例行使优先购买权。

公司章程对股权转让另有规定的，从其规定。

《中华人民共和国公司法》（2023 修订）

第八十四条 有限责任公司的股东之间可以相互转让其全部或者部分股权。

股东向股东以外的人转让股权的，应当将股权转让的数量、价格、支付方式和期限等事项书面通知其他股东，其他股东在同等条件下有优先购买权。股东自接到书面通知之日起三十日内未答复的，视为放弃优先购买权。两个以上股东行使优先购买权的，协商确定各自的购买比例；协商不成的，按照转让时各自的出资比例行使优先购买权。

公司章程对股权转让另有规定的，从其规定。

《最高人民法院关于适用〈中华人民共和国公司法〉若干问题的规定（四）》（2020 修正）

第二十一条 有限责任公司的股东向股东以外的人转让股权，未就其股权转让事项征求其他股东意见，或者以欺诈、恶意串通等手段，损害其他股东优先购买权，其他股东主张按照同等条件购买该转让股权的，人民法院应当予以支持，但其他股东自知道或者应当知道行使优先购买权的同等条件之日起三十日内没有主张，或者自股权变更登记之日起超过一年的除外。

前款规定的其他股东仅提出确认股权转让合同及股权变动效力等请求，未同时主张按照同等条件购买转让股权的，人民法院不予支持，但其他股东非因自身原因导致无法行使优先购买权，请求损害赔偿的除外。

股东以外的股权受让人，因股东行使优先购买权而不能实现合同目的的，可以依法请求转让股东承担相应民事责任。

法院判决

以下为该案在法庭审理阶段，判决书中"本院认为"就该问题的论述：

本院认为：《最高人民法院关于适用〈中华人民共和国公司法〉若干问题的规定（四）》第二十一条第一款、第二款规定："有限责任公司的股东向股东以外的人转让股权，未就其股权转让事项征求其他股东意见，或者以欺诈、恶意串通等手段，损害其他股东优先购买权，其他股东主张按照同等条件购买该转让股权的，人民法院应当予以支持，但其他股东自知道或者应当知道行使优先购买权的同等条件之日起三十日内没有主张，或者自股权变更登记之日起超过一年的除外。前款规定的其他股东仅提出确认股权转让合同及股权变动效力等请求，未同时主张按照同等条件购买转让股权的，人民法院不予支持……"周某平、陈某菊在得知王某平、易某民将股权转让给阳某元、欧阳某某后仅提出确认双方签订的股权转让协议无效，至今都没有主张自己按同等条件购买转让的股权。《中华人民共和国公司法》之所以规定股东享有优先购买权，主要目的是保证有限公司的老股东可以通过行使优先购买权实现对公司的控制权，该规定体现了对有限责任公司"人合性"的维护和对老股东对公司贡献的承认。本案中，王某平、易某民转让出的股权本身就来自周某平、陈某菊出让的股权，周某平、陈某菊仅是某田公司1%的名义股东，周某平、陈某菊本来不再愿意经营该公司而将公司100%的股权转让，如果此时，周某平、陈某菊在仅是公司1%名义股东的情况下，仍然行使股东的优先购买权，不符合《中华人民共和国公司法》关于股东优先购买权的立法本意。故周某平、陈某菊以王某平、易某民转让股权时侵犯其优先受让权来主张王某平、易某民与欧阳某某、阳某元签订的股权转让协议无效的上诉理由，于法无据，本院不予支持。

延伸阅读

侵犯股东优先购买权合同的五种效力类型——有效、未生效、可撤销、效力待定、无效（26个判例）。

（一）侵犯股东优先购买权的合同有效（4个判例）。

1. 江苏省高级人民法院，刘某海与季某珊股权转让纠纷再审民事判决书[（2015）苏商再提字第00042号]认为：该条规定赋予其他股东相关权利的目的是要维系有限责任公司的人合性，以免未经其他股东同意的新股东加入后破坏股东之间的信任与合作。而要实现这一目的，只要阻止股东以外的股权受让人成为新股东即为已足，亦即只要股权权利不予变动，而无需否定股东与股东以外的人之间的股权转让合同的效力。其次，该条并未规定如转让股东违反上述规定则股权转让合同无效。再次，如果因转让股东违反上述规定即股权转让未经上述程序而认定股权转让合同无效，那么在其他股东放弃优先购买权后，转让股东需与受让人重新订立股权转让合同，否则任何一方均可不受已订立的股权转让合同的约束，显然不合理。综上，股东未经上述程序向股东以外的人转让股权与股权转让协议的效力无涉。本案中，刘某海与季某珊签订的协议系双方的真实意思表示，不违反法律、行政法规的强制性规定，合法有效。

2. 广东省高级人民法院，深圳市某野股份有限公司与黄某林、深圳市某投资有限公司股权转让纠纷二审民事判决书[（2013）粤高法民二终字第34号]认为：黄某林、张某范均认可黄某林、张某范之间存在隐名出资关系，张某范名下的某公司75%股权实际由黄某林出资并享有投资权益，因此，黄某林处分张某范名下的某公司75%股权并不损害张某范的利益，黄某林有权转让其实际享有的股权。《中华人民共和国公司法》第七十二条规定的有限责任公司的股东向股东以外的人转让股权，应当经其他股东过半数同意及经股东同意转让的股权在同等条件下其他股东有优先购买权的规定，属于法律的限制性规定，并不属于法律的强制性规定，故某豪公司以黄某林转让某投资公司75%股权未经其同意为由主张《项目合作合同》为无效合同，理据不足，且该转让行为也不影响某豪公司行使优先购买权。

3. 吉林市中级人民法院，上诉人段某强因与被上诉人段某刚、董某霞、董某莉及原审第三人邱某股权转让纠纷民事判决书[（2015）吉中民三终字第137号]认为：虽然段某刚向董某霞、董某莉转让股权时没有通知段某强，段某强亦没有书面同意，违反了《中华人民共和国公司法》第七十一条的规定，但《中华人民共和国公司法》第七十一条第四款没有规定违反此条款的转让合同无效，规定"公司章程对股权转让另有规定的，从其规定"，由此可见该条款不属于效力性的强制性规定，不能就此认定股权转让合同无效。由于《中华人民共和国公司法》对于侵犯股东优先购买权的股权转让合同效力没有明确规定，因此，探讨其效力应当从《中华人民共和国合同法》关于合同效力的一般规定入手。《中华人民共和国合同法》第五十二条规定了合同无效的法定事由，本案股权转让协议的订立和履行涉及的是个人之间的权利义务关系，不存在合同法关于合同无效的五种情形。即便段某强的股东权益受到侵犯，侵犯其权益的是转让人段某刚，其可依法向段某刚主张权利，段某强请求确认段某刚与董某霞、董某莉股权转让协议无效没有法律依据。

4. 淳安县人民法院，翁某英与舒某股权转让纠纷一审民事判决书［（2014）杭淳商初字第457号］认为：法律规定股东向股东以外的人转让股权，转让股东应就其股权转让事项书面通知公司其他股东征求同意，在同等条件下，公司其他股东有优先购买权。其目的在于阻挡他人通过股权受让进入公司，维护有限责任公司的封闭性和人合性。而确认股权对外转让合同有效并不违反此目的。股权转让合同的效力与股权变动的效力并不相同，故即便股权对外转让合同有效，亦不能发生合法的股权变动的效力，股权对外转让合同的效力与其他股东基于优先购买权从转让股东处取得股权之间亦不存在排除关系。其他股东对于侵犯股东优先购买权的股权转让仍可主张行使优先购买权，也不会损害国家和社会公共利益。只要股权转让符合转让双方的真实意思表示，法律没有必要过多的干涉。股东未征得其他股东同意而转让股权，该股权存在瑕疵，但不影响股权转让合同的效力。

（二）侵犯股东优先购买权的合同未生效（7个判例）。

1. 长沙市天心区人民法院，某瑞集团有限公司与湖南省某变电工程公司、李某岗、湖南某建设有限公司及第三人湖南某房地产开发有限公司股权转让纠纷一审民事判决书［（2015）天民初字第05077号］认为：侵害股东优先购买权的股权转让合同不发生效力。股东优先购买权是公司法赋予股东的法定权利。基于有限责任公司的人合性和封闭性，股东优先购买权制度在于通过保障其他股东优先获得拟转让股权而维护公司内部信赖关系，法律所否定的是非股东第三人优于公司其他股东取得公司股权的行为，而不是转让股东与非股东第三人之间转让协议。同时，股权是股东基于股东资格而享有的，从公司获取经济利益并参与公司经营管理的权利。为保障股东优先购买权而直接否定转让股东与非股东第三人之间股权转让协议效力，已超越了优先的界限，过度限制了股东转让股权的处分权。本案中，被告某变电公司向股东以外的人转让股权，其没有证据证明曾就转让事项履行了《中华人民共和国公司法》第七十二条第二款规定的法定程序，书面征求原告某瑞集团意见，侵害了原告某瑞集团的优先购买权。在原告某瑞集团未明确放弃优先购买权的情况下，被告某变电公司与被告某高公司签订的《股权转让合同》中关于股权转让的约定不发生效力。第三人某房地产公司股东名册、工商登记的股东仍为原告某瑞集团和被告某变电公司，《股权转让合同》标的即被告某变电公司持有的第三人某房地产公司的股权尚未发生变动，原告某瑞集团诉至本院主张优先购买权，直接产生阻断股权转让的效力。

2. 常德市中级人民法院，湖南法院网湖南某汉集团有限公司与吕某智股权转让纠纷一案[（2014）常民二终字第82号]认为：湖南某汉集团与吕某智约定的合同生效条件应包括经某汉起重公司股东大会同意并由全体股东签字确认。某汉集团（当时为某风集团）是某汉起重公司的股东但吕某智不是。因此，某汉集团向吕某智转让某汉起重公司的股份，系股东向股东以外的人转让股权，应按上述规定的程序办理，即应经其他股东过半数同意。这是强制性规定，不允许章程及合同放宽条件。由于合同中已约定"本股份转让合同经湖南某汉起重科技有限公司股东大会同意并由各方签字，报公司登记机关办理股东股份变更登记生效"，而且该约定严于公司法的规定，应认可其效力，所以在无某汉起重公司股东大会同意并由各方签字的情况下，该合同未生效。

3. 吉安市中级人民法院，刘某芹与余某兰、欧阳某某等股权转让纠纷一审民事判决书[（2014）吉中民二初字第84号]认为：本案中刘某芹优先购买权的成立导致案涉10.5%的股权在欧阳某某、胡某文及余某兰之间无法流转，股权转让协议因此无法履行。但刘某芹优先购买权的行使并不影响股权转让协议的效力，其仅导致股权转让协议履行不能。因此，刘某芹相关请求判令欧阳某某、胡某文、余某兰于2012年4月25日签订的《股权转让协议》无效或予以撤销的诉请，缺乏事实及法律依据，本院不予支持。

4. 上海市第一中级人民法院，周某某与姚某某股权转让纠纷一案二审民事判决书[（2011）沪一中民四（商）终字第883号]认为：姚某某与周某某间的股权转让协议是双方当事人的真实意思表示，符合合同法有关合同效力的要件，应认定为有效，在合同相对方间产生法律约束力。但由于公司法的特殊规定，即其他股东姚某享有优先购买权，一旦姚某要求行使股东优先购买权，那么，姚某某与周某某间的股权转让协议将无法继续履行。因此，原审法院认定2006年协议书全部无效不当，本院在此予以纠正。

5. 重庆市高级人民法院，上诉人张A与被上诉人某龙公司、王某、马某某、李某某1、李某1、成某、杨某某、赵某某、李某某2、唐某某、张某、熊某某、李某2、岳某某、李B、李C、李D、明某某、王某某、南股权转让纠纷一案，[（2011）渝高法民终字第266号] 认为：关于某龙公司等19名股东与重庆市南川区某投资有限公司签订的股权转让协议的效力问题。股东优先购买权的行使与否不影响其他股东与非股东第三人间股权转让协议的效力，只影响该协议能否实际履行。即股权转让协议是否有效应当按照该协议自身的内容根据合同法关于合同效力的规定加以认定，即便优先权股东行使了股东优先购买权，只要该协议本身符合合同法规定的合同有效要件，协议仍为有效。本案中，某龙公司等19名转让股东与南川区某投资公司签订的股权转让协议并不违反法律法规的规定，是合法有效的。张A优先购买权的行使不影响该转让协议的效力，只影响该转让协议能否得以实际履行。

6. 衡阳市中级人民法院，石某红与彭某股权转让合同纠纷一案 [（2010）衡中法民二终字第15号] 认为：关于上诉人与被上诉人签订的《股权转让初步协议》是否有效、是否应解除的问题。我国公司法虽然规定股东向股东以外的第三人转让股权应当经其他股东过半数同意，但并未禁止向股东以外的第三人转让股权，可见该协议的内容未违反法律、行政法规的禁止性规定，该协议合法有效。我国公司法第七十二条第二款中规定"股东向股东以外的人转让股权，应当经其他股东过半数同意"是股权转让合同履行的条件，不是合同生效的条件。上诉人石某红未得到某和公司另外的股东胡某宣的同意，并不影响其与被上诉人彭某签订《股权转让初步协议》的效力。

7. 上海市第二中级人民法院，(反诉被告) 上海某园林景观有限公司与 (反诉原告) 上海某房地产有限公司买卖合同纠纷一案一审民事判决书 [（2010）沪二中民四（商）初字第126号] 认为：本案中，《和解协议》的核心内容是以股权抵债，表面上为清偿债务行为，但实际上相当于股权的转让。在这种情况下，必须依据法律的规定保护股东的优先购买权。依据法律的规定，其他股东有权行使或者放弃优先购买权。基于这种情况，本院认为《和解协议》的效力应区分对待。对于其他股东即本案中的某置地公司而言，其知晓《和解协议》之后，有权主张行使优先购买权。如果法院支持其他股东行使优先购买权的请求，则对于股权的出让方和受让方而言，则意味着股权转让协议（本案中即《和解协议》）有效但无法履行，涉及的是违约责任问题而不是合同效力问题。从这个角度来说，作为股权转让的出让方或者受让方，不能以签订股权转让协议侵害他人优先购买权而自行主张合同无效。

(三) 侵犯优先购买权的合同可撤销 (7个判例)。

1. 徐州市中级人民法院，赵某红与孙某亮、李某等股权转让纠纷二审民事判决书 [(2014) 徐商终字第0327号] 认为：赵某红对李某25%的股权在对外转让时同等条件下享有优先购买权。我国公司法之所以规定有限责任公司股东享有优先购买权，其立法本意一方面在于保证有限责任公司原股东可以通过行使优先购买权增持股权份额，从而实现对公司的控制权，另一方面在于保障有限责任公司的人合性，以确保原股东有权根据自己的实际情况和需要决定是否接纳新股东加入公司或自行退出公司等。本案中，股东李某向股东以外的第三人孙某亮转让股权的行为，事实上侵犯了赵某红的股东优先购买权，故李某与孙某亮之间的股权转让协议依法不发生法律效力。根据《中华人民共和国合同法》第五十八条的规定，合同依法无效或被撤销后，应当恢复至合同订立前的原状，因此，李某与孙某亮之间的股权转让协议依法应当恢复至股权转让合同缔约前的原状，且若此时李某将其持有的股权向公司以外的第三人转让，在同等条件下，赵某红依法当然享有优先购买权。

2. 新疆维吾尔自治区高级人民法院，某棉业有限公司、和硕县某棉花加工有限责任公司、蒋某民、呼图壁县某塘棉业有限公司股权确认纠纷二审民事判决书 [(2013) 新民二终字第32号] 认为：《中华人民共和国公司法》(2018修正) 第七十一条第二款规定："股东向股东以外的人转让股权应当经其他股东过半数同意，股东应就其股权转让事项通知其他股东征求同意，其他股东自收到书面通知之日满30日内未答复的，视为同意转让。经股东同意转让的股权，在同等条件下其他股东有优先购买权。"从内容看，该规定非强制性规定，而是任意性规定。股东不同意转让或行使优先购买权，是一种为保证有限责任公司人合性而赋予股东的权利，该权利并不是对拟转让股份的股东股权的限制，其与股东以外的受让人签订股权转让合同，只要该合同意思表示真实，不违反相关的法律、行政法规的禁止性规定就应认定为有效，侵犯股东优先购买权签订的股权转让合同的性质为可撤销合同。

3. 芜湖市镜湖区人民法院，胡某国、黄某君与王某、吴某、第三人芜湖某投资有限责任公司股权转让纠纷一审民事判决书 [(2011) 镜民二初字第00286号] 认为，被告吴某与原告胡某国、黄某君同为第三人芜湖某投资有限责任公司的股东，在未告知两原告并取得同意的情况下，将持有的在第三人处的股权转让给股东以外的第三人被告王某。该股权转让未经其他股东同意因侵犯其同意权而效力待定，其他股东的同意或者推定同意是该协议的追认条件。而一旦股东同意或者推定同意股权对外转让，不管其是否侵犯其他股东优先购买权，协议都成立并生效。所以，该合同是可撤销的合同，并非无效合同。

4. 彭水苗族土家族自治县人民法院，李某贤、刘某安与王某华、彭水县某煤炭有限责任公司等公司决议撤销纠纷一审民事判决书［（2014）彭法民初字第00897号］认为：本案中，被告煤炭公司、谢某胜、刘某军主张在《彭水县煤炭有限责任公司股权转让协议》签订前曾口头通知二原告询问其是否行使优先购买权，但未举示相应证据，二原告对此也予以否认，对三被告的该项主张不予采纳。被告谢某胜、刘某军签订该协议前没有履行相应的通知程序，侵犯了二原告作为该公司股东对股权的优先购买权。原告刘某安、李某贤的第三项诉讼请求表明二原告愿意行使优先购买权，但本案中所涉股权转让协议已经履行，被告煤炭公司的股东已经发生变更，二原告因其优先购买权受到侵害，对该股权转让协议享有撤销权，被告刘某军与被告谢某胜2014年1月9日签订的《彭水县煤炭有限责任公司股权转让协议》应当予以撤销。

5. 南宁市中级人民法院，秦某与陈某程、海某因、陈某、广西某投资发展有限公司股权转让纠纷一案二审民事判决书［（2014）南市民二终字第379号］认为：某投资公司的股东为陈A、陈B、秦某，三人分别出资额为：2082.08万元，占注册资本比例26％、1761.76万元，占注册资本比例22％、4164.16万元，占注册资本比例52％。程某裕并非投资公司的股东，陈B将持有投资公司的股权转让给程某裕没有通知秦某，其行为侵害了秦某的优先购买权，程某裕与陈B订立的《股权转让协议书》违反了法律的规定，依法应予撤销。该《股权转让协议书》被依法撤销后，登记在投资公司程某裕名下的22％股权即应返还陈B。

6. 贵州省高级人民法院，瓮安某强公司股东资格确认纠纷案民事裁定书［（2013）黔高民申字第540号］认为：公司法第七十二条规定，有限责任公司股东向股东以外的人转让股权，应当经其他股东过半数同意，且其他股东在同等条件下享有优先购买权。该条款只是程序上的限制，并非实体上的限制，不属于法律、行政法规的强制性规定，股东对自己的股权享有完全的处分权。如果转让人未履行上述程序，侵害的是其他内部股东的利益即优先购买权而非社会公共利益和国家利益，其他股东认为侵害其优先购买权可以行使撤销权。如果其他股东未在法定的期限内行使撤销权，也不反对股权转让，也不准备行使优先购买权，则股权转让程序的瑕疵并不影响其实体权利，不应否定转让合同的效力。

7. 南京市中级人民法院，上诉人李某山与被上诉人魏某平、徐某民、杨某兰、南京某新型材料科技有限公司股权转让纠纷一案的民事判决书［（2015）宁商终字第733号］认为：就有限公司股东向股东以外的人转让股权，《中华人民共和国公司法》第七十二条第二款规定：就有限公司股东向股东以外的人转让股权，江苏省高级人民法院《关于审理适用公司法案件若干问题的意见（试行）》第六十二条第四款规定"其他股东未能行使优先购买权的，可以申请撤销合同。但其他股东追认转让合同，或者所转让的股权已经登记到受让人名下且受让人已实际行使股东权利的，股权转让合同有效"。本案中，徐某民向杨某兰转让股权时，虽没有按照公司法的规定履行通知及征求其他股东同意的义务，但杨某兰已于2012年10月30日登记为公司股东且参与公司经营管理二年有余、已实际行使股东权利，徐某民与杨某兰于2012年10月30日签订的股权转让协议应当认定为有效。

（四）侵犯股东优先购买权的合同效力待定（2个）。

1. 湖北省高级人民法院，武汉某都物资贸易有限公司、陈某股权转让纠纷二审民事判决书［（2015）鄂民二终字第00042号］认为：《中华人民共和国公司法》（2013修正）第七十二条第二款、第三款中规定："股东向股东以外的人转让股权，应当经其他股东过半数同意。股东应就其股权转让事项书面通知其他股东征求同意，其他股东自接到书面通知之日起满三十日未答复的，视为同意转让。其他股东半数以上不同意转让的，不同意的股东应当购买该转让的股权；不购买的，视为同意转让。经股东同意转让的股权，在同等条件下，其他股东有优先购买权。"《中华人民共和国公司法》赋予了公司股东在同等条件下享有优先购买的权利。武汉某都公司原本非某盛公司的股东，陈某向其转让股份时，公司股东依法享有优先购买权，且对于违反《中华人民共和国公司法》规定进行转让的合同有权提起诉讼，予以撤销。陈某与武汉某都公司之间签订的《股东股权转让协议书》的效力可能因此而待定。

2. 烟台市中级人民法院，解某势与烟台某铜材设备有限公司股东资格确认纠纷二审民事判决书［（2014）烟商二终字第294号］认为：本案2004年4月27日被上诉人与第三人刘某签订的股权转让协议，经双方协商一致签字即告成立。但该合同并不随即发生法律上的效力而成为有效的合同。根据《中华人民共和国公司法》第七十一条规定，为了保障有限公司的人合性，股东在对外转让股权时赋予了其他股东两项权利,及同意权和优先购买权。据此,有限公司股东向股东以外的人转让股权时要受到双重限制,既必须满足其他股东过半数同意的条件,又必须尊重其他股东的优先购买权。因此,对于股权转让合同,未经同意程序和优先购买权程序的股权转让合同不立即发生法律效力,未通知其他股东或者未征得同意侵犯股东同意权的股权转让合同应为效力待定合同。在没有其他股东同意或者能推定同意股权对外转让时,侵犯其他股东优先购买权的股权转让协议虽成立但并不生效。本案的股权转让协议在签订时,未向原审第三人朱某美征求同意意见,在第三人朱某美得知此情况下,已提议召开股东会,并对于刘某股权转让的行为提出反对意见,股东会决议也明确刘某不再对外转让股权。因此,被上诉人与原审第三人刘某股权转让协议不发生效力。

(五)侵犯股东优先购买权的合同无效(5个)。

1. 新疆石河子市人民法院,王某玲与魏某武、石河子市市政工程养护管理处股权转让纠纷一审民事判决书[(2013)石民初字第1231号]认为:在有限责任公司内部,股东之间转让股权基本不受限制,但向股东之外第三方转让时,则需要经其他股东过半数同意,而且,其他股东在同等条件下有优先购买权。被告市政养护处书面告知原告王某玲后,王某玲明确在同等条件下,要行使优先购买权。优先权的行使应优先适用《中华人民共和国公司法》的规则,其次才是《中华人民共和国合同法》上的规则及民事法上的善意第三人制度。《中华人民共和国公司法》第七十二条明确规定了股权转让时其他股东的同意权和优先购买权。擅自向股东以外的人转让股权的行为,按照《中华人民共和国公司法》的规定,首先侵犯了股东的上述法定权利,不应予以保护。违反《中华人民共和国公司法》关于股东优先购买权的股权转让行为,一是构成其他股东的侵权,二是转让股权的行为本身不应当受到保护,故股东擅自向第三人转让股权的合同应该是无效的,对原告的诉请,本院予以支持。

2. 驻马店市中级人民法院,原告任某、岳某柱与被告杨某、张A、刘某、张B股权转让纠纷一案一审民事判决书[(2012)驻民三初字第007号]认为:驻马店市某发装饰工程有限公司的《公司章程》第十六条规定:股东向股东以外的人转让其出资时,必须经全体股东过半数同意。不同意转让的股东应当购买该转让的出资,如果不购买该转让的出资,视为同意转让;经股东同意转让的出资,在同等条件下,其他股东对该出资有优先购买权。2012年3月27日杨某与张B签订的股权转让协议,及同日张A与刘某签订的股权转让协议,因杨某、张A未就其股权转让事项书面通知任某、岳某柱，违反了上述法律规定及公司章程，应确认为无效。

3. 广东某资讯科技有限公司与中国某水泥（集团）有限公司（CHINAWHITECEMENTLIMIED）企业出售纠纷上诉案认为：横县某水泥厂及被告某科技公司未征得原告的同意，也没有将其与被告某科技公司达成的受让条件告知原告，就擅自将其在某燕公司的全部股权转让给被告某科技公司，侵犯原告的同意权和优先购买权，依照《中华人民共和国中外合资经营企业法》第四条第四款、《中华人民共和国中外合资经营企业法实施条例》第二十条的规定，横县某水泥厂转让某燕公司股权的行为无效，合同双方均对该产权转让协议无效负有过错。

4. 修水县人民法院，朱某景与修水县某电力有限责任公司股权转让纠纷民事判决书［（2014）修民二初字第96号］认为：原告朱某景与被告某电力公司虽然签订了《关于江西修水某水电站股金转让的协议书》，原告按合同约定支付了60000元转让款，但电力公司系某峡公司的股东之一，其转让股权行为应受《中华人民共和国公司法》的约束。《中华人民共和国公司法》第七十一条对股东向股东以外的人转让股权的行为作出了强制性规定。本案被告电力公司在向原告朱某景转让股权前未经某峡公司其他股东过半数同意，也未书面通知其他股东征求他们的意见，其行为侵害了其他股东优先购买权。由此可见，被告电力公司股权转让的行为违反了《中华人民共和国公司法》强制性规定，致使其与原告签订的《关于江西修水某水电站股金转让的协议书》无效。

5. 宁波市鄞州区人民法院，宁波市某阳集团有限公司与毕某菊股权转让纠纷一案一审民事判决书［（2008）甬鄞民二初字第2198号］认为：工商登记资料证明，原告毕某菊与被告毕某良均系宁波市经济技术开发区某阳实业有限公司股东，现被告毕某良事先未书面征求原告同意，事后又未征得原告追认，以代签原告姓名的方式制作股东会议记录，与被告宁波市某阳集团有限公司签订股权转让协议，并办理了公司的股权变更登记，事后亦未告知原告上述事项，而原告对两被告股权转让的行为又不予追认，故股东会关于股权转让协议无效，两被告签订的股权转让协议违反了法律的规定，损害了原告毕某菊的股东知情权和优先购买权，该股权转让的民事行为应认定无效。

（六）原股东未提异议的前提下，股权转让合同自签订之日生效（1个）。

湖北省高级人民法院，武汉某都物资贸易有限公司、陈某股权转让纠纷二审民事判决书[（2015）鄂民二终字第00042号]认为：对于本案陈某与武汉某都公司签订的《股东股权转让协议书》何时生效的问题，原审法院认为，双方签订的协议书约定协议经双方签字盖章之日起生效。同时，陈某在转让股权前，将转让其股份的数量、价格等情况告知了某鸿盛公司其他股东，某鸿盛公司股东知晓陈某转让股权且未提出反对意见。此后，公司全部股东亦在《董事会决议》上签字，以书面形式对陈某转让其股权的行为予以确认。虽然《董事会决议》在2013年8月27日才由某鸿盛公司全体股东签字同意，但此前某鸿盛公司其他股东以其行为，作出了对于陈某与武汉某都公司之间签订的股权转让协议没有异议和不行使优先购买权的意思表示。由于优先购买权只由某鸿盛公司的股东享有，与受让人武汉某都公司无关。因此，在没有权利人对《股东股权转让协议书》提出异议的情况下，陈某与武汉某都公司签订的《股东股权转让协议书》自合同签订即发生法律效力。协议书对于双方当事人均具有约束力，双方均应严格按约履行。

第五章 股东及相关主体权利义务

040 股东会决议约定股东退股且不再履行出资义务,能否对抗股东法定的出资义务?

裁判要旨

股东会决议虽约定股东退股且不再履行出资义务,但未履行法定的退股程序,股东仅以公司的股东会决议内部约定来对抗其法定的出资义务,法院不予支持。

案情简介①

1. 2010年10月18日,某重公司与某重四厂签订《合资合作协议书》,约定:某重四厂将五座厂房、办公楼评估作价,以固定资产方式入股到某重公司,另有5名自然人股东(分别是:李某秋、朱某泉、董某宇、马某、孙某强)以货币出资,自登记之日起两年内缴足。2010年12月,办理了工商登记。2011年,某重四厂的一处出资房产因法院作出执行裁定书被依法拍卖。

2. 2011年12月6日,由5名自然人股东出席的某重公司股东会作出《股东会议决议》,主要内容:某重公司终止与某重四厂的合资合作协议,并尽快将某重四厂的股权划拨转出;双方合资合作期间的亏损部分,按照股份投资比例承担。

3. 股东会决议作出后,某重公司、某重四厂双方已实际按照该股东会决议履行,各自独立核算,该股东会决议在某重四厂上级主管机关沈阳市皇姑区工业公司存档备案,但双方未办理工商变更登记,亦未对合资期间的债权债务进行最

---

① 沈阳市中级人民法院,沈阳某机械制造公司四厂与沈阳某冶矿电站设备研制有限公司、孙某强、李某秋、马某、董某宇、朱某泉股东出资纠纷二审民事判决书[(2014)沈中民三终字第00102号]。

终清算。

4. 至 2012 年 12 月 19 日，某重四厂虽已将出资厂房交付某重公司使用，但未办理房产变更手续。某重公司起诉至沈阳皇姑区法院，要求某重四厂协助办理四处出资厂房的更名过户，并用已拍卖房产的价格履行出资义务。一审支持了原告的诉讼请求。某重四厂不服，向沈阳市中院提起上诉，认为双方已经按照股东会决议的内容实际终止了合资关系，不应继续履行出资义务。二审驳回上诉，维持原判。

争议原因

本案的一个争议焦点是：某重四厂是否应当继续履行出资义务。沈阳市中院认为，根据原公司法第二十八条第一款中的规定，股东应当按期足额缴纳公司章程中规定的各自所认缴的出资额。虽然某重公司的股东会决议约定终止合资合作协议，并且双方已按照决议实际终止了合资关系，但某重四厂无证据证明其已履行法定的退股程序，仅以公司的股东会决议内部约定来对抗其法定的出资义务，法院不予支持。

实务经验总结

为避免未来发生类似争议，提出如下建议：

股东按期足额缴纳公司章程中规定的各自所认缴的出资额是股东的法定义务，股东想要退出公司的，仅以公司股东会决议终止合资合作关系的内部约定来对抗其法定的出资义务的，不能得到支持，必须依法履行法定的减资程序。

相关法律规定

《中华人民共和国公司法》（2018 年，已被修订）

第二十八条 股东应当按期足额缴纳公司章程中规定的各自所认缴的出资额。股东以货币出资的，应当将货币出资足额存入有限责任公司在银行开设的账户；以非货币财产出资的，应当依法办理其财产权的转移手续。

股东不按照前款规定缴纳出资的，除应当向公司足额缴纳外，还应当向已按期足额缴纳出资的股东承担违约责任。

《中华人民共和国公司法》（2023 修订）

第四十九条 股东应当按期足额缴纳公司章程规定的各自所认缴的出资额。

股东以货币出资的，应当将货币出资足额存入有限责任公司在银行开设的账户；以非货币财产出资的，应当依法办理其财产权的转移手续。

股东未按期足额缴纳出资的，除应当向公司足额缴纳外，还应当对给公司造成的损失承担赔偿责任。

法院判决

以下为该案在法院审理阶段，判决书中"本院认为"就该问题的论述：

关于上诉人主张依据被上诉人2011年12月6日的股东会决议，已将其股权划拨转出，其不应再履行出资义务的问题。本院认为，股东出资既是约定的义务，也是法定的义务。其法定义务主要体现在对公司债务的担保。因此，在上诉人未提供充分、有效的证据证明其已履行法定的退股程序时，仅以被上诉人公司的股东会决议内部约定来对抗其法定的出资义务，无法律依据。对上诉人的上诉主张，本院不予支持。

041 认缴期限未届满的股东转让股权后，还需要对公司承担出资责任吗？

裁判要旨

原股东在出资义务尚未到期的情况下转让股权，不属于出资期限届满而不履行出资义务的情形，不应再对公司承担出资责任。

值得注意的是，2023年修订的公司法第八十八条第一款规定："股东转让已认缴出资但未届出资期限的股权的，由受让人承担缴纳该出资的义务；受让人未按期足额缴纳出资的，转让人对受让人未按期缴纳的出资承担补充责任。"据此，新法实施后，股东转让未届出资期限的股权，如受让人未按期足额缴纳出资的，应对出资承担补充责任，与本案类似案例的裁判规则将发生改变。

案情简介[①]

1.2010年7月21日，孙某科与北京某通签订《借款合同》约定，北京某通

---

① 最高人民法院，某高科集团有限公司（原河南某控股集团有限公司）、孙某科企业借贷纠纷再审民事判决书［（2016）最高法民再301号］。

向孙某科借款 2100 万元，月利 1.7%，借期 1 个月。

2. 同时，某立资本与孙某科签订《保证合同》约定，某立资本为北京某通的 2100 万元本息提供连带责任保证；其后，孙某科向北京某通转款 2100 万元。

3. 另外，某立资本原股东为某徽控股和北京某通，其中某徽控股认缴 9900 万元，持股 99%，北京某通认缴 100 万元，持股 10%；但某徽控股仅实缴了 2970 万元，剩余 6930 万元的认缴期限为 2015 年 2 月 1 日。

4. 2013 年 5 月 28 日，某徽控股在实缴期限来临前以 2970 万元的价格将 99% 的股权转让给了某能控股，并办理了工商变更登记。

5. 此后，因北京某通未能还款，孙某科遂将北京某通、某立资本、某徽控股诉至法院，要求北京某通和某立资本连带偿还本息，并要求某徽控股在 6930 万元未出资的范围内对某立资本承担补充赔偿责任。

6. 本案经濮阳中院一审，判定北京某通、某立资本承担 2100 万元本息的连带偿还责任，某徽控股在其对安投资本成立时未出资到位的 6930 万元内对安投资本不能清偿的 2100 万元及利息债务承担补充赔偿责任。

7. 某徽控股提起上诉，本案经河南高院二审，最高法再审，撤销了要求某徽控股承担补充赔偿责任的判项，仅由北京某通和某立资本承担连带清偿责任。

实务经验总结

在股权转让过程中，受让股东务必要核查转让方是否已经按照公司章程的规定完成了实缴出资的义务，核查公司的财务账簿和银行流水记录，确保出资实缴到位；一旦发现出资未实缴到位的情况，先看实缴期限是否已届满，若已届满则可要求出让股东实缴到位后再转让；若未届满则需要与转让方协商确定该部分出资义务由谁完成，并明确约定在股权转让协议中。

对于债权人来讲，若发现股东认缴期限已届满但仍未完成出资义务的情况，不但可以要求新股东对公司承担出资义务，还可以要求老股东对公司的债务不能清偿部分承担补充赔偿责任。

相关法律规定

《最高人民法院关于适用〈中华人民共和国公司法〉若干问题的规定（三）》（2020 修正）

第十三条 股东未履行或者未全面履行出资义务，公司或者其他股东请求其向公司依法全面履行出资义务的,人民法院应予支持。

公司债权人请求未履行或者未全面履行出资义务的股东在未出资本息范围内对公司债务不能清偿的部分承担补充赔偿责任的,人民法院应予支持;未履行或者未全面履行出资义务的股东已经承担上述责任,其他债权人提出相同请求的,人民法院不予支持。

股东在公司设立时未履行或者未全面履行出资义务,依照本条第一款或者第二款提起诉讼的原告,请求公司的发起人与被告股东承担连带责任的,人民法院应予支持;公司的发起人承担责任后,可以向被告股东追偿。

股东在公司增资时未履行或者未全面履行出资义务,依照本条第一款或者第二款提起诉讼的原告,请求未尽公司法第一百四十七条第一款规定的义务而使出资未缴足的董事、高级管理人员承担相应责任的,人民法院应予支持;董事、高级管理人员承担责任后,可以向被告股东追偿。

第十八条 有限责任公司的股东未履行或者未全面履行出资义务即转让股权,受让人对此知道或者应当知道,公司请求该股东履行出资义务、受让人对此承担连带责任的,人民法院应予支持;公司债权人依照本规定第十三条第二款向该股东提起诉讼,同时请求前述受让人对此承担连带责任的,人民法院应予支持。

受让人根据前款规定承担责任后,向该未履行或者未全面履行出资义务的股东追偿的,人民法院应予支持。但是,当事人另有约定的除外。

《中华人民共和国公司法》(2023修订)

第八十八条 股东转让已认缴出资但未届出资期限的股权的,由受让人承担缴纳该出资的义务;受让人未按期足额缴纳出资的,转让人对受让人未按期缴纳的出资承担补充责任。

未按照公司章程规定的出资日期缴纳出资或者作为出资的非货币财产的实际价额显著低于所认缴的出资额的股东转让股权的,转让人与受让人在出资不足的范围内承担连带责任;受让人不知道且不应当知道存在上述情形的,由转让人承担责任。

法院判决

以下为该案在法庭审理阶段,判决书中"本院认为"就该问题的论述:

孙某科主张二审判决免除某徽控股的出资责任不当。某徽控股是安投资本的大股东，认缴出资 9900 万元，到 2015 年 2 月 1 日缴付完毕。2013 年 5 月 28 日，某徽控股与某能控股签订《股权转让协议》，将其持有的安投资本 99% 的股权转让给某能控股，并将股东的权利义务一并转让。故某徽控股在出资义务尚未到期的情况下转让股权，不属于出资期限届满而不履行出资义务的情形，某徽控股不应再对公司承担出资责任。

042 在公司无财产可供执行的情形下，公司债权人有权要求股东的认缴期限加速到期，对公司债务承担补充赔偿责任

阅读提示

2023 年公司法第五十四条规定"公司不能清偿到期债务的"即可加速股东出资期限，新法施行前，加速到期股东认缴期限并要求股东承担补充赔偿责任，债权人至少需要走三步：第一，诉讼阶段取得对公司的胜诉判决；第二，执行阶段经强制执行公司财产不足以清偿全部债务并取得相应的裁定书；第三，向执行法院提起追加出资不实股东为被执行人的书面申请，若被驳回需要向执行法院提起执行异议之诉。

裁判要旨

股东为逃避承担责任，通过修订章程延迟缴纳出资时间，违反了诚实守信原则，损害债权人利益，在公司无财产可供执行的情形下，公司债权人有权要求股东的认缴期限加速到期，对公司债务承担补充赔偿责任。

案情简介①

1. 浙江某选公司 2012 年 10 月 16 日成立，注册资本为 5000 万元，其中许某文认缴 500 万元，持股比例为 10%，实缴出资额 200 万元，于 2012 年 10 月 15 日到位，余额交付期限为 2014 年 10 月 15 日。

2. 2014 年 6 月 15 日，浙江某选公司各股东作出延迟缴纳注册资金的股东会

---

① 北京市高级人民法院，中国某国际信托有限责任公司与浙江某选中小企业投资管理有限公司执行裁定书〔（2016）京执复 106 号〕。

决议,并通过了公司章程修正案,约定除首期出资外,其余资金于2032年10月15日前缴纳。

3. 2013年12月,某信托公司与浙江某选公司发生营业信托纠纷,后经北京二中院生效判决:浙江某选公司向某信托公司支付5033万元款项。

4. 此后,某信托公司向北京二中院申请强制执行,但经执行浙江某选公司并无财产可供执行。执行过程中,某信托公司申请追加许某文为被执行人,在未出资的300万元范围内承担补充赔偿责任,但法院以许某文出资期限未到期为由,裁定驳回。

5. 此后,某信托公司向北京高院申请执行复议,经审查裁定:追加许某文为被执行人,在出资不实的300万元范围内承担赔偿责任。

实务经验总结

第一,对诉讼阶段取得对公司的胜诉判决。在此阶段,债权人需要注意区分公司股东的认缴期限是否已经到期,若股东的认缴期限已到期但股东未足额缴纳出资的,债权人可以在诉讼阶段直接将股东列为被告,要求其在未出资的额度内承担补充赔偿责任;若股东的认缴期限未到期但公司不能清偿到期债务的,债权人亦可直接依据2023年修订的公司法第五十四条要求未出资股东提前出资。

第二,在取得生效的胜诉判决书后,申请人需立即向执行法院申请强制执行,在执行法院法定的执行期间,申请人可以向执行法官提出调查被执行公司股东的出资情况,调取公司设立时及增资时注册资金是否已经全部到位,当发现股东有出资不实、抽逃出资等情形时,向法院书面提起追加股东为被执行人的书面申请。当法院在法定的期间内并不能执行完毕公司财产的情形下,债权人需要及时要求执行法官出具公司暂无财产可供执行的裁定书,以便能够证明"(企业法人)财产不足以清偿生效法律文书确定的债务"的条件。

第三,如执行法院以认缴期限未到为由,驳回债权人申请追加出资不实股东为被执行人的请求时,债权人可以向执行法院提起执行异议之诉,要求股东在未出资范围内承担补充赔偿责任。需要提醒的是,公司债权人需将股东身份材料、公司工商档案、前述证明公司财产暂不能清偿的《执行裁定书》、股东财产线索等作为证据提交。

相关法律规定

《中华人民共和国公司法》（2018年，已被修订）

第三条 公司是企业法人，有独立的法人财产，享有法人财产权。公司以其全部财产对公司的债务承担责任。

有限责任公司的股东以其认缴的出资额为限对公司承担责任；股份有限公司的股东以其认购的股份为限对公司承担责任。

《中华人民共和国公司法》（2023修订）

第三条 公司是企业法人，有独立的法人财产，享有法人财产权。公司以其全部财产对公司的债务承担责任。

公司的合法权益受法律保护，不受侵犯。

第四条 有限责任公司的股东以其认缴的出资额为限对公司承担责任；股份有限公司的股东以其认购的股份为限对公司承担责任。

公司股东对公司依法享有资产收益、参与重大决策和选择管理者等权利。

第五十四条 公司不能清偿到期债务的，公司或者已到期债权的债权人有权要求已认缴出资但未届出资期限的股东提前缴纳出资。

《最高人民法院关于适用〈中华人民共和国公司法〉若干问题的规定（三）》（2020修正）

第十三条 股东未履行或者未全面履行出资义务，公司或者其他股东请求其向公司依法全面履行出资义务的，人民法院应予支持。

公司债权人请求未履行或者未全面履行出资义务的股东在未出资本息范围内对公司债务不能清偿的部分承担补充赔偿责任的，人民法院应予支持；未履行或者未全面履行出资义务的股东已经承担上述责任，其他债权人提出相同请求的，人民法院不予支持。

股东在公司设立时未履行或者未全面履行出资义务，依照本条第一款或者第二款提起诉讼的原告，请求公司的发起人与被告股东承担连带责任的，人民法院应予支持；公司的发起人承担责任后，可以向被告股东追偿……

《最高人民法院关于民事执行中变更、追加当事人若干问题的规定》（2020修正）

第十七条 作为被执行人的营利法人，财产不足以清偿生效法律文书确定的债务，申请执行人申请变更、追加未缴纳或未足额缴纳出资的股东、出资人或依公司法规定对该出资承担连带责任的发起人为被执行人，在尚未缴纳出资的范围内依法承担责任的，人民法院应予支持。

第三十二条 被申请人或申请人对执行法院依据本规定第十四条第二款、第十七条至第二十一条规定作出的变更、追加裁定或驳回申请裁定不服的，可以自裁定书送达之日起十五日内，向执行法院提起执行异议之诉。

被申请人提起执行异议之诉的，以申请人为被告。申请人提起执行异议之诉的，以被申请人为被告。

法院判决

以下为该案在法庭审理阶段，判决书中"本院认为"就该问题的论述：

本院认为：被执行人无财产清偿债务，如果其开办单位对其开办时投入的注册资金不实，可以裁定变更或追加其开办单位为被执行人，在注册资金不实的范围内，对申请执行人承担责任。公司股东按照其公示的承诺履行出资的义务，是相对于社会的一种资本充实义务，其应正当行使变更出资金额、期限以及转让股权的权利，不能对公司资本充实造成妨害，从而损害公司债权人基于其公示的承诺和公司注册资金数额而产生的信赖利益，否则即构成出资不实。本案中，许某文在浙江某选公司设立时，承诺在2014年10月15日前履行剩余300万元出资义务。在浙江某选公司与某信托公司签订《信托计划合作框架协议》《资金信托合同》后，南某珏将4500万元股权中的4000万元转让给与浙江某选公司共同签订《信托计划合作框架协议》的担保机构台州某担保公司、浙江某担保公司，继续约定并承诺未到位的出资由各股东在2014年10月15日前出资到位。2013年12月，出现了作为担保机构的台州某担保公司、浙江某担保公司"无力先行偿付贷款本息"、浙江某选公司"无力履行《资金信托合同》约定的差额补足义务"的情况，浙江某选公司与某信托公司签订了《资金信托合同补充协议》，顺延该期信托计划。但约半年后，南某珏、许某文、台州某担保公司、浙江某担保公司等浙江某选公司的股东作出关于申请延迟缴纳注册资金的股东会决议，并通过了公司章程修正案，将除首期出资2000万元外的3000万元的出资期限从2014年10月15日延迟至2032年10月15日。这在客观上对浙江某选公司资本充实造成了妨害，并损害了某信托公司基于许某文公示的承诺和浙江某选公司的注册资金数额而产生的信赖利益，有违诚实信用原则，构成出资不实。在浙江某选公司已经法院生效裁定认定无财产可供执行的情况下，某信托公司以许某文出资不实，应在设立公司时的未实缴出资额范围内承担责任的主张，符合相关司法解释的规定，本院予以支持。但某信托公司提出的许某文亦应在未出资额的利息范围内承担责任并在本案中一并处理的主张，没有法律依据，本院不予支持。综上，二中院异议裁定适用法律错误，应予纠正。

延伸阅读

2023年修订的公司法施行前，在诉讼及执行阶段主张加速到期不同的司法现状。

1. 在诉讼阶段，公司债权人直接要求加速到期，要求股东承担补充赔偿责任的争议概率较大（案例1至案例8）。

案例1：内江市中级人民法院审理的某络企业管理（上海）有限公司、黎某俊、王某飞、刘某波与四川某生态农业有限公司服务合同纠纷[（2016）川10民终402号]认为，"关于上诉人刘某波、黎某俊、王某飞在本案中责任如何认定，本院认为，三上诉人作为认缴出资期限未到的未出资股东，不应对本案公司债务承担责任，理由是：一、认缴出资的期限提前到期仅限于公司破产的场合，除此以外不应提前，债务人应当尊重股东关于出资期限的约定；二、《最高人民法院关于适用〈中华人民共和国公司法〉若干问题的规定（三）》第十三条，股东承担补充赔偿责任的前提是未履行和全面履行出资义务，而判断标准是依据其认缴承诺而言，其没有违背章程中的认缴承诺，则不应承担责任；三、债权人应当风险自担，且有救济途径。股东出资属于公示信息，债权人明知股东出资期限未到而与公司交易，即应当尊重股东期限利益。债权人权利亦可以行使撤销权或适用公司法人人格否认等其他途径予以救济"。

案例2：宜昌市中级人民法院审理的宜昌市西陵区某蔬菜经营部与胡某、李某等买卖合同纠纷[（2016）鄂05民终1467号]认为，"某蔬菜经营部要求胡某、何某艳、李某在未认缴出资的范围内对涉案债务承担连带清偿责任的理由不能成立。其理由为：首先，根据某膳餐饮公司的章程约定，胡某、何某艳应于2020年5月20日前认缴全部出资（990000元），某膳餐饮公司的工商登记资料证实其目前仍处于正常经营的情况下，其股东认缴出资的期限尚未届满，因此，某蔬菜经营部以胡某、何某艳未足额认缴出资为由，要求其对涉案债务承担连带清偿责任的诉讼请求无事实及法律依据"。

案例3：杭州市西湖区人民法院审理的浙江某贸易有限公司与上海某股权投

资基金管理有限公司、上海某资产管理有限公司等股东出资纠纷〔(2016)浙0106民初3679号〕认为,"由于案涉《投资协议》签订之前,被告某股权公司即已成立,且该公司原股东某紫公司、某资产公司在章程中已约定了出资认缴期限,也即原告在签订案涉《投资协议》时即应当知道签约对方被告某股权公司股东的出资认缴期限最迟为2035年5月31日,而被告某投资公司通过受让股权成为被告某股权公司新股东时认缴出资的期限最迟亦为2035年5月31日,被告某股权公司在前述股权转让前后的注册资本均为10000万元,也即被告某股权公司新股东并未通过恶意延长认缴期限或恶意减资行为来规避债务,认缴期限也未超出经营期限,现该认缴期限尚未到期,原告要求被告某股权公司的新、老股东对被告某股权公司的案涉出资义务承担连带补充支付责任的诉讼请求,缺乏事实与法律依据,本院不予支持"。

案例4:上海市浦东新区人民法院审理的上海某文化传播有限公司与厦门某国际艺术品拍卖有限公司、陈某寿等承揽合同纠纷〔(2013)浦民二(商)初字第3187号〕认为,"被告陈某寿、被告赖某勇和被告林某发虽未缴足出资,但按照章程约定其未到认缴出资的期限,本院不能认定三个被告股东未履行或者未全面履行出资义务,也就不能认定其损害公司债权人的利益。因此,原告要求三个被告股东承担补充赔偿责任,本院不予支持"。

案例5:上海市奉贤区人民法院审理的上海某穆装饰材料有限公司、上海某海装饰材料有限公司与江某民、朱某生等股东损害公司债权人利益责任纠纷〔(2016)沪0120民初8315号〕认为:"本案的争议焦点是:五被告在出资期限尚未届至的情况下,应否向二原告承担补充赔偿责任?对此,本院认为,五被告出资期限尚未届至,其无须向二原告承担补充赔偿责任。理由是:第一,从现行法律及司法解释的规定来看,根据《中华人民共和国公司法》(以下简称公司法)第二十八条的规定,股东应当按期足额缴纳公司章程中规定的各自所认缴的出资额。该规定明确股东应'按期'缴纳而非'随时'缴纳,体现了公司法对章程所规定出资期限的尊重。根据《最高人民法院关于适用〈中华人民共和国公司法〉若干问题的规定(二)》第二十二条的规定,股东未缴出资作为清算财产的前提是公司处于解散状态。结合上述公司法关于按期缴纳出资的规定可知,股东'按期'出资是原则,'提前'出资是在特定条件下的例外。第二,从公司人格独立理论来看,公司一经成立即具有独立的法律人格,系属独立的民事法律主体,公司的社团行为与股东的个人行为彼此完全独立。这也决定了通常情况下公司股东并不对公司的行为和债务承担个人责任，这也正是股东设立公司意义之所在。若只要公司债权不能获得清偿，即直接认定股东出资义务'加速到期'，则实质上是否定了公司独立人格，有违法律创设公司制度的初衷。第三，从商事外观主义的基本原则来看，股东对公司的出资义务源于股东间出资协议或章程约定，并通过章程备案登记的方式向社会公示，是向包括债权人在内的不特定第三人宣告了自己出资期限，债权人也是在此预期下与公司进行交易，债权人仅以自己对公司债权没有获得清偿为由，要求股东提前履行出资义务，也有违诚信，也是对股东期限利益的剥夺，不具正当性。第四，二原告认为，股东出资系属义务，并非权利，二原告有权要求五被告提前补足出资。对此，本院认为，在五被告出资义务尚未到期前，五被告享有'期限利益'，二原告不得要求五被告的出资义务'加速到期'，故本院对二原告的观点不予采纳。综上分析，股东应当按期足额向公司履行交付出资的义务，在股东出资期限尚未到期的情况下，公司不得要求股东交付出资，公司债权人亦无权要求股东承担补充赔偿责任，除非存在法律及司法解释规定的特定情形。本案中，五被告对某牧公司的出资期限尚未到期，且不存在法律及司法解释规定的特定情形，现二原告要求五被告对某牧公司的债务承担补充赔偿责任，缺乏事实及法律依据，本院不予支持。二原告可依据其他法律规定，另行主张权利。"

案例6：天津市宝坻区人民法院审理的张某怀与某塔木业（天津）有限公司、任某芹租赁合同纠纷一案［（2015）宝民初字第4935号］认为，"本案被告任某芹系被告某塔公司的股东之一，其认缴的资本总额为900万元，出资期限为2029年11月1日，现实际出资为27万元，故剩余认缴额尚未到出资期限。在这种情况下，被告任某芹是否属于上述法律规定的未履行或者未全面履行出资义务的股东现尚无法律明确界定。退一步说，即使出资期限尚未届满的被告任某芹属于我国《公司法解释（三）》第十三条第二款规定的未履行或者未全面履行出资义务的股东，被告任某芹应当承担责任也仅为被告某塔公司不能清偿部分的损失承担补充赔偿责任，即只有被告某塔公司不能清偿原告时，就不能清偿的部分，原告才能请求被告任某芹承担清偿责任。现被告某塔公司是否能够赔偿原告损失及不能赔偿的部分均无法确定，原告要求被告任某芹对被告某塔公司应向其赔偿的损失承担补充赔偿责任，依据不足，本院不予支持"。

案例7：上海市第二中级人民法院审理的上海某商邦投资有限公司与沈某富、王某南债权人代位权纠纷［（2017）沪02民终608号］认为，"本院认为，

《最高人民法院关于适用〈中华人民共和国公司法〉若干问题的规定（三）》第十三条是关于股东未履行或者未全面履行出资义务的责任的规定，该规定的适用要件应指向股东出资义务期限届满时的情形。本案中，某鸿公司章程约定股东增资出资缴款期限为2030年7月30日，沈某富、王某南作为某鸿公司认缴增资的股东至本案诉讼时并不存在未履行或者未全面履行出资义务的情形。某鸿公司虽不能清偿到期债务，但某商邦公司据此主张股东未届履行期限的出资义务加速到期，将未到期出资等同视为股东未履行或未全面履行出资义务，本院认为尚不能对司法解释相关规定作出如此延伸和扩张解释。故某商邦公司主张沈某富、王某南二人对某鸿公司不能清偿的债务承担补充赔偿责任缺乏法律依据"。

案例8：玉林市玉州区人民法院审理的罗某华与玉林市某商大酒店有限公司、樊某飞装饰装修合同纠纷［（2015）玉区法民初字第534号］认为，"玉林市某商大酒店有限公司变更公司注册资本，由原来的150万元变更为500万元，被告樊某飞、陈某剑作为玉林市某商大酒店有限公司的股东，增加出资金额部分认缴的时间为2050年6月30日，出资认缴的期限尚未到期；原告罗某华亦没有证据证明樊某飞之前的出资不实，其要求被告樊某飞、陈某剑在未出资本息范围内对被告玉林市某商大酒店有限公司的债务承担补充赔偿责任本院不予支持"。

2. 诉讼阶段中，在公司股东恶意延长认缴期限的情形下，公司债权人直接要求加速到期要求股东承担补充赔偿责任的也有胜诉机会（案例9至案例11）。

案例9：海南省第二中级人民法院审理的蔡某钧与山东高速某发展有限公司、广州市某森石油化工有限公司、海南某孚能源有限公司、黄某买卖合同纠纷［琼97民终1102号］认为："有限责任公司的注册资本为在公司登记机关登记的全体股东认缴的出资额。股东认缴的出资额可以分期缴纳，有限责任公司股东认缴的出资额由实缴出资额和应缴出资额两部分组成，未到缴纳期限的出资为应缴出资额。根据《中华人民共和国公司法》第三条第二款'有限责任公司的股东以其认缴的出资额为限对公司承担责任；股份有限公司的股东以其认购的股份为限对公司承担责任'规定，蔡某钧应以其认缴出资额为限对公司承担责任，不论是实缴出资还是应缴出资，故蔡某钧的出资义务尚未到缴纳期限的抗辩理由不能成立。另，根据《最高人民法院关于适用〈中华人民共和国公司法〉若干问题的规定（三）》第十三条第二款'公司债权人请求未履行或者未全面履行出资义务的股东在未出资本息范围内对公司债务不能清偿的部分承担补充赔偿责任的，人民法院应予支持；未履行或者未全面履行出资义务的股东已经承担上述责任，其他债权人提出相同请求的，人民法院不予支持'的规定，一审判决蔡某钧、黄某在未出资范围内对广州某森公司、海南某孚公司就上述款项不能清偿的部分债务承担补充赔偿责任，该责任的法律后果是先由广州某森公司、海南某孚公司就上述款项进行清偿，对于不能清偿部分，由股东蔡某钧、黄某在未出资范围内承担责任。该项判决符合法律规定和公司法的立法宗旨，应予维持。"

案例10：泸州市龙马潭区人民法院审理的张某与康某胜、徐某、胡某、四川某胜投资管理有限公司民间借贷纠纷［(2015)龙马民初字第757号］认为："被告胡某、徐某作为四川某胜投资管理有限公司的股东，按公司章程规定，应分别出资1960万元和40万元，由于其没有证据表明全面履行了出资义务，虽然其认缴期限未到，但根据《最高人民法院关于适用〈中华人民共和国公司法〉若干问题的规定（三）》第十三条第二款'公司债权人请求未履行或者未全面履行出资义务的股东在未出资本息范围内对公司债务不能清偿的部分承担补充赔偿责任的，人民法院应予支持；未履行或者未全面履行出资义务的股东已经承担上述责任，其他债权人提出相同请求的，人民法院不予支持'的规定，其在被告四川某胜投资管理有限公司不能清偿本案150万元债务时，应在各自出资范围内承担补充赔偿责任"。

案例11：杭州市上城区人民法院审理的杭州某宇装饰工程有限公司与杭州某竞科技有限公司、徐某英等装饰装修合同纠纷［(2016)浙0102民初1545号］认为，"公司债权人请求未履行或者未全面履行出资义务的股东在未出资本息范围内对公司债务不能清偿的部分承担补充赔偿责任的，人民法院应予支持。本案中，被告杭州某竞科技有限公司公司章程中载明缴纳注册资本的时间为2034年11月4日之前和2034年12月22日之前，首先，公司章程中载明缴纳注册资本的时间系公司及股东之间内部约定，公司的债权人对此并不知晓，该约定不对债权人发生约束力，不能对抗债权人的主张；其次，2034年11月4日之前和2034年12月22日之前系期间的概念，在该期间范围内股东应视经营的必要性缴纳相应的注册资本，在公司无任何资产，且已经发生经营并产生债务的情形下，被告徐某英、上海某鲲信息科技有限公司、杭州某达科技有限公司应负有缴纳相应注册资本的义务。被告徐某英、上海某鲲信息科技有限公司、杭州某达科技有限公司作为被告杭州某竞科技有限公司的股东均未履行出资义务，应对被告杭州某竞科技有限公司所负的债务在未出资范围内承担补充赔偿责任。"

3. 在执行阶段，公司财产不足以清偿的情况下，债权人主张追加未到期股东为被执行人承担补充赔偿责任胜诉概率较大。

案例 12：杭州市上城区人民法院，股东与赵某辉执行异议之诉一审民事判决书［(2017) 浙 0102 民初 175 号］，本院认为，本院 (2015) 杭上民初字第 949 号民事判决书及 (2015) 杭上民初字第 2345 号民事判决书已确定浙江某实业有限公司应对赵某辉履行 600 余万元租金及相应滞纳金、律师费的支付义务。在该两案件执行过程中，浙江某实业有限公司的资产不足以清偿 (2015) 杭上民初字第 949 号民事判决书及 (2015) 杭上民初字第 2345 号民事判决书确定的债务，导致债权人赵某辉至今未获得清偿。而吴某军、方某平作为浙江某实业有限公司股东，在公司设立时即 2013 年 12 月 3 日已确认将在 2015 年 12 月 2 日前分别认缴剩余 2400 万元及 1600 万元注册资金。该公司从 2015 年 6 月 5 日本院审理 (2015) 杭上民初字第 949 号租赁合同纠纷案后，应知晓公司资产情况及偿债能力。但吴某军、方某平作为公司股东，未在应认缴的注册资本即将到期时补足资金，充盈公司资产，履行对公司债权人偿付债务的义务，反而在 2015 年 10 月 28 日，通过修改公司章程，将认缴注册资金期限延后至 2031 年。吴某军、方某平实质是通过延长认缴期限的行为以实现规避债务的目的，违反了公司法第五条规定的"诚实守信"原则，损害债权人的利益。故其延长认缴期限的行为应视为无效。本院根据申请执行人赵某辉申请，出具 (2016) 浙 0102 执异 26 号执行裁定书，追加吴某军为被执行人，裁定其在未缴纳的注册资金 2400 万元范围内履行判决书确定之义务，具有事实及法律依据。

案例 13：新疆乌鲁木齐市新市区人民法院，蒲某、张某银、张 A 与张 B 案外人执行异议纠纷一案民事判决书［(2017) 新 0104 民初 5566 号］认为：首先《最高人民法院关于民事执行中变更、追加当事人若干问题的规定》第十七条规定："作为被执行人的企业法人，财产不足以清偿生效法律文书确定的债务，申请执行人申请变更、追加未缴纳或未足额缴纳出资的股东、出资人或依公司法规定对该出资承担连带责任的发起人为被执行人，在尚未缴纳出资的范围内依法承担责任的，人民法院应予支持。"根据该规定，本院认为该条款中虽然没有对"未缴纳或未足额缴纳出资"是否包含认缴出资尚未届满认缴期限的出资进行明确。但在《最高人民法院关于适用〈中华人民共和国公司法〉若干问题的规定（二）》第二十二条中已明确"未缴纳的出资"包括分期缴纳尚未届满缴纳期限的出资。据此《关于民事执行中变更、追加当事人若干问题的规定》第十七条规定应理解为适用于认缴出资尚未届满认缴期限的情形，即本案原告所涉情形，原告蒲某、张某银、张A的诉讼请求不能成立。其次，根据《中华人民共和国公司法》的规定，出资时间由公司章程规定，股东拥有修改公司章程的权利。因此出资期限实际为公司股东意思自治的范畴，股东可以对出资期限进行任意修改，故如果股东为规避债务而将出资期限规定过长或者对实际缴纳时间不作规定，将造成公司债权人债权无法实现的情况。因此，本院认为，在执行阶段如查实被执行公司"无可供执行的财产"则法院有权对认缴出资尚未届满认缴期限的股东进行追加，而本案中（2016）新0104执316号之三及（2017）新0104执异6号已经查实被执行人新疆某智能门业有限公司"无财产可供执行"，故原告蒲某、张某银、张A的诉讼请求不能成立。

043 未足额出资的股东对外转让全部股权，就可以不再承担对公司的出资责任了吗？

裁判要旨

股东的出资义务系法律所规定的股东基本义务，即使其已对外转让了其全部股权，但其出资不实的责任不应随着股权的转让而免除。

案情简介[①]

1. 甲公司系有限责任公司，原注册资本为人民币2500万元，某桥集团认缴出资125万元，持股5%；马某清认缴出资2250万元，持股90%；陈某某认缴出资为125万元，持股5%。

2. 2005年6月25日，甲公司股东会决议公司增资3750万元，其中马某清追加出资3375万元，陈某某追加出资375万元。其中，马某清以票据号码为"09210329"、金额为3375万元的本票出资，陈某某以票据号码为"09210330"、金额为375万元的本票出资。

3. 此后，甲公司的注册资本变更为6250万元，其中，陈某某出资500万元，持股8%。但是，甲公司农行账户显示：2005年8月10日，某洋公司分两次向甲

---

① 上海市第一中级人民法院，陈某某与甲公司股东出资纠纷一案二审民事判决书[（2010）沪一中民四（商）终字第2036号]。

公司的验资账户转账划款3375万元、375万元。当日，该笔划入的3750万元又由甲公司账户划入到某洋公司账户。

4. 本案审理期间，上述银行向法院出具书面证明称，编号09210329、09210330的两张本票未解入甲公司验资账户。诉讼前，陈某某已将其所持甲公司股权转让给案外人。

5. 此后，甲公司向法院提起诉讼要求陈某某支付未缴纳的出资款375万元。本案经浦东法院一审、上海一中院二审，最终判定陈某某需要补缴出资款375万元。

实务经验总结

为避免未来发生类似争议，提出如下建议：

1. 股东应当按照公司章程或股东会决议的规定及时足额缴纳出资。出资义务是股东的基本义务，公司以及债权人均有权向法院起诉要求股东履行出资义务。另外，股东出资务必要在自己的账户向公司指定账户注资，避免通过他人账户间接注资，以免混淆出资主体和出资用途。

2. 股权转让并不能免除原股东的出资义务，即使其已经转让了全部股权，其仍应当对未出资或出资不实的部分承担责任。原股东切不可以为对外转让了股权，就摆脱掉了出资义务。

3. 对于股权的受让方来讲，其在受让股权之前务必要做尽职调查，核查转让方是否已经足额缴纳了出资，以房产、土地、设备、知识产权等出资的是否已经履行了评估、交付、登记等手续，否则受让人极有可能与转让人承担连带责任。

相关法律规定

《中华人民共和国公司法》（2018年，已被修订）

第二十八条 股东应当按期足额缴纳公司章程中规定的各自所认缴的出资额。股东以货币出资的，应当将货币出资足额存入有限责任公司在银行开设的账户；以非货币财产出资的，应当依法办理其财产权的转移手续。

股东不按照前款规定缴纳出资的，除应当向公司足额缴纳外，还应当向已按期足额缴纳出资的股东承担违约责任。

《中华人民共和国公司法》（2023修订）

第四十九条 股东应当按期足额缴纳公司章程规定的各自所认缴的出资额。

股东以货币出资的,应当将货币出资足额存入有限责任公司在银行开设的账户;以非货币财产出资的,应当依法办理其财产权的转移手续。

股东未按期足额缴纳出资的,除应当向公司足额缴纳外,还应当对给公司造成的损失承担赔偿责任。

《最高人民法院关于适用〈中华人民共和国公司法〉若干问题的规定(三)》(2020修正)

第十八条 有限责任公司的股东未履行或者未全面履行出资义务即转让股权,受让人对此知道或者应当知道,公司请求该股东履行出资义务、受让人对此承担连带责任的,人民法院应予支持;公司债权人依照本规定第十三条第二款向该股东提起诉讼,同时请求前述受让人对此承担连带责任的,人民法院应予支持。

受让人根据前款规定承担责任后,向该未履行或者未全面履行出资义务的股东追偿的,人民法院应予支持。但是,当事人另有约定的除外。

法院判决

以下为该案在法院审理阶段,判决书中"本院认为"就该问题的论述:

本院认为,我国公司法第二十八条明确规定,股东应当按期足额缴纳公司章程中规定的各自所认缴的出资额;股东以货币出资的,应当将货币出资足额存入有限责任公司在银行开设的账户……股东不按照前款规定缴纳出资的,除应当向公司足额缴纳外,还应当向已按期足额缴纳出资的股东承担违约责任。上诉人陈某某作为被上诉人甲公司的股东之一,在公司增资3750万元的过程中,理应依法履行其缴纳增资款375万元的出资义务。原审审理过程中,上诉人陈某某以票据号码为"09210330"、金额为375万元的银行本票进账单证明其已履行了相应的增资出资义务,但甲公司验资账户的开户银行已向原审法院证实,上述本票并未写入甲公司验资账户,3750万元增资验资款实际来源于案外人某洋公司的划款,而上述验资款又已于划款当日及次日由甲公司返还给了某洋公司,该款项中包含陈某某应当认缴出资的375万元。上诉人陈某某又于二审审理过程中称,其系于增资当时已将系争款项交给原公司法定代表人马某清,但未能提供相应的付款凭据,由于马某清已经去世,陈某某称其已付款的事实缺乏证据证明,本院难以认定。同样没有证据证明陈某某于此后向甲公司补足出资375万元,原审法院据此认定,在甲公司增资过程中,上诉人陈某某未实际出资,并无不当。鉴于股东的出资义务系法律所规定的股东基本义务，陈某某的行为违反了公司章程的约定和公司法的规定，故其应向甲公司履行相关的出资义务，该项义务不适用诉讼时效的规定。上诉人陈某某虽已对外转让了其全部股权，但其出资不实的责任不应随着股权的转让而免除。上诉人陈某某应当依法向被上诉人甲公司补足出资。原审法院查明事实清楚，适用法律正确，依法应予维持。

044 出售股权时虽未披露部分负债，但对净资产数额不产生影响的，卖方不构成欺诈

阅读提示

股权交易中，对交易标的进行资产评估已经成为一项十分重要的环节。从财务角度看，估值的基础之一就是企业财务信息的完整披露，如果连财务信息披露都不完整，那么依据该等信息作出的估值自然不可能"靠谱"。然而，本文所分析的案例中，在某国有股权转让过程中，尽管有高达1500万元应付账款债务未予以披露，法院判决该不披露行为合法，出让方无须承担任何法律责任。为何法院会作出该等认定？股权转让方和受让方在对所转让资产进行评估和审查时，应注意哪些要点？本文将对以上问题进行分析。

裁判要旨

出售股权时，评估报告虽未披露部分负债及相关联资产，但对净资产数额不产生影响，且在附注中予以说明，受让方主张转让方构成欺诈并请求据此撤销股权转让协议的，人民法院不予支持。

案情简介①

1. 能投中心公告转让所持玉石公司50%的国有股权，公告中称该股权的价值以《评估报告》所评估的2500万元为准。随后，能投中心与某岭公司达成协议，并支付该2500万元。

---

① 石家庄市某投资发展中心、石家庄某供热有限公司股权转让纠纷二审民事判决书〔(2018)冀民终1016号〕。

2. 半年后，正当准备办理股权过户时，某岭公司发现玉石公司的实际应付账款比《评估报告》中多了1500万元，据此，某岭公司称能投中心隐瞒了玉石公司财务状况，并向石家庄中院起诉，请求撤销合同并要求能投中心返还2500万元股转款。

3. 石家庄中院一审认为，《评估报告》中玉石公司的应付账款与实际相比多达1500余万元未披露，影响了某岭公司对玉石公司经营状况的判断。能投中心未如实向评估机构报送财务状况，构成欺诈。因此，法院一审判决撤销该合同，能投中心返还该2500万元。

4. 能投中心不服，上诉至河北高院。河北高院二审撤销了一审判决，改判驳回了某岭公司的诉讼请求。

实务经验总结

1. 对于股权受让方而言，非常有必要对公司的实际情况进行充分调查，不能仅根据出让方所提供的审计报告、资产评估报告进行判断，还应自行聘请专业的律师事务所、会计师事务所及评估机构予以核查。

2. 对于股权出让方而言，应保证所提供材料的完整性、真实性，并在协议中对可能影响股权转让的各类事项予以充分说明，以避免被认定为构成欺诈。

相关法律规定

《中华人民共和国合同法》（已失效）

第五十四条　下列合同，当事人一方有权请求人民法院或者仲裁机构变更或者撤销：

（一）因重大误解订立的；

（二）在订立合同时显失公平的。

一方以欺诈、胁迫的手段或者乘人之危，使对方在违背真实意思的情况下订立的合同，受损害方有权请求人民法院或者仲裁机构变更或者撤销。

当事人请求变更的，人民法院或者仲裁机构不得撤销。

《中华人民共和国民法典》

第一百四十七条　基于重大误解实施的民事法律行为，行为人有权请求人民法院或者仲裁机构予以撤销。

第一百四十八条　一方以欺诈手段，使对方在违背真实意思的情况下实施的民事法律行为，受欺诈方有权请求人民法院或者仲裁机构予以撤销。

第一百四十九条 第三人实施欺诈行为，使一方在违背真实意思的情况下实施的民事法律行为，对方知道或者应当知道该欺诈行为的，受欺诈方有权请求人民法院或者仲裁机构予以撤销。

第一百五十条 一方或者第三人以胁迫手段，使对方在违背真实意思的情况下实施的民事法律行为，受胁迫方有权请求人民法院或者仲裁机构予以撤销。

第一百五十一条 一方利用对方处于危困状态、缺乏判断能力等情形，致使民事法律行为成立时显失公平的，受损害方有权请求人民法院或者仲裁机构予以撤销。

《资产评估准则——企业价值》（中国资产评估协会印发）（已失效）

第九条 注册资产评估师执行企业价值评估业务，应当获取充分信息，并确信信息来源是可靠的，信息利用是恰当的。

法院判决

以下为该案在法院审理阶段，判决书中"本院认为"就该问题的论述：

本院认为，能投中心在转让其持有的玉石公司股权的过程中，对于在建工程应付账款数额的披露是否存在隐瞒的行为，其主观上是否存在故意，是判断其是否构成《中华人民共和国合同法》规定的欺诈的关键。只有具备上述两个条件，能投中心的行为才能构成欺诈。首先，依据《资产评估报告》记载及评估机构的评估人员的证言，对在建工程进行评估时，未计入评估值的应付账款，也未计入相应的资产评估值，未计入的应付账款对在建工程的评估值不产生影响。《资产评估报告》还在特别事项说明中明确告知：因在建工程——锅炉改造项目部分尚未结算，未结算的项目中部分资产及负债均未在账面体现，经统计评估基准日向河北省某石工程造价公司送审待结算的工程款总计为65495671.15元，该部分工程款企业账面根据预审报告或者合同已经付款15016157.40元。相关的设备款24996460.65元因无发票未计资产和相关应付账款。其次，《资产评估报告》系以《审计报告》的财务数据为依据，该《审计报告》记载在建工程的账面数值为105462059.87元，应付账款账面数值为22631739.33元；某岭公司提交的汇总表显示，在建工程合同价为186402071.95元，应付账款账面数值为103068247.36元。两相对比，应付账款少计了80436507.03元，同时资产也少计了80940012.08元，资产少计的数额略大于应付账款少计的数额。故某岭公司所提应付账款少计的事实即使存在，对被评估公司净资产的数额影响不大，至少不会造成虚增净资产的后果。再次，《审计报告》在后附的玉石公司财务报表附注上告知"在建工程已完工部分，部分应付未付的设备、材料、施工费等未按合同约定，暂估入账，导致在建工程、应付账款不实"。可以证明，能投中心在股权转让过程中已将应付账款不实的情况予以披露。最后，《资产评估报告》以玉石公司提供的资产负债表及相应的明细表、附注表为评估依据，该财务报表已经河北某翔会计师事务所审计。在存在以上问题的情况下，《审计报告》仍然认为该财务报表公允反映了玉石公司的财务状况。综合以上四点，本院认为，能投中心在股权转让过程中披露的玉石公司的财务报表已被《审计报告》予以认可，其真实性应予确认。该财务报表对在建工程应付账款的记账虽有不实，但已在《资产评估报告》及《审计报告》中予以明示，而在建工程部分应付账款没有计入财务应付账内，系因部分在建工程尚未结算，设备款没有发票的客观因素造成，并非其主观故意所为，故该不实不属于故意隐瞒真实情况的情形。

045 公司并购中股权转让方应充分披露、受让方应审慎尽职调查

裁判要旨

公告在描述"转让标的的基本情况"和"转让标的企业资产评估或备案情况"时，明确表述了资产评估报告和审计报告的作出机构，并直接引述了资产评估报告和审计报告的文号。同时，在竞买过程中，受让人向产权交易中心出具了《履行合同义务的承诺函》，承诺"已仔细阅读并研究了目标股权转让文件及其附件"，"完全熟悉其中的要求、条款和条件，并充分了解标的情况"。因此，对受让人关于转让人未向意向受让人交付的产权转让文件不包括《审计报告》及《资产评估报告》，其也从未告知产权转让文件附件的名称、内容、份数、页数等信息，资产披露文件不完整等主张，法院不予采纳。

同时，转让人对目标公司资产的重大变化情况没有及时进行补充披露，在一定程度上增加了竞买者产生模糊认识的可能性。据此，法院根据公平原则，确定当事人责任。

案情简介[①]

1. 2010年11月15日,某城公司委托产权交易所公开挂牌转让其持有的某开公司70%国有股权,并由产权交易所发布股权转让公告。

2. 该公告除披露转让标的基本情况外,还公布了以2010年4月30日为基准日的资产评估报告及审计报告;并特别注明:(1)评估基准日至《产权转让合同》签订之日止期间,转让标的企业产生的经营损益由转让方按其对转让标的企业的持股比例承担或者享有。(2)不在审计报告、资产评估报告范围内容的以及报告中未披露的转让标的企业资产、负债由转让方按其对转让标的企业的持股比例享有或者承担。(3)意向受让方应充分关注、调查、研究与本次产权转让标的相关的所有事宜、信息或有风险、不确定因素及可能对转让标的企业资产及企业经营管理造成的影响,转让方不对转让标的企业是否存在或有风险提供保证。

3. 某嘉公司参与竞买并出具《承诺函》,承诺"已仔细阅读并研究了贵方的某开公司股权转让文件及其附件"、"完全熟悉其中的要求、条款和条件,并充分了解标的情况",且最终以33827.56万元竞价获得70%国有股权。股权转让协议约定,付款50%后办理股权变更登记,剩余款项在首笔款支付后12个月内支付完毕,如有逾期按贷款利率的两倍支付利息。

4. 签约后,某嘉公司支付了首笔50%股权转让款16913.78万元,某城公司协助其办理股权变更登记。后某嘉公司提出"某城公司向意向受让人交付的产权转让文件不包括《审计报告》及《资产评估报告》,其也从未告知产权转让文件附件的名称、内容、份数、页数等信息,资产披露文件不完整",以评估、审计不实及信息披露不完整的问题为由,要求扣除11519.06万元股权转让款。

5. 后某城公司诉至安徽省高院,要求支付股权转让款及利息,安徽省高院经审理判决某嘉公司支付剩余50%价款16913.78万元,并按一倍贷款利率支付利息。

6. 某嘉公司不服诉至最高人民法院,最高人民法院经审理:维持原判,驳回上诉。

[①] 最高人民法院,合肥某国有资产经营有限公司与安徽某房地产开发有限公司、安徽某控股集团有限公司股权转让纠纷二审民事判决书〔(2013)民二终字第67号〕。

实务经验总结

为避免未来发生类似争议，提出如下建议：

1. 转让方务必对目标公司的情况进行完整的信息披露，否则可能承担违约责任。

一般公司并购的《股权转让协议》中都会有"陈述与保证"条款、作为交易附件的对公司现状进行如实描述的《资产负债表》《公司重大合同清单》等。如果最终股权受让人发现股权转让方未能全面披露（比如隐瞒了一个给企业造成不利影响的某份合同），可以根据《股权转让协议》追究转让方违约责任。

2. 受让方应进行尽职调查及完备的《股权转让协议》条款设置。

（1）受让前务必委托专业的律师事务所、会计师事务所等中介机构做尽职调查，将信息不对称的问题降低到最低限度。

（2）对相关公司文件进行认真研究，发现交易风险并提前作出预防。例如本案中，应研读公告和公告中列明的资产评估报告、审计报告及其附件，以便在对交易标的有了充分了解后作出理性的商业判断，若发现转让方未完整提交并公开相应文号的资产评估报告、审计报告及其附件，务必要求其在参与竞拍之前完整公开，并索要完整版的资产评估报告、审计报告及其附件。

（3）在股权转让协议中设置完备的陈述与保证条款、违约责任条款、协议附件等。

相关法律规定

《企业国有产权交易操作规则》

第九条 转让方应当在产权转让公告中披露转让标的基本情况、交易条件、受让方资格条件、对产权交易有重大影响的相关信息、竞价方式的选择、交易保证金的设置等内容。

第十条 产权转让公告应当对转让方和转让标的企业基本情况进行披露，包括但不限于：

（一）转让方、转让标的及受托会员的名称；

（二）转让标的企业性质、成立时间、注册地、所属行业、主营业务、注册资本、职工人数；

（三）转让方的企业性质及其在转让标的企业的出资比例；

（四）转让标的企业前十名出资人的名称、出资比例；

（五）转让标的企业最近一个年度审计报告和最近一期财务报表中的主要财务指标数据，包括所有者权益、负债、营业收入、净利润等；

（六）转让标的（或者转让标的企业）资产评估的备案或者核准情况，资产评估报告中总资产、总负债、净资产的评估值和相对应的审计后账面值；

（七）产权转让行为的相关内部决策及批准情况。

第十一条 转让方在产权转让公告中应当明确为达成交易需要受让方接受的主要交易条件，包括但不限于：

（一）转让标的挂牌价格、价款支付方式和期限要求；

（二）对转让标的企业职工有无继续聘用要求；

（三）产权转让涉及的债权债务处置要求；

（四）对转让标的企业存续发展方面的要求。

第十二条 转让方可以根据标的企业实际情况，合理设置受让方资格条件。受让方资格条件可以包括主体资格、管理能力、资产规模等，但不得出现具有明确指向性或者违反公平竞争的内容。产权交易机构认为必要时，可以要求转让方对受让方资格条件的判断标准提供书面解释或者具体说明，并在产权转让公告中一同公布。

第十三条 转让方应当在产权转让公告中充分披露对产权交易有重大影响的相关信息，包括但不限于：

（一）审计报告、评估报告有无保留意见或者重要提示；

（二）管理层及其关联方拟参与受让的，应当披露其目前持有转让标的企业的股权比例、拟参与受让国有产权的人员或者公司名单、拟受让比例等；

（三）有限责任公司的其他股东或者中外合资企业的合营他方是否放弃优先购买权。

法院判决

以下为该案在法院审理阶段，判决书中"本院认为"就该问题的论述：

本院认为：某城公司委托合肥市产权交易中心通过公开挂牌方式转让其持有的某开公司70%国有股权，并由合肥市产权交易中心发布《某开公司70%国有股权转让公告》，对转让标的、转让标的企业的基本情况、转让底价及转让价款支付方式等内容进行了说明，初步履行了披露转让标的基本情况的义务。该公告在描述"转让标的的基本情况"和"转让标的企业资产评估或备案情况"时，明确表述了资产评估报告和审计报告的作出机构，并直接引述了资产评估报告和审计报告的文号。该公告同时载明了资产评估、审计的基准日是2010年4月30日，并在"特别事项说明"部分指出：评估基准日至《产权转让合同》签订之日止期间的某开公司产生的经营损益，由某城公司按其持股比例承担或享有，具体数额由某城公司与案涉股权受让方在《产权转让合同》签订之日起10日内，共同委托会计师事务所进行审计确认。一审中，某城公司提交的证据十一中包括资产评估报告、审计报告和合肥市产权交易中心出具的函等，用以证明其信息披露材料包含审计报告、资产评估报告及所附内容。对此，某嘉公司在原审质证过程中表示，对该组证据的真实性、关联性并无异议，只是不认可其合法性和证明目的，但并未提交否定其合法性的相关证据。因此，某嘉公司上诉提出的有关"某城公司向意向受让人交付的产权转让文件不包括《审计报告》及《资产评估报告》，其也从未告知产权转让文件附件的名称、内容、份数、页数等信息，资产披露文件不完整"等主张，因证据不足，本院不予采纳。

案涉公告"特别事项说明"部分第（八）项指出，"资产评估报告书载明"某蓬山、某城商业中心、某江厂等项目在评估基准日前的相关情况和项目进一步发展可能对某开公司资产产生的影响。案涉审计报告"其他事项说明部分"分别对某蓬山、某城商业中心、某城水云间、某江厂等项目进行了特别说明，相关内容与案涉公告相同。该审计报告正文末尾载明，报告附件包括资产负债表、会计事项调整表及各项资产负债明细审定表。其中，各项资产负债明细审定表预收款项目栏对某城水云间项目预收房款的情况进行了记载。同时，根据原审法院查明事实，在资产评估、审计基准日之后，某开公司已将此前预售的某城水云间项目住宅、门面房交付业主；已按照与合肥某投资有限公司的约定，向某开公司为某城商业中心项目设立的账户汇款；合肥新站综合开发试验区管委会通过该区财政局退还了3000万元保证金。某城公司对上述相关交易事项在资产评估、审计基准日之前的情况均进行了如实披露；在基准日之后，相关交易活动如约进行，目前也并无证据证明相关交易活动存在违法之处。由此可见，某城公司虽未将资产评估、审计基准日之后至公开挂牌交易之前某开公司的上述相关资产的变化进行披露，但其已明确所披露的内容均为"基准日之前目标公司的情况"，并在公告中提示意向受让方充分关注、调查与本次产权转让标的相关的所有事宜、信息或有风险、不确定因素及可能对转让标的企业资产及企业经营管理造成的影响。

故某嘉公司关于某城公司披露转让标的信息不真实、不准确的主张不能成立。

另外,作为案涉股权的竞买者和独立商事主体,某嘉公司在作出交易标的额高达数亿元的商业决定前,理应认真研读公告和公告中列明的资产评估报告、审计报告及其附件,以便在对交易标的有了充分了解后作出理性的商业判断。公告中已列明资产评估报告、审计报告的作出机构和具体文号,审计报告正文末尾也注明了报告所包含的附件名称。若某城公司如某嘉公司所称未完整提交并公开相应文号的资产评估报告、审计报告及其附件,某嘉公司亦有权在参与竞拍之前,要求其予以完整公开。同时,在竞买过程中,某嘉公司向合肥市产权交易中心出具了《履行合同义务的承诺函》,承诺"已仔细阅读并研究了贵方的某开公司股权转让文件及其附件","完全熟悉其中的要求、条款和条件,并充分了解标的情况"。因此,原审判决关于"某嘉公司作为房地产开发企业,在竞买过程中负有审慎审查义务,且其未能全面履行竞买者的审慎审查义务"的认定得当,某嘉公司应对其所作的商业决定自行承担相应的市场风险及法律后果。

某嘉公司与某城公司签订《产权转让合同》,系双方当事人的真实意思表示,不违反法律、行政法规的强制性规定,合法有效,当事人均应依约履行各自义务。签订合同后,某开公司完成股东工商登记变更手续,某嘉公司成为该公司股东,持股比例为70%,某城公司已履行了合同约定义务,结合前述关于披露转让标的相关情况的分析,本院对某嘉公司主张由某城公司承担违约责任的请求不予支持。

按照案涉《产权转让合同》的约定,某嘉公司需向某城公司支付33827.56万元对价。现某嘉公司支付了50%的价款,某城公司主张其依约支付剩余16913.78万元价款,该请求具有事实和法律依据,本院予以支持。

关于原审判定"某嘉公司自2011年1月1日起,以16913.78万元为基数,按照中国人民银行公布的同期同类贷款基准利率为标准向某城公司支付利息损失"是否恰当的问题。

某城公司在公开挂牌出让案涉股权时,基本完成了披露转让标的基本情况的义务。但在资产评估、审计基准日之后至公开挂牌交易之前,某城公司对某开公司资产的重大变化情况没有及时进行补充披露。另外,从本案现有证据看,信息披露材料没有直接明确某城水云间项目的存量房产总面积与处于预售状态的存量房面积之间的关系。某城公司信息披露过程中存在的上述瑕疵,在一定程度上增加了竞买者产生模糊认识的可能性。原审法院依据某城公司信息披露瑕疵可能对竞买者认识造成的客观影响，以及对某嘉公司未支付案涉股权剩余转让款给某城公司造成的损失仅为资金占用损失的认定，判决由某嘉公司自 2011 年 1 月 1 日起，以 16913.78 万元为基数，按照中国人民银行公布的同期同类贷款基准利率向某城公司支付利息损失，符合公平原则的适用情形；同时判定某嘉公司已支付的 1000 万元保证金可以冲抵上述利息，亦无不妥。

延伸阅读

1. 安徽省高级人民法院判例中关于转让方满足信息披露要求更全面的论述：

案涉某开公司 70% 国有股权系通过公开挂牌方式出让，为让参与竞买者全面、客观、真实地了解转让标的，某城公司作为股权转让方负有全面、完整、如实披露转让标的全部情况的义务，即其既负有在《某开公司 70% 国有股权转让公告》及相关文件中如实披露审计、评估基准日转让标的全部情况的义务，还应负有在公开挂牌出让时对审计、评估基准日后发生的重大资产变化情况进行如实披露的义务。同时，某嘉公司作为参与案涉股权竞买方，亦负有认真阅读并研究《某开公司 70% 国有股权转让公告》及相关附件，充分了解转让标的的义务。该案中，某城公司在《某开公司 70% 国有股权转让公告》中披露了转让标的 2010 年 4 月 30 日审计、评估基准日的情况，但没有披露审计、评估基准日后至 2010 年 11 月 15 日公开拍卖日期间转让标的的相关情况，如某开公司某城水云间项目 16136.50m^2 存量房已经实际交付业主；某开公司已于 2010 年 10 月 14 日与合肥某投资有限公司就某城商业中心项目设立专门账户，并注入 100 万元开办费用等相关事实。客观上对转让标的信息披露存在瑕疵，一定程度上增加了包括某嘉公司在内竞买者产生模糊认识的可能性。对于某嘉公司一方，其作为房地产开发企业，在参与竞买案涉股权时，对于案涉转让标的的情况的审查核实，负有高于普通竞买者的一般注意义务，理应在更加全面、缜密和谨慎地审查案涉股权转让所有材料后，作出商业判断，但其未能全面履行竞买者的审慎审查义务，具体如下：(1) 关于某城水云间项目的存量房。《审计报告》《资产评估报告》在披露某城水云间项目存量房产总面积为 34100.97m^2 的同时，也披露了该项目有 16136.50m^2 存量房处于预售状态，尽管没有明确两者之间是否存在包含或递减关系，但某嘉公司在参与竞买前应仔细核实了解相关情况，确定存量房具体面积，并在没有疑义的情况下参与竞买。(2) 关于某城商业中心项目权益问题。《某开公司 70% 国有股权转让公告》对于某城商业中心项目的相关情况进行特别说明，详细披露了某开公司与合肥某投资有限公司签订《项目合作开发协议书》共同开发该项目以及各方权利义务的约定，《资产评估说明》第17页亦对于该部分项目涉及土地使用权价值的评估方法进行了举例说明，不论合作项目是否实际实施，某嘉公司应对该部分土地使用权的价值及相关收益有较为正确的权益预期。且其计入资产亦为该部分土地使用权的价值，并非整个项目的全部收益。（3）关于某江厂项目保证金问题。《某开公司70%国有股权转让公告》第十六条特别事项说明部分，《审计报告》第三条其他事项说明部分，《资产评估报告》第十一条特别事项部分，对此款项的形成、处置方案以及期后影响等均作了详细说明，但没有某城公司承诺该3000万元保证金由其联系收回的内容。故某城公司《关于某开公司股权转让相关问题的回复》的内容符合法律规定，且不损害某嘉公司利益，不属于单方变更转让条件。况且，在该案诉讼期间，合肥新站综合开发试验区管委会已经退还了该项目保证金3000万元。（4）关于某蓬山风景园项目问题。《某开公司70%国有股权转让公告》《审计报告》及《资产评估报告》均对此作了特别说明，明确了此部分应收款的组成，并明确提示"由于该事项可能产生的法律诉讼尚未得到最终处理，对上述事项处理结果可能对本次评估的净资产有影响"。另外，案涉股权通过公开竞买的方式出让，《产权转让合同》虽约定"该股权对应的资产、负债及相关情况详见《资产评估报告》"，但并非表示案涉股权转让款完全依据上述财务报表的数字确定，而是将其作为确定股权转让款的参考依据。某嘉公司此项异议仅涉及价款177.26万元，与案涉股权转让价款33827.56万元相比，尚不足以成为影响某嘉公司参与竞买的关键因素，亦不会对通过竞价形成的股权转让款构成实质性影响。

综合以上分析，《审计报告》《资产评估报告》对于转让标的的情况的披露并无明显不实之处，虽然某城公司在《某开公司70%国有股权转让公告》中披露的信息存在一定瑕疵，但该瑕疵并不足以影响通过公开竞价机制形成的股权转让价款。某嘉公司在未全面履行竞买者审慎审查义务的情况下，却承诺其已经仔细阅读并研究《某开公司70%国有股权转让公告》及相关附件，充分了解标的情况，并参与竞买，在经过多轮竞价后最终中标，亦应当承担相应责任。因此，某嘉公司关于减少或不支付股权转让价款的抗辩不能成立；其主张以案涉1000万元保证金直接抵扣股权转让款的抗辩，因《产权转让合同》约定该款项不能直接抵扣股权转让款，该院亦不予采信。某城公司在《某开公司70%国有股权转让公告》中披露的信息存在一定瑕疵，虽未对通过公开竞价机制形成的股权转让价款产生实质性影响，但对该案纠纷的发生存在一定过错，同时鉴于某嘉公司未支付案涉股权转让款给某城公司造成的损失仅为资金占用损失，故该院根据公平原则和诚实信用原则，酌定某嘉公司自 2011 年 1 月 1 日起，以 16913.78 万元为基数，按照中国人民银行公布的同期同类贷款基准利率为标准向某城公司支付利息损失，某嘉公司已支付的 1000 万元保证金可以冲抵上述利息。

2. 出让方未如实披露及信息披露需要承担违约责任（因披露不实而承担违约责任的最高法判例）。

最高人民法院，某亮地产控股集团有限公司与中国房地产开发某有限公司股权转让纠纷二审民事判决书［（2015）民一终字第 82 号］认为：由于中房某公司存在未披露及披露不实行为，导致某亮地产公司损失，因此中房某公司需承担相应的赔偿责任。（1）关于清源路修建费用的承担责任问题。根据中房置业公司与政府相关部门的约定，清源路建设费用由中房置业公司全额承担，但《评估报告》对此未予披露；虽然期间审计报告提及了此事，但该事项发生在评估基准日之前，故期间审计报告仅是对该事项的事后说明，不发生信息披露的作用，故一审判令中房某公司承担清源路修建费用 13909835 元并无不当。（2）关于某德"水岸阳光城"所补缴的 2400 万元土地出让金的承担责任问题。某德"水岸阳光城"容积率调整时间系在评估基准日之前，《评估报告》对此未予披露；虽然期间审计报告提及了此事，但该事项发生在评估基准日之前，故期间审计报告仅是对该事项的事后说明，不发生信息披露的作用，故一审法院判令中房某公司承担该项费用并无不当。（3）关于合肥"颐和花园"所欠 3849204 元工程款的承担责任问题。某亮地产公司受让股权后向他人支付了 3849204 元工程款，经查上述工程款发生在评估基准日之前，《评估报告》对此未予披露；虽然期间审计报告提及了此事，但期间审计报告仅是对该事项的事后说明，不发生信息披露的作用。因此，上述工程款应由中房某公司承担。（4）关于某德"水岸阳光城"项目所补缴的税款、滞纳金及支付的逾期交房违约金等费用承担责任问题。欠缴税款行为及逾期交房行为均发生在评估基准日之前，《评估报告》对此未予披露，而期间审计报告又不发生信息披露的作用，故一审法院判令中房某公司承担上述费用符合双方的约定。

046 股权转让后前股东仍可依股权转让协议取得公司收入

裁判要旨

《股权转让协议》中关于土地出让金溢价分成的约定没有损害公司、公司股东、公司债权人的合法权益,没有违反法律、行政法规的禁止性规定,不宜否定其效力。因此,法院支持前股东有权在股权转让后取得"土地出让金溢价分成"。

案情简介①

1. 某泰克公司股东为陶某群、孙某,分别持有公司66.7%和33.3%股权。

2. 根据某泰克公司与县政府签订的《投资协议》,县政府应返还某泰克公司"二号地块"土地出让金溢价分成8640.24万元。

3. 陶某群、孙某与许某明、吴某签订《股权转让合同》,约定陶某群、孙某将其所持有的某泰克公司100%股权转让给许某明、吴某,其中股权转让价款约定:除许某明、吴某向陶某群、孙某支付4446万元外,许某明、吴某在股权转让后,将县政府返还给某泰克公司的土地溢价分成的40%计34560960元返还给陶某群、孙某。

4. 此后,县政府向某泰克公司返还了土地溢价分成款8205.12万元,但是某泰克公司并没有将其中的40%支付给陶某群、孙某。

5. 陶某群、孙某将许某明及吴某诉至法院请求其支付土地溢价分成款,安徽省高院驳回了陶某群及孙某的诉讼请求;陶某群及孙某不服,向最高人民法院上诉,最高人民法院改判支持了其诉讼请求。

实务经验总结

为避免未来发生类似争议,提出如下建议:

1. 起草股权转让协议的律师或法务切记:股权转让过程中,转让方与受让方不得约定以公司的资产支付股权转让款。理由是:股东直接从公司取回财产,有抽逃出资之嫌,违反股东不得抽逃出资的效力性强制规定,应属无效条款。

---

① 最高人民法院,陶某群、孙某与许某明、吴某等股权转让纠纷二审民事判决书[(2016)最高法民终264号]。

2. 如果要约定前股东从公司取得部分资产，应定性为取得利润。如果协议对此款项作出的定性为分配利润而非股东从公司取回资金（财产），且确实符合公司法和公司章程关于分配利润的规定，而非"简单粗暴"地从公司取回资金（财产），应不会产生抽逃出资嫌疑、产生如此艰难的诉讼过程。

相关法律规定

《中华人民共和国公司法》（2018 年，已被修订）

第三条 公司是企业法人，有独立的法人财产，享有法人财产权。公司以其全部财产对公司的债务承担责任。

有限责任公司的股东以其认缴的出资额为限对公司承担责任；股份有限公司的股东以其认购的股份为限对公司承担责任。

第二十条 公司股东应当遵守法律、行政法规和公司章程，依法行使股东权利，不得滥用股东权利损害公司或者其他股东的利益；不得滥用公司法人独立地位和股东有限责任损害公司债权人的利益。

第三十五条 公司成立后，股东不得抽逃出资。

《中华人民共和国公司法》（2023 修订）

第三条 公司是企业法人，有独立的法人财产，享有法人财产权。公司以其全部财产对公司的债务承担责任。

公司的合法权益受法律保护，不受侵犯。

第四条 有限责任公司的股东以其认缴的出资额为限对公司承担责任；股份有限公司的股东以其认购的股份为限对公司承担责任。

公司股东对公司依法享有资产收益、参与重大决策和选择管理者等权利。

第二十一条 公司股东应当遵守法律、行政法规和公司章程，依法行使股东权利，不得滥用股东权利损害公司或者其他股东的利益。

公司股东滥用股东权利给公司或者其他股东造成损失的，应当承担赔偿责任。

第五十三条 公司成立后，股东不得抽逃出资。

违反前款规定的，股东应当返还抽逃的出资；给公司造成损失的，负有责任的董事、监事、高级管理人员应当与该股东承担连带赔偿责任。

法院判决

以下为该案在法院审理阶段，判决书中"本院认为"就该问题的论述：

本院认为，关于土地出让金溢价分成条款的效力问题。首先，土地出让金溢价分成的约定是陶某群、孙某向许某明、吴某转让某泰克公司100%股权的股权转让款组成部分，许某明、吴某作为某泰克公司的新股东是同意和认可的。因此，土地出让金溢价分成的约定不会损害许某明、吴某作为公司股东的合法权益，更不会涉及损害其他股东权益的问题。其次，2016年1月7日安徽某星会计师事务所出具的《某泰克公司验资报告》载明，未有债权人要求某泰克公司清偿债务或对债务提供相应担保。故该项约定亦不会损害某泰克公司债权人的权益。再次，土地出让金溢价分成的约定是陶某群、孙某与许某明、吴某、某泰克公司达成的一致意思表示，不存在陶某群、孙某滥用股东权利损害公司利益的情形，不会因此动摇公司的独立法人地位，并未违反《中华人民共和国公司法》第三条和第二十条的规定。最后，在《股权转让合同》签订之前的2010年12月2日，陶某群、孙某已向某泰克公司实际出资4446万元，履行了作为原股东对某泰克公司的全部出资义务。在陶某群、孙某向许某明、吴某转让某泰克公司股权时，某泰克公司通过公开拍卖取得了二号地块土地出让金溢价分成的权利。该项权利是陶某群、孙某经营某泰克公司期间预期获得的收入，对于该笔收入进行分配是双方当事人的意思自治行为，且已经某泰克公司确认，不构成陶某群、孙某抽逃出资的事实。

综上事实分析，本案《股权转让协议》中关于土地出让金溢价分成的约定没有损害公司、公司股东、公司债权人的合法权益，没有违反法律、行政法规的禁止性规定，不宜否定其效力。根据《股权转让协议》关于陶某群、孙某应当自行承担土地溢价分成款"相应的税金"的约定，许某明、吴某应当向陶某群、孙某支付土地出让金溢价款8205.12万元的40%计3282.048万元，按照陶某群、孙某的持股比例66.68∶33.32分别予以支付，相应税金由陶某群、孙某自行向税务机关缴纳。《股权转让合同》还约定，"如果某泰克公司延误支付分成款，每天应加收滞纳金千分之一"。陶某群、孙某起诉时请求按照第一笔溢价分成款到达某泰克公司的2011年10月18日起算滞纳金，并将滞纳金的利率调整为按照中国人民银行同期贷款利率的四倍计算。因土地出让金溢价分成款系分期逐笔划拨，本院认定以最后一笔溢价款到账日的2014年5月15日为滞纳金的起算点，并按照中国人民银行同期贷款利率计算至实际给付之日止。综上，陶某群、孙某关于许某明、吴某应当向其支付土地出让金溢价款的上诉理由成立，除滞纳金部分本院依法作出调整之外，予以支持。

047 被计入资本公积金的溢价增资，可否要求返还？

阅读提示

在股权投资领域，投资人若想要进入目标公司，通常需要采取溢价投资的方式，其所投入的资金，一部分被计入注册资本，一部分被计入资本公积金，而且被计入资本公积金的部分往往要高于被计入注册资本的部分。但是，投资总会遭遇失败，当因目标公司原股东违约致使不能继续合作的情形下，投资人可否要求返还已被计入的资本公积金呢？笔者通过两则最高法的案例对这一问题进行解答。

裁判要旨

股东向公司已交纳的出资无论是计入注册资本还是计入资本公积金，都形成公司资产，股东不得请求返还。

案情简介[①]

1. 2007 年 6 月 21 日，某湖集团与某玻璃公司等签订关于目标公司某碱业的《增资扩股协议》约定，某湖集团以现金 90460 万元增资某碱业获取 35% 的股权，其中 29510.770 万元投入注册资本，溢价部分 60949.230 万元计入某碱业的资本公积金。

2. 另外，《增资扩股协议》公司治理部分还约定，某湖集团有权委派董事和监事，有权对重大决策进行审批、某碱业不得向关联企业提供借款否则视作股东占用资金等内容。

3. 此后，某湖集团按约向某碱业分批出资 50000 万元，其中投入某碱业的注册资本 163115023.20 元，计入资本公积金 336884976.79 元。

4. 增资后，某玻璃利用其对某碱业的控制，未按约定保障某湖集团的股东权益；某湖集团经多次交涉，仍无法享受应有的知情权、决策权、参与管理权、财务监督权等股东权利。

[①] 最高人民法院，浙江某湖集团股份有限公司与某玻璃股份有限公司、董某华、冯某珍及一审第三人某碱业有限公司公司增资纠纷申请再审民事裁定书［(2013)民申字第 326 号］。

5. 无奈之下，某湖集团提起诉讼，要求确认增资扩股协议解除，并要求某碱业及某玻璃等返还计入资本公积金的 336884976.79 元现金。

6. 本案经绍兴中院一审判决合同解除，某碱业返还资本公积金；经浙江高院二审判决，合同解除，但撤销了返还资本公积金的判项；后最高法驳回再审申请，维持了浙江高院的判决。

争议原因

本案的争议焦点是，被计入资本公积金的溢价增资，在增资协议因原股东违约而被解除的情形下，投资人是否有权要求返还？

一审法院认为，50000 万元出资中计入注册资本金的 163115023.20 元系某湖集团依法应履行的法定义务，不能要求返还，而被计入资本公积金的 336884976.79 元系基于各方约定，无工商登记或其他形式的公示，可要求返还。但是，二审法院及再审法院均认为，被计入资本公积金的溢价增资属于公司财产，即使增资扩股协议被解除，投资人也无权要求返还资本公积金。笔者亦赞同该种观点，理由如下：

第一，资本公积金属于公司所有，是公司资产的构成部分，股东不得任意要求公司予以返还。根据原《中华人民共和国公司法》第一百六十七条的规定，股份有限公司以超过股票票面金额的发行价格发行股份所得的溢价款以及国务院财政部门规定列入资本公积金的其他收入，应当列为公司资本公积金。《企业财务通则》第十七条规定，对投资者实际缴付的出资超过注册资本的差额，企业应当作为资本公积金管理。《中华人民共和国最高人民法院公报》2010 年第 2 期刊载的兰州某物流有限公司与兰州某百集团股份有限公司侵权纠纷案裁判摘要第二项载明，公司因接受赠与而增加的资本公积金属于公司所有，是公司的财产，股东不能主张该资本公积金与自己持股比例相对应的部分归属于自己。

第二，返还资本公积金势必减损公司资本，损害债权人利益。资本公积金与注册资本均属于公司资本范畴，是公司的资本储备，目的在于巩固公司的财产基础，加强公司信用。本案中，如果将该资本公积金予以返还，将导致某碱业资本规模的减少，损害某碱业公司的财产和信用基础，损害公司债权人的利益。

第三，返还资本公积金将违反资本维持原则，属于抽逃出资。根据公司资本维持原则的要求，公司在其存续过程中，应维持与其资本额相当的实有资产。为使公司的资本与公司资产基本相当，切实维护交易安全和保护债权人的利益，原

《中华人民共和国公司法》第三十五条明确规定，公司成立后，股东不得抽逃出资。同理，对于公司增资的新股东来说，同样不得抽回其向公司的投资。因此，某湖集团投入某碱业的 336884976.80 元资本公积金是某碱业的公司资产，未经某碱业及其债权人同意，不得返还。

实务经验总结

首先，投资者应当意识到，当投资被计入资本公积金后，该部分投资即转化为公司的财产，不得要求返还；切不可听信融资者关于该部分资金未被计入注册资金，到期可退回的谣言。

其次，投资者应当向本案中的某湖集团学习，在签订增资扩股协议时，为防止目标公司原股东违约，在协议中为自己设置解除条件；在原股东违约且满足解除条件的情形下，要求解除合同，以防继续履行投资的义务。另外，投资者还可以在协议中特别约定协议解除后，因投资款（注册资金+资本公积金）不能退还，原股东应当承担的赔偿责任，例如"若因原股东违约导致合同解除，原股东个人向投资人赔偿与投资款等额的资金，并按照年息10%计算利息"。

最后，笔者近期也正在处理一起涉及资本公积金的案例，该案中，原股东及目标公司均同意将计入资本公积金的溢价款返还给投资人，原本目标公司和原股东均想通过将原来的资本公积金部分约定为股东借款，然后将会计科目由"资本公积金"调整为"长期借款"的方式，将资本公积金套取出来。笔者团队经论证，认为该方案涉嫌抽逃出资，将其否决，然后又向客户提出通过定向分红或者依法减资的方式处理该笔资本公积金。该案也提醒其他投资者，尽量不要通过该种涉嫌抽逃出资的方式处理资本公积金，否则将面临重大的法律风险。本文延伸阅读部分另一则最高法的案例即否定了该种通过会计调账自行更改资本公积金法律性质的违法行为。

相关法律规定

《中华人民共和国公司法》（2018年，已被修订）

第一百六十七条　股份有限公司以超过股票票面金额的发行价格发行股份所得的溢价款以及国务院财政部门规定列入资本公积金的其他收入，应当列为公司资本公积金。

第一百六十八条　公司的公积金用于弥补公司的亏损、扩大公司生产经营或者转为增加公司资本。但是，资本公积金不得用于弥补公司的亏损。

法定公积金转为资本时，所留存的该项公积金不得少于转增前公司注册资本的百分之二十五。

《中华人民共和国公司法》（2023修订）

第二百一十三条 公司以超过股票票面金额的发行价格发行股份所得的溢价款、发行无面额股所得股款未计入注册资本的金额以及国务院财政部门规定列入资本公积金的其他项目，应当列为公司资本公积金。

第二百一十四条 公司的公积金用于弥补公司的亏损、扩大公司生产经营或者转为增加公司注册资本。

公积金弥补公司亏损，应当先使用任意公积金和法定公积金；仍不能弥补的，可以按照规定使用资本公积金。

法定公积金转为增加注册资本时，所留存的该项公积金不得少于转增前公司注册资本的百分之二十五。

《最高人民法院关于适用〈中华人民共和国公司法〉若干问题的规定（三）》（2020修正）

第十四条第一款 股东抽逃出资，公司或者其他股东请求其向公司返还出资本息、协助抽逃出资的其他股东、董事、高级管理人员或者实际控制人对此承担连带责任的，人民法院应予支持。

法院判决

以下为该案在法庭审理阶段，判决书中"本院认为"就该问题的论述：

本院认为，本案争议焦点为，某湖集团已注入某碱业的资本公积金能否返还。《增资扩股协议》是由某碱业原股东某玻璃公司、董某华、冯某珍与新股东某湖集团就某碱业增资扩股问题达成的协议。在该协议履行过程中，因某玻璃公司的根本违约行为，某湖集团采用通知方式解除了该合同。《中华人民共和国合同法》第九十七条规定"合同解除后，尚未履行的，终止履行；已经履行的，根据履行情况和合同性质，当事人可以要求恢复原状、采取其他补救措施，并有权要求赔偿损失"。本案《增资扩股协议》解除后，某湖集团请求判令某玻璃公司、董某华、冯某珍返还其出资款中的资本公积金336884976.80元。但《增资扩股协议》的性质决定了某湖集团所诉的这部分资本公积金不能得以返还。《增资扩股协议》的合同相对人虽然是某玻璃公司、董某华、冯某珍，但合同约定增资扩股的标的却是某碱业。合同履行过程中，某湖集团业已将资本金直接注入了某碱业。某碱业系合法存在的企业法人。某玻璃公司、董某华、冯某珍均不再具有返还涉案资本公积金的资格。至于某碱业能否返还某湖集团已注入的这部分资本公积金，关乎资本公积金的性质。某湖集团认为，本案中其因《增资扩股协议》注入的资本公积金不同于《中华人民共和国公司法》中规定的"出资"，可以抽回的主张，依据不足。股东向公司已交纳的出资无论是计入注册资本还是计入资本公积金，都形成公司资产，股东不得请求返还。二审判决未支持某湖集团返还资本公积金的请求，并无不当。

延伸阅读

裁判规则：股东在注册资本之外的出资，不属于借款债权，而应当属于资本公积金。资本公积金属于公司的后备资金，股东可以按出资比例向公司主张所有者权益，但股东出资后不能抽回，也不得转变为公司的债务计算利息，变相抽逃。

最高人民法院审理的江门市某建筑有限公司与江门市某物业投资管理有限公司、江门市某投资有限公司执行异议之诉再审民事判决书[（2013）民提字第226号]裁判观点认为：被申请人提供的出资的53张会计凭证原始记录即为"资本公积"，虽后来被更改为"长期借款"，但根据会计法的规定，会计凭证不得变造，某投资公司变造上述会计凭证的行为违反会计法，应属无效。资本公积金属于公司的后备资金，股东可以按出资比例向公司主张所有者权益，但股东出资后不能抽回，也不得转变为公司的债务计算利息，变相抽逃。2003年5月14日，某投资公司董事会决议用本案的房产抵顶林某培多投入的出资本息，实质是将林某培本属于资本公积金的出资转变为公司对林某培的借款，并采用以物抵债的形式予以返还，导致林某培变相抽逃出资，违反了公司资本充实原则，故董事会决议对林某培借款债权的确认及以物抵债决定均应认定为无效。

048 律师尽调竟然要对审计报告的真实性负责？——简评某泰电器 IPO 财务造假律师被罚案

阅读提示

近日，某泰电器 IPO 财务造假律师被罚案，在律师圈被广为关注，证监会和北京一中院均认为律师在法律尽调过程中，应当对会计师出具的审计报告中财务造假情形负有审慎审查的义务和责任。恰好，笔者现在也正在办理一个非 IPO 的法律尽调项目（就某工业旗下企业"三供一业"国有资产无偿划转事项出具法律意见书），当我们进场调查所涉资产的采购合同、发票、财务凭证等资料时，客户给了我们一本审计报告，说看此报告即可，里面把资产都写得清清楚楚，无须看合同发票。我们只能解释审计的角度不一样，且所里尽调材料要订卷，必须核查合同和发票，如此解释，方能调得合同发票等资料。那么，在法律尽调过程中律师可否仅凭审计报告等材料即可对审计报告记载的内容发表法律意见呢？我们借某泰电器 IPO 财务造假律师被罚案，谈一些自己的想法。

裁判要旨

律师事务所在对公司的财务情况进行法律尽调时，不仅应当关注应收账款事项，而且应当将应收账款的收回是否存在法律风险，包括应收账款余额的真实性、到期收回的法律风险等问题，作为专项问题予以审慎查验。原告认为应收账款的收回是财务会计问题，因此，律师事务所没有义务也没有能力进行查验的主张，不符合法律尽调的基本要求。

案情简介[1]

首先，我们回顾一下该案的基本案情：2017 年 6 月 27 日，证监会对为某泰电气 IPO 出具法律意见的某易律所作出行政处罚，没收 90 万元业务收入，罚律所 180 万元，罚两名律师各 10 万元。证监会的处罚理由是某易律所未能勤勉尽责，对法律意见书中的相关表述存在虚假记载负有责任。此后，某易律所与会计

---

[1] 夏某梅诉某栎（芜湖）一期股权投资基金（有限合伙）公司增资纠纷一案二审民事判决书[（2018）沪 01 民终 13187 号]。

师事务所等26名被告,被作为保荐人的某业证券起诉,并要求赔偿高达2.27亿元的损失。之后,某易律所对证监会处罚不服,认为其没有权力也没有能力对审计报告进行审查为由,向北京市一中院提起行政诉讼。2018年6月27日,北京市一中院以"律师尽调包括对财务状况开展全面调查,应收账款属于律师事务所在进行法律尽调过程中应当予以充分关注和充分查验的事项"等为由,认为律所未尽到法律尽调的基本要求,判决某易律所争议。

各方观点

对于律师在法律尽调过程中是否应当对会计师出具的审计报告中的虚假情况负责一事,某易律所、证监会、法院分别有各自观点。具体如下:

某易律所认为,律所没有权力也没有能力审查审计报告,对审计报告中记载虚假的情况不负有责任。原因如下:

出具的法律意见书是依据某泰电气提供的相关文件及审计报告而作出,某泰电气相关申请文件中含有虚假记载的原因是审计报告、保荐机构报告等材料中含有虚假记载,而非律所行为。律所没有对审计报告进行查验的权力,也不具备查验的能力。律所出具法律意见书没有过错,被诉处罚决定对原告施加了超越法律的义务和责任。

证监会认为,律所对审计报告负有审核义务和责任,对其记载虚假的情况负有责任。原因如下:

1. 中介机构应当在各自职责范围内发表独立的专业意见并承担相应法律责任。律师在为企业IPO过程中出具的《法律意见书》是广大投资者获取发行人真实信息的重要渠道,是投资决策的重要参考,更是监管部门发行核准的重要基础,律师应当保持足够的执业谨慎,勤勉尽责地开展工作,保证所出具的文件不存在虚假记载、误导性陈述和重大遗漏。

《公开发行证券公司信息披露的编报规则第12号——公开发行证券的法律意见书和律师工作报告》(以下简称《编报规则》第12号)第二十四条规定:"律师应在进行充分核查验证的基础上,对本次股票发行上市的下列(包括但不限于)事项明确发表结论性意见……(三)本次发行上市的实质条件……(十一)发行人的重大债权债务……";第三十二条明确规定,律师应"逐条核查发行人是否符合发行上市条件",对"本次发行上市的实质条件"发表明确结论性意见。某泰电气虚构应收账款的收回,律师应对该债权事项进行充分核查验证,并发表结论性意见。

《律师事务所从事证券法律业务管理办法》第十四条规定："律师在出具法律意见时，对与法律相关的业务事项应当履行法律专业人士特别的注意义务，对其他业务事项履行普通人一般的注意义务，其制作、出具的文件不得有虚假记载、误导性陈述或者重大遗漏。"某易律所在2014年1月23日出具的《法律意见书》中明确表述，"根据上市申请人提供的相关文件、北京兴华会计师事务所出具的《审计报告》及本所律师核查，上市申请人在最近三年内无重大违法行为，上市申请人在最近三年财务会计报告无虚假记载……"《法律意见书》中的承诺表述具有公示效力，除非当事人能够提出证据证明其已经勤勉尽责，否则应对其法律意见承担责任。经查阅某易律所工作底稿，未发现证明其对"本所律师核查"的所述事项开展了相关核查工作的记录或说明。

2. 判断律师在IPO项目中是否勤勉尽责，可以从两方面考虑：一是是否严格按照《律师事务所从事证券法律业务管理办法》《律师事务所从事证券法律业务执业规则》及《编报规则》第12号进行执业，二是在发表法律意见时是否履行了必要的核查验证程序，获取足以支撑发表意见的证据材料。某易律所在某泰电气IPO项目执业过程中，存在违反《管理办法》《执业规则》及《编报规则》第12号的情形；同时对于从其他中介机构取得的工作底稿资料未履行必要的核查验证程序，未尽到一般注意义务。因此，某易律所未能勤勉尽责，对其出具的《法律意见书》中的相关表述存在虚假记载负有责任。

一审法院认为，律师尽调包括对财务状况开展全面调查。应收账款属于律师事务所在进行法律尽调过程中应当予以充分关注和专门查验的事项。

某泰电气欺诈发行的主要手段是通过外部借款等方式虚构收回应收账款，因此，相关虚假记载涉及的是公司的财务问题。在IPO过程中，律师事务所承担的工作是进行法律尽调。所谓法律尽调，是指律师事务所通过对公司进行全面调查，充分了解公司的整体情况及其面临的法律风险，并在此基础上从法律角度确认公司的申请文件和公开发行募集文件真实、准确、完整，以及公司是否符合证券法等法律法规及中国证监会规定的发行条件的过程。

由于法律尽调是从法律风险的角度对公司整体情况进行评估，因此对于与公司经营相关的重要事项，律师事务所均应当予以充分关注并进行审慎查验。公司的财务状况无疑是律师事务所在进行尽调过程中必须包含的内容，而且应当作为查验的重点事项。在法律尽调的过程中，律师事务所应当在合法的范围内，充分利用各种方法对包括公司财务状况在内的公司整体情况展开全面调查，并在综合分析所有材料的基础上，从法律风险评估的角度出具意见。

应收账款属于律所在进行法律尽调过程中应当予以充分关注和专门查验的事项。应收账款是影响公司财务情况的重要因素之一，而虚构收回应收账款又是公司进行财务造假的常用手段。

因此，律师事务所在对公司的财务情况进行法律尽调时，不仅应当关注应收账款事项，而且应当将应收账款的收回是否存在法律风险，包括应收账款余额的真实性、到期收回的法律风险等问题，作为专项问题予以审慎查验。原告认为应收账款的收回是财务会计问题，因此，律师事务所没有义务也没有能力进行查验的主张，不符合法律尽调的基本要求。

案例简评

对上述各方的观点，从不同的角度出发都有一定的道理。但我们认为回答这一问题还应分析，要求律师对会计师出具的审计报告中虚假数据具有审查义务和责任的法律依据《律师事务所从事证券法律业务管理办法》第十四条，律师在出具法律意见时，对与法律相关的业务事项应当履行法律专业人士特别的注意义务，对其他业务事项履行普通人一般的注意义务，其制作、出具的文件不得有虚假记载、误导性陈述或者重大遗漏。第十五条第一款，律师从国家机关、具有管理公共事务职能的组织、会计师事务所、资产评估机构、资信评级机构、公证机构（以下统称公共机构）直接取得的文书，可以作为出具法律意见的依据，但律师应当履行本办法第十四条规定的注意义务并加以说明；对于不是从公共机构直接取得的文书，经核查和验证后方可作为出具法律意见的依据。根据上述规定，律师对会计师出具的审计报告的内容可以是否与法律相关为界限，采取法律专业人士的特别注意义务和普通人的一般注意义务。可用下表说明：

	律师	会计师
与法律相关的业务事项	专业人士的特别注意义务	普通人的一般注意义务
其他业务事项	普通人一般注意义务	专业人士特别注意义务

倘若如此，问题可能进一步细分为，会计师出具的审计报告，哪些内容是与法律相关的，哪些又是与法律不相关的。专业人士的特别注意义务和普通人的一般注意义务有哪些区别。

从法官思维来看，律师在审查审计报告时，应当向法官一样，审查审计报告中所列科目或者数据的真实性、合法性和关联性，并且只有拿到支持审计报告所反映数据的证据材料，并听取当事人陈述（函证相关方）后，根据高度盖然性的证明标准以后，才能对审计报告中的财务数据发表法律意见。否则，律师就没有尽到审慎勤勉的义务。并且，法官直接将应收账款这一会计科目认定为"与法律相关的业务事项"，进而要求其尽到专业人士的特别注意义务。但其并没有充分说清楚，为什么应收账款科目属于与法律相关的业务事项。

在我们看来，上述关于律师应当对何种事项尽到何种审查义务的区分标准，可以说是没有标准。我们认为，律师对于会计师等其他机构所提交的审计报告或资产评估报告等材料均应保有一种谨慎怀疑的态度，分析这些材料、数据、科目等背后所反映的法律关系，然后分析这些法律关系所应依据的事实，去核查这些事实所依据的证据材料，并借鉴证据法中关于证据真实性、合法性和关联性的审查标准和高度盖然性的证明标准去认定法律意见书中的事实，最后再根据证券法等法律的规定，发表法律意见。而不仅仅是根据会计科目这种僵化的会计术语，或者专业和一般这种笼而统之的区分标准。

第六章 股权回购

049 职工辞职、除名、死亡后，其股权由公司回购的约定合法有效

裁判要旨

公司法第七十四条并未禁止有限责任公司与股东达成股权回购的约定。该案中公司与所有股东约定在股东退休等情况下股权由公司回购的约定，经公司及全体股东签字，属于真实的意思表示，内容上未违背公司法及相关法律的强行性规范，应属有效。

案情简介①

1. 杨某泉等人原为某源水产公司股东，合计持有某源水产公司7.425%的股权。

2. 某源水产公司曾与所有股东书面约定"入股职工因调离本公司，被辞退、除名、自由离职、退休、死亡或公司与其解除劳动关系的，其股份通过计算确定价格后由公司回购"。

3. 杨某泉、江某君、丛某海、丛某日四人退休后，某源水产公司对其股权进行了回购，并通过了减少注册资本和变更股东姓名、出资额和持股比例的公司章程修正案。随后，某源水产公司发布减资公告，公告期满后在工商行政管理部门办理了上述变更登记手续。

4. 杨某泉等人以某源水产公司自2004年成立至今从未召开股东会、股东权利无法实现为由，请求某源水产公司以合理价格（2376万元）收购杨某泉等股

---

① 最高人民法院，杨某泉、山东某源水产有限公司请求公司收购股份纠纷申诉、申请民事裁定书[（2015）民申字第2819号]。

东的股权。某源水产公司则认为杨某泉等人已丧失股东资格，无权提起诉讼，要求驳回起诉。

5. 该案经威海中院一审，山东高院二审，最高法再审，均判定公司与股东约定的回购条款有效，杨某泉等人已丧失股东资格，驳回起诉。

> 实务经验总结

为避免未来发生类似争议，提出如下建议和提示：

1. 有以下三种法定情形之一的，对股东会该项决议投反对票的股东可请求公司回购股权：（1）公司连续五年不向股东分配利润，而公司该五年连续盈利，并且符合本法规定的分配利润条件的；（2）公司合并、分立、转让主要财产的；（3）公司章程规定的营业期限届满或者章程规定的其他解散事由出现，股东会会议通过决议修改章程使公司存续的。

2. 有限责任公司及股东间可另行约定公司回购股权的情形。例如，可以约定在公司侵犯股东权利、股东离职等情形下，公司可以回购股东股权（或股东可以请求公司回购其股权）。

3. 请求公司收购股权的价格需合理。基于既有判例的经验总结，合理价格可以参照审计报告、资产价值、事前约定的回购价格、全体股东决议认可价格来确定股权回购的合理价格。

> 相关法律规定

《中华人民共和国公司法》（2018年，已被修订）

第七十四条 有下列情形之一的，对股东会该项决议投反对票的股东可以请求公司按照合理的价格收购其股权：

（一）公司连续五年不向股东分配利润，而公司该五年连续盈利，并且符合本法规定的分配利润条件的；

（二）公司合并、分立、转让主要财产的；

（三）公司章程规定的营业期限届满或者章程规定的其他解散事由出现，股东会会议通过决议修改章程使公司存续的。

自股东会会议决议通过之日起六十日内，股东与公司不能达成股权收购协议的，股东可以自股东会会议决议通过之日起九十日内向人民法院提起诉讼。

《中华人民共和国公司法》（2023 修订）

第八十九条 有下列情形之一的，对股东会该项决议投反对票的股东可以请求公司按照合理的价格收购其股权：

（一）公司连续五年不向股东分配利润，而公司该五年连续盈利，并且符合本法规定的分配利润条件；

（二）公司合并、分立、转让主要财产；

（三）公司章程规定的营业期限届满或者章程规定的其他解散事由出现，股东会通过决议修改章程使公司存续。

自股东会决议作出之日起六十日内，股东与公司不能达成股权收购协议的，股东可以自股东会决议作出之日起九十日内向人民法院提起诉讼。

公司的控股股东滥用股东权利，严重损害公司或者其他股东利益的，其他股东有权请求公司按照合理的价格收购其股权。

公司因本条第一款、第三款规定的情形收购的本公司股权，应当在六个月内依法转让或者注销。

法院判决

以下为该案在法院审理阶段，判决书中"本院认为"就该问题的论述：

本院认为：本案争议焦点有：一、再审申请人的股权是否已经被某源公司回购；二、某源公司对再审申请人的股权进行回购是否合法。

一、关于申请人的股权是否已经被某源公司回购的问题。2004 年 1 月申请人因企业改制，成为某源公司的股东。某源公司为了证明申请人已经退股，提供了由申请人本人签字的退股金领取凭条。申请人主张该退股金领取凭条属于变造，内容虚假，但未能提供直接证据包括司法鉴定结论等予以证明。某源公司还提供了申请人退股后公司关于减资的股东会决议、减资公告、工商变更登记记载事项等，某源公司提供的证据证明效力要大于申请人提供的证据证明效力，故申请人已经退股的事实应予以认定。

二、关于某源公司对再审申请人的股权进行回购是否合法的问题。申请人于 2004 年 1 月成为某源公司股东时签署了"公司改制征求意见书"，该"公司改制征求意见书"约定"入股职工因调离本公司，被辞退、除名、自由离职、退休、死亡或公司与其解除劳动关系的，其股份通过计算确定价格后由公司回购"。有限责任公司可以与股东约定《中华人民共和国公司法》第七十四条规定之外的其他回购情形。《中华人民共和国公司法》第七十四条并未禁止有限责任公司与股东达成股权回购的约定。本案的"公司改制征求意见书"由申请人签字，属于真实的意思表示，内容上未违背公司法及相关法律的强行性规范，应属有效。故某源公司依据公司与申请人约定的"公司改制征求意见书"进行回购，并无不当。

050 公司业绩不达标，投资人可否要求回购股权？

阅读提示

本期案例介绍的是一桩"股权回购纠纷案"。该案中，因融资方在交割条件、业绩指标、配合审计等多处事项上违反了合同义务，导致投资人要求融资方回购其所持股权，终止本次投资。然而，合同中并没有明确约定上述每一事项的违反都将触发回购股权，只约定了"严重违反本协议，且未能及时补救"才触发回购股权。核心问题是，融资方三番五次地在上述事项上违约，是否构成"严重违约"呢？是否达成了股权回购条件呢？

裁判要旨

股权投资中，融资方未满足业绩目标、未满足投资前交割条件，同时又不履行配合投资人专项审计的合同义务的，构成对《股权投资协议》的严重违反，投资人有权依约要求融资方承担回购股权的责任。

案情简介

1. 某栎基金投资了Z公司1000万元，并与丁某航、吕某、夏某梅、某时公司等融资方主体签署了《股权投资框架协议》，约定了融资方的各项义务：（1）已将相关业务和知识产权转移给Z公司，并完成过户登记手续。（2）应当于2017年6月完成POS机入驻店家6000家的业绩目标。（3）投资方对Z公司享有财务检查权，可以获取、复制会计账簿和所有资料，并进行审计，融资方应及时予以配合。（4）如融资方和Z公司严重违反本协议，未能及时补救的，应回购投资方所持Z公司。

2. 2017年7月以后，某栎基金便再没有收到Z公司发来的财务报告，某栎基金曾多次催促Z公司，但均未果。

3. 2018年1月，某栎基金正式函告各位融资方主体，要求对方回购所持Z公司股权，并提出对Z公司财务进行专项审计的要求，双方过程中虽有协商，但均无果。

4. 随后，某栎基金将丁某航、吕某、夏某梅、某时公司等主体起诉至上海浦东新区法院，要求对方回购其所持Z公司股权，并承担连带责任。浦东法院一审认为，融资方构成严重违约，触发合同约定的回购条件，但以公司估值2亿元计算股权2000万元为回购基数不妥，应以实际投资款1000万元为基数，判决融资方等主体支付回购本息1200万元。

5. 融资方主体之一夏某梅不服，上诉至上海一中院，并抗辩称：部分业绩未达标不构成严重违约；有关知识产权登记于Z公司的子公司名下，相关移交手续正在进行，不影响投资人权益；至于未按时提交财务报告，是由于某栎基金地址变更所致；综上不构成严重违约，不达成回购条件。

6. 对此，上海一中院认为，融资方未按要求过户知识产权，未圆满达成业绩目标，未及时递送财务报告，构成严重违约，符合《股权投资框架协议》的约定的回购条件，最终驳回上诉，维持原判。

争议原因

关于回购条件是否成就，《股权投资框架协议》第3.1条约定了交割的先决条件，如知识产权的权利登记等，丁某航、吕某、夏某梅、某时公司未按期完成；《股权投资框架协议》第2.6条约定的业绩承诺，Z公司的财务资料显示未按期完成；第6.2.3条约定某栎基金享有检查Z公司财务状况及获得Z公司财务资料的权利，经某栎基金催告后，丁某航、吕某、夏某梅、某时公司亦未促使Z公司履行相关义务。据此，根据《股权投资框架协议》第2.10.1条的约定，丁某航、吕某、夏某梅、某时公司已严重违反《股权投资框架协议》的约定，且未及时补救，已对某栎基金作为Z公司股东的权益产生影响，对此，一审法院如此认定回购条件已经成就，并无不妥。

实务经验总结

1. 合同应明确约定一方违反各项义务的法律后果，尽量避免认定违约后果时存在模糊空间。

本案核心焦点在于何谓"严重违约"？按本案合同约定，只有一方严重违约才达成回购的条件。对此，法院并没有在判决书上具体说明，只是一一列举：未达业绩指标、未将知识产权过户、未提供财务报告、未配合财务检查等融资方未能实现的事项。虽然该等事项均在合同中有约定，约定的事项即需遵守，但合同并未约定一方对该等事项的违反是否属于"严重违约"，何种程度的违反构成"严重违约"。可见，合同对违反不同条款所导致的法律效果约定并不明确，至少没有和"严重违约"一处定义衔接起来，导致认定中存在模糊空间。未来，应该将不同义务条款的违约效果明确化，避免存在模糊空间，不利于法律预期效果的实现。

2. 应明确约定回购股权款的计算基数，避免实际回购金额与预期不符。

本期案例中仍值得一提的是，在回购股权款的计算上，法院最终没有在Z公司估值2亿元的情形下以股权价值2000万元为基数，而以某栎基金实际投资额1000万元为基数。表面上看，投资人投出1000万元，就按1000万元算，没"差"投资人钱，有一定合理性，但在风险巨大的股权投资领域，该等回购基数选择的偏差，实际上可能严重扭曲了投资双方对预期风险与收益的分配。

具体言之，仅仅以投资本金为基数，实际上融资方最多只承担了利息稍高如本案12%的资金成本，但相对于投资人而言，其面临投资标的破产、公司经营血本无归、融资方跑路、融资方无后续偿债能力等诸多高风险事项，可见双方所承担的风险和成本是不平衡、不公平的，但也是难以为外人言说和证明的，最好的方式就是双方通过明确的协议予以平衡。

对此，《股权投资框架协议》中回购条款应明确回购基数究竟是投资额、公司净资产、股权估值还是预期利润，保证双方对回购金额有具体预期，避免诉讼中法院在基数的选择上有太宽泛的主观空间。如风险大的，可调高公司估值，以公司估值对应股权价值的为回购基数，放大回购金额，加重融资方的责任，有利于平衡投资人风险。反之则调低公司估值，或者以投资额、公司净资产为基数，减轻融资方责任。这些都是双方应于投资协议中协商明确的。

相关法律规定

《中华人民共和国合同法》（已失效）

第八条 依法成立的合同，对当事人具有法律约束力。当事人应当按照约定履行自己的义务，不得擅自变更或者解除合同。

依法成立的合同，受法律保护。

第九十四条 有下列情形之一的，当事人可以解除合同：

（一）因不可抗力致使不能实现合同目的；

（二）在履行期限届满之前，当事人一方明确表示或者以自己的行为表明不履行主要债务；

（三）当事人一方迟延履行主要债务，经催告后在合理期限内仍未履行；

（四）当事人一方迟延履行债务或者有其他违约行为致使不能实现合同目的；

（五）法律规定的其他情形。

第一百零七条 当事人一方不履行合同义务或者履行合同义务不符合约定的，应当承担继续履行、采取补救措施或者赔偿损失等违约责任。

《中华人民共和国民法典》

第一百一十九条 依法成立的合同，对当事人具有法律约束力。

第一百三十六条 民事法律行为自成立时生效，但是法律另有规定或者当事人另有约定的除外。

行为人非依法律规定或者未经对方同意，不得擅自变更或者解除民事法律行为。

第五百六十三条 有下列情形之一的，当事人可以解除合同：

（一）因不可抗力致使不能实现合同目的；

（二）在履行期限届满前，当事人一方明确表示或者以自己的行为表明不履行主要债务；

（三）当事人一方迟延履行主要债务，经催告后在合理期限内仍未履行；

（四）当事人一方迟延履行债务或者有其他违约行为致使不能实现合同目的；

（五）法律规定的其他情形。

以持续履行的债务为内容的不定期合同，当事人可以随时解除合同，但是应当在合理期限之前通知对方。

第五百七十七条 当事人一方不履行合同义务或者履行合同义务不符合约定的，应当承担继续履行、采取补救措施或者赔偿损失等违约责任。

法院判决

以下为该案在法院审理阶段，判决书中"本院认为"就该问题的论述：

一审法院认为，合同成立且生效后，当事人应当依约履行义务。某栎基金与丁某航、吕某、夏某梅、某时公司等签订的《股权投资框架协议》《股权投资框架协议补充协议》系各方当事人的真实意思表示，合法有效，各方当事人应予遵守。关于回购条件是否成就，《股权投资框架协议》第3.1条约定了交割的先决条件，如知识产权的权利登记等，丁某航、吕某、夏某梅、某时公司未按期完成；《股权投资框架协议》第2.6条约定的业绩承诺，Z公司的财务资料显示未按期完成；《股权投资框架协议》第2.8.3条约定Z公司定期召开董事会，丁某航、吕某、夏某梅、某时公司未提供证据证明已按约召开董事会；《股权投资框架协议》第6.2.3条约定某栎基金享有检查Z公司财务状况及获得Z公司财务资料的权利，经某栎基金催告后，丁某航、吕某、夏某梅、某时公司亦未促使Z公司履行相关义务。据此，根据《股权投资框架协议》第2.10.1条的约定，丁某航、吕某、夏某梅、某时公司已严重违反《股权投资框架协议》的约定，且未及时补救，已对某栎基金作为Z公司股东的权益产生影响，一审法院认为回购条件已经成就。某栎基金要求丁某航、吕某、夏某梅、某时公司连带支付回购款，合法有据，一审法院予以支持。丁某航、吕某、夏某梅、某时公司辩称回购条件尚未达成，缺乏充分依据，一审法院难以采信。夏某梅、某时公司主张其无需承担回购义务，与《股权投资框架协议》的约定不符，一审法院不予采信。

关于回购款的数额，某栎基金主张按照《股权投资框架协议》第2.10.2.（c）条约定以Z公司总体估值2亿元来确定，未提供充分依据，一审法院不予采信。考虑到本案实际情况，一审法院酌定回购款按照《股权投资框架协议》第2.10.2.（b）条约定计算，数额为某栎基金支付给Z公司的投资款加上某栎基金付款之日至回购通知到达之日按每年12%的复利计算的利息。按复利计算的利息数额为600万元×12%×（2016年7月26日至2018年3月14日的596天365天）+400万元×12%×（2017年1月9日至2018年3月14日的429天365天）+600万元×12%×［（596天-365天）365天］+400万元×12%×［（429天-365天）365天］= 2279671.22元，加上投资款1000万元，回购款数额合计为12279671.22元。《股权投资框架协议》第2.10.3条约定，丁某航、吕某、夏某梅、某时公司逾期支付回购款，应当承担违约责任。某栎基金主张丁某航、吕某、夏某梅、某时公司应按每日万分之三的标准支付自2018年4月14日起至实际付款之日止的逾期付款利息，有《股权投资框架协议》的上述约定为据，一审法院予以支持。某栎基金要求丁某航、吕某、夏某梅、某时公司连带支付律师费5万元,有《股权投资框架协议》相关约定为据,合法合理,一审法院亦予以支持。某栎基金要求丁某航、吕某、夏某梅、某时公司连带支付公证费,缺乏相应依据,一审法院不予支持。

051 江苏高院为何判投资人与目标公司对赌的条款有效?

阅读提示

最高法在对赌第一案(某富投资案)中确立了投资人"与公司对赌无效,与公司原股东对赌重新有效"的裁判规则,随后这一裁判规则在司法实践中蔓延开来,大多数法院均按照这一裁判规则认定对赌协议的效力。但是,江苏高院在一则案例中改变了这一裁判规则,并在本院认为部分进行了翔实而有力的论证,本文将对这一创新判例进行解读。

裁判要旨

在对赌目标不能实现时,约定由公司按合理价格回购投资人的股份,公司其他全部股东保证办理股权回购手续,不侵害公司及债权人利益,不构成抽逃出资,且具有法律和事实上履行可能性的,对赌协议有效。

案情简介①

1. 2011年7月6日,某锻公司作为目标公司、某工公司作为投资人与潘某虎等原股东签订《增资协议》及《补充协议》约定,某工公司向某锻公司增资扩股,其中某锻公司及其所有原股东均在协议书签字。

2. 《增资协议》约定:某工公司以现金2200万元人民币对公司增资,其中200万元作为注册资本,2000万元列为公司资本公积金。

3. 《补充协议》约定:(1)若某锻公司未能在2014年12月31日前上市,某工公司有权要求某锻公司以现金方式回购全部股份;(2)回购款=投资额+(投资额×8%×实际投资月份数/12)-累计分红;(3)目标公司及原股东应当在

---

① 江苏省高级人民法院,江苏某创业投资有限公司与扬州某机床股份有限公司、潘某虎等请求公司收购股份纠纷再审民事判决书[(2019)苏民再62号]。

某工公司提出回购之日起 30 日内完成股权回购的文件签署、价款支付、变更登记等事项，否则每迟延一天按千分之五计算违约金；(4) 因目标公司违约给某工公司造成的违约责任，由目标公司、所有原股东承担连带责任。

4. 此后，某锻公司未能在 2014 年 12 月 31 日前完成上市目标，某工公司要求某锻公司以现金形式回购其所持有的全部股份，原股东承担连带责任，协商未果，遂成诉讼。

5. 本案经扬州邗江区一审、扬州中院二审，均以公司回购股份的条款无效为由，驳回了某工公司的诉讼请求。此后，某工公司诉至江苏高院，最终认定公司回购条款有效，支持了某工公司的诉讼请求。

争议原因

本案争议的焦点是案涉的对赌协议是否有效。扬州邗江区法院与扬州市中院遵循了最高法在对赌第一案（某富投资案）中确立的"投资者与目标公司原股东对赌有效，与目标公司本身对赌无效"的裁判规则。首先，我们先回顾一下最高法在某富投资案中认定投资者与目标公司进行对赌无效的理由，即"如果某恒公司（目标公司）实际净利润低于 3000 万元，则某富公司（投资者）有权从某恒公司处获得补偿，并约定了计算公式。这一约定使得某富公司的投资可以取得相对固定的收益，该收益脱离了某恒公司的经营业绩，损害了公司利益和公司债权人利益"，因此约定无效。

其次，再看扬州邗江区法院与扬州市中院的论证逻辑。两法院均认为，案涉股权回购约定因违反《中华人民共和国公司法》禁止性规定且违背公司资本维持和法人独立财产原则而无效。在公司有效存续期间，股东基于其投资可以从公司获得财产的途径只能是依法从公司分配利润或者通过减资程序退出公司，而公司回购股东股权必须基于法定情形并经法定程序。首先，《中华人民共和国公司法》（2018 年，已被修订）第一百四十二条（2023 年《中华人民共和国公司法》第一百六十二条）对于四种法定情形外公司不得收购本公司股份作出了明确规定。案涉《补充协议》关于约定情形下公司应以现金形式按约定计算方法回购股权的约定不符合上述法定情形、违反了上述禁止性规定；其次，该约定实际是让某工公司作为股东在不具备法定回购股权的情形以及不需要经过法定程序的情况下，直接由公司支付对价而抛出股权，使股东可以脱离公司经营业绩、不承担公司经营风险而即当然获得约定收益，损害了公司、公司其他股东和公司债权人的权益,与《中华人民共和国公司法》资本维持、法人独立财产原则相悖。故该股权回购约定当属无效。

最后,江苏省高院并没有采纳最高法以及本案一审、二审的裁判观点,其认为,本案中某工公司与某锻公司及其原股东签订的对赌协议有效。主要理由如下:

第一,案涉的对赌协议并不违反公司的资本维持原则,且不违反法律关于合同无效的规定。

我国《中华人民共和国公司法》并不禁止有限责任公司回购本公司股份,有限责任公司回购本公司股份不当然违反我国《中华人民共和国公司法》的强制性规定。有限责任公司在履行法定程序后回购本公司股份,亦不会损害公司股东及债权人利益,亦不会构成对公司资本维持原则的违反。在有限责任公司作为对赌协议约定的股份回购主体的情形下,投资者作为对赌协议相对方所负担的义务不仅限于投入资金成本,还包括激励完善公司治理结构以及以公司上市为目标的资本运作等。投资人在进入目标公司后,亦应依《中华人民共和国公司法》的规定,对目标公司经营亏损等问题按照合同约定或者持股比例承担相应责任。案涉对赌协议中关于股份回购的条款内容,是当事人特别设立的保护投资人利益的条款,属于缔约过程中当事人对投资合作商业风险的安排,系各方当事人的真实意思表示。本案中,股权回购款关于计算方式的约定,虽为相对固定收益,但约定的年回报率为8%,与同期企业融资成本相比并不明显过高,不存在脱离目标公司正常经营下所应负担的经营成本及所能获得的经营业绩的企业正常经营规律。某工公司、某锻公司及全体股东关于某工公司上述投资收益的约定,不违反国家法律、行政法规的禁止性规定,不存在法律规定的合同无效的情形,亦不属于合同法所规定的格式合同或者格式条款,不存在显失公平的问题。

第二,涉案的对赌协议具有法律和事实上的可履行性。

一方面,本案具有法律上履行的可能。关于股份有限公司股份回购,《中华人民共和国公司法》第一百四十二条第一款(2023年《中华人民共和国公司法》第一百六十二条)规定,公司不得收购本公司股份。但是,有下列情形之一的除外:(一)减少公司注册资本;(二)与持有本公司股份的其他公司合并;第二款规定,公司因前款第(一)项至第(三)项的原因收购本公司股份的,应当经股东大会决议;第三款规定,公司依照前款规定收购本公司股份后,属于第(一)项情形的,应当自收购之日起十日内注销;根据上述规定可知,《中华人民共和国公司法》原则上禁止股份有限公司回购本公司股份,但同时亦规定了例外情形,即符合上述例外情形的,《中华人民共和国公司法》允许股份有限公司回购本公司股份。本案中,某锻公司章程亦对回购本公司股份的例外情形作出了类似的规定,并经股东一致表决同意,该规定对某锻公司及全体股东均有法律上的约束力。《中华人民共和国公司法》已明确规定了股份有限公司可减少注册资本回购本公司股份的合法途径。如股份有限公司应由公司董事会制定减资方案;股东会作出减资决议;公司编制资产负债表及财产清单;通知债权人并公告,债权人有权要求公司清偿债务或提供担保;办理工商变更登记。某锻公司履行法定程序,支付股份回购款项,并不违反公司法的强制性规定,亦不会损害公司股东及债权人的利益。关于某工公司缴纳的冲入某锻公司资本公积金部分的本金2000万元及相关利息损失。《中华人民共和国公司法》第三条第一款规定,公司是企业法人,有独立的法人财产,享有法人财产权。公司以其全部财产对公司的债务承担责任。第二款规定,有限责任公司的股东以其认缴的出资额为限对公司承担责任;股份有限公司的股东以其认购的股份为限对公司承担责任。公司的全部财产中包括股东以股份形式的投资以及其他由公司合法控制的能带来经济利益的资源,例如借款等。公司对外承担债务的责任财产为其全部财产,也即上述资产均应作为对外承担债务的范围。对赌协议投资方在对赌协议中是目标公司的债权人,在对赌协议约定的股权回购情形出现时,当然有权要求公司及原股东承担相应的合同责任。在投资方投入资金后,成为目标公司的股东,但并不能因此否认其仍是公司债权人的地位。投资方基于公司股东的身份,应当遵守公司法的强制性规定,非依法定程序履行减资手续后退出,不能违法抽逃出资。而其基于公司债权人的身份,当然有权依据对赌协议的约定主张权利。《中华人民共和国公司法》亦未禁止公司回购股东对资本公积金享有的份额。案涉对赌协议无论是针对列入注册资本的注资部分还是列入资本公积金的注资部分的回购约定,均具备法律上的履行可能。

另一方面,本案具备事实上的履行可能。某锻公司在投资方注资后,其资产得以增长,而且在事实上持续对股东分红,其债务承担能力相较于投资方注资之前得到明显提高。某锻公司在持续正常经营,参考某工公司在某锻公司所占股权比例及某锻公司历年分红情况,案涉对赌协议约定的股份回购款项的支付不会导致某锻公司资产的减损,亦不会损害某锻公司对其他债务人的清偿能力,不会因该义务的履行构成对其他债权人债权实现的障碍。相反,某工公司在向某锻公司注资后，同时具备该公司股东及该公司债权人的双重身份，如允许某锻公司及原某锻集团公司股东违反对赌协议的约定拒绝履行股份回购义务，则不仅损害某工公司作为债权人应享有的合法权益，亦会对某工公司股东及该公司债权人的利益造成侵害，有违商事活动的诚实信用原则及公平原则。案涉对赌协议约定的股份回购条款具备事实上的履行可能。

第三，维持涉案对赌协议的效力是保护商事主体意思自治和诚实信用原则的体现。

本案中，涉案的对赌协议签订时某锻公司系有限责任公司，且该公司全体股东均在对赌协议中签字并承诺确保对赌协议内容的履行。该协议约定某锻公司及其原全体股东应在某工公司书面提出回购要求之日起 30 日内完成回购股权等有关事项，包括完成股东大会决议，签署股权转让合同以及其他相关法律文件，支付有关股权收购的全部款项，完成工商变更登记；某锻公司的违约行为导致某工公司发生任何损失，某锻公司及其全体股东承担连带责任。上述约定表明，某锻公司及全部股东对股权回购应当履行的法律程序及法律后果是清楚的，即某锻公司及全部股东在约定的股权回购条款激活后，该公司应当履行法定程序办理工商变更登记，该公司全体股东负有履行过程中的协助义务及履行结果上的保证责任。

笔者赞同江苏高院在本案中的裁判观点，这表明"与公司对赌无效"的裁判规则正在逐步受到挑战。近年来，最高法也在逐步调整之前某富与公司对赌无效的裁判观点，其中，在强某延因与曹某波、山东某生物技术有限公司股权转让纠纷案［（2016）最高法民再 128 号］判决书中确立了，对赌协议中约定目标公司为股东因对赌失败对投资人的股权回购义务承担连带责任保证的条款，在某种程度上间接承认了与公司对赌有效的观点。在《最高人民法院民事审判庭第二庭法官会议纪要》（2018 年 12 月第 1 版）一书所收录的《最高人民法院民二庭第 5 次法官会议纪要》中关于公司回购股权的效力问题的论述中指出，对有限公司来说，公司法并无禁止有限公司回购股权的规定，且从公司法第七十一条有关股权转让的规定看，公司自身回购股权也不存在法律障碍。就股份公司而言，公司法第一百四十二条规定"公司不得收购本公司股份"，可见，股份公司原则上不得回购本公司的股权。但该条同时规定了四种例外情形：一是减少公司注册资本；二是与持有本公司股份的其他公司合并；三是将股份激励给本公司职工；四是股东因对股东大会作出的公司合并、分立决议持异议，要求公司收购其股份的。在明股实债中，公司回购股份只要属于前述例外情形之一的，就是有效的；反之，不属于例外情形的，公司才可能因为违反法律的强制性而无效。具体到本案中，某锻公司依法进行减资，即可实现公司回购股权的目标，并非无效，且具有法律上履行的可能。

实务经验总结

1. 本文最值得我们学习的是，如何约定才能保证投资人与目标公司之间的对赌协议有效，笔者认为我们有必要直接将本案中的合同条款直接摘抄下来，以便起草相关协议时直接予以借鉴。本案中，对赌协议的核心条款如下：

第 1 款约定：若乙方在 2014 年 12 月 31 日前未能在境内资本市场上市或乙方主营业务、实际控制人、董事会成员发生重大变化，丙方有权要求乙方回购丙方所持有的全部乙方的股份，乙方应以现金形式收购。

第 2 款约定：乙方回购丙方所持乙方股权的价款按以下公式计算：回购股权价款=丙方投资额+（丙方投资额×8‰×投资到公司实际月份数 12）−乙方累计对丙方进行的分红。

第 3 款约定：甲方、乙方应在丙方书面提出回购要求之日起 30 日内完成回购股权等有关事项，包括完成股东大会决议，签署股权转让合同以及其他相关法律文件，支付有关股权收购的全部款项，完成工商变更登记。

第 4 款约定：若甲方、乙方在约定的期间内未予配合并收购丙方所持有公司股份，则乙方应按丙方应得回购股权价款每日的 0.5‰比率支付罚息，支付给丙方；第三条违约责任约定：本协议生效后，乙方的违约行为导致丙方发生任何损失，甲方、乙方承担连带责任。

2. 本案例也提醒我们，最高法的裁判规则也并不是一成不变的，关于对赌协议中公司回购股权的条款并非全部无效，如果公司回购股权后能够依法进行减资，投资人之所以能取得固定回购，是因为其前期对公司进行了投资。换言之，其回报是投资回报，并非无偿取得，不存在抽逃出资的问题，在依法履行减资程序的情形下，也不损害公司外部债权人的利益，因此该类条款合法有效。

相关法律规定

《中华人民共和国公司法》（2018 年，已被修订）

第一百四十二条 公司不得收购本公司股份。但是，有下列情形之一的除外：

（一）减少公司注册资本；

（二）与持有本公司股份的其他公司合并；

（三）将股份用于员工持股计划或者股权激励；

（四）股东因对股东大会作出的公司合并、分立决议持异议，要求公司收购其股份；

（五）将股份用于转换上市公司发行的可转换为股票的公司债券；

（六）上市公司为维护公司价值及股东权益所必需。

公司因前款第（一）项、第（二）项规定的情形收购本公司股份的，应当经股东大会决议；公司因前款第（三）项、第（五）项、第（六）项规定的情形收购本公司股份的，可以依照公司章程的规定或者股东大会的授权，经三分之二以上董事出席的董事会会议决议。

公司依照本条第一款规定收购本公司股份后，属于第（一）项情形的，应当自收购之日起十日内注销；属于第（二）项、第（四）项情形的，应当在六个月内转让或者注销；属于第（三）项、第（五）项、第（六）项情形的，公司合计持有的本公司股份数不得超过本公司已发行股份总额的百分之十，并应当在三年内转让或者注销。

上市公司收购本公司股份的，应当依照《中华人民共和国证券法》的规定履行信息披露义务。上市公司因本条第一款第（三）项、第（五）项、第（六）项规定的情形收购本公司股份的，应当通过公开的集中交易方式进行。

公司不得接受本公司的股票作为质押权的标的。

《中华人民共和国公司法》（2023 修订）

第一百六十二条 公司不得收购本公司股份。但是，有下列情形之一的除外：

（一）减少公司注册资本；

（二）与持有本公司股份的其他公司合并；

（三）将股份用于员工持股计划或者股权激励；

（四）股东因对股东会作出的公司合并、分立决议持异议，要求公司收购其股份；

（五）将股份用于转换公司发行的可转换为股票的公司债券；

（六）上市公司为维护公司价值及股东权益所必需。

公司因前款第一项、第二项规定的情形收购本公司股份的，应当经股东会决议；公司因前款第三项、第五项、第六项规定的情形收购本公司股份的，可以按照公司章程或者股东会的授权，经三分之二以上董事出席的董事会会议决议。

公司依照本条第一款规定收购本公司股份后，属于第一项情形的，应当自收购之日起十日内注销；属于第二项、第四项情形的，应当在六个月内转让或者注销；属于第三项、第五项、第六项情形的，公司合计持有的本公司股份数不得超过本公司已发行股份总数的百分之十，并应当在三年内转让或者注销。

《全国法院民商事审判工作会议纪要》（2019 年）

（一）关于"对赌协议"的效力及履行

实践中俗称的"对赌协议"，又称估值调整协议，是指投资方与融资方在达成股权性融资协议时，为解决交易双方对目标公司未来发展的不确定性、信息不对称以及代理成本而设计的包含了股权回购、金钱补偿等对未来目标公司的估值进行调整的协议。从订立"对赌协议"的主体来看，有投资方与目标公司的股东或者实际控制人"对赌"、投资方与目标公司"对赌"、投资方与目标公司的股东、目标公司"对赌"等形式。人民法院在审理"对赌协议"纠纷案件时，不仅应当适用合同法的相关规定，还应当适用公司法的相关规定；既要坚持鼓励投资方对实体企业特别是科技创新企业投资原则，从而在一定程度上缓解企业融资难问题，又要贯彻资本维持原则和保护债权人合法权益原则，依法平衡投资方、公司债权人、公司之间的利益。对于投资方与目标公司的股东或者实际控制人订立的"对赌协议"，如无其他无效事由，认定有效并支持实际履行，实践中并无争议。但投资方与目标公司订立的"对赌协议"是否有效以及能否实际履行，存在争议。对此，应当把握如下处理规则：

5. ［与目标公司"对赌"］投资方与目标公司订立的"对赌协议"在不存在法定无效事由的情况下，目标公司仅以存在股权回购或者金钱补偿约定为由，主张"对赌协议"无效的，人民法院不予支持，但投资方主张实际履行的，人民法院应当审查是否符合公司法关于"股东不得抽逃出资"及股份回购的强制性规定，判决是否支持其诉讼请求。

投资方请求目标公司回购股权的，人民法院应当依据《公司法》第 35 条关于"股东不得抽逃出资"或者第 142 条关于股份回购的强制性规定进行审查。经审查，目标公司未完成减资程序的，人民法院应当驳回其诉讼请求。

投资方请求目标公司承担金钱补偿义务的，人民法院应当依据《公司法》

第 35 条关于"股东不得抽逃出资"和第 166 条关于利润分配的强制性规定进行审查。经审查，目标公司没有利润或者虽有利润但不足以补偿投资方的，人民法院应当驳回或者部分支持其诉讼请求。今后目标公司有利润时，投资方还可以依据该事实另行提起诉讼。

法院判决

以下为该案在法庭审理阶段，判决书中"本院认为"就该问题的论述：

本院认为……（三）案涉对赌协议效力应认定有效。案涉对赌协议签订时某锻集团公司系有限责任公司，且该公司全体股东均在对赌协议中签字并承诺确保对赌协议内容的履行。该协议约定某锻集团公司及其原全体股东应在某工公司书面提出回购要求之日起 30 日内完成回购股权等有关事项，包括完成股东大会决议，签署股权转让合同以及其他相关法律文件，支付有关股权收购的全部款项，完成工商变更登记；某锻集团公司的违约行为导致某工公司发生任何损失，某锻集团公司及其全体股东承担连带责任。上述约定表明，某锻集团公司及全部股东对股权回购应当履行的法律程序及法律后果是清楚的，即某锻集团公司及全部股东在约定的股权回购条款激活后，该公司应当履行法定程序办理工商变更登记，该公司全体股东负有履行过程中的协助义务及履行结果上的保证责任。

我国《中华人民共和国公司法》并不禁止有限责任公司回购本公司股份，有限责任公司回购本公司股份不当然违反我国《中华人民共和国公司法》的强制性规定。有限责任公司在履行法定程序后回购本公司股份，亦不会损害公司股东及债权人利益，亦不会构成对公司资本维持原则的违反。在有限责任公司作为对赌协议约定的股份回购主体的情形下，投资者作为对赌协议相对方所负担的义务不仅限于投入资金成本，还包括激励完善公司治理结构以及以公司上市为目标的资本运作等。投资人在进入目标公司后，亦应依《中华人民共和国公司法》的规定，对目标公司经营亏损等问题按照合同约定或者持股比例承担相应责任。案涉对赌协议中关于股份回购的条款内容，是当事人特别设立的保护投资人利益的条款，属于缔约过程中当事人对投资合作商业风险的安排，系各方当事人的真实意思表示。股份回购条款中关于股份回购价款约定为：某工公司投资额+（某工公司投资额×8‰×投资到公司实际月份数 12）−某锻集团公司累计对某工公司进行的分红。该约定虽为相对固定收益，但约定的年回报率为 8%，与同期企业融资成本相比并不明显过高，不存在脱离目标公司正常经营下所应负担的经营成本及所能获得的经营业绩的企业正常经营规律。某工公司、某锻集团公司及某锻集团公司全体股东关于某工公司上述投资收益的约定，不违反国家法律、行政法规的禁止性规定，不存在《中华人民共和国合同法》第五十二条规定的合同无效的情形，亦不属于合同法所规定的格式合同或者格式条款，不存在显失公平的问题。某锻公司及潘某虎等关于案涉对赌协议无效的辩解意见，本院不予采信。某锻集团公司变更为某锻公司后，案涉对赌协议的权利义务应由某锻公司承继，在案涉对赌条款激活后，某锻公司应按照协议约定履行股份回购义务，潘某虎等原某锻集团公司股东应承担连带责任。

（四）案涉对赌协议具备履行可能性。2011年11月20日，某锻集团公司股东一致表决通过新的公司章程，明确某锻公司为股份有限公司。同年12月29日，某锻集团公司经工商部门核准变更为某锻公司。故案涉对赌协议约定的股份回购义务应由某锻公司履行。某锻公司作为股份有限公司，不同于原某锻集团，故某工公司诉请某锻公司履行股份回购义务，尚需具备法律上及事实上的履行可能。

关于股份有限公司股份回购，《中华人民共和国公司法》第一百四十二条第一款规定，公司不得收购本公司股份。但是，有下列情形之一的除外：（一）减少公司注册资本；（二）与持有本公司股份的其他公司合并……第二款规定，公司因前款第（一）项至第（三）项的原因收购本公司股份的，应当经股东大会决议……第三款规定，公司依照前款规定收购本公司股份后，属于第（一）项情形的，应当自收购之日起十日内注销……根据上述规定可知，《中华人民共和国公司法》原则上禁止股份有限公司回购本公司股份，但同时亦规定了例外情形，即符合上述例外情形的，《中华人民共和国公司法》允许股份有限公司回购本公司股份。本案中，某锻公司章程亦对回购本公司股份的例外情形作出了类似的规定，并经股东一致表决同意，该规定对某锻公司及全体股东均有法律上的约束力。《中华人民共和国公司法》第三十七条、第四十六条、第一百七十七条、第一百七十九条，已明确规定了股份有限公司可减少注册资本回购本公司股份的合法途径。如股份有限公司应由公司董事会制定减资方案；股东会作出减资决议；公司编制资产负债表及财产清单；通知债权人并公告，债权人有权要求公司清偿债务或提供担保；办理工商变更登记。某锻公司履行法定程序，支付股份回购款项，并不违反公司法的强制性规定，亦不会损害公司股东及债权人的利益。关于某工公司缴纳的冲入某锻公司资本公积金部分的本金2000万元及相关利息损失，

《中华人民共和国公司法》第三条第一款规定，公司是企业法人，有独立的法人财产，享有法人财产权。公司以其全部财产对公司的债务承担责任。第二款规定，有限责任公司的股东以其认缴的出资额为限对公司承担责任；股份有限公司的股东以其认购的股份为限对公司承担责任。公司的全部财产中包括股东以股份形式的投资以及其他由公司合法控制的能带来经济利益的资源，例如借款等。公司对外承担债务的责任财产为其全部财产，也即上述资产均应作为对外承担债务的范围。对赌协议投资方在对赌协议中是目标公司的债权人，在对赌协议约定的股权回购情形出现时，当然有权要求公司及原股东承担相应的合同责任。在投资方投入资金后，成为目标公司的股东，但并不能因此否认其仍是公司债权人的地位。投资方基于公司股东的身份，应当遵守公司法的强制性规定，非依法定程序履行减资手续后退出，不能违法抽逃出资。而其基于公司债权人的身份，当然有权依据对赌协议的约定主张权利。《中华人民共和国公司法》亦未禁止公司回购股东对资本公积金享有的份额。案涉对赌协议无论是针对列入注册资本的注资部分还是列入资本公积金的注资部分的回购约定，均具备法律上的履行可能。

某锻集团公司在投资方注资后，其资产得以增长，而且在事实上持续对股东分红，其债务承担能力相较于投资方注资之前得到明显提高。某锻公司在持续正常经营，参考某工公司在某锻公司所占股权比例及某锻公司历年分红情况，案涉对赌协议约定的股份回购款项的支付不会导致某锻公司资产的减损，亦不会损害某锻公司对其他债务人的清偿能力，不会因该义务的履行构成对其他债权人债权实现的障碍。相反，某工公司在向某锻集团公司注资后，同时具备该公司股东及该公司债权人的双重身份，如允许某锻公司及原某锻集团公司股东违反对赌协议的约定拒绝履行股份回购义务，则不仅损害某工公司作为债权人应享有的合法权益，亦会对某工公司股东及该公司债权人的利益造成侵害，有违商事活动的诚实信用原则及公平原则。案涉对赌协议约定的股份回购条款具备事实上的履行可能。

052 对赌协议中，约定公司为大股东回购价款承担连带责任的约定是否有效？

阅读提示

在对赌协议中，当外部投资者与大股东、公司约定，公司对大股东回购义务承担连带责，该约定是否有效？本文将通过最高法的一则经典判例，进一步阐述对赌协议的裁判规则。

裁判要旨

对赌协议中，约定公司为原股东应履行的回购义务承担连带责任的约定，如果履行了公司为股东提供担保的内部决议程序，并且外部投资人善意审查了相关的内部决策文件，该约定应属有效。即使因外部投资人因未经审查内部决策文件导致约定无效，也应当考量双方是否存在过错等因素，来分担责任。

案情简介①

1. 某远公司原股权比例为，某方向公司占 81.76%，某远集团公司占 1.5%，某高新公司占 16.74%。

2. 2010 年 6 月 8 日，某联公司（外部投资者）、某远公司（目标公司）、某方向公司（控股大股东）签订了《增资扩股协议》，约定：某远公司向某联公司增发 1500 万股，每股价格 2 元，某联公司出资人民币 3000 万元。

3. 《增资扩股协议》还约定：如果某远公司不能在 2013 年 12 月 31 日前实现 IPO 上市，某联公司有权要求某方向公司回购其股权。回购价格为全部投资款 3000 万元及自实际付款支付日起至某方向公司实际支付回购价款之日按年利率 15%计算的利息，某远公司与某方向公司承担履约连带责任。

4. 在《增资扩股协议》签订之前，《某远公司章程》并未对公司担保事宜作出规定。某远公司虽承诺对某方向公司进行股权回购承担连带责任，并有法定代表人签章，但并未向某联公司提供相关的股东会决议。

---

① 最高人民法院，某联资本管理有限公司、成都某科技发展有限公司与公司有关的纠纷再审民事判决书 [（2017）最高法民再 258 号]。

5. 2010年6月9日，某联公司将3000万元打入某远公司账户。随后，某远公司完成了工商变更登记手续，某联公司成为某远公司的新股东。

6. 此后，某远公司并未在2013年12月31日前上市，某联公司要求某方向公司按照约定回购其股权，并要求某远公司承担履约连带责任。

7. 某远公司以要求其承担连带履约责任的约定未经过公司内部决策程序为控股股东某方向公司提供担保，合同无效为由，拒绝承担连带责任。此后，某联公司将某远公司、某方向公司诉至法院。

8. 成都中院一审判定，某方向公司履行回购义务，某远公司承担连带责任；四川高院二审判定，某方向公司履行回购义务，某远公司不承担连带责任；最高法再审判定，某方向公司履行回购义务，某远公司承担某方向公司不能清偿部分二分之一的赔偿责任。

实务经验总结

1. 股东间关于"股权回购"的条款，作为一种当事人之间根据企业未来不确定的目标是否实现对各自权利与义务所进行的一种约定，具有与股东之间就特定条件下的股权转让达成的合意相同的法律效果，一般情况下应当认定为有效。

2. 在股东间进行对赌时，也并非不能将目标公司拉进来。我们可以在回购条款中约定，当回购条件达成时，控股大股东承担股权回购的主债务，而目标公司对控股股东的主债务承担连带担保责任。但务必做到如下两点：（1）目标公司为控股大股东提供担保的事项需要按照公司章程的规定通过股东会等内部决策程序；（2）外部投资者务必要留存目标公司为控股大股东提供担保的股东会决议等内部决策文件，以证明其为善意。

3. 对于投资方与目标公司之间对赌协议的效力，《九民纪要》明确投资方与目标公司订立的"对赌协议"在不存在法定无效事由的情况下，目标公司仅以存在股权回购或者金钱补偿约定为由，主张"对赌协议"无效的，人民法院不予支持，但投资方主张实际履行的，人民法院应当审查是否符合公司法关于"股东不得抽逃出资"及股份回购的强制性规定，判决是否支持其诉讼请求。

相关法律规定

《中华人民共和国公司法》（2018年，已被修订）

第十六条 公司向其他企业投资或者为他人提供担保，依照公司章程的规定,由董事会或者股东会、股东大会决议;公司章程对投资或者担保的总额及单项投资或者担保的数额有限额规定的,不得超过规定的限额。

公司为公司股东或者实际控制人提供担保的,必须经股东会或者股东大会决议。

前款规定的股东或者受前款规定的实际控制人支配的股东,不得参加前款规定事项的表决。该项表决由出席会议的其他股东所持表决权的过半数通过。

《中华人民共和国公司法》(2023修订)

第十五条 公司向其他企业投资或者为他人提供担保,按照公司章程的规定,由董事会或者股东会决议;公司章程对投资或者担保的总额及单项投资或者担保的数额有限额规定的,不得超过规定的限额。

公司为公司股东或者实际控制人提供担保的,应当经股东会决议。

前款规定的股东或者受前款规定的实际控制人支配的股东,不得参加前款规定事项的表决。该项表决由出席会议的其他股东所持表决权的过半数通过。

《最高人民法院关于适用〈中华人民共和国担保法〉若干问题的解释》(已失效)

第七条 主合同有效而担保合同无效,债权人无过错的,担保人与债务人对主合同债权人的经济损失,承担连带赔偿责任;债权人、担保人有过错的,担保人承担民事责任的部分,不应超过债务人不能清偿部分的二分之一。

《中华人民共和国民法典》

第三百八十八条 设立担保物权,应当依照本法和其他法律的规定订立担保合同。担保合同包括抵押合同、质押合同和其他具有担保功能的合同。担保合同是主债权债务合同的从合同。主债权债务合同无效的,担保合同无效,但是法律另有规定的除外。

担保合同被确认无效后,债务人、担保人、债权人有过错的,应当根据其过错各自承担相应的民事责任。

《全国法院民商事审判工作会议纪要》(2019年)

(一)关于"对赌协议"的效力及履行

实践中俗称的"对赌协议",又称估值调整协议,是指投资方与融资方在达成股权性融资协议时,为解决交易双方对目标公司未来发展的不确定性、信息不对称以及代理成本而设计的包含了股权回购、金钱补偿等对未来目标公司的估值进行调整的协议。从订立"对赌协议"的主体来看,有投资方与目标公司的股东或者实际控制人"对赌"、投资方与目标公司"对赌"、投资方与目标公司的股东、目标公司"对赌"等形式。人民法院在审理"对赌协议"纠纷案件时，不仅应当适用合同法的相关规定，还应当适用公司法的相关规定；既要坚持鼓励投资方对实体企业特别是科技创新企业投资原则，从而在一定程度上缓解企业融资难问题，又要贯彻资本维持原则和保护债权人合法权益原则，依法平衡投资方、公司债权人、公司之间的利益。对于投资方与目标公司的股东或者实际控制人订立的"对赌协议"，如无其他无效事由，认定有效并支持实际履行，实践中并无争议。但投资方与目标公司订立的"对赌协议"是否有效以及能否实际履行，存在争议。对此，应当把握如下处理规则：

5.［与目标公司"对赌"］投资方与目标公司订立的"对赌协议"在不存在法定无效事由的情况下，目标公司仅以存在股权回购或者金钱补偿约定为由，主张"对赌协议"无效的，人民法院不予支持，但投资方主张实际履行的，人民法院应当审查是否符合公司法关于"股东不得抽逃出资"及股份回购的强制性规定，判决是否支持其诉讼请求。

投资方请求目标公司回购股权的，人民法院应当依据《公司法》第 35 条关于"股东不得抽逃出资"或者第 142 条关于股份回购的强制性规定进行审查。经审查，目标公司未完成减资程序的，人民法院应当驳回其诉讼请求。

投资方请求目标公司承担金钱补偿义务的，人民法院应当依据《公司法》第 35 条关于"股东不得抽逃出资"和第 166 条关于利润分配的强制性规定进行审查。经审查，目标公司没有利润或者虽有利润但不足以补偿投资方的，人民法院应当驳回或者部分支持其诉讼请求。今后目标公司有利润时，投资方还可以依据该事实另行提起诉讼。

法院判决

以下为该案在法庭审理阶段，判决书中"本院认为"就该问题的论述：

本院认为，关于某远公司应否对某方向公司的股权回购义务承担履约连带责任问题。

《增资扩股协议》中约定某方向公司在约定触发条件成就时按照约定价格回购某联公司持有的某远公司股权，该约定实质上是投资人与目标公司原股东达成的特定条件成就时的股权转让合意，该合意系当事人真实意思表示，亦不存在违反公司法规定的情形，二审判决认定某方向公司与某联公司达成的"股权回购"

条款有效，且触发回购条件成就，遂依协议约定判决某方向公司承担支付股权回购款本金及利息，适用法律正确，本院予以维持。某方向公司辩称《增资扩股协议》约定的股权回购条款无效、回购条件不成就，没有事实和法律依据，应不予支持。

至于《增资扩股协议》中约定某远公司对某方向公司的股权回购义务承担履约连带责任的条款效力问题。本院认为，首先，某远公司不是股权回购的义务主体，并不产生某远公司回购本公司股份的法律后果，即不存在某方向公司答辩中称《增资扩股协议》约定某远公司对某方向公司的股权回购义务承担履约连带责任的条款违反公司法第三十五条、第三十六条、第三十七条第一款第七项及第七十四条规定的情形。其次，《增资扩股协议》第6.2.1条约定某远公司对某方向公司负有的股权回购义务承担履约连带责任，并未明确为连带担保责任。某联公司在一审也是诉请某远公司对某方向公司承担的股份回购价款及涉及的税款承担连带责任。但是，某远公司、某方向公司二审上诉中称"某联公司明知未经股东会批准，而约定由某远公司对某方向公司提供担保，有违我国公司法第十六条第二款的规定，其请求亦不应得到支持"。某联公司亦抗辩称"我国公司法第十六条第二款属于管理性强制性规定，即使某远公司所提供的该担保未经股东会议决议，也不影响担保的有效性"。二审法院在双方当事人将《增资扩股协议》第6.2.1条约定的"连带责任"条款解释为"连带担保责任"基础上，并适用公司法第十六条第二款的规定裁判本案。本院认为，连带担保责任属于连带责任的情形之一，但连带担保责任有主从债务之分，担保责任系从债务。双方当事人将"连带责任"理解为"连带担保责任"，并未加重某远公司的责任负担，且从某联公司诉请某远公司的责任后果看，是对某方向公司承担的股权回购价款本息承担连带责任，仍然属于金钱债务范畴，也与某远公司实际承担的法律责任后果一致，本院予以确认。因此，二审判决依据公司法第十六条第二款关于公司对控股股东、实际控制人提供担保的相关规定来裁判某远公司对某方向公司的股权回购义务承担履约连带责任的条款效力，并无不当。最后，某联公司申请再审称公司法第十六条第二款的规定系管理性规范，某远公司承诺为某方向公司的股权回购义务承担履约连带责任，虽然未经某远公司股东会决议通过，亦不影响公司承诺担保条款的效力，并提交最高人民法院相关案例佐证。本院认为，公司法第十六条第二款明确规定"公司为公司股东或者实际控制人提供担保的，必须经股东会或者股东大会决议"，该条规定的目的是防止公司股东或实际控制人利用控股地位，损害公司、其他股东或公司债权人的利益。对于合同相对人在接受公司为其股东或实际控制人提供担保时，是否对担保事宜经过公司股东会决议负有审查义务及未尽该审查义务是否影响担保合同效力，公司法及其司法解释未作明确规定。二审法院认为，虽然某远公司在《增资扩股协议》中承诺对某方向公司进行股权回购义务承担连带责任，但并未向某联公司提供相关的股东会决议，亦未得到股东会决议追认，而某联公司未能尽到基本的形式审查义务，从而认定某远公司法定代表人向某建代表公司在《增资扩股协议》上签字、盖章行为，对某联公司不发生法律效力，适用法律并无不当。

某远公司应否承担"连带责任条款"无效后的过错赔偿责任。某联公司在签订《增资扩股协议》时，因《某远公司章程》中并无公司对外担保议事程序规定，某联公司有合理理由相信向某建有权代表公司对外签订有担保意思表示内容的《增资扩股协议》，但其未能尽到要求目标公司提交股东会决议的合理注意义务，导致担保条款无效，对协议中约定的担保条款无效自身存在过错。而某远公司在公司章程（2009年6月9日之前）中未规定公司对外担保及对公司股东、实际控制人提供担保议事规则，导致公司法定代表人使用公章的权限不明，法定代表人向某建，未经股东会决议授权，越权代表公司承认对某方向公司的股权回购义务承担履约连带责任，其对该担保条款无效也应承担相应的过错责任。《最高人民法院关于适用〈中华人民共和国担保法〉若干问题的解释》第七条规定："主合同有效而担保合同无效，债权人无过错的，担保人与债务人对主合同债权人的经济损失，承担连带赔偿责任；债权人、担保人有过错的，担保人承担民事责任的部分，不应超过债务人不能清偿部分的二分之一。"根据该条规定，某联公司、某远公司对《增资扩股协议》中约定的"连带责任"条款无效，双方均存在过错，某远公司对某方向公司承担的股权回购款及利息，就不能清偿部分承担二分之一的赔偿责任。

延伸阅读

相反判例：约定由公司对股东的回购义务承担连带责任被认定为无效的案例。

北京市第二中级人民法院，北京某舟工业股份有限公司等与天津某石股权投资合伙企业（有限合伙）股权转让纠纷二审民事判决书［（2015）二中民（商）终字第12699号］认为：二、关于《补充协议》《协议书》中约定回购某石企业持有的某舟公司股份条款的效力问题。根据查明的事实，《补充协议》约定某舟公司未能在指定期限内完成合格 IPO，则某舟公司、邱某军、李某璇应当按照约定的回购价格回购投资方持有的某舟公司股份。《协议书》约定某舟公司未能在指定期限内完成其首次公开发行并上市，则邱某军、李某璇应当按照约定的回购价格回购某石企业持有的某舟公司股份，某舟公司对邱某军、李某璇的回购义务向某石企业承担连带担保责任。对此，本院认为，《中华人民共和国公司法》第一百三十七条规定了股份有限公司股东持有的股份可以依法转让，《补充协议》《协议书》中关于邱某军、李某璇回购某石企业持有的某舟公司股份的约定，符合《中华人民共和国公司法》的规定，并未损害公司、其他股东以及公司债权人的利益，应属合法有效。《补充协议》中关于某舟公司回购某石企业持有的某舟公司股份的约定、《协议书》中关于某舟公司为邱某军、李某璇的回购义务向某石企业承担连带担保责任的约定，均会使得某石企业的投资可以取得相对固定的收益，该收益脱离了某舟公司的经营业绩，损害了公司利益和公司债权人利益，应属无效。根据《中华人民共和国合同法》第五十六条的规定，合同部分无效，不影响其他部分效力的，其他部分仍然有效。本案中，《补充协议》及《协议书》约定某舟公司义务条款的效力不影响约定邱某军、李某璇回购义务条款的效力。

第七章　股权转让担保

053 股东对外转让股权，公司是否有权为股转款提供担保？

阅读提示

公司法（2023修订）第十五条第二款（2018年公司法第十六条第二款）关于"为股东担保须经股东会决议"的规则是属于管理性强制性规范，还是效力性强制性规范？一旦某公司违反该规则向股东提供担保，该担保行为是否必然无效？

本期案例中，一名原股东转让了其所持公司的全部股权后，仍接受了原公司对该笔股权款的担保，该担保有效吗？对此，法院给出了什么样的解答呢？下文，本书笔者与您一同分享。

裁判要旨

公司法第十六条第二款关于"为股东担保须经股东会决议"的规则是为了规范公司内部关系，原股东将公司股权转让后，受让人一方让该公司对原股东的付款义务提供担保的，该担保行为不受该上述规则约束，原股东请求公司承担保证责任的，应予支持。

案情简介①

1. 2014年，蔡某廉又与许某刚签订协议，约定蔡某廉将20%的某城公司股权转让给许某刚，签订当日双方即完成工商变更登记。

2. 后来，某房公司对蔡某廉出具付款承诺函，承诺为上述20%股权支付

---

① 河南某置业有限公司、河南某控股集团有限公司股权转让纠纷二审民事判决书[（2019）赣民终259号]。

1800万元价款，并且由某城公司、供水公司为该等付款义务提供保证担保。

3. 2018年，由于某房公司等主体对该1800万股转款久拖不付，蔡某廉将某房公司、某城公司起诉至江西上饶市中院，请求某房公司支付1800万股转款以及600万元利息，并要求某城公司承担担保责任。

4. 对此，某城公司辩称，公司自身为其股东蔡某廉提供担保，违反了公司法第十六条第二款"为股东担保须经股东会决议"的规则，应属无效。

5. 一审法院认为，该公司法第十六条第二款是为了规范公司内部关系，属于管理性强制性规定，违反其规定并不必然导致无效。再者，该条调整的是公司内部关系，蔡某廉属于善意第三人，因此不适用该规则，故对原告蔡某廉的诉请予以支持。

6. 某房公司等主体不服，上诉至江西高院。江西高院二审认为，某城公司给蔡某廉做担保时，蔡某廉已经不是某城公司股东，故该担保不需要经股东会决议也有效，最终驳回上诉，维持原判。

实务经验总结

一、公司是否有权为原股东转让本公司股权之股转款债务提供担保之问题，仍存在争议，建议日后交易谨慎使用该交易结构。

对于本案担保合法性问题，目前司法裁判观点仍不统一，有的法院认为该担保只要经过股东会决议便符合2018年公司法第十六条（2023年公司法第十五条）而有效，有的认为该担保合同属于当事人意思自治，且该公司法第十六条（2023年公司法第十五条）不过是管理性效力性规范，即便违反也不当然无效。至于反对一方法院则认为，该等担保构成抽逃出资，危害潜在债权人利益，应属无效。

鉴于司法裁判观点的不统一，建议日后交易双方谨慎使用该交易结构，或者可将股转款收款主体设定为与股权转让方有关联关系的主体，然后以其他借款的名义，让公司为该主体提供担保，由于该接受担保的主体并非公司原股东，不存在"股东抽逃出资"的嫌疑，以此绕过本期案例的争议规则，保证交易结构的合法有效。

二、股权交易凡涉及延期、分期付款的，建议设置类似本案的增信机制。

本案中，原股东蔡某廉要求所交易目标股权的公司某城公司对自己提供担保，就是一种很好的增信机制，其本身基于原股东对公司偿债能力的了解，支撑原股东对交易安全的信心。

除了本期案例所使用的公司为原股东担保的交易结构，此外，在延期付款、分期付款中，为防止股权过户后受让方怠于支付对价，还可以要求受让人关联第三方提供担保，要求对方将过户后的目标股权质押给自身，或将公司某项资产抵押自身，以此增加交易的安全系数。

相关法律规定

《中华人民共和国公司法》（2018年，已被修订）

第十六条 公司向其他企业投资或者为他人提供担保，依照公司章程的规定，由董事会或者股东会、股东大会决议；公司章程对投资或者担保的总额及单项投资或者担保的数额有限额规定的，不得超过规定的限额。

公司为公司股东或者实际控制人提供担保的，必须经股东会或者股东大会决议。

前款规定的股东或者受前款规定的实际控制人支配的股东，不得参加前款规定事项的表决。该项表决由出席会议的其他股东所持表决权的过半数通过。

《中华人民共和国公司法》（2023修订）

第十五条 公司向其他企业投资或者为他人提供担保，按照公司章程的规定，由董事会或者股东会决议；公司章程对投资或者担保的总额及单项投资或者担保的数额有限额规定的，不得超过规定的限额。

公司为公司股东或者实际控制人提供担保的，应当经股东会决议。

前款规定的股东或者受前款规定的实际控制人支配的股东，不得参加前款规定事项的表决。该项表决由出席会议的其他股东所持表决权的过半数通过。

法院判决

以下为该案在法院审理阶段，判决书中"本院认为"就该问题的论述：

某城公司违反《中华人民共和国公司法》第十六条第二款的规定，未经股东会或者股东大会决议，为股东或者实际控制人提供担保，不能简单认定担保合同无效。理由是：

首先，《中华人民共和国公司法》第十六条第二款的规定即："公司为公司股东或者实际控制人提供担保的，必须经股东会或者股东大会决议。"在性质上并非效力性强制性规定。该规定主要是为了加强公司管理，促进公司规范经营，违反该规定并不会损害国家利益或者社会公共利益，所以《中华人民共和国公司法》第十六条第二款虽是强制性规定，但应属于管理性强制性规定。依据《中华人民共和国合同法》第五十二条第一款第五项以及《最高人民法院关于适用〈中华人民共和国公司法〉若干问题的规定（二）》第十四条之规定，导致合同无效的强制性规定应是效力性强制性规定。违反《中华人民共和国公司法》第十六条第二款管理性强制性规定的，并不必然导致公司对外担保行为无效。

其次，股东会或者股东大会决议属于公司内部决议程序。法律关系上，上述条款规定主要是调整公司内部法律关系的规范，并在公司内部产生相应的法律后果，对公司以外的善意第三人没有约束力。本案某城公司为蔡某廉的股权转让款提供担保，是否经过股东会决议，是某城公司内部意思的形成过程，且某城公司在公司股权转让协议、付款承诺书、延迟付款承诺书上一再确认其担保人身份，蔡某廉作为善意第三人诉请某城公司承担担保责任，法院予以支持。

延伸阅读

关于本案要点，法院支持或不支持的裁判观点都属常见，本书笔者还检索了其他五个案例，案例一至案例三均为支持，法院从合同有效要件、公司可经股东会决议后向股东担保等规则出发，认定该担保行为有效；案例四、案例五则从公司资本维持原则出发，认为该担保会构成抽逃出资，削弱公司偿债能力，最终认定该担保无效。

案例一：辽宁省高级人民法院在黄某明、山东某丰实业集团有限公司股权转让纠纷二审一案［（2017）辽民终1290号］中认为，某丰集团隐名股东黄某明决定把某丰公司的股权转让给其代持人黄某辉，某丰集团为黄某辉的支付义务承担担保责任，关于某丰集团向黄某辉提供的担保是否有效，某丰集团应否对案涉黄某明债务承担连带保证责任的问题。黄某明及某丰集团等主张原审错误认定某丰集团应对黄某明付款责任提供担保的理由是，《中华人民共和国公司法》第十六条第二款规定"公司为公司股东或者实际控制人提供担保的，必须经股东会或者股东大会决议"，但没有证据证明某丰集团为其股东黄某明提供担保得到了控股股东的认可及股东会或股东大会决议通过。但是，根据《中华人民共和国公司法》第十六条第二款规定的内容可知，违反该条款所订立和履行的合同，并不损害国家利益和社会公共利益，仅存在损害特定的公司股东利益的问题，因此系管理性禁止性规定，并非效力性禁止性规定。而上诉人主张一审卷中大量证据证明某丰集团为黄某明提供担保侵害了公司债权人利益，但是，我国《中华人民共和国合同法》第五十二条第二项规定的"损害国家、集体或者第三人利益"的前提是双方"恶意串通"，而上诉人未能提供黄某辉与黄某明及某丰集团存在恶意串通的证据。因此，案涉《股权转让协议》中有关"某丰集团为黄某明履行本协议约定的全部责任和义务提供连带保证担保"的约定，不存在我国《中华人民共和国合同法》第五十二条规定的任一情形，不存在无效问题。各上诉人主张原审认定某丰集团应对黄某明付款责任提供担保错误，某丰集团向黄某辉提供的担保无效，亦缺乏事实和法律依据，某丰集团应当对案涉黄某明债务承担连带保证责任。

案例二：最高人民法院在林某灼与林某儒、福建某海冶金有限公司等股权转让纠纷二审一案〔（2015）民二终字第176号〕中认为，甲方林某灼同意将持有某海公司22.17%的股权共16640万元人民币出资额，以16640万元转让给乙方林某儒，林某儒同意按此价格及金额购买该股权，某海公司为此股转款提供保证。对此，关于某海公司保证合同的效力问题。虽然某海公司提供了2012年4月17日的公司章程作为证据，认为公司"向其他企业投资或者为他人提供担保，由股东会作出决议。公司为公司股东或者实际控制人提供担保的，必须由股东会作出决议。前款规定的股东或者受前款规定的实际控制人支配的股东，不能参加前款规定事项的表决。该项表决由出席会议的其他股东所持表决权的过半数通过"，但从《中华人民共和国公司法》及公司章程的规定看，该内容是公司的管理性规范，不是效力性规范，公司违反《中华人民共和国公司法》的规定及公司章程的规定提供担保的，担保合同仍然有效。因此，本案中某海公司订立的保证合同有效。

案例三：重庆市高级人民法院在张某，饶某明与重庆市某瀛置业发展有限公司，重庆某康物业发展有限公司、曾某瀛股权转让纠纷一审一案〔（2014）渝高法民初字第00015号〕中认为，饶某明、张某将其持有的某康公司的100%股权转让给某瀛公司，依据《中华人民共和国合同法》第三十二条"当事人采用合同书形式订立合同的，自双方当事人签字或者盖章时合同成立。"的规定，虽然该附件中没有某康公司的盖章，但曾某瀛的签字行为已能够代表某康公司。另外，股权转让前的某康公司股东饶某明、张某和股权转让后的某康公司股东某瀛公司也均在该《债务清单》上签字或者盖章。因此，《债务清单》中关于某康公司对某瀛公司应付饶某明、张某的4700万元款项提供担保的约定合法有效，且

《债务清单》未对保证的方式进行约定，故某康公司应当在某瀛公司向饶某明、张某承担责任的范围内承担连带保证责任。

案例四：最高人民法院在吕某升、金某平合同纠纷二审一案［(2018)最高法民终111号］中认为，某朝公司与某光公司均在《股权转让合同》中约定对吕某升、靖某支付股权转让款的义务承担担保责任。某光公司作为第三人，其具有合法的承担担保责任的资格，应按照合同约定和我国担保法的有关规定对吕某升、靖某的付款义务承担连带偿还责任，并可以在承担担保责任后向吕某升、靖某行使追偿权。但某朝公司作为《股权转让合同》的目标公司，其所担保的付款义务为某朝公司的新股东向原股东支付股权转让款的责任，在受让人不能按期支付股权转让款的情况下，某朝公司作为担保人承担代为支付的义务，该义务的履行将导致某朝公司原股东从公司退出后的出资款由公司支付的法律后果，这违反了我国公司法中禁止股东从公司抽逃出资的规定。因此，《股权转让合同》中约定由某朝公司承担担保吕某升、靖某的支付股权转让款的义务为无效条款，某朝公司不承担对涉案股权转让款的担保责任。

案例五：江苏省南通市中级人民法院在南通某机械厂诉江苏某河公司、江苏某辰公司股东之间股权转让及公司为股东担保纠纷案［《江苏省高级人民法院公报》2011年第6辑（总第18辑）］中认为，某辰公路公司的保证行为违反《中华人民共和国公司法》的强制规定。其一，从资本维持原则出发，《中华人民共和国公司法》禁止公司回购本公司的股份。公司资本是公司独立性的保证，公司存续期间应当维持与其注册资本相当的资本，以达到保护债权人利益和社会交易的安全。《中华人民共和国公司法》仅允许有限责任公司在有限的三种情形之下回购本公司的股权，公司为股东内部股权转让提供担保的行为，实际是以公司资产担保股权转让款的实现。一旦需要公司承担担保责任，则无异于以公司资产为股权转让买单，本质上发生回购本公司股权的情形，这与《中华人民共和国公司法》第七十五条将有限责任公司回购本公司股权的情形严格限定在三种情形之下的规定相违背，亦违反资本维持原则的基本要求。因此，某辰公路公司为两股东内部股权转让提供担保的行为因违反《中华人民共和国公司法》第七十五条的规定及资本维持原则而无效。其二，公司资本是公司偿债能力的保障，是公司人格独立的前提和基础。为确保公司资本信用，《中华人民共和国公司法》建立了资本确定、资本维持、资本不变三项原则。其中资本维持原则处于枢纽的地位，要求公司自设立中、设立后，以至解散前，皆应力求保有相当于资本之财产。资本维持原则并不干涉公司合理的经营活动，也不能避免公司实际财产因亏损而减少，其定位在于防止公司财产非正常、不合理地减少。某辰公路公司为其股东之间的股权转让交易提供担保，承担担保责任的后果实质是公司向一方股东退还出资。《中华人民共和国公司法》第三十六条规定："公司成立后，股东不得抽逃出资。"某辰公路公司在本案中的保证行为虽然并非直接抽逃出资，但实际造成公司资本的不当减少，将损害公司及债权人合法权益，应当给予否定评价。

054 借款协议无效，为其提供担保而签订的股权转让合同的效力如何认定？

裁判要旨

尽管本案借款协议已被生效判决确认为无效，但股权转让协议显然属于另一法律关系，其目的与宗旨不同于借款协议，其内容亦不为我国法律法规所禁止。因此，借款协议的无效不能必然地导致股权转让协议无效，股权转让协议的效力应当依据其本身的效力要素进行审查和认定。本案股权转让在程序上没有瑕疵，股权转让协议的主体、客体及内容也均未违反法律、法规的相关规定，应当认定为合法有效。

案情简介[①]

1. 2005年5月31日，托管公司与某章公司、赵某平等共同签订《借款协议》，约定托管公司借款500万元给某章公司；赵某平以其持有的托管公司股权对上述借款提供担保；如某章公司不能按时还款，则赵某平的股权转让款应首先用于归还某章公司欠托管公司的款项。赵某平全权委托托管公司转让上述股份，并事先签订空白股权转让协议书。

2. 借款到期后，某章公司仅向托管公司偿还了10万元，余款未还。

3. 2007年6月20日，托管公司将赵某平所持股权转让给张某俊，张某俊支付了股权转让款。

---

① 最高人民法院，张某俊与赵某平、山东省某托管经营股份有限公司股权转让纠纷民事判决书[（2012）民提字第117号]。

4. 2007年6月22日，托管公司向济南市中院起诉，请求判令某章公司偿还借款500万元及利息，赵某平等履行担保责任。2007年11月15日，济南市中院作出判决，认定该借款行为无效。

5. 由于各方对案涉股权转让协议产生争议，张某俊提起诉讼，请求判令股权转让协议有效。本案历经济南市中院一审、山东省高院二审、最高法院再审，判决该股权转让协议有效。

实务经验总结

为避免未来发生类似争议，提出如下建议：

1. 借款协议无效，为借款提供担保而预先签订的受让人未知的股权转让协议的效力应当依据其本身的效力要素进行审查和认定。股权转让协议虽因借款协议而派生，两者之间存在一定的关联性，但股权转让协议显然属于另一法律关系。因此，借款协议的无效不能必然地导致股权转让协议无效。

2. 股权转让效力涉及多方面的因素，应当各方面因素综合对其认定。首先，股权转让程序应当符合公司章程以及相关法律的规定。其次，应当从股权转让协议的主体、客体及内容等方面出发判断其效力。股权转让协议价格合理与否也是判断其效力的一项重要内容。

相关法律规定

《中华人民共和国公司法》（2018年，已被修订）

第七十一条　有限责任公司的股东之间可以相互转让其全部或者部分股权。

股东向股东以外的人转让股权，应当经其他股东过半数同意。股东应就其股权转让事项书面通知其他股东征求同意，其他股东自接到书面通知之日起满三十日未答复的，视为同意转让。其他股东半数以上不同意转让的，不同意的股东应当购买该转让的股权；不购买的，视为同意转让。

经股东同意转让的股权，在同等条件下，其他股东有优先购买权。两个以上股东主张行使优先购买权的，协商确定各自的购买比例；协商不成的，按照转让时各自的出资比例行使优先购买权。

公司章程对股权转让另有规定的，从其规定。

《中华人民共和国公司法》（2023修订）

第八十四条　有限责任公司的股东之间可以相互转让其全部或者部分股权。

股东向股东以外的人转让股权的，应当将股权转让的数量、价格、支付方式和期限等事项书面通知其他股东，其他股东在同等条件下有优先购买权。股东自接到书面通知之日起三十日内未答复的，视为放弃优先购买权。两个以上股东行使优先购买权的，协商确定各自的购买比例；协商不成的，按照转让时各自的出资比例行使优先购买权。

公司章程对股权转让另有规定的，从其规定。

法院判决

以下为该案在法院审理阶段，判决书中"本院认为"就该问题的论述：

本案股权转让协议的合法性、有效性涉及诸多方面，包括赵某平对托管公司的授权是否合法存在、股权转让程序是否合法、借款协议无效是否必然导致股权转让协议无效以及股权转让协议本身的效力问题。1. 关于赵某平的授权。根据本案查明的事实，赵某平在借款协议中明确授权托管公司在某章公司不能按时归还借款时转让其公司股份并优先用于归还借款，相关各方还事先签订了股权转让协议以便执行。至托管公司实际办理转让股份时，赵某平不仅未承担担保责任，而且从未撤回对托管公司的上述授权。2007年6月19日的会议纪要虽记载了赵某平不再继续提供担保的事实，但不能构成对托管公司转让赵某平股份授权的撤回。赵某平在本院再审审查期间声称忘记了股权转让协议一事，在本院提审期间又主张交付给托管公司的股权转让协议为空白协议，无论从哪一角度看，均不能证明赵某平撤销了对托管公司的授权，因此，托管公司在办理本案股权转让事宜时，赵某平的授权依然合法存在。某章公司、赵某平于2007年6月24日、25日在《齐鲁晚报》上刊登声明称"自本声明之日起，现在不委托托管公司以每股1.26元或任何价格转让上述股权"，该声明发生在股权转让行为发生之后，不能影响此前已经发生的股权转让行为的效力。2. 关于股权转让程序。托管公司的章程规定了公司股东转让公司股份时其他股东享有的优先购买权，托管公司在办理转让赵某平股份事宜时，事先向公司其他所有股东发出了购买股份的通知，同时也办理了解除股份质押手续，因此，托管公司在办理转让赵某平股份事宜时履行了公司内部程序，符合公司章程及相关法律的规定，本案股权转让在程序上没有瑕疵。3. 关于借款协议与股权转让协议的关联性。本案借款协议属于企业之间的借贷，已被生效判决确认为无效。本案股权转让协议系因借款协议而派生，两者之间存在一定的关联性，但股权转让协议显然属于另一法律关系；其目的与宗旨不同于借款协议，其内容亦不为我国法律法规所禁止，因此，借款协议的无效不能必然地导致股权转让协议无效，股权转让协议的效力应当依据其本身的效力要素进行审查和认定。4. 关于股权转让协议的效力。股权转让协议的效力涉及协议主体、客体及内容三个方面。从主体看，赵某平合法拥有托管公司股份，有权依照法律和公司章程的规定以特定价格转让其股份；托管公司作为目标公司和受托方，有权同时亦有义务依据公司章程和委托人的委托办理股权转让事宜；张某俊作为受托人，在公司其他股东未行使优先购买权时，有权依照公司章程的规定购买转让方拟转让的股份。本案并无证据证明其受让股份存在恶意，张某俊受让股份的资金来源于公司其他股东本身并不为法律法规或者公司章程所禁止。从客体看，本案股权转让方所转让的股份并非为法律所禁止的转让物。从内容看，赵某平在股权转让协议中事先填好了转让方、拟转让的股份数额、转让价格、违约责任、争议解决方式，承诺拟转让的股份未设定任何抵押、质押等担保物权，并在转让方处签字、盖章，构成了确定的要约，一旦受让人承诺，股权转让协议即告成立。本案股权转让协议之内容，正是因受让方张某俊的合法、有效承诺而确定的。由于协议内容系转让方和受让方的真实意思表示，亦不为我国法律法规所禁止，股权转让协议第八条还明确约定"本协议自三方签字盖章之日起生效"，故本案股权转让协议已于2007年6月22日发生法律效力。一、二审判决认定本案股权转让协议无效缺乏事实和法律依据，依法应予纠正。

此外，股权转让的价格是否合理也是衡量股权转让协议效力的因素之一。但因无评估机构对股权转让时的股份价值进行评估，本院目前尚难以认定本案股权转让价格是否合理。何况，价格是否合理，是否存在差价损失的争议不是本案审理范围，本院对此节事实不予审理。双方对此存在争议，可另循法律途径解决。

055 股权融资中的"先让与担保"是否应当被认定为无效？

阅读提示

在股权融资活动中，除正常的股权抵押融资外，经常出现"股权让与担保""股权回购"等集中股权融资方式，特别是"股权让与担保"的方式以"操作简洁"的特点颇受投资者的青睐，但是股权让与担保又分为"股权先让与担保"

和"股权后让与担保",这种新型的股权担保形式如何约定才不至于被认定为"股权流质"进而被认定无效,本文将通过一则案例来揭示"股权让与担保"的司法实践状态。

裁判要旨

"以让渡股权的方式设定担保"作为一种新型的担保方式,并没有违反法律的禁止性规定,且该种让与型担保灵活便捷可以方便当事人融资、有利于市场经济的繁荣,应视为当事人在商业实践中的创新活动,属于商业活力的体现,不应以担保法未规定该担保方式来否定其存在的价值。

但是,不论何种担保,其本意在于实现担保债权受偿的经济目的,法律基于公平原则禁止双方当事人直接约定债权无法受偿而直接获取担保标的所有权。同理,让与担保也并非为了帮助债权人因无法受偿而直接获得所有权从而变相获取暴利。因此,当事双方应经过股权回购或变价清算受偿的方式处置股权,禁止债权人直接取得股权。

案情简介[①]

1. 明达某仁集团、深圳某仁公司原为珠海某仁公司股东,分别持有14.29%和85.71%;珠海某仁公司注册资本为人民币14000万元,名下拥有411751.80m^2土地使用权。无锡某仁公司同为某仁集团公司关联企业。

2. 2009年9月26日,无锡某仁公司通过委托贷款方式向某鼎公司贷款6000万元。珠海某仁公司以其名下房地产抵押为无锡某仁公司提供担保,但是其与某鼎公司签订《抵押合同》后,并未成功办理抵押登记手续。

3. 此后,某仁集团方面负责人孙某与某鼎公司方面负责人曹某华,通过书面函件的方式协商同意将珠海某仁公司100%股权以转让形式为无锡某仁公司借款提供担保,关于回购问题双方后续具体协商。

4. 2009年10月9日,某仁集团和深圳某仁公司二者分别与曹某华和某鼎公司签订《股权转让协议书》,约定各自将14.29%和85.71%的股权,均以1元的价格转让给曹某华和某鼎公司。合同签订后,各方向工商局办理了股东变更登记手续,珠海某仁公司的股东变更为某鼎公司和曹某华,珠海某仁公司的印鉴、证

[①] 珠海市中级人民法院,某仁投资集团有限公司、深圳市某仁控股有限公司等与北京某鼎信用担保有限公司、曹某华股权转让纠纷二审民事判决书[(2013)珠中法民二终字第400号]。

照等资料也移交给某鼎公司。

5. 无锡某仁公司未能依约偿还贷款本息，珠海某仁公司也未承担担保还款义务。某鼎公司和曹某华又将各自股权协议转让给了某盛公司和某心公司，其中某盛公司办理工商变更登记，而某心公司并没有完成工商变更登记，其中某鼎公司与某盛公司为关联公司。

6. 此后，某仁集团和珠海某仁公司向法院主张《股权转让协议》无效，某鼎公司和曹某华则辩称《股权转让协议》有效。本案经珠海香洲法院一审、珠海中院二审最终判定《股权转让协议》有效。

实务经验总结

1. 对债权人来讲，在抵押、质押等法定的担保方式不能实现，其可以要求担保人以"让渡股权"的方式设定担保，但是，双方务必要对到期债务已清偿或不能清偿时，担保人回购股权或以变卖股权进行债务清偿的方式进行约定，并约定其持有股权时的股东权利；禁止在"股权转让协议"中直接约定未按期还款则直接以股权抵偿之类的条款，也不要变相约定未按期还款则单方处分股权之类的条款，该类约定很可能因违反"禁止流质"的条款而被认定为无效进而不能起到担保债权的作用。

2. 对于债务人或担保人来讲，如果债权人通过股东变更登记被登记为股东后，未经与担保人协商回购即直接处置股权转让给第三人的，担保人可要求法院以其之前签订的《股权转让合同》真实意思表示在于担保，而不在于转让为由，要求确认债权人处置股权所签订的合同无效。

相关法律规定

《中华人民共和国物权法》（已失效）

第一百八十六条　抵押权人在债务履行期届满前，不得与抵押人约定债务人不履行到期债务时抵押财产归债权人所有。

第二百一十一条　质权人在债务履行期届满前，不得与出质人约定债务人不履行到期债务时质押财产归债权人所有。

第二百一十九条　债务人履行债务或者出质人提前清偿所担保的债权的，质权人应当返还质押财产。

债务人不履行到期债务或者发生当事人约定的实现质权的情形，质权人可以与出质人协议以质押财产折价，也可以就拍卖、变卖质押财产所得的价款优先受偿。

质押财产折价或者变卖的，应当参照市场价格。

第二百二十条 出质人可以请求质权人在债务履行期届满后及时行使质权；质权人不行使的，出质人可以请求人民法院拍卖、变卖质押财产。

出质人请求质权人及时行使质权，因质权人怠于行使权利造成损害的，由质权人承担赔偿责任。

第二百二十一条 质押财产折价或者拍卖、变卖后，其价款超过债权数额的部分归出质人所有，不足部分由债务人清偿。

《中华人民共和国民法典》

第四百零一条 抵押权人在债务履行期限届满前，与抵押人约定债务人不履行到期债务时抵押财产归债权人所有的，只能依法就抵押财产优先受偿。

第四百二十八条 质权人在债务履行期限届满前，与出质人约定债务人不履行到期债务时质押财产归债权人所有的，只能依法就质押财产优先受偿。

第四百三十六条 债务人履行债务或者出质人提前清偿所担保的债权的，质权人应当返还质押财产。

债务人不履行到期债务或者发生当事人约定的实现质权的情形，质权人可以与出质人协议以质押财产折价，也可以就拍卖、变卖质押财产所得的价款优先受偿。

质押财产折价或者变卖的，应当参照市场价格。

第四百三十七条 出质人可以请求质权人在债务履行期限届满后及时行使质权；质权人不行使的，出质人可以请求人民法院拍卖、变卖质押财产。

出质人请求质权人及时行使质权，因质权人怠于行使权利造成出质人损害的，由质权人承担赔偿责任。

第四百三十八条 质押财产折价或者拍卖、变卖后，其价款超过债权数额的部分归出质人所有，不足部分由债务人清偿。

法院判决

以下为该案在法庭审理阶段，判决书中"本院认为"就该问题的论述：

本院认为：双方争议的焦点是两份股权转让合同的目的及效力。从本案股权转让合同形成的过程来看，某鼎公司与无锡某仁公司在2009年9月28日签订委托贷款合同，珠海某仁公司作为担保方最初的意思表示是提供公司土地抵押以作为债权履行的保障，但因其他因素导致土地抵押无法设立，遂双方以便函方式协商新的担保方式即变通为以股权转让的方式来担保债的履行。故本案双方当事人签订的《股权转让合同》是在特定情形下为担保债权履行而签订的，并非当事人最初形成的以买卖股权为直接目的的意思表示。这也与公司注册资本达1.4亿元，名下存有大幅土地，而未采取评估程序确定价值仅象征性约定售价1元、股东权益评估价值1800余万元及受让股权后取走公章、证照却未变更法定代表人，也不开始经营以及便函中提及回购股权事项相互印证。

虽然双方当事人本意为债权设立担保，但并不等于订立该合同的目的就是设立股权质押。在签订股权转让合同之前，深圳某仁公司已经签署过济南某仁公司股权质押合同并成功办理质押登记，表明双方明确知晓股权质押的操作方式，被上诉人声称不了解股权质押与股权转让的区别并不可信。而便函上深圳某仁公司同意以股权转让的方式外加回购方式来担保债的履行，意思表达清楚，且在合同签订后珠海某仁公司的印鉴、证照等资料移交给某鼎公司，这完全不同于股权质押合同，表明双方并非要设定质押担保。涉案合同名称为股权转让，但当事人本意在于担保，因此本案双方当事人是以让渡股权的方式来设定担保，该担保形式不同于普通典型担保，属于一种新型的担保方式。当事人这一真实意思表示并没有违反法律的禁止性规定，且该种让与型担保灵活便捷可以方便当事人融资、有利于市场经济的繁荣，应视为当事人在商业实践中的创新活动，属于商业活力的体现，不应以担保法未规定该担保方式来否定其存在的价值。本院对该《股权转让合同》效力予以认可。

本案便函上提及了股权回购事项，但本案当事人未就回购事项继续协商，因此双方当事人的意思表示并不完整。股权转让合同是涉案债权采取让与担保的重要组成部分，双方未就让与担保的实现也即债权未履行如何实现担保债权作出约定从而引发本案纠纷。本院认为，不论何种担保，其本意在于实现担保债权受偿的经济目的，法律基于公平原则禁止双方当事人直接约定债权无法受偿而直接获取担保标的所有权。同理，让与担保也并非为了帮助债权人因无法受偿而直接获得所有权从而变相获取暴利。因此本案双方当事人应在理顺债务的前提下再行协商回购或变价清算受偿事宜。某鼎公司否认本案股权转让合同的担保真实意图，单方将股权转让给其关联公司，已超出担保权利的目的范围。某盛公司与某鼎公司的法定代表人为同一人，曹某华与某鼎公司及某盛公司皆属于关联方，各方对珠海某仁公司是用于担保债权的用途不可能不知晓，曹某华超出担保目的直接转让股权的行为，属于当事人恶意串通损害某仁集团公司利益的行为，该转让行为无效。原审法院判决曹某华与某盛公司签订的《股权转让协议书》无效，实体处理并无不当，本院予以维持。

双方当事人皆确认，主债务人无锡某仁公司和各担保方没有按期偿还债务。在主债务尚未清偿的前提下，某仁集团公司及深圳某仁公司要求宣告2009年10月9日签订的两份股权转让合同无效没有任何法律和事实依据。原审法院错误判断股权转让合同的性质为股权质押合同进而宣告合同无效，属于认定事实和适用法律错误，本院予以纠正。

056 "股权流质"的约定无效

裁判要旨

在履行期限届满前已约定由质权人以固定价款处分质物（股权），相当于未届清偿期即已固定了对质物（股权）的处分方式和处分价格，此种事先约定实质上违反了物权法第二百一十一条（民法典第四百二十八条）关于禁止流质的强制性规定，应属无效。

案情简介[①]

1. 2012年11月29日，朱某群作为出借人与某源公司作为借款人签订《借款协议》约定：某源公司向朱某群借款7000万元，并将其持有的某客公司32.1510%股权（对应出资额9785万元）质押给朱某群，随后双方办理了股权质押登记。

2. 《借款协议》还约定：若某源公司届时未能及时清偿欠款的，朱某群有权要求某源公司将其持有的某客公司32.1510%股权以约定的价格（7000万元）转让给朱某群指定的第三方，由朱某群指定的第三方将股权转让款直接支付朱某群以偿还欠款。

---

① 最高人民法院，某静汽车投资有限公司与上海某源实业集团有限公司、某客车工业集团有限公司股权转让纠纷二审民事判决书［（2015）民二终字第384号］。

3. 某源公司在借款放款前就股权转让事宜事先出具股权受让人和签署时间均为空白的《股权转让协议》，并承诺该协议生效时，某源公司同意由朱某群指定的第三方作为受让主体并由朱某群填补上述空白，某源公司对此表示认可；该协议各方签字或盖章且某源公司未按时还款时生效。

4. 后因某源公司未能如期还款，朱某群指定某静公司收购某源公司持有的某客公司的股权，并在股权转让协议的受让方处填上了某静公司的名称，某静公司也签章确认。某静公司原就属于某客公司股东。

5. 因某源公司拒绝办理股权转让变更登记手续，某静公司向安徽高院提起诉讼，请求判令：某源公司立即将其所持有的某客公司32.1510%股权（对应出资额9785万元）转让至其名下并办理股权变更登记手续。

6. 本案经安徽高院一审、最高法二审，最终判定：借款协议中指定第三人以固定价格受让股权的条款无效，股权转让协议无效，驳回某静公司的诉讼请求。

争议原因

事前约定"股权流质"条款无效。《借款协议》中约定在未能及时清偿债务时，朱某群有权要求某源公司将其持有的某客公司32.1510%（对应出资额9785万元）股权以7000万元价格转让给其指定的任意第三人，某源公司不得拒绝，且该第三人亦无需向某源公司支付股权转让款，而是直接支付给朱某群以偿还欠款。其实质为在某源公司不能如约偿还借款时，朱某群可将质押的股权以事先约定的固定价格转让给第三方以清偿债务，即在履行期限届满前已约定由质权人朱某群以固定价款处分质物，相当于未届清偿期即已固定了对质物的处分方式和处分价格，显然与法律规定的质权实现方式不符。此种事先约定质物的归属和价款之情形实质上违反了物权法第二百一十一条（民法典第四百二十八条）禁止流质的强制性规定，故该约定条款应属无效。

虽然，朱某群确定某静公司为收购第三人，并填补了事先出具的空白《股权转让协议》的内容。但因该协议是基于《借款协议》中违反"禁止流质"的无效约定所形成，并非某源公司与某静公司在债务到期后自愿协商达成。在借款协议中涉及股权处置的内容已被确认无效的情况下，该《股权转让协议》亦为无效。

实务经验总结

为避免未来发生类似争议，提出如下建议：

第一，对于出借人来讲，不要在借款协议中直接约定未按期还款直接以股权抵偿之类的条款，也不要变相约定未按期还款则单方处分股权之类的条款，该类约定会因违反"禁止流质"的条款而被认定为无效进而不能起到担保债权的作用。另外，如果采取股权质押的方式担保债权，务必要到工商部门办理质押登记，未经登记，并不能取得质权。

第二，对于借款人来讲，如果出借人欲依据双方签订的以股抵债的流质条款侵夺公司股权，其可以向法院提出确认合同无效之诉，以维护自己的合法权益。

相关法律规定

《中华人民共和国物权法》（已失效）

第一百八十六条 抵押权人在债务履行期届满前，不得与抵押人约定债务人不履行到期债务时抵押财产归债权人所有。

第二百一十一条 质权人在债务履行期届满前，不得与出质人约定债务人不履行到期债务时质押财产归债权人所有。

第二百一十九条 债务人履行债务或者出质人提前清偿所担保的债权的，质权人应当返还质押财产。

债务人不履行到期债务或者发生当事人约定的实现质权的情形，质权人可以与出质人协议以质押财产折价，也可以就拍卖、变卖质押财产所得的价款优先受偿。

质押财产折价或者变卖的，应当参照市场价格。

第二百二十条 出质人可以请求质权人在债务履行期届满后及时行使质权；质权人不行使的，出质人可以请求人民法院拍卖、变卖质押财产。

出质人请求质权人及时行使质权，因质权人怠于行使权利造成损害的，由质权人承担赔偿责任。

第二百二十一条 质押财产折价或者拍卖、变卖后，其价款超过债权数额的部分归出质人所有，不足部分由债务人清偿。

《中华人民共和国民法典》

第四百二十八条 质权人在债务履行期限届满前，与出质人约定债务人不履行到期债务时质押财产归债权人所有的，只能依法就质押财产优先受偿。

第四百三十六条 债务人履行债务或者出质人提前清偿所担保的债权的，质权人应当返还质押财产。

债务人不履行到期债务或者发生当事人约定的实现质权的情形，质权人可以与出质人协议以质押财产折价，也可以就拍卖、变卖质押财产所得的价款优先受偿。

质押财产折价或者变卖的，应当参照市场价格。

第四百三十七条 出质人可以请求质权人在债务履行期限届满后及时行使质权；质权人不行使的，出质人可以请求人民法院拍卖、变卖质押财产。

出质人请求质权人及时行使质权，因质权人怠于行使权利造成出质人损害的，由质权人承担赔偿责任。

法院判决

以下为最高人民法院在本院认为的论述：

本院认为：本案双方的争议焦点为某静公司能否取得案涉某源公司在某客公司 32.1510% 股权的问题。

某静公司提出受让股权的依据为某源公司与朱某群签订的《融资借款协议》及其项下的《股权质押合同》及《股权转让协议》，据协议相关条款内容来看，双方约定在某源公司未能及时清偿债务时，朱某群有权要求某源公司将其持有的某客公司 32.1510%（对应出资额 9785 万元）股权以 7000 万元价格转让给朱某群指定的任意第三人，某源公司不得拒绝，且该第三人亦无需向某源公司支付股权转让款，而是直接支付给朱某群以偿还欠款。其实质为在某源公司不能如约偿还朱某群借款时，朱某群可将某源公司质押的股权以事先约定的固定价格转让给第三方以清偿某源公司所负债务，即在履行期限届满前已约定由质权人朱某群以固定价款处分质物，相当于未届清偿期即已固定了对质物的处分方式和处分价格，显然与法律规定的质权实现方式不符。此种事先约定质物的归属和价款之情形实质上违反了《中华人民共和国物权法》第二百一十一条禁止流质的强制性规定，故该约定条款应属无效。

在某源公司未按期还款的情况下，朱某群将《融资借款协议》中的第三人确定为某静公司，并填补了某源公司事先出具的空白《股权转让协议》的部分内容。因该《股权转让协议》是基于《融资借款协议》《股权质押合同》中质权人朱某群在债务人某源公司不能清偿到期债务时，有权单方以固定方式处置质物，将案涉股权转给其指定的第三人的约定所形成，除股权受让人及签署时间以外的其他内容的形成时间与上述两份协议的形成时间一致，并非某源公司与某静公司在债务到期后自愿协商达成。故从实质上而言，尽管受让主体是在不能如期还款时明确的，但受让方式和价款均为事先约定。在上述两份协议中涉及股权处置的内容已被确认无效的情况下，该《股权转让协议》亦为无效。在此情况下，某静公司要求据此受让某源公司持有的某客公司 32.1510% 股权即失去了事实基础，本院不予支持。

经安徽高院释明后，某静公司提出按照评估价值确定的公允价格受让股权。本院认为，该诉请仍系建立在质权人在履行期限届满前以固有方式决定质物归属之基础上，因朱某群的该处分行为于法无据，某静公司的诉请也就失去了基础法律关系支撑。在本案债务履行期限届满后，质权人朱某群可依据《中华人民共和国物权法》第二百一十九条实现质权，可以与出质人协议以质押财产折价，也可以就拍卖、变卖质押财产所得的价款优先受偿，但此时并非为直接履行案涉《股权转让协议》，而是质权人在债务履行期限届满后的质权实现方式。某静公司并非为本案质权人，其依据事先约定的《股权转让协议》要求以公允价格受让某源公司持有的股权于法无据，本院不予支持。

延伸阅读

股权担保融资的三则裁判规则

规则一：事前约定"以股抵债"的股权质押条款违反"禁止流质"的规定，当属无效。

案例一：浙江省高级人民法院，吴某某与某信用担保有限公司一案二审民事判决书〔（2010）浙商终字第74号〕认为：以协议人所收购的新某公司 60% 股权作为向乙某、林某借款的偿还担保，若到期未能足额偿还，则新某公司 60% 股权以该借款的价格转让归吴某某、林某所有；第七条约定，杜某某以新某公司 30% 股权作为向乙某的借款抵押，该股权杜某某可在约定期间内回购，具体回购事宜另行约定。上述条款中关于以股权作为借款抵押的约定其性质属于股权质押，而其中关于在借款不能归还时吴某某、林某直接取得相应股权的约定，因违反《中华人民共和国物权法》第二百一十一条之规定，依法应确认无效。

案例二：昆明市中级人民法院，重庆某进出口贸易有限公司诉云南某橡胶有限公司、昆明某橡胶种植有限责任公司,赵某美股权转让纠纷一审判决书[(2016)云01民初107号]认为:本案中,原告已于2015年5月13日对被告昆明某深公司35%的股权享有了担保物权,后又于2015年7月1日与被告云南某深公司签订《股权转让协议》受让其已经享有担保物权的该35%的股权,转让价款的支付方式系以原告对被告云南某深公司享有的债权进行冲抵,担保物权法律关系及股权转让法律关系均发生在原告与被告云南某深公司之间,原告以获取其已享有担保物权的股权所有权来冲抵被告云南某深公司对原告所负的债务,属于法律明确禁止的流质、流押情形。虽然原告抗辩认为质权设立及股权转让发生在不同时段系不同的法律关系,对此本院认为,虽然双方的行为并不是在同一份协议中既约定设立担保物权,又约定以获取担保物所有权来冲抵双方之前的债权债务的形式,但原告与被告云南某深公司签订的两份协议履行的实质就是以获取担保物所有权来冲抵双方之前形成的债权债务关系,原告对于双方以不同步骤、不同形式签订协议的抗辩并不能改变合同履行结果上的流质、流押性质,故本院对原告的该项抗辩主张不予支持。根据《中华人民共和国合同法》第五十二条第五项之规定,原告与被告云南某深公司在《股权转让协议》对转让昆明某深公司35%股权的约定当属无效。

案例三:宜春市中级人民法院,席某亮与丁某飞股权转让纠纷二审民事判决书[(2014)宜中民二终字第244号]认为:席某亮与丁某飞于2013年8月16日签订的《股权抵押借款协议书》第五条、第六条关于席某亮以其在某唐公司40%股权为借款提供质押,如到期未还将该40%股权转让给丁某飞的约定,是以股权出质担保条款。根据《中华人民共和国物权法》第二百二十六条之规定,应当到工商行政管理部门办理出质登记方才设立,而该协议并未到工商部门办理出质登记,故本案质权并未设立。由于质物的价格随时间的变动而变动,故在实现质权时,可能质物价格已远远高于其担保的债权的价格,故类似该协议第五条、第六条的约定易损害出质的债务人权益,也很可能损害对出质债务人享有债权的其他债权人的合法权益,为此《中华人民共和国担保法》第六十六条明确规定"出质人和质权人在合同中不得约定在债务履行期届满质权人未受清偿时,质物的所有权转移为质权人所有",《中华人民共和国物权法》第二百一十一条也规定"质权人在债务履行期届满前,不得与出质人约定债务人不履行到期债务时质押财产归债权人所有",该协议第五条、第六条就违反了上述法律规定,属于无效条款。

案例四：温州市中级人民法院，温州某信用担保有限公司与温州某置业投资有限公司、厦门某东方商贸有限公司股权确认纠纷一审民事判决书［（2010）浙温商初字第11号］认为：五方协议第七条明确约定杜某美以30%股权向吴某萍另3500万元借款提供"抵押"担保。该种担保方式实质也属于股权质押担保。基于权利质押这一法定担保形式的法律特征，质权人只能在债权不能得到清偿时主张质权而非直接变动物权。五方协议在未约定3500万元借款的具体偿还期限的情形下，即在不考虑该3500万元借款届期是否能够得到清偿的情形下事先直接约定将该30%股权变更登记至吴某萍名下，同样违反了《中华人民共和国物权法》第二百一十一条有关禁止流质的规定，五方协议中涉及该30%股权变更登记的条款亦应无效。

案例五：承德县人民法院，白某库与承德县某矿业有限责任公司、承德某矿业集团有限责任公司、李某坡、赵某君、韩某明公司决议纠纷一审民事判决书［（2014）承民初字第1702号］认为：根据《中华人民共和国物权法》第二百一十一条"质权人在债务履行期届满前，不得与出质人约定债务人不履行到期债务时质押财产归债权人所有"之规定，原告白某库与第三人承德某矿业集团有限责任公司所签订的借款担保合同虽未约定债务人不履行到期债务时，质押财产归债权人所有，却约定债权人单方面处分质押财产，行使了所有权人的权利，是变相约定债务人不履行到期债务时，质押财产归债权人所有，因其约定违反《中华人民共和国物权法》的上述原则而无效。

规则二："先让与担保"被认定为股权质押条款的，被判无效。

案例六：徐州市中级人民法院，新沂市某商业有限公司与吴某、胡某华等股权转让纠纷二审民事判决书［（2016）苏03民终6281号］认为：某城公司与吴某签订的协议虽名为股权转让协议，但该协议的主要条款对双方间借款金额、借款利息、借款期限等进行了约定，符合借款合同的构成要件。协议虽约定某城公司将其持有的某天下公司99%的股权过户至吴某名下，但同时约定了当某城公司偿还70万元借款后，吴某应将该股权返还予某城公司，应当认定双方的真实意思表示系某城公司以其持有的某天下公司的股权出质予吴某，从而担保上述借款的履行，双方不存在股权转让的合意。因此，某城公司与吴某间涉案法律关系性质系民间借贷法律关系，而非股权转让法律关系。《中华人民共和国物权法》第二百一十一条规定，"质权人在债务履行期届满前，不得与出质人约定债务人不履行到期债务时质押财产归债权人所有"，双方间协议关于股权过户的约定违反了上述法律规定，应属无效，吴某仅享受该部分股权的质权，不享有所有权。

规则三："先让与担保"被认定为股权回购的，被判有效。

案例七：珠海市中级人民法院，某仁投资集团有限公司、深圳市某仁控股有限公司等与北京某鼎信用担保有限公司、曹某华股权转让纠纷二审民事判决书[（2013）珠中法民二终字第400号]认为：双方争议的焦点是两份股权转让合同的目的及效力。从本案股权转让合同形成的过程来看，某鼎公司与无锡某仁公司在2009年9月28日签订委托贷款合同，珠海某仁公司作为担保方最初的意思表示是提供公司土地抵押以作为债权履行的保障，但因其他因素导致土地抵押无法设立，遂双方以便函方式协商新的担保方式即变通为以股权转让的方式来担保债的履行。故本案双方当事人签订的《股权转让合同》是在特定情形下为担保债权履行而签订的，并非当事人最初形成的以买卖股权为直接目的的意思表示。这也与公司注册资本达1.4亿元，名下存有大幅土地，而未采取评估程序确定价值仅象征性约定售价1元、股东权益评估价值1800余万元及受让股权后取走公章、证照却未变更法定代表人，也不开始经营以及便函中提及回购股权事项相互印证。虽然双方当事人本意为债权设立担保，但并不等于订立该合同的目的就是设立股权质押。在签订股权转让合同之前，深圳某仁公司已经签署过济南某仁公司股权质押合同并成功办理质押登记，表明双方明确知晓股权质押的操作方式，被上诉人声称不了解股权质押与股权转让的区别并不可信。而便函上深圳某仁公司同意以股权转让的方式外加回购方式来担保债的履行，意思表达清楚，且在合同签订后珠海某仁公司的印鉴、证照等资料移交给某鼎公司，这完全不同于股权质押合同，表明双方并非要设定质押担保。涉案合同名称为股权转让，但当事人本意在于担保，因此本案双方当事人是以让渡股权的方式来设定担保，该担保形式不同于普通典型担保，属于一种新型的担保方式。当事人这一真实意思表示并没有违反法律的禁止性规定，且该种让与型担保灵活便捷可以方便当事人融资、有利于市场经济的繁荣，应视为当事人在商业实践中的创新活动，属于商业活力的体现，不应以担保法未规定该担保方式来否定其存在的价值。本院对该《股权转让合同》效力予以认可。

案例八：最高人民法院，某大集团有限公司与安徽省某控股集团有限公司股权转让纠纷二审民事判决书[（2013）民二终字第33号]认为：关于《股权转让协议书》是否名为股权转让，实为企业间借贷的协议。股权协议转让、股权回购等作为企业之间资本运作形式，已成为企业之间常见的融资方式。如果并非以长期年利为目的，而是出于短期融资的需要产生的融资，其合法性应予承认。

案例九：最高人民法院，某静汽车投资有限公司与上海某源实业集团有限公司股权转让纠纷二审民事判决书［（2015）民二终字第204号］认为：本案系股权转让及回购纠纷，股东一旦注资成为公司股东，即应承担相应的投资风险，即便此类由股东予以回购的协议并不违反法律禁止性规定，但回购实质上是在双赢目标不能达成之后对投资方权益的一种补足，而非获利，故其回购条件亦应遵循公平原则，在合理的股权市场价值及资金损失范围之内，不能因此鼓励投资方促成融资方违约从而获取高额赔偿。

第八章 股权的善意取得

057 一股三卖,花落谁家?

裁判要旨

同一股权被转让给多个受让人,适用善意取得制度,该股权由善意受让人取得。

案情简介①

1. 某湖公司、刘某良首先与某龙公司签订《股权转让协议一》,约定:某湖公司、刘某良将持有某云公司、某珩公司各100%的股权转让给某龙公司,股权转让总价款1.7亿元。某龙公司依约交付5400万元转让款后,因故未能及时交付剩余款项,但是某湖公司与刘某良均未行使解除权解除合同,也未办理工商变更登记。

2. 某湖公司、刘某良又与某众公司签订《股权转让协议二》,约定:某湖公司、刘某良将持有某云公司、某珩公司各100%的股权转让给某众公司,股权转让总价款仅为1.41亿元。其中某众公司股东刘某涛,也是某云和某珩公司的高管人员,其知道该股权在某众公司受让前已由某龙公司受让的事实;后某众公司办理了工商变更登记。

3. 某众公司又与某仁公司签订《股权转让协议三》,约定:某众公司将其持有的某云公司和某珩公司各100%的股权转让给某仁公司,股权转让总价为3.17亿元。某仁公司依约交付全部款项后,某众公司分别将某云公司、某珩公司各100%的股权转让给某仁公司,并修改了某云公司、某珩公司章程,办理了工商

---

① 最高人民法院,四川某建设集团有限公司与简阳某旅游快速通道投资有限公司等及深圳市某房地产投资顾问有限公司等股权确认纠纷二审民事判决书〔(2013)民二终字第29号〕。

变更登记。

4. 某龙公司在知道刘某良、某湖公司再次转让某云公司、某珩公司股权后，向四川高院提起诉讼，请求：（1）某湖公司、刘某良继续履行《股权转让协议一》；（2）确认《股权转让协议二》和《股权转让协议三》无效，判决该转让股权恢复至刘某良和某湖公司持有。同时，某湖公司、刘某良向该院提出反诉，请求确认其与某龙公司签订的《股权转让协议一》已经解除。

5. 四川省高级人民法院判定：《股权转让协议二》合法有效，驳回某龙公司将某云公司、某珩公司100%的股权恢复至某湖公司、刘某良持有的请求。

6. 最高人民法院经审理判定：《股权转让协议二》无效，《股权转让协议三》合法有效，某仁公司善意取得某云公司与某珩公司股权。

争议原因

首先，某众公司与某湖公司、刘某良签订的《股权转让协议二》属于无效合同。某众公司在知道某湖公司、刘某良与某龙公司的股权转让合同尚未解除的情况下，又就该股权与二者达成股权转让协议，且受让价格均显著低于某龙公司的受让价格，并将受让公司过户到某众公司名下，而某湖公司、刘某良在未解除与某龙公司之间的合同的情形下将目标公司股权低价转让给关联公司，损害了某龙公司根据股权转让协议可以获取的利益，根据原合同法第五十二条第二项有关"恶意串通，损害国家、集体或者第三人利益"的合同属于无效合同之规定，该合同无效。

其次，某仁公司因善意取得股权。（1）某众公司与某仁公司签订的《股权转让协议三》，主体合格、意思表示真实，亦不违反法律、行政法规的强制性规定，合法有效；（2）某众公司因合同无效不能取得股权，故其将股权转让给某仁公司的行为属于无权处分行为；（3）因股权登记在某众公司名下，某仁公司业已委托会计师事务所、律师事务所对二公司的财务状况、资产状况、负债情况、所有者权益情况、银行查询情况等事项进行尽职调查并提供尽职调查报告，故其在取得股权时系善意；（4）某仁公司已支付了合理对价，且将股权由某众公司过户到某仁公司名下，并实际行使了股东权利，满足了物权法有关善意取得的条件。

实务经验总结

为避免未来发生类似争议，我们建议：

1. 确保股权转让协议合法有效。股权转让协议在满足主体合格、意思表示真实，亦不违反法律、行政法规的强制性规定的一般要件，特殊情况下还需满足评估报批等手续才能合法有效，签字盖章前需请专业法律人士审查。

2. 聘请专业团队做尽职调查。客户应委托会计师事务所、律师事务所对目标公司的财务状况、资产状况、负债情况、所有者权益情况、银行查询情况等事项进行尽职调查并提供尽职调查报告，法律意见书等资料，以确保股权的价值，并且证明自己满足了善意标准。

3. 不要贪图便宜，以明显不合理的低价买入。股权善意取得需满足，无权处分、善意、合理价格买入、交付或登记等要件，其中价格是否合理是最易衡量的一个标准，故一定要合理定价。

4. 股权转让协议设计分批支付条款，倒逼对方配合完成过户手续。股权的善意取得也需满足股权已变更登记在自己名下的条件，但在实践中，经常遇到出卖人在签订股权转让协议且收到全部转让款后，仍迟迟不配合变更登记、待价而沽的情况，所以在股权转让协议中务必将变更登记约定为股权转让款的支付条件。

相关法律规定

《中华人民共和国物权法》（已失效）

第一百零六条 无处分权人将不动产或者动产转让给受让人的，所有权人有权追回；除法律另有规定外，符合下列情形的，受让人取得该不动产或者动产的所有权：

（一）受让人受让该不动产或者动产时是善意的；

（二）以合理的价格转让；

（三）转让的不动产或者动产依照法律规定应当登记的已经登记，不需要登记的已经交付给受让人。

受让人依照前款规定取得不动产或者动产的所有权的，原所有权人有权向无处分权人请求赔偿损失。

当事人善意取得其他物权的，参照前两款规定。

《中华人民共和国民法典》

第三百一十一条 无处分权人将不动产或者动产转让给受让人的，所有权人有权追回；除法律另有规定外，符合下列情形的，受让人取得该不动产或者动产的所有权：

（一）受让人受让该不动产或者动产时是善意；

（二）以合理的价格转让；

（三）转让的不动产或者动产依照法律规定应当登记的已经登记，不需要登记的已经交付给受让人。

受让人依据前款规定取得不动产或者动产的所有权的，原所有权人有权向无处分权人请求损害赔偿。

当事人善意取得其他物权的，参照适用前两款规定。

《中华人民共和国公司法》（2018年，已被修订）

第三十二条　有限责任公司应当置备股东名册，记载下列事项：

（一）股东的姓名或者名称及住所；

（二）股东的出资额；

（三）出资证明书编号。

记载于股东名册的股东，可以依股东名册主张行使股东权利。

公司应当将股东的姓名或者名称向公司登记机关登记；登记事项发生变更的，应当办理变更登记。未经登记或者变更登记的，不得对抗第三人。

《中华人民共和国公司法》（2023修订）

第五十六条　有限责任公司应当置备股东名册，记载下列事项：

（一）股东的姓名或者名称及住所；

（二）股东认缴和实缴的出资额、出资方式和出资日期；

（三）出资证明书编号；

（四）取得和丧失股东资格的日期。

记载于股东名册的股东，可以依股东名册主张行使股东权利。

法院判决

以下为该案在法院审理阶段，判决书中"本院认为"就该问题的论述：

一、关于某泰公司、某众公司能否取得案涉目标公司股权的问题。

某泰公司与某湖公司签订的《某荣和某展公司股权转让协议》，某众公司与某湖公司、刘某良签订的《某云公司和某珩公司股权转让协议》，此两份合同均系当事人之间的真实意思表示。因刘某涛系某泰公司的股东及法定代表人、某众公司股东，同时也是受让目标公司某展公司监事、某荣公司总经理、某珩公司执行董事和法定代表人；刘某叶系某众公司的股东及法定代表人、某泰公司股东；刘某叶、刘某涛共同持有某泰公司、某众公司100%的股权，且某湖公司、刘某良系将某骋公司、某展公司、某荣公司、某云公司、某珩公司的股权整体转让给某龙公司，一审判决根据《中华人民共和国公司法》第五十条、第五十一条、第五十四条的规定及某展公司、某荣公司、某珩公司的公司章程所载明的执行董事、总经理、监事的职权的规定，认定刘某涛作为目标公司的高管人员，知道或应当知道某湖公司、刘某良已将案涉五家目标公司的股权转让给某龙公司，某泰公司、某众公司在作出受让案涉转让股权决议之时，刘某涛应当参与了某泰公司、某众公司的股东会议及对决议的表决，故认定某泰公司和某众公司在受让案涉股权时，就已经知道或应当知道该股权在其受让前已由某龙公司受让的事实，并无不当。

某泰公司受让某展公司、某荣公司各10%股权的价格1000万元显著低于某龙公司受让同比股权的价格24713145元；某众公司受让某云公司、某珩公司全部股权的价格141901125元显著低于某龙公司受让全部股权的价格170281350元。因某泰公司和某众公司在知道某湖公司、刘某良与某龙公司的股权转让合同尚未解除的情况下，分别就某展公司和某荣公司、某云公司和某珩公司与某湖公司、刘某良达成股权转让协议，且受让价格均显著低于某龙公司的受让价格，并将受让公司过户到某泰公司、某众公司名下，而某湖公司、刘某良在未解除与某龙公司之间的合同的情形下将目标公司股权低价转让给关联公司，损害了某龙公司根据《股权转让协议》及其《补充协议》可以获取的利益，根据《中华人民共和国合同法》第五十二条第二项有关"恶意串通，损害国家、集体或者第三人利益"的合同属于无效合同之规定，某泰公司与某湖公司签订的《某荣和某展公司股权转让协议》，某众公司与某湖公司、刘某良签订的《某云公司和某珩公司股权转让协议》属于无效合同。

某湖公司、刘某良以低价转让目标公司股权系为解决资金紧缺问题为由，主张某泰公司、某众公司受让目标公司股权不构成恶意，但某湖公司、刘某良在接受某龙公司逾期支付的股权转让款后，既未催促某龙公司交纳合同所涉全部价款，也未行使合同解除权，而在其与某泰公司的股权交易中，在2010年11月24日即为某泰公司办理了工商变更登记，但直至本案一审诉讼开始后的2011年4月20日才支付股权转让价款，与某湖公司、刘某良所主张的系为解决资金紧缺问题而提供的低价转让优惠的主张相矛盾，故对某泰公司、某众公司低价受让目标公司股权系为解决资金紧缺问题而提供的优惠,不构成恶意的主张,本院不予支持。

根据《中华人民共和国合同法》第五十八条"合同无效或者被撤销后,因该合同取得的财产,应当予以返还"之规定,某泰公司应当将受让的某展公司、某荣公司各10%的股权返还给某湖公司,某众公司亦应将受让的某云公司、某珩公司的股权分别返还给某湖公司、刘某良。某泰公司、某众公司明知某龙公司受让目标公司股权在先,且未支付合理对价,故亦不能依据有关善意取得的法律规定取得目标公司股权。

二、关于某仁公司能否善意取得案涉目标公司股权的问题。

某众公司与某仁公司于2010年9月8日签订的《某云和某珩公司股权转让协议1》,主体合格、意思表示真实,亦不违反法律、行政法规的强制性规定,属合法有效的合同。某龙公司主张该合同因恶意串通损害其利益而无效,但某仁公司受让目标公司的股权价格高于某龙公司受让价格、某仁公司的付款方式及付款凭证、目标公司股权变更的时间及次数的事实并不能证明某仁公司有与某众公司串通、损害某龙公司利益的恶意,某龙公司亦未能提供其他证据证明某仁公司存在此恶意,故对某龙公司有关某众公司与某仁公司于2010年9月8日签订的《某云和某珩公司股权转让协议1》因恶意串通损害第三人利益而无效的主张,本院不予支持。

因某众公司与某湖公司、刘某良所签订的《某云公司和某珩公司股权转让协议》无效,某众公司不能依法取得某云公司、某珩公司的股权,其受让的某云公司、某珩公司的股权应当返还给某湖公司、刘某良。故某众公司将某云公司、某珩公司的股权转让给某仁公司的行为属于无权处分行为。

对某仁公司能否依据善意取得制度取得某云公司、某珩公司的全部股权问题,根据本院《关于适用〈中华人民共和国公司法〉若干问题的规定(三)》第二十八条第一款有关"股权转让后尚未向公司登记机关办理变更登记,原股东将仍登记于其名下的股权转让、质押或者以其他方式处分,受让股东以其对于股权享有实际权利为由,请求认定处分股权行为无效的,人民法院可以参照物权法第一百零六条的规定处理"的规定,受让股东主张原股东处分股权的行为无效应当以支付股权转让价款并享有实际股东权利为前提。但本案中,某龙公司既未向某湖公司、刘某良支付某云公司、某珩公司的股权转让价款,也未对某云公司、某珩公司享有实际股东权利,且某众公司系在某龙公司之后的股权受让人,而非原股东,故本案情形并不适用该条规定。我国《中华人民共和国公司法》并未就股权的善意取得制度作出明确的法律规定,但《中华人民共和国物权法》第一百零六条规定了动产及不动产的善意取得制度,其立法意旨在于维护善意第三人对权利公示之信赖,以保障交易秩序的稳定及安全。股权既非动产也非不动产,故股权的善意取得并不能直接适用《中华人民共和国物权法》第一百零六条之规定。股权的变动与动产的交付公示及不动产的登记公示均有不同。根据《中华人民共和国公司法》第三十三条第三款有关"公司应当将股东的姓名或者名称及其出资额向公司登记机关登记;登记事项发生变更的,应当办理变更登记。未经登记或者变更登记的,不得对抗第三人"之规定,股权在登记机关的登记具有公示公信的效力。本案中某云公司及某玎公司的股权已变更登记在某众公司名下,某仁公司基于公司股权登记的公示方式而产生对某众公司合法持有某云公司及某玎公司股权之信赖,符合《中华人民共和国物权法》第一百零六条所规定的维护善意第三人对权利公示之信赖,以保障交易秩序的稳定及安全之意旨。故本案可类推适用《中华人民共和国物权法》第一百零六条有关善意取得之规定。

因某仁公司与某众公司进行股权交易时,某云公司、某玎公司均登记在某众公司名下,且某仁公司已委托会计师事务所、律师事务所对某云公司、某玎公司的财务状况、资产状况、负债情况、所有者权益情况、银行查询情况等事项进行尽职调查并提供尽职调查报告,某龙公司亦无证据证明某仁公司在交易时明知其与某湖公司、刘某良之间的股权交易关系的存在,故可以认定某仁公司在受让某云公司、某玎公司股权时系善意。某龙公司以目标公司股权在一个月内两次转手、某仁公司对股权交易项下所涉土地缺乏指标的事实属于明知、某仁公司在明知目标公司的债权人无合法票据证明的情况下仍为目标公司偿还59480830.42元债务、某仁公司委托的会计师事务所及律师事务所所作的尽职调查存在明显虚假和瑕疵为由,主张某仁公司不构成善意。但股权转让的次数与频率、目标公司财产权益存在的瑕疵、某仁公司为目标公司代偿债务的行为,均不能证明某仁公司明知某龙公司与某湖公司、刘某良的交易情况。某龙公司虽主张此两份尽职调查报告存在明显虚假和瑕疵,但亦未提供证据证明,故对某龙公司有关某仁公司受让目标公司股权不构成善意的主张,本院不予支持。

某龙公司认为某仁公司受让目标公司股权的价格既高于某龙公司的受让价格,也远高于同期同一地域位置的地价,且交易仅有手写的普通收据,开具时间是 2010 年 9 月 13 日，而银行付款时间是 9 月 14 日，内容为业务往来款而非股权转让款，无有效的付款凭证，故不符合以合理价格受让的条件。但对善意取得受让价格是否合理的认定，系为防止受让人以显著低价受让，而高于前手的交易价格，则常为出卖人一物再卖之动因，并不因此而当然构成受让人的恶意。某仁公司的付款时间与付款形式并不影响对某仁公司支付股权转让价款的事实认定，故对某龙公司有关某仁公司未以合理价格受让目标公司股权的主张，本院不予支持。

因某龙公司无证据证明某仁公司在受让目标公司股权时系恶意，且某仁公司已支付了合理对价，某云公司、某珩公司的股权业已由某众公司实际过户到某仁公司名下，某仁公司实际行使了对某云公司、某珩公司的股东权利，符合《中华人民共和国物权法》第一百零六条有关善意取得的条件，故应当认定某仁公司已经合法取得了某云公司、某珩公司的股权。对某龙公司有关确认某众公司转让某云公司、某珩公司股权的行为无效，并判决将某云公司、某珩公司股权恢复至某湖公司、刘某良名下的诉讼请求，本院不予支持。

综上，一审判决某湖公司将其持有的某展公司、某荣公司各 10% 的股权转让给某泰公司的处分行为无效，某泰公司应将受让股权返还给某湖公司，驳回某龙公司将某云公司、某珩公司 100% 的股权恢复至某湖公司、刘某良持有的请求并无不当，但判决认定某泰公司与某湖公司签订的《某荣和某展公司股权转让协议》合法有效、某众公司与某湖公司及刘某良签订的《某云公司和某珩公司股权转让协议》合法有效有误，本院予以纠正。本院依照《中华人民共和国民事诉讼法》第一百七十条第一款第一项之规定，判决如下：驳回上诉，维持原判决。

058 他人伪造股东签名转让其股权，受让人能否取得股权？无权处分股权可否适用善意取得？

裁判要旨

股权受让人在受让股权时，尽到了充分的注意义务，并依据协议支付了部分股权转让款，完成股权变更登记。为维护社会经济秩序的稳定，应适用善意取得制度，认定其取得目标公司的相应股权。

案情简介①

1. 2003年5月，某耀公司与崔某龙、俞某林共同出资设立世纪公司。

2. 2003年9月25日，某耀公司、燕某等四人伪造崔某龙、俞某林的签名，制作虚假的《股东会决议》《股权转让协议》，将崔某龙、俞某林在世纪公司60%的股权，变更到某耀公司、燕某等四人名下。

3. 2003年12月17日，某耀公司、燕某等四人与孙某源等五人签订《股权转让协议》，约定某耀公司、燕某等四人将其在世纪公司的股份转让给孙某源等五人。在签订协议前，孙某源等到工商管理部门核实，某耀公司、燕某等四人确实拥有世纪公司全部股份。随后，合同当事人支付了股权转让款，并办理了工商变更登记手续。

4. 崔某龙、俞某林请求判令上述股权转让协议无效、确认二人在世纪公司中拥有的股权。本案历经江苏省高院一审、最高法院二审，最终判令孙某源等五人已基于善意取得受让世纪公司的股份，崔某龙、俞某林丧失股权和股东身份，可向某耀公司、燕某等无权处分人主张承担民事责任。

争议原因

本案争议的焦点在于孙某源等人能否基于善意取得制度受让案涉股权。

某耀公司、燕某等四人伪造股东崔某龙、俞某林的签名，制作虚假的《股东会决议》《股权转让协议》，并到工商行政管理机关办理了股权变更登记手续，将崔某龙、俞某林在世纪公司60%的股权，变更到某耀公司、燕某等四人名下。随后，又将案涉股权转让给孙某源等人。孙某源等人在签订协议前，已到工商管理部门对案涉股权的归属情况进行了核实。并在协议签订后，支付了股权转让价款，办理了工商变更登记。

最高法院认为，孙某源等五人在与某耀公司、燕某等四人进行股权受让行为时，尽到了充分的注意义务，并依据协议支付了部分股权转让款，完成股权变更登记。为维护社会经济秩序的稳定，应适用善意取得制度，认定其取得世纪公司的相应股权。

---

① 最高人民法院，崔某龙、俞某林与无锡市某置业有限公司、燕某等股权转让纠纷上诉案〔(2006)民二终字第1号〕。

实务经验总结

为避免未来发生类似争议,提出如下建议:

1. 受让人在进行股权转让的交易过程中,应当尽到谨慎审查的义务,例如查询工商登记中股权的情况等。若尽到调查义务之后,仍未发现股权转让存在瑕疵,并支付了合理价款、完成工商变更登记,则合法取得案涉股权。原股权所有人不得基于无权处分主张股权转让无效。

2. 当事人的股权被无权处分之后,应当向相关侵权人即无权处分人主张承担相应的责任。特别是在第三人已经善意受让该股权的情况下,若直接向法院起诉确认股权归其所有,难以获得支持。

相关法律规定

《中华人民共和国物权法》(已失效)

第一百零六条 无处分权人将不动产或者动产转让给受让人的,所有权人有权追回;除法律另有规定外,符合下列情形的,受让人取得该不动产或者动产的所有权:

(一)受让人受让该不动产或者动产时是善意的;

(二)以合理的价格转让;

(三)转让的不动产或者动产依照法律规定应当登记的已经登记,不需要登记的已经交付给受让人。

受让人依照前款规定取得不动产或者动产的所有权的,原所有权人有权向无处分权人请求赔偿损失。

当事人善意取得其他物权的,参照前两款规定。

《中华人民共和国民法典》

第三百一十一条 无处分权人将不动产或者动产转让给受让人的,所有权人有权追回;除法律另有规定外,符合下列情形的,受让人取得该不动产或者动产的所有权:

(一)受让人受让该不动产或者动产时是善意;

(二)以合理的价格转让;

(三)转让的不动产或者动产依照法律规定应当登记的已经登记,不需要登记的已经交付给受让人。

受让人依据前款规定取得不动产或者动产的所有权的，原所有权人有权向无处分权人请求损害赔偿。

当事人善意取得其他物权的，参照适用前两款规定。

《最高人民法院关于适用〈中华人民共和国公司法〉若干问题的规定（三）》（2020 修正）

第二十五条　名义股东将登记于其名下的股权转让、质押或者以其他方式处分，实际出资人以其对于股权享有实际权利为由，请求认定处分股权行为无效的，人民法院可以参照民法典第三百一十一条的规定处理。

名义股东处分股权造成实际出资人损失，实际出资人请求名义股东承担赔偿责任的，人民法院应予支持。

法院判决

以下为该案在法院审理阶段，判决书中"本院认为"就该问题的论述：

本院认为，根据本案一、二审查明的事实，某耀公司、燕某等四人伪造崔某龙、俞某林的签名，制作虚假的《股东会决议》《股权转让协议》，并到工商行政管理机关办理了股权变更登记手续，将崔某龙、俞某林在世纪公司 60% 的股权，变更到某耀公司、燕某等四人名下。此后，某耀公司、燕某等四人通过与孙某源等五人签订《股权转让协议》，将已经在工商行政管理机关登记其名下的世纪公司 80% 的股权转让给孙某源等五人。上述某耀公司、燕某等四人伪造签名制作的《股东会决议》《股权转让协议》载明的股权转让法律关系应不成立。某耀公司、燕某等四人与孙某源等五人签订的《股权转让协议》，因某耀公司、燕某等四人并非股权所有人，该协议处分的部分股权，应属于崔某龙、俞某林所有，而崔某龙、俞某林并不追认某耀公司、燕某等四人的股权转让行为，根据《中华人民共和国合同法》第五十一条的规定，上述《股权转让协议》属于无权处分他人财产的合同。然而，孙某源等五人与某耀公司、燕某等四人在签订本案《股权转让协议》时，曾经到工商行政管理机关查阅过世纪公司的股权登记，对于某耀公司和燕某等四人是否享有该公司股权尽了审慎审查的义务。在协议签订后，孙某源等五人履行了合同规定的主要义务，已经向对方支付了部分股权转让款，并于 2003 年 12 月 29 日在工商行政管理机关办理了股权变更登记。此后，孙某源开始进入公司担任该公司法定代表人，参加公司的经营和管理。上述事实表明，孙某源等五人在与某耀公司、燕某等四人进行股权受让行为时，尽到了充分的注意义务，并依据协议支付了部分股权转让款，股权变更登记已经经过多年。根据本案现有证据，不能证明孙某源等五人在股权受让过程中存在恶意，以及协议约定的股权受让价格不合理等情况，可以认定孙某源等五人受让股权系善意。虽然孙某源等五人系从无权处分股权的某耀公司、燕某等四人处受让股权，但孙某源等五人在本案涉及的股权交易中没有过错，为维护社会经济秩序的稳定，应认定其取得世纪公司的相应股权。孙某源等五人在二审中答辩认为本案应当适用善意取得制度的理由成立，本院予以采纳。上诉人崔某龙、俞某林主张确认其享有世纪公司股权、恢复其股东身份的请求，本院难以支持。在本判决生效后，本案争议的股权原权利人崔某龙、俞某林因丧失股权和股东身份，可以向相关侵权人主张承担民事责任，如果发生争议，可以另行起诉。

059 购买股权必须调查工商登记档案，否则一旦买到有权利瑕疵的股权并不适用善意取得

阅读提示

在股权转让的过程中，受让方查询拟受让股权公司的工商档案，调查拟受让的股权是否已经缴足出资，是否存在被查封、冻结的情形，是否存在股权质押的情形属于收购方签约前的标准动作。但是在实践中，一些收购者，过亿元的股权交易无视工商档案，以至于买到早已被冻结的股权，最终导致股权被强制执行，已支付的上亿元股权转让款也打了水漂。

裁判要旨

一旦法院对股权作出的查封、冻结的裁定及协助执行通知被工商局接收，即具有了对外公示效力，股东也就无权处分该股权；任何拟受让股权的受让方均有义务对拟受让的股权是否存在权利负担进行审查，否则一旦购买到有权利瑕疵的股权并不适用善意取得。

案情简介[①]

1. 某达公司持有抚顺银行 1.5 亿股股份。2012 年，李某因 1.05 亿元的借贷纠纷向大连中院申请对某达公司实行财产保全措施，2012 年 1 月 13 日，法院依法冻结了某达公司持有抚顺银行的全部股权，并向股权登记的工商局下达了民事裁定书和协助执行书，这两份文书留存在抚顺银行的工商档案中。

2. 2012 年 5 月，某达公司与某丰公司签订《股权转让协议》，约定某达公司将其持有抚顺银行股份中的 7000 万股份，以每股 1.5 元的价格，转让给某丰公司。此后，某丰公司依约支付了 1.05 亿元的股权转让款。但是，某丰公司并非查阅抚顺银行的工商档案，对涉案股权已被冻结的事实并不知情。而且，截至 2015 年，该部分股权在工商部门仍登记在某达公司名下。

3. 此后，李某胜诉，依法向法院申请强制执行某达公司名下的股权。某丰公司以其为真正的股权所有人为由，向法院提起执行异议，反对法院执行相关股权。

4. 本案历经大连中院一审、辽宁高院二审、最高法再审，最终以某丰公司未尽到最基本的审慎注意义务即受让已冻结的股权不适用善意取得为由，驳回了某丰公司的异议请求。

争议原因

某达公司转让被冻结的股权属于无权处分。在民事诉讼中，法院保全查封是一种临时性的强制措施，具有法律的权威性和排他性，未经人民法院许可，或未经解除查封，任何人不得处置。涉案股权已于 2012 年 1 月 13 日被本院依法查封，2012 年 5 月某达公司明知股权被查封，未经法院允许处分其股权，属于无权处分。

某丰公司受让股权时未尽到最基本的审慎注意义务（审查目标公司工商档案中股权是否存在查封、冻结、质押等权利负担）不适用善意取得。根据民事诉讼法(2017 年，已被修正) 第二百四十二条第二款规定："人民法院决定扣押、冻结、划拨、变价财产，应当作出裁定，并发出协助执行通知书，有关单位必须办理。"法院对涉案股权作出的查封、冻结裁定及协助执行通知并经工商局接收后，

[①] 最高人民法院，沈阳某商业管理有限公司、李某再审审查与审判监督民事裁定书 [（2017）最高法民申 3150 号]。

即具有了对外公示效力。抚顺银行工商企业档案中具有法院送达的民事裁定书及协助执行通知书，某丰公司完全有能力去查询。但某丰公司作为商事主体，在受让案涉股权时却未履行对受让股权是否存在权利负担尽审慎注意义务，未向某达公司或工商局了解案涉股权情况。所以，某丰公司在股权交易中并没有尽到最基本的审慎注意义务，不适用善意取得制度，不能取得涉案股权。

实务经验总结

1. 作为股权收购方，务必要在签约前对欲购买的公司股权进行尽职调查。而尽职调查最基本工作则是调取标的公司的全套工商档案，查询该股权是否曾被法院采取查封、冻结等强制措施，是否已经为他人提供了质押担保。如果收购方未尽该审查义务，将不可能被法院认定为善意的收购人，也就不能够取得涉案股权。必要时可委托专业的律师事务所、会计师事务所等中介机构做尽职调查，将信息不对称的问题降低到最低限度。

2. 受让方还应对标的公司的文件进行认真研究，发现交易风险并提前作出预防。例如，涉及公开出让的，还应研读公告和公告中列明的资产评估报告、审计报告及其附件，以便在对交易标的有了充分了解后作出理性的商业判断。若发现转让方未完整提交并公开相应文号的资产评估报告、审计报告及其附件，务必要求其在参与竞拍之前完整公开，并索要完整版的资产评估报告、审计报告及其附件。在股权转让协议中也需要设置完备的陈述与保证条款、违约责任条款、协议附件等。

相关法律规定

《中华人民共和国物权法》（已失效）

第一百零六条 无处分权人将不动产或者动产转让给受让人的，所有权人有权追回；除法律另有规定外，符合下列情形的，受让人取得该不动产或者动产的所有权：

（一）受让人受让该不动产或者动产时是善意的；

（二）以合理的价格转让；

（三）转让的不动产或者动产依照法律规定应当登记的已经登记，不需要登记的已经交付给受让人。

受让人依照前款规定取得不动产或者动产的所有权的，原所有权人有权向无处分权人请求赔偿损失。

当事人善意取得其他物权的，参照前两款规定。

《中华人民共和国民法典》

第三百一十一条　无处分权人将不动产或者动产转让给受让人的，所有权人有权追回；除法律另有规定外，符合下列情形的，受让人取得该不动产或者动产的所有权：

（一）受让人受让该不动产或者动产时是善意；

（二）以合理的价格转让；

（三）转让的不动产或者动产依照法律规定应当登记的已经登记，不需要登记的已经交付给受让人。

受让人依据前款规定取得不动产或者动产的所有权的，原所有权人有权向无处分权人请求损害赔偿。

当事人善意取得其他物权的，参照适用前两款规定。

《中华人民共和国民事诉讼法》（2023修正）

第二百五十三条第二款　人民法院决定扣押、冻结、划拨、变价财产，应当作出裁定，并发出协助执行通知书，有关单位必须办理。

《最高人民法院关于人民法院民事执行中查封、扣押、冻结财产的规定》（2020修正）

第二十四条　被执行人就已经查封、扣押、冻结的财产所作的移转、设定权利负担或者其他有碍执行的行为，不得对抗申请执行人。

第三人未经人民法院准许占有查封、扣押、冻结的财产或者实施其他有碍执行的行为的，人民法院可以依据申请执行人的申请或者依职权解除其占有或者排除其妨害。

人民法院的查封、扣押、冻结没有公示的，其效力不得对抗善意第三人。

法院判决

以下为该案在法庭审理阶段，判决书中"本院认为"就该问题的论述：

本院认为：根据《中华人民共和国民事诉讼法》第二百四十二条第二款规定："人民法院决定扣押、冻结、划拨、变价财产，应当作出裁定，并发出协助执行通知书，有关单位必须办理。"一审法院对案涉股权作出的查封、冻结裁定及协助执行通知经抚顺市工商局接收后，即具有了对外公示效力。某丰公司主张案涉股权查封没有进行公示,与事实不符。至于抚顺市工商局采取什么方式履行司法协助义务,则属于另一法律关系,并不影响人民法院对案涉股权查封已经依法公示的事实。某丰公司系在案涉股权依法被查封期间受让股权,作为商事主体,某丰公司在受让案涉股权时应明知需对受让的股权是否存在权利负担尽审慎注意义务,但在原审及申请再审期间,某丰公司均未能举证证明其在受让股权时曾向某达公司或抚顺市工商局了解案涉股权情况。原审判决认定某丰公司在案涉股权交易中并没有尽到最基本的审慎注意义务,本案不适用善意取得制度,并无不当。《最高人民法院民事执行中查封、扣押、冻结财产的规定》第二十六条第一款规定:"被执行人就已经查封、扣押、冻结的财产所作的移转、设定权利负担或者其他有碍执行的行为,不得对抗申请执行人。"某达公司转让的是已经人民法院依法查封、冻结的财产,且某丰公司并非善意第三人。因此,某丰公司主张其依据善意取得制度已经取得案涉股权,能够阻却人民法院执行的再审申请理由不能成立。

第九章　公司章程、决议及相关条款效力

060　公司章程规定退休或离职即退股的条款有效吗？

裁判要旨

《公司章程》关于股份回购的具体内容，不违反公司法中有关注册资本维持的基本原则，也不损害第三人的合法权益，是有效条款。

案情简介①

1. 2004 年建筑设计院改制成立有限责任公司，谢某原系设计室主任，持 9 万股，占比 3%；邓某生为普通员工，原持 6000 股，占比 0.2%。

2. 建筑设计院全体股东签名通过的《公司章程》及《股权转让办法》规定：持股人辞职或辞退的必须自事由发生之日起 30 日内转让其全部股权，未在 30 天内转让股权，停止分红；如 30 天内无受让人，由董事会按公司上一年度末账面净资产结合股权比例确定股本受让价格接受股权，但不高于股本原始价格（一元一股）。董事会受让股权后，可由董事会成员分摊或转为技术股。技术股由工会持有，用以派送给一级注册人员及有重大贡献的技术骨干以分红权。被派送者在岗享受分红权，离岗则取消。股份转让在未确定受让人前，先由公司垫付转让金。

3. 谢某 2008 年辞职，建筑设计院通知其向公司转让股权遭拒。此后，谢某与邓某生签订了《股权转让协议》，以每股 6 元的价格转让 9 万股股份，邓某生支付了全部价款 54 万元。邓某生受让谢某股权时，尚在劳动合同期内。

4. 建筑设计院在得知后向株洲中院起诉，要求谢某将 9 万股股权按原始价

---

① 湖南省高级人民法院，邓某生与株洲市建筑设计院有限公司、谢某股权转让纠纷再审民事判决书 [（2016）湘民再 1 号]。

格9万元转让给建筑设计院,邓某生以第三人的身份参加了庭审。株洲中院支持了建筑设计院的请求,判决生效后建筑设计院又溢价将该股权转让给其他股东。

5. 邓某生不服,经再审及抗诉程序,湖南省高院经审理判定:谢某以每股6元向建筑设计院转让其该公司股份9万股;建筑设计院将该项转让款54万元直接支付给邓某生。

争议原因

2004年10月24日,建筑设计院全体股东签名通过了《公司章程》第二十条规定:"当发生下列事由时,持股人必须自事由发生之日起30日内转让其全部股权:3)辞职或辞退的……上述事由发生后持股人未在30天内转让股权,30天期限届满停止分红;如30天内无受让人,由董事会按下列规定接受股权:2)辞职、辞退或其他事项离开本公司的,按公司上一年度末账面净资产结合股权比例确定股本受让价格,但不高于股本原始价格。董事会受让股权后,可由董事会成员分摊或转为技术股。"建筑设计院《公司章程》关于股份回购的具体内容,不违反公司法中有关注册资本维持的基本原则,也不损害第三人的合法权益,是有效条款。

实务经验总结

为避免未来发生类似争议,提出如下建议:

1. 有限责任公司公司章程可以在法定情形外设置公司股权回购条款,该类条款在同时满足以下条件的情况下,合法有效:(1)不违反公司资本维持原则;(2)不侵害第三人合法权益;(3)所有股东签字同意;(4)股权回购(转让)价格的计算方式公平合理。

2. 对于依靠股东的人力资本作为公司运营基础的公司来讲(设计院、会计师事务所等),为激励人才为公司奉献青春,并防止其离开公司与公司展开同业竞争,可以在公司章程中规定股东因退休、解聘、调动等原因离开公司时应将股权转让给其他股东,无法协商一致时,股东会确认的股东有权受让该股权。

相关法律规定

《中华人民共和国公司法》(2018年,已被修订)

第十一条 设立公司必须依法制定公司章程。公司章程对公司、股东、董事、监事、高级管理人员具有约束力。

第七十一条 有限责任公司的股东之间可以相互转让其全部或者部分股权。

股东向股东以外的人转让股权，应当经其他股东过半数同意。股东应就其股权转让事项书面通知其他股东征求同意，其他股东自接到书面通知之日起满三十日未答复的，视为同意转让。其他股东半数以上不同意转让的，不同意的股东应当购买该转让的股权；不购买的，视为同意转让。

经股东同意转让的股权，在同等条件下，其他股东有优先购买权。两个以上股东主张行使优先购买权的，协商确定各自的购买比例；协商不成的，按照转让时各自的出资比例行使优先购买权。

公司章程对股权转让另有规定的，从其规定。

第七十四条 有下列情形之一的，对股东会该项决议投反对票的股东可以请求公司按照合理的价格收购其股权：

（一）公司连续五年不向股东分配利润，而公司该五年连续盈利，并且符合本法规定的分配利润条件的；

（二）公司合并、分立、转让主要财产的；

（三）公司章程规定的营业期限届满或者章程规定的其他解散事由出现，股东会会议通过决议修改章程使公司存续的。

自股东会会议决议通过之日起六十日内，股东与公司不能达成股权收购协议的，股东可以自股东会会议决议通过之日起九十日内向人民法院提起诉讼。

《中华人民共和国公司法》（2023 修订）

第五条 设立公司应当依法制定公司章程。公司章程对公司、股东、董事、监事、高级管理人员具有约束力。

第八十四条 有限责任公司的股东之间可以相互转让其全部或者部分股权。

股东向股东以外的人转让股权的，应当将股权转让的数量、价格、支付方式和期限等事项书面通知其他股东，其他股东在同等条件下有优先购买权。股东自接到书面通知之日起三十日内未答复的，视为放弃优先购买权。两个以上股东行使优先购买权的，协商确定各自的购买比例；协商不成的，按照转让时各自的出资比例行使优先购买权。

公司章程对股权转让另有规定的，从其规定。

第八十九条 有下列情形之一的，对股东会该项决议投反对票的股东可以请求公司按照合理的价格收购其股权：

（一）公司连续五年不向股东分配利润，而公司该五年连续盈利，并且符合本法规定的分配利润条件；

（二）公司合并、分立、转让主要财产；

（三）公司章程规定的营业期限届满或者章程规定的其他解散事由出现，股东会通过决议修改章程使公司存续。

自股东会决议作出之日起六十日内，股东与公司不能达成股权收购协议的，股东可以自股东会决议作出之日起九十日内向人民法院提起诉讼。

公司的控股股东滥用股东权利，严重损害公司或者其他股东利益的，其他股东有权请求公司按照合理的价格收购其股权。

公司因本条第一款、第三款规定的情形收购的本公司股权，应当在六个月内依法转让或者注销。

法院判决

以下为该案在法院审理阶段，判决书中"本院认为"就该问题的论述：

本院补充查明：2004年10月24日，建筑设计院全体股东签名通过了《公司章程》，第二十条规定："当发生下列事由时，持股人必须自事由发生之日起30日内转让其全部股权：3）辞职或辞退的……上述事由发生后持股人未在30天内转让股权，30天期限届满停止分红；如30天内无受让人，由董事会按下列规定接受股权：2）辞职、辞退或其他事项离开本公司的，按公司上一年度末账面净资产结合股权比例确定股本受让价格，但不高于股本原始价格。董事会受让股权后，可由董事会成员分摊或转为技术股。"

本院再审认为，建筑设计院系有限责任公司，其《公司章程》和《股权管理办法》经过股东代表大会表决通过，对建筑设计院以及全体股东具有法律约束力。《中华人民共和国公司法》第七十四条是关于有限责任公司中异议股东股份回购请求权的规定，具有该条规定的三项法定事由之一，公司即有义务回购异议股东的股份，而并非规定公司只能回购异议股东的股份以及除此之外不得回购公司其他股东的股份。法律对有限责任公司回购股权并无禁止性规定。建筑设计院的《公司章程》及《股权管理办法》关于股份回购的具体内容，不违反公司法中有关注册资本维持的基本原则，也不损害第三人的合法权益，是有效条款。检察机关抗诉提出有限责任公司除《中华人民共和国公司法》第七十四条规定的异议股东回购权外，不得回购股份，建筑设计院《公司章程》和《股权管理办法》关于股份回购的条款因违反法律规定而无效的理由，本院不予采纳。原审被告谢某 2008 年底从建筑设计院辞职，其持有的 9 万股建筑设计院股份未在《公司章程》《股权管理办法》规定的时限即 30 日内协议转让给建筑设计院的内部股东，建筑设计院有权依照《公司章程》《股权管理办法》的规定回购该股份，谢某无权再自行转让。在建筑设计院诉邓某生股权转让纠纷一案二审当庭调解过程中，建筑设计院的委托代理人虽提出依然给 30 天时间由邓某生自己向其他股东转让股份的方案，但双方并未达成调解协议，不能以此作为建筑设计院同意谢某自行转让的依据。谢某与当时的建筑设计院股东之一邓某生于 2011 年 11 月 15 日签订《股权转让协议》，将其股份以每股 6 元的价格转让给第三人邓某生，该协议虽然不违反法律的强制性规定，但不得对抗原审原告的股权回购主张。检察机关抗诉提出邓某生与谢某的《股权转让协议》合法有效的理由，虽可予采纳，但不能因此否定原判对谢某所持股份由建筑设计院受让的处断。邓某生虽向谢某支付了股份转让款 54 万元，但谢某所持股份因受建筑设计院回购权的限制而不能交付，事实上也没有办理股权变更登记，故检察机关抗诉提出谢某的股份已经合法转移给了邓某生，生效判决判令谢某将股份转让给建筑设计院于法无据的理由，本院不予采纳。建筑设计院《公司章程》第二十条规定，辞职或辞退离开公司的，持股人必须自事由发生之日起 30 天内转让其全部股权，未在 30 天内转让股权，30 天期限届满停止分红，如 30 天内无受让人，由董事会接受股权，按公司上一年度末账面净资产结合股权比例确定股本受让价格，但不高于股本原始价格。董事会受让股权后，可由董事会成员分摊或转为技术股。第二十二条规定，技术股作为集体股由工会代表集体持有。技术股经董事会提出方案报股东大会批准，用以派送给一级注册人员及有重大贡献的技术骨干或聘用人才以分红权。被派送者在岗享受分红权，离岗则取消。《股权管理办法》第二十条规定，股份转让在未确定受让人前，先由公司垫付转让金。第二十五条第三项规定，因辞职、辞退、受刑事处罚或其他事由离职而转让股权的，如内部转让不成或在离职后 30 天内没有确定受让人的，由公司回购股权，按公司上一年度末账面净资产结合股权比例确定股本受让价格，但不高于股本原始价格。综上，作为股东之间协议的《公司章程》《股权管理办法》，约定了当股东辞职离开公司后 30 天内未能自主完成内部转让股份的，由公司垫付转让金，依账面净资产和股份比例按不高于股本原值回购其股份的准则，其间包含了为实现公司宗旨、保证公司存续和发展而将高于股本原值部分的股份价值在离职时予以让渡的意思表示，但从

《公司章程》约定的内容来看，其让渡的受益对象是明确具体的，董事会受让股权后，要由董事会成员分摊或转为技术股。除此之外，《公司章程》和《股权管理办法》没有规定可以溢价转让于其他股东。对离职股东的股份进行回购，目的在于维持公司"生命"，公司的"生命"高于股东利益，但公司将按不高于股本原值回购的股份溢价盈利，则势必违背股权平等原则，显然也违背股东会议设定回购规则的初衷与真实意思。建筑设计院将强制回购的谢某所持有 9 万股股份溢价转让给公司其他股东，不符合《公司章程》的规定，不属于谢某应当让渡自己利益的范围，其收益应归谢某享有。结合本案谢某与邓某生协议按每股 6 元转让以及建筑设计院回购后再转让的溢价幅度等具体情况，以含股本原值在内按每股 6 元确定支付较为公平、妥当。邓某生以有独立请求权的第三人地位参加本案诉讼，在原一审诉讼中主张自己受让谢某的股份合法有效，符合公司对离职股东的股权收购惯例且支付了全部转让款，请求驳回原审原告的诉讼请求。如前所述，邓某生关于由自己受让谢某股份的诉求未获支持，但其支付的股份转让款也应得到返还。本院再审当中，原审被告谢某明确承诺将其原持有股权在本案中的权益处分给邓某生，本院应予准许。据此，建筑设计院应支付给谢某的 54 万元股本原值及转让收益可直接返还给邓某生。

061 未经工商局登记备案的公司章程修正案合法有效吗？

裁判要旨

《公司章程》是股东在协商一致的基础上所签订的法律文件，具有合同的某些属性，在股东对公司章程生效时间约定不明，而公司法又无明确规定的情况下，可以参照适用合同法的相关规定来认定章程的生效问题。参照合同生效的相关规定，经法定程序修改的章程，自股东达成修改章程的合意后即发生法律效力。

案情简介①

1. 丽江某瑞水电开发有限公司（以下简称某瑞公司）原注册资本 1200 万

---

① 最高人民法院，丽江某瑞水电开发有限公司与永胜县六德乡某电站、北京某科技发展有限公司、张某云、唐某云与万某裕的其他股东权纠纷审判监督民事判决书［（2014）民提字第 00054 号］。

元，股东为某晟公司、某河电站、唐某云、张某云。

2. 2008年6月，唐某云、张某云拟增资扩股，遂与万某裕协商，由万某裕出资510万元，占某瑞公司30%股权。后万某裕将510万元打入了某瑞公司账户，某瑞公司会计凭证记载为"实收资本"。

3. 2008年8月10日，某瑞公司全体股东签署《公司章程》，其中载明万某裕出资510万元，占公司注册资本的30%。《公司章程》第六十四条规定"本章程经公司登记机关登记后生效"，第六十六条规定"本章程于二〇〇八年八月十日订立生效"。某瑞公司后未将该《公司章程》在工商登记部门备案。

4. 后万某裕向法院起诉请求判令：确认其系某瑞公司股东。本案的案件焦点之一是《公司章程》是否生效，被告某瑞公司主张因《公司章程》未在工商部门登记，因而没有生效，不能作为万某裕具备股东身份的依据。

5. 最高人民法院再审认为：虽然《公司章程》未在工商部门登记，但是《公司章程》已生效，可以作为确认万某裕具有股东身份的依据之一，判决确认万某裕为某瑞公司的股东。

争议原因

《公司章程》第六十四条规定"本章程经公司登记机关登记后生效"，第六十六条同时规定"本章程于二〇〇八年八月十日订立生效"。这就出现了同一章程对其生效时间的规定前后不一致的情形，此时根据章程本身已经无法确定生效的时间，而只能根据相关法律规定和法理，对《公司章程》的生效问题作出判断认定。《公司章程》是股东在协商一致的基础上所签订的法律文件，具有合同的某些属性，在股东对公司章程生效时间约定不明，而公司法又无明确规定的情况下，可以参照适用合同法的相关规定来认定章程的生效问题。

参照合同生效的相关规定，经法定程序修改的章程，自股东达成修改章程的合意后即发生法律效力，工商登记并非章程的生效要件，这与公司设立时制定的初始章程应报经工商部门登记后才能生效有所不同。本案中，某瑞公司的股东在2008年8月10日即按法定程序修改了原章程，修订后的《公司章程》合法有效，因此应于2008年8月10日开始生效，某瑞公司关于《某瑞公司章程》并未生效的主张，法院不予支持。

实务经验总结

为避免未来发生类似争议，提出如下建议：

1. 公司设立时的初始章程必须在工商部门登记，否则不会生效。正如本案中最高人民法院所指出的，"经法定程序修改的章程，自股东达成修改章程的合意后即发生法律效力，工商登记并非章程的生效要件，这与公司设立时制定的初始章程应报经工商部门登记后才能生效有所不同"。

2. 公司章程是公司最重要的法律文件，建议公司制定、修改章程时委托律师参与，避免公司章程对同一问题作出相互矛盾的约定。

3. 公司章程修改后，也应在工商部门登记。因客观原因致使无法在工商部门登记的，应保证公司章程的修订程序严格遵守公司法的规定。具体包括：（1）按照公司法规定的程序召开股东会；（2）修改章程需经代表三分之二以上表决权的股东通过（有限公司的公司章程中另有规定的除外）；（3）确保股东在相应股东会决议、公司章程的签字真实。

相关法律规定

《中华人民共和国公司法》（2018年，已被修订）

第三十二条　有限责任公司应当置备股东名册，记载下列事项：

（一）股东的姓名或者名称及住所；

（二）股东的出资额；

（三）出资证明书编号。

记载于股东名册的股东，可以依股东名册主张行使股东权利。

公司应当将股东的姓名或者名称向公司登记机关登记；登记事项发生变更的，应当办理变更登记。未经登记或者变更登记的，不得对抗第三人。

第四十三条　股东会的议事方式和表决程序，除本法有规定的外，由公司章程规定。

股东会会议作出修改公司章程、增加或者减少注册资本的决议，以及公司合并、分立、解散或者变更公司形式的决议，必须经代表三分之二以上表决权的股东通过。

《中华人民共和国公司法》（2023修订）

第五十六条　有限责任公司应当置备股东名册，记载下列事项：

（一）股东的姓名或者名称及住所；

（二）股东认缴和实缴的出资额、出资方式和出资日期；

（三）出资证明书编号；

（四）取得和丧失股东资格的日期。

记载于股东名册的股东，可以依股东名册主张行使股东权利。

第六十六条 股东会的议事方式和表决程序，除本法有规定的外，由公司章程规定。

股东会作出决议，应当经代表过半数表决权的股东通过。

股东会作出修改公司章程、增加或者减少注册资本的决议，以及公司合并、分立、解散或者变更公司形式的决议，应当经代表三分之二以上表决权的股东通过。

法院判决

以下为该案在法院审理阶段，判决书中"本院认为"就该问题的论述：

股东身份的确认，应根据当事人的出资情况以及股东身份是否以一定的形式为公众所认知等因素进行综合判断。根据本案查明的事实，本院认为万某裕已经取得了某瑞公司的股东身份。

其次，万某裕的股东身份已经记载于《某瑞公司章程》，万某裕也以股东身份实际参与了某瑞公司的经营管理。2008年8月10日，唐某云、张某云和万某裕共同修订并签署了新的《某瑞公司章程》。虽然在《某瑞公司章程》上签字的自然人股东只有唐某云、张某云两人，但由于唐某云同时还代表某瑞公司的另一法人股东某晟公司，故某瑞公司章程的修改经过了代表三分之二以上表决权的股东通过，符合法定的修改程序，某瑞公司的另一股东某河电站在本案二审中也明确表示认可修订后的《某瑞公司章程》，故其应为合法有效。《某瑞公司章程》中载明，万某裕于2008年8月10日认缴出资510万元，占某瑞公司注册资本的30%。其后，万某裕以某瑞公司董事长的身份，出席了某河电站的复工典礼，并多次参加某瑞公司的股东会，讨论公司经营管理事宜，实际行使了股东权利。

某瑞公司主张，《某瑞公司章程》第六十四条规定："本章程经公司登记机关登记后生效。"但该章程事实上并未在工商部门登记，因而没有生效。本院认为，该章程除第六十四条规定了章程的生效问题，还在第六十六条同时规定："本章程于二〇〇八年八月十日订立生效。"这就出现了同一章程对其生效时间的规定前后不一致的情形，此时根据章程本身已经无法确定生效的时间，而只能根据相关法律规定和法理，对《某瑞公司章程》的生效问题作出判断认定。公司章程是股东在协商一致的基础上所签订的法律文件，具有合同的某些属性，在股东对公司章程生效时间约定不明，而公司法又无明确规定的情况下，可以参照适用合同法的相关规定来认定章程的生效问题。参照合同生效的相关规定，本院认为，经法定程序修改的章程，自股东达成修改章程的合意后即发生法律效力，工商登记并非章程的生效要件，这与公司设立时制定的初始章程应报经工商部门登记后才能生效有所不同。本案中，某瑞公司的股东在 2008 年 8 月 10 日即按法定程序修改了原章程，修订后的《某瑞公司章程》合法有效，因此应于 2008 年 8 月 10 日开始生效，某瑞公司关于《某瑞公司章程》并未生效的主张，本院不予支持。某瑞公司章程的修改，涉及公司股东的变更，某瑞公司应依法向工商机关办理变更登记，某瑞公司未办理变更登记，应承担由此产生的民事及行政责任，但根据《中华人民共和国公司法》（2005 年 10 月 27 日修订）第三十三条的规定，公司股东变更未办理变更登记的，变更事项并非无效，而仅是不具有对抗第三人的法律效力。综上，某瑞公司关于《某瑞公司章程》未生效、无效的主张，无法律及事实依据，本院不予采信。

062 公司章程约定"人走股留"与"公司回购自身股权"条款是否有效？

阅读提示

在人才竞争日益激烈的今天，仅靠"死工资"是难以留住人才的，越来越多的企业，特别是高科技企业普遍实施股权激励计划，但这些股权激励计划或公司章程、股东间协议均规定，在员工离职时，其股权应由公司回购或转让给公司指定的人。那么，前述关于"人走股留"的规定，是否因侵害了股东对股权的自主处分权而无效呢？本文将通过最高法院公布的第 96 号指导案例来说明这一问题。

裁判要旨

国有企业改制为有限责任公司，其初始章程对股权转让进行限制，明确约定公司回购条款，只要不违反公司法等法律强制性规定，可认定为有效。有限责任公司按照初始章程约定，支付合理对价回购股东股权，且通过转让给其他股东等方式进行合理处置的，人民法院应予支持。

案情简介[①]

1. 某华公司原为国有企业，其于2004年5月改制为有限责任公司。宋某军系某华公司员工，出资2万元成为某华公司的自然人股东。

2. 某华公司全体股东签字同意的章程规定"公司股权不向公司以外的任何团体和个人出售、转让。公司改制一年后，经董事会批准后可在公司内部赠与、转让和继承。持股人死亡或退休经董事会批准后方可继承、转让或由企业收购，持股人若辞职、调离或被辞退、解除劳动合同的，人走股留，所持股份由企业收购"。

3. 2006年6月3日，宋某军提出辞职，并申请退出其所持有的公司的2万元股份。2006年8月28日，宋某军经公司法定代表人同意领到退出股金2万元。

4. 2007年1月8日，某华公司召开股东会，代表93%表决权的股东通过了宋某军退股的申请，并决议"其股份暂由公司收购保管，不得参与红利分配"。

5. 后宋某军以某华公司的回购行为违反法律规定，未履行法定程序且公司法规定股东不得抽逃出资等，请求依法确认其具有某华公司的股东资格。

6. 本案西安碑林法院一审、西安中院二审、陕西高院再审，均判决驳回宋某军要求确认某华公司股东资格的诉讼请求。

实务经验总结

1. 我们需要区分初始章程和章程修正案的效力，由于初始章程由全体股东或发起人制定，并采取全体一致同意的原则，初始章程在全体股东之间达成的合意，本质上属于一种合同行为，也就是说公司章程的其他规定无论涉及的公司的自治性规范还是股东个人的股权，均经过了所有股权的同意，具有合同上的约束力。但是，章程修正案是通过股东会决议的方式作出的，采取资本多数决原则，并非一定经过全体股东的一致同意。所以，以股东会决议方式作出的章程修正案对包括反对决议或不参与决议的股东不一定具有约束力（当仅涉及公司的自治性规范时具有约束力，而涉及股东个人股权的核心要素时则没有约束力）。

2. 公司章程设置"人走股留"的条款应在初始章程中规定，或由全体一致

[①] 最高人民法院指导案例96号，宋某军诉西安市某餐饮有限公司股东资格确认纠纷案（最高人民法院审判委员会讨论通过2018年6月20日发布）。

签字同意的章程修正案。虽然公司章程中约定"人走股留"的条款有效，但是股东对其所有的股权仍享有议价权和股权转让方式的决定权。股东会决议中强制股权转让的价格仅对投赞成票的股东有约束力。对于投不同意票、弃权票的股东，股东会决议中的股权转让价格条款和股权转让的方式对其不产生法律效力。

3. 股权回购价格、股权转让方式的规定应当公平、合理，若股权转让价格、方式不合理，该条款将被视为对股东财产权的恶意侵犯，进而被认定为无效。因此，双方可约定按照上一年财务报告的股权净额回购或者转让公司指定的受让人。

相关法律规定

《中华人民共和国公司法》（2018年，已被修订）

第十一条 设立公司必须依法制定公司章程。公司章程对公司、股东、董事、监事、高级管理人员具有约束力。

第二十五条第二款 股东应当在公司章程上签名、盖章。

第三十五条 公司成立后，股东不得抽逃出资。

第七十四条 有下列情形之一的，对股东会该项决议投反对票的股东可以请求公司按照合理的价格收购其股权：

（一）公司连续五年不向股东分配利润，而公司该五年连续盈利，并且符合本法规定的分配利润条件的；

（二）公司合并、分立、转让主要财产的；

（三）公司章程规定的营业期限届满或者章程规定的其他解散事由出现，股东会会议通过决议修改章程使公司存续的。

自股东会会议决议通过之日起六十日内，股东与公司不能达成股权收购协议的，股东可以自股东会会议决议通过之日起九十日内向人民法院提起诉讼。

《中华人民共和国公司法》（2023修订）

第五条 设立公司应当依法制定公司章程。公司章程对公司、股东、董事、监事、高级管理人员具有约束力。

第四十六条第二款 股东应当在公司章程上签名或者盖章。

第八十九条 有下列情形之一的，对股东会该项决议投反对票的股东可以请求公司按照合理的价格收购其股权：

（一）公司连续五年不向股东分配利润，而公司该五年连续盈利，并且符合本法规定的分配利润条件；

（二）公司合并、分立、转让主要财产；

（三）公司章程规定的营业期限届满或者章程规定的其他解散事由出现，股东会通过决议修改章程使公司存续。

自股东会决议作出之日起六十日内，股东与公司不能达成股权收购协议的，股东可以自股东会决议作出之日起九十日内向人民法院提起诉讼。

公司的控股股东滥用股东权利，严重损害公司或者其他股东利益的，其他股东有权请求公司按照合理的价格收购其股权。

公司因本条第一款、第三款规定的情形收购的本公司股权，应当在六个月内依法转让或者注销。

法院判决

以下为该案在法庭审理阶段，判决书中"本院认为"就该问题的论述：

本院认为，本案的焦点问题如下：1. 某华公司的公司章程中关于"人走股留"的规定，是否违反了《中华人民共和国公司法》（以下简称《公司法》）的禁止性规定，该章程是否有效；2. 某华公司回购宋某军股权是否违反《公司法》的相关规定，某华公司是否构成抽逃出资。

针对第一个焦点问题，首先，某华公司章程第十四条规定，"公司股权不向公司以外的任何团体和个人出售、转让。公司改制一年后，经董事会批准后与公司内部赠与、转让和继承。持股人死亡或退休经董事会批准后方可继承、转让或由企业收购，持股人若辞职、调离或被辞退、解除劳动合同的，人走股留，所持股份由企业收购"。依照《公司法》第二十五条第二款"股东应当在公司章程上签名、盖章"的规定，有限公司章程系公司设立时全体股东一致同意并对公司及全体股东产生约束力的规则性文件，宋某军在公司章程上签名的行为，应视为其对前述规定的认可和同意，该章程对某华公司及宋某军均产生约束力。其次，基于有限责任公司封闭性和人合性的特点，由公司章程对公司股东转让股权作出某些限制性规定，系公司自治的体现。在本案中，某华公司进行企业改制时，宋某军之所以成为某华公司的股东，其原因在于宋某军与某华公司具有劳动合同关系，如果宋某军与某华公司没有建立劳动关系，宋某军则没有成为某华公司股东的可能性。同理，某华公司章程将是否与公司具有劳动合同关系作为取得股东身份的依据继而作出"人走股留"的规定，符合有限责任公司封闭性和人合性的特点，亦系公司自治原则的体现，不违反公司法的禁止性规定。最后，某华公司章程第十四条关于股权转让的规定，属于对股东转让股权的限制性规定而非禁止性规定，宋某军依法转让股权的权利没有被公司章程所禁止，某华公司章程不存在侵害宋某军股权转让权利的情形。综上，本案一、二审法院均认定某华公司章程不违反《公司法》的禁止性规定，应为有效的结论正确，宋某军的这一再审申请理由不能成立。

针对第二个焦点问题，《公司法》第七十四条第一款所规定的异议股东回购请求权具有法定的行使条件，即只有在"公司连续五年不向股东分配利润，而公司该五年连续盈利，并且符合本法规定的分配利润条件的；公司合并、分立、转让主要财产的；公司章程规定的营业期限届满或者章程规定的其他解散事由出现，股东会会议通过决议修改章程使公司存续的"三种情形下，异议股东有权要求公司回购其股权，对应的是公司是否应当履行回购异议股东股权的法定义务。而本案属于某华公司是否有权基于公司章程的约定及与宋某军的合意而回购宋某军股权，对应的是某华公司是否具有回购宋某军股权的权利，二者性质不同，《公司法》第七十四条不能适用于本案。在本案中，宋某军于2006年6月3日向某华公司提出解除劳动合同申请并于同日手书《退股申请》，提出"本人要求全额退股，年终盈利与亏损与我无关"，该《退股申请》应视为其真实意思表示。某华公司于2006年8月28日退还其全额股金款2万元，并于2007年1月8日召开股东大会审议通过了宋某军等三位股东的退股申请，某华公司基于宋某军的退股申请，依照公司章程的规定回购宋某军的股权，程序并无不当。另外，《公司法》所规定的抽逃出资专指公司股东抽逃其对于公司出资的行为，公司不能构成抽逃出资的主体，宋某军的这一再审申请理由不能成立。综上，裁定驳回再审申请人宋某军的再审申请。

延伸阅读

裁判规则：认定"人走股留"和"公司回购股东股权"有效的四则案例。

案例一：最高人民法院，杨某泉、山东某源水产有限公司请求公司收购股份纠纷申诉、申请民事裁定书［（2015）民申字第2819号］认为：关于某源公司对再审申请人的股权进行回购是否合法的问题。申请人于2004年1月成为某源公司股东时签署了"公司改制征求意见书"，该"公司改制征求意见书"约定"入股职工因调离本公司，被辞退、除名、自由离职、退休、死亡或公司与其解除劳动关系的，其股份通过计算确定价格后由公司回购"。有限责任公司可以与股东约定《公司法》第七十四条规定之外的其他回购情形。《公司法》第七十四条并未禁止有限责任公司与股东达成股权回购的约定。本案的"公司改制征求意见书"由申请人签字，属于真实的意思表示，内容上未违背公司法及相关法律的强行性规范，应属有效。故某源公司依据公司与申请人约定的"公司改制征求意见书"进行回购，并无不当。

案例二：南京市中级人民法院，上诉人戴某艺与被上诉人南京某信息技术有限责任公司与公司有关的纠纷一案的民事判决书［（2016）苏01民终1070号］认为：根据某信息公司股东会决议通过的《某信息公司章程》第二十六条的规定，公司股东因故（含辞职、辞退、退休、死亡等）离开公司，其全部出资必须转让。此后，该公司股东会决议通过的《股权管理办法》也规定，公司股东因故（含辞职、辞退、退休、死亡等）离开公司，亦应转让其全部出资。虽然戴某艺主张第一次股东会决议中的签名并非其所签，但章程系经过股东会决议通过，其不仅约束对该章程投赞成票的股东，亦同时约束对该章程投弃权票或反对票的股东。反之，如公司依照法定程序通过的章程条款只约束投赞成票的股东而不能约束投反对票的股东，既违背了股东平等原则，也动摇了资本多数决的公司法基本原则。且本案中，第二次股东会决议中所通过的股权管理办法，戴某艺亦签字确认。故上述《某信息公司章程》及《股权管理办法》中的规定，体现了全体股东的共同意志，是公司、股东的行为准则，对全体股东有普遍约束力。本案中，戴某艺于2013年11月30日退休，故从该日起，戴某艺不再具有某信息公司出资人身份，也不应再行使股东权利。

案例三：威海市中级人民法院，威海某钟表有限公司与郭某波股东资格确认纠纷二审民事判决书［（2015）威商终字第358号］认为：根据公司章程的规定，人事关系或劳资关系已经脱离公司的，股东资格自然灭失，并按章程规定办理股权转让手续。因各种原因离开公司的股东，须在一个月内将全部出资，经公司转让给其他股东或符合条件的本企业在职职工。未能及时转让的，将不再参加公司红利的分配，由公司财务部门转为个人备用金。上诉人郭某波自2011年3月份调离被上诉人，且收取了被上诉人退股款35000元。根据上述章程的规定，上诉人的股东资格自然灭失，上诉人应按照公司章程的规定将股权转让。被上诉人通过董事会决议将郭某波持有的股份转让给刘某，上诉人理应协助被上诉人和原审第三人刘某办理股权变更登记手续。

案例四：桂林市中级人民法院，何某琛与桂林某源粮油食品集团有限公司工会委员会、桂林某源粮油食品集团有限公司盈余分配纠纷二审民事判决书［（2016）桂03民终608号］认为：2004年2月5日，被上诉人某源公司召开股东大会，并作出修改公司章程条款决议，将某源公司章程第二章第三条修改为"本公司股本，全部由内部职工认购，但改制后因调离、辞职、除名及职工本人不愿意与企业续签劳动合同离开本企业的职工，已不具备本企业改制后企业内部职工身份的，应转让原本人所持有的股份给企业。如当事人不按规定要求转让原股份给企业的，企业每年按银行同期一年存款利率付给其原股本额利息，不再享受企业股利分红后待遇"和被上诉人某源工会职工持股会章程第二十八条亦规定"会员因调离、辞职、判刑、被企业辞退、除名、开除及本人不愿意与企业续签劳动合同离开公司，已不具备本企业改制后企业内部职工身份的，其所持出资（股份）应该转让给公司持股会，由公司持股会同意收购"。2014年3月29日至今，上诉人何某琛不再到被上诉人某源公司下属的临桂公司上班，双方已不存在劳动合同关系，上诉人何某琛理应依据某源公司章程和某源工会职工持股会章程的规定，其持有股份或内部转让或转让给公司持股会。

063 "到期资金不到位，视为放弃股权"的约定是否有效？

阅读提示

近期，笔者办理了一宗股东出资纠纷的案件，该公司章程中规定"到期资金不到位，视为自动放弃股权"，笔者代表的股东要求未出资股东补足出资，而该未出资股东则抗辩称"因其资金未按期到位，故其已丧失了股权，既然不是股东，则无需再补足出资"。本文笔者将借用北京高院的一则案例，分析这一实务难题。

裁判要旨

"到期资金不到位，视为自动放弃股权"的条款，属于约定解除权的规定，合法有效；但公司若要解除股东资格，仍需通过召开股东会作出除名决议的方式进行，否则股东资格并不当然丧失。

股东会有权作出减资决议但无权作出定向减少某一位股东出资的决议,该种定向减资的决议超越了股东会职权的范围,严重侵害了被减资股东的权利,决议无效。

案情简介①

1. 2002 年,世纪公司由张某才等 9 个股东成立,注册资本为 1200 万元,其中张某才出资 61.8 万元,占股 5.15%。

2. 2005 年 5 月 25 日,世纪公司为解决经营困难,作出董事会决议,全体股东按股权比例追击投资 800 万元,2005 年 5 月 31 日到账,任何股东资金不能按期到位,视为放弃股份;其中,张某才应出资 22 万元。此后,张某才未按期投资。

3. 2012 年 6 月 18 日,世纪公司作出股东会决议,公司减资至 1138.2 万元,其中减少张某才全部实缴货币出资 61.8 万元,取消张某才股东资格;且除张某才外的其他股东在该决议上签字。

4. 随后,世纪公司根据股东会决议,完成了工商变更,将张某才予以除名。张某才以股东会决议侵害其股东权益无效为由,向法院主张确认股东会决议无效。

5. 一审法院和二审法院均认为,公司通过减资的方式,解除张某才的股东资格,属于公司自治,合法有效。

6. 本案最终经北京高院再审认为,案涉股东会决议,无权将张某才所占注册资本减资为 0,决议无效。

争议原因

本案的争议焦点有两个,一是关于"到期投资不到位,视为放弃股权"的董事会决议是否有效?二是关于"定向将张某才所占有的注册资本减资到 0"的股东会决议是否有效?

一审及二审法院均认为,"到期投资不到位,视为放弃股权"的董事会决议有效,且认为该决议为附条件的放弃股权的意思表示,在张某才未按时出资时,所附条件成就,张某才不再拥有股权。进而,世纪公司通过股东会决议,定向将

---

① 北京市高级人民法院,申诉人张某才因与被申诉人北京某商品交易市场有限公司公司决议效力确认纠纷一案 [(2018)京民再 64 号]。

张某才的注册资本减资为 0，属于落实之前的董事会决议，合法有效。再审法院对"到期投资不到位，视为放弃股权"的条款未明确表态，直接以股东会作出定向减资的决议超越职权且损害股东利益为由，认定决议无效。

笔者赞同再审法院确认股东会决议无效的判决，同时笔者认为有必要进一步分析"到期投资不到位，视为放弃股权"的董事会决议的效力及法律性质。首先，笔者认为"到期投资不到位，视为放弃股权"的董事会决议，不违反法律法规的强制性规定，合法有效，只要相关股东在该决议上签字，对该股东即具有约束力。但是，笔者认为"到期投资不到位，视为放弃股权"的董事会决议的法律性质，并不属于附解除条件的决议，而是属于约定了解除权的决议。附解除条件的决议与约定解除权的决议区别有三：

其一，在法律后果上来讲，附解除条件的决议，当所附条件成就时，该决议自行发生效力，无需当事人去行使解除权；而约定解除权的决议，当某一违约事实的成就，使另一方当事人享有解除权时，该决议并不自动发生效力，需要另一方当事人通过一定的方式行使解除权后才会发生解除的法律后果。

其二，从所附条件的内容上来看，附解除条件的决议，其所附条件通常是不受决议各方当事人自身的意志所影响的条件；而约定解除权的决议，所约定的解除条件，通常决议指向的是当事人各方的违约行为。

其三，在意思表示的发展阶段上来看，附解除条件的决议，直接挑战的是决议的效力，当条件成就时，决议归于无效；而约定解除权的决议，直接挑战的是决议的履行，当条件成就且依法行使后，决议解除，不再继续履行。

依据笔者提出的三个角度，本案中关于"到期资金不到位，视为放弃股权"的董事会决议，显然是一个约定解除条件的决议，而不是一个附解除条件的决议，即使该决议有效，在张某才未到期投资的情形下，张某才的股权也并不当然灭失。

关于第二个争议焦点"公司直接作出定向减少张某才出资的股东会议决议"是否有效，笔者赞同再审法院的观点，认为案涉股东会决议无效。理由如下：

一方面，股东资格是股东的基本权益，非经法定程序，任何组织及个人不得非法剥夺。通常丧失股东资格的情形有：股东将其股权合法转让、股东的股权由公司收购、股东未依章程约定履行股东义务而被除名、股东因违法受到法律处罚而被剥夺股权、法律规定的其他情形。其中，针对股东未履行股东义务而被除名的情况，按照《公司法司法解释三》的规定，公司还需要催告张某才进行投资，在合理期间内仍不投资的，公司可通过召开股东会，作出除名决议的方式，解除张某才的股东资格。待公司作出除名决议后，公司将除名决议送达给张某才，然后再通过减资或转让的方式处理剩余股权。此外，股东如自愿放弃股权，应作出明确且有效的意思表示，经股东会表决后按照公司法及章程规定的退出机制和程序进行。本案中，世纪公司没有证据证明，张某才与世纪公司或者其他受让人达成减少出资额、股权转让或者其他协议。世纪公司也没有证据证明，存在张某才未履行出资义务或者抽逃全部出资的情形，或者张某才有其他应被剥夺股权的情形。即对于张某才是否脱离股东身份，以及具体以何种方式、何种价格、何种程序脱离股东身份均没有进行协商。

另一方面，股东会有权作出减资决议，但无权作出定向减少某一股东出资的决议。本案中，根据公司法及世纪公司章程的规定，世纪公司股东会的职权虽然包括对公司增加或者减少注册资本作出决议，但该职权不等同于可以直接减少张某才的实缴出资为0，取消张某才股东资格。因此，案涉决议内容违反公司法及世纪公司章程赋予股东会的职权范围，并且严重侵害张某才的股东权利。

实务经验总结

首先，对股东来讲，"到期投资不到位，视为放弃股份"的约定并非无效，各股东应当按照章程、决议或协议的约定，按期履行出资的义务，否则有被其他股东解除股东资格的风险。同时，对公司及其他股东来讲，该种约定的法律性质属于一种约定解除权的条款，若要解除未按期出资股东的股东资格，还需要通过召开股东会，作出除名决议的方式进行，否则未到期出资股东的股东资格并不当然丧失。

其次，股东会或董事会作出决议，均要遵守公司法及公司章程规定的职权范围，超范围作出决议，有可能被认定为无效或可撤销。例如，本案中股东会作出的定向减资的决议，即因超范围做决议且侵害股东利益为由，被认定为无效。其实，本案中，世纪公司通过召开董事会的方式决议股东在注册资本外额外投资，也属于超范围决议，在抗诉过程中检察院也曾对这一问题提出过质疑，只不过因该公司的股东均在董事会决议上签字认可，否则该决议的效力也将会受到挑战。

相关法律规定

《最高人民法院关于适用〈中华人民共和国公司法〉若干问题的规定（三）》（2020修正）

第十七条　有限责任公司的股东未履行出资义务或者抽逃全部出资，经公司催告缴纳或者返还，其在合理期间内仍未缴纳或者返还出资，公司以股东会决议解除该股东的股东资格，该股东请求确认该解除行为无效的，人民法院不予支持。

在前款规定的情形下，人民法院在判决时应当释明，公司应当及时办理法定减资程序或者由其他股东或者第三人缴纳相应的出资。在办理法定减资程序或者其他股东或者第三人缴纳相应的出资之前，公司债权人依照本规定第十三条或者第十四条请求相关当事人承担相应责任的，人民法院应予支持。

《中华人民共和国合同法》（已失效）

第四十五条　当事人对合同的效力可以约定附条件。附生效条件的合同，自条件成就时生效。附解除条件的合同，自条件成就时失效。

当事人为自己的利益不正当地阻止条件成就的，视为条件已成就；不正当地促成条件成就的，视为条件不成就。

第四十六条　当事人对合同的效力可以约定附期限。附生效期限的合同，自期限届至时生效。附终止期限的合同，自期限届满时失效。

第九十三条　当事人协商一致，可以解除合同。

当事人可以约定一方解除合同的条件。解除合同的条件成就时，解除权人可以解除合同。

《中华人民共和国民法典》

第一百五十八条　民事法律行为可以附条件，但是根据其性质不得附条件的除外。附生效条件的民事法律行为，自条件成就时生效。附解除条件的民事法律行为，自条件成就时失效。

第一百五十九条　附条件的民事法律行为，当事人为自己的利益不正当地阻止条件成就的，视为条件已经成就；不正当地促成条件成就的，视为条件不成就。

第五百六十二条　当事人协商一致，可以解除合同。

当事人可以约定一方解除合同的事由。解除合同的事由发生时，解除权人可以解除合同。

法院判决

以下为该案在法庭审理阶段，判决书中"本院认为"就该问题的论述：

本院认为，股东资格是股东的基本权益，非经法定程序，任何组织及个人不得非法剥夺。通常丧失股东资格的情形有：股东将其股权合法转让、股东的股权由公司收购、股东未依章程约定履行股东义务而被除名、股东因违法受到法律处罚而被剥夺股权、法律规定的其他情形。其中，针对股东未履行股东义务而被除名的情况，《最高人民法院关于适用〈中华人民共和国公司法〉若干问题的规定（三）》第十七条第一款规定，"有限责任公司的股东未履行出资义务或者抽逃全部出资，经公司催告缴纳或者返还，其在合理期间内仍未缴纳或者返还出资，公司以股东会决议解除该股东的股东资格，该股东请求确认该解除行为无效的，人民法院不予支持"。此外，股东如自愿放弃股权，应做出明确且有效的意思表示，经股东会表决后按照《中华人民共和国公司法》及章程规定的退出机制和程序进行。本案中，世纪公司没有提交证据证明，张某才与世纪公司或者其他受让人达成减少出资额、股权转让或者其他协议。世纪公司也没有提交证据证明，存在张某才未履行出资义务或者抽逃全部出资的情形，或者张某才有其他应被剥夺股权的情形。即对于张某才是否脱离股东身份，以及具体以何种方式、何种价格、何种程序脱离股东身份均没有进行协商。现诉争决议内容是"同意公司注册资本由1200万元减少至1138.2万元人民币，其中减少张某才全部实缴货币出资61.8万元人民币，取消张某才股东资格"。《中华人民共和国公司法》及世纪公司章程均规定，世纪公司股东会的职权包括"对公司增加或者减少注册资本作出决议"。但该职权不等同于可以直接减少张某才的实缴出资为0，取消张某才股东资格。诉争决议内容违反《中华人民共和国公司法》及世纪公司章程赋予股东会的职权范围，并且严重侵害张某才的股东权利。综上所述，2014年10月31日股东会决议中诉争条款的内容违法，故张某才要求确认诉争决议条款无效的诉讼请求，应当予以支持。

064 公司与股东约定公司未按时完成投产任务须向股东赔偿，该约定有效吗？

裁判要旨

关于公司未按时完成投产任务须向股东支付赔偿金的约定，该约定与股东出资人的地位相悖，实质上损害了公司和债权人的利益，属于滥用股东权利之情形，当属无效。

案情简介①

1. 平湖某源公司由安徽某源公司和某贸公司设立，注册资本5000万元，其中安徽某源公司出资1000万元，占股20%，某贸公司出资4000万元，占股80%。

2. 合资协议中约定：某贸公司协助筹集平湖某源公司发展所需要的资金，安徽某源公司负责向平湖某源公司有偿提供生产的全部技术以及后续升级技术。

3. 2011年6月15日，平湖某源公司股东会决议增资至1.5亿元，由两股东按出资比例认缴，两年内缴清。其中，安徽某源公司认缴的2000万元，某贸公司保证由其母公司借款给安徽某源公司专用于支付增资。

4. 截至2012年8月2日，尚有5000万元未到位，其中安徽某源公司尚欠注册资本1000万元，某贸公司尚欠注册资本4000万元。某贸公司保证其母公司提供给安徽某源公司的2000万元借款，尚有1000万元未到位。

5. 2012年10月17日，双方签订补充协议约定：平湖某源公司年产300万m²项目设备于2012年12月份前必须全部到位，2012年12月12日正式投产；如因资金的问题致年产300万m²项目设备不能全部到位，不能如期投产的，平湖某源公司自愿按每天15万元赔偿安徽某源公司经济损失。

6. 此后，安徽某源公司以某贸公司未按约定及时、足额地缴纳出资和借款，筹集资金导致平湖某源公司没有资金添置必要的机器设备，不能如期投产为由向

---

① 浙江省高级人民法院，安徽省某节能建材有限公司与平湖某节能建材有限公司合同纠纷再审民事判决书〔（2015）浙商提字第29号〕，该案由再审法官詹某、汤某丽在《人民司法》（2016年第20期）上发文《股东滥用权利与公司签订的合同无效》。

法院起诉，要求平湖某源公司赔偿安徽某源公司经济损失2250万元。

7. 本案经平湖法院一审，嘉兴中院二审，浙江高院再审，最终认定补充协议无效，但因平湖某源公司存在过错，仍需赔偿900万元。

实务经验总结

为避免未来发生类似争议，提出如下建议：

1. 股东应当正视自己出资人的地位，依法合规行使股东权利，认识到权利、责任及风险的一致性。因为股东作为公司的出资人，既享有资产收益的法定权利，也以出资为限对公司债务承担责任，同时股东作为剩余索取权人，更是公司经营风险的最终承担者。违反权利、责任与风险相一致的原则，实质损害公司及债权人利益的约定无效。

2. 各股东之间在安排各自的权利义务和责任时可以直接在合资协议中约定，当某一股东违约时由股东承担违约责任，而不是股东违约却由公司来承担责任。

相关法律规定

《中华人民共和国公司法》（2018年，已被修订）

第三条　公司是企业法人，有独立的法人财产，享有法人财产权。公司以其全部财产对公司的债务承担责任。

有限责任公司的股东以其认缴的出资额为限对公司承担责任；股份有限公司的股东以其认购的股份为限对公司承担责任。

第四条　公司股东依法享有资产收益、参与重大决策和选择管理者等权利。

第二十条　公司股东应当遵守法律、行政法规和公司章程，依法行使股东权利，不得滥用股东权利损害公司或者其他股东的利益；不得滥用公司法人独立地位和股东有限责任损害公司债权人的利益。

公司股东滥用股东权利给公司或者其他股东造成损失的，应当依法承担赔偿责任。

公司股东滥用公司法人独立地位和股东有限责任，逃避债务，严重损害公司债权人利益的，应当对公司债务承担连带责任。

第一百八十六条第二款　公司财产在分别支付清算费用、职工的工资、社会保险费用和法定补偿金，缴纳所欠税款，清偿公司债务后的剩余财产，有限责任公司按照股东的出资比例分配，股份有限公司按照股东持有的股份比例分配。

《中华人民共和国公司法》（2023 修订）

第三条 公司是企业法人，有独立的法人财产，享有法人财产权。公司以其全部财产对公司的债务承担责任。

公司的合法权益受法律保护，不受侵犯。

第四条 有限责任公司的股东以其认缴的出资额为限对公司承担责任；股份有限公司的股东以其认购的股份为限对公司承担责任。

公司股东对公司依法享有资产收益、参与重大决策和选择管理者等权利。

第二十一条 公司股东应当遵守法律、行政法规和公司章程，依法行使股东权利，不得滥用股东权利损害公司或者其他股东的利益。

公司股东滥用股东权利给公司或者其他股东造成损失的，应当承担赔偿责任。

第二百三十六条第一款至第二款 清算组在清理公司财产、编制资产负债表和财产清单后，应当制订清算方案，并报股东会或者人民法院确认。

公司财产在分别支付清算费用、职工的工资、社会保险费用和法定补偿金，缴纳所欠税款，清偿公司债务后的剩余财产，有限责任公司按照股东的出资比例分配，股份有限公司按照股东持有的股份比例分配。

法院判决

以下为该案在法院审理阶段，判决书中"本院认为"就该问题的论述：

本院认为，根据安徽某源公司和平湖某源公司的抗辩，本案争议的焦点是：

一、关于本案协议书第一条的效力。经查，本案协议书系由安徽某源公司与平湖某源公司签订，而平湖某源公司系由安徽某源公司持有20%股份的股东和某贸公司持有80%股份的股东设立的有限公司。因此本案双方当事人的法律关系除了应受《中华人民共和国合同法》的调整，也应受《中华人民共和国公司法》的规制。本案协议书系公司与公司股东签订，从协议书第一条约定的内容看，系公司对另一股东可能存有的违约行为而承担的违约责任。而公司股东系以其认缴的出资额或认购的股份为限对公司承担责任。安徽某源公司作为平湖某源公司的一方股东，只需对平湖某源公司的债务承担有限责任，但因平湖某源公司对另一股东的违约行为承担违约责任，使得平湖某源公司债权人的利益处于过度风险之中，诱发了过高的道德风险，即可能存在通过股东的有限责任而外化道德风险，进而产生过高的代理成本。因此股东为实现自身利益的最大化，存在从事高风险活动的冲动，一旦成功便可获得暴利，同时在风险爆发之前将风险利益以红利方式分配殆尽。即便失败，股东也无需承担很大的损失。换言之，即公司风险行为的真正承担者，不是风险收益的领受者，而是与风险利益无关且经常无法控制风险行为的第三人。结合本案，平湖某源公司承担公司股东的违约责任，实质上损害了平湖某源公司和平湖某源公司债权人的利益。本案协议书第一条的内容，属于滥用股东权利之情形。二审法院根据《中华人民共和国公司法》第二十条的规定，认定本案第一条协议书无效得当，但二审法院以《中华人民共和国公司法》第一百六十七条认定协议书第一条无效，属于适用法律不当。应予纠正。

二、关于平湖某源公司应否赔偿安徽某源公司的经济损失。平湖某源公司与安徽某源公司签订的协议书第一条内容，因违反了《中华人民共和国公司法》第二十条的规定，依法确认无效。但安徽某源公司基于该协议书，于 2012 年 10 月 17 日起至本案诉讼履行了协议书第二条约定的义务，因平湖某源公司未能在约定的时间内将 300 万 m^2 项目设备全部到位及 2012 年 12 月 12 日正式生产，造成了安徽某源公司的信赖利益损失。平湖某源公司明知签订案涉合同其为大股东某贸公司承担违约责任，有可能损害公司或其他股东或债权人利益，仍与安徽某源公司签订合同。对此平湖某源公司存有过错。而安徽某源公司明知该条款违反法律的强制性规定仍与平湖某源公司签订协议书。鉴于双方对协议书第一条无效均存有过错，应承担相应的过错责任。安徽某源公司主张由平湖某源公司承担 2250 万元的经济损失，依据不充分。结合双方当事人在本案履约过程中的诚信及过错程度，本院酌情确定由平湖某源公司赔偿安徽某源公司损失 900 万元。

065 股东未在股东会决议上签字，但事后实际履行决议，该股东可否主张决议无效？

裁判要旨

虽然股东未在股东会决议上签字，但从其行为看，其对该决议的内容是知晓且明确接受、同意的，且决议内容不违反法律行政法规，现股东要求确认无效，显与事实不符且有违诚实信用原则和禁反言原则，不予支持。

案情简介[①]

1. 陈某海与某通北京公司、林某清、王某等人设立浙江某通公司，其中陈某海占股 10%。

2. 2012 年 7 月 14 日，陈某海向其他股东发送邮件，通知各股东参加公司第一次股东大会，其中决议的第七条议案为"讨论并通过向北京某通公司购买知识产权的议案"。

3. 2012 年 7 月 28 日，公司全体股东召开股东会并形成《股东会决议一》。《股东会决议一》中未有向北京某通公司购买知识产权的内容，全体股东签字。

4. 2012 年 7 月 29 日，公司补签了《股东会议决议二》，其内容为："同意公司用 309 万元人民币购买北京某通公司的知识产权。"某通北京公司、林某清等股东在该《股东会议决议二》上签字或盖章确认，该些股东拥有公司股份总数的 70%，陈某海却未在该决议上签字。

5. 2012 年 8 月 16 日，浙江某通公司向北京某通公司汇付人民币 309 万元，用于购买北京某通公司的知识产权。

6. 2012 年 8 月 16 日，陈某海向方某铮发送邮件称其已安排公司向北京某通公司付清全款；2012 年 8 月 22 日，北京某通公司负责人方某铮向陈某海发送邮件称已收到 309 万元款项，并支付给陈某海 14.5 万元佣金。

7. 2013 年，浙江某通公司进入强制清算程序。陈某海于 2014 年以《股东会决议二》未开会、未签字为由向法院提起诉讼，要求确认股东会决议无效。本案经湖州中院一审、浙江高院二审、最高法再审，最终判定股东会决议有效。

实务经验总结

为避免未来发生类似争议，提出如下建议：

1. 小股东虽未在股东会决议上签字，但该股东会决议经公司多数股东签字确认的情况下，该小股东已知情且亲自已实际履行该决议的，不得再主张该决议无效。所以，对小股东来讲，对于有异议的决议事项务必及时表达自己的反对意见，并且不能在自己明知该决议且实际履行该决议的情形下，再次主张决议无效。

---

① 最高人民法院，浙江某科技股份有限公司与陈某海、陈某彬等损害公司利益责任纠纷申诉、申请民事裁定书［（2015）民申字第 2724 号］。

2. 股东会的程序性事项（"召集程序"和"表决方式"）违法，包括股东会或者股东大会、董事会会议的通知、股权登记、提案和议程的确定、主持、投票、计票、表决结果的宣布、决议的形成、会议记录及签署等事项，股东自决议作出之日起六十日内（未被通知参加股东会会议的股东自知道或者应当知道股东会决议作出之日起六十日内）向法院提起撤销之诉。

相关法律规定

《中华人民共和国公司法》（2018年，已被修订）

第二十二条第一款至第二款　公司股东会或者股东大会、董事会的决议内容违反法律、行政法规的无效。

股东会或者股东大会、董事会的会议召集程序、表决方式违反法律、行政法规或者公司章程，或者决议内容违反公司章程的，股东可以自决议作出之日起六十日内，请求人民法院撤销。

《中华人民共和国公司法》（2023修订）

第二十五条　公司股东会、董事会的决议内容违反法律、行政法规的无效。

第二十六条　公司股东会、董事会的会议召集程序、表决方式违反法律、行政法规或者公司章程，或者决议内容违反公司章程的，股东自决议作出之日起六十日内，可以请求人民法院撤销。但是，股东会、董事会的会议召集程序或者表决方式仅有轻微瑕疵，对决议未产生实质影响的除外。

未被通知参加股东会会议的股东自知道或者应当知道股东会决议作出之日起六十日内，可以请求人民法院撤销；自决议作出之日起一年内没有行使撤销权的，撤销权消灭。

法院判决

以下为该案在法院审理阶段，判决书中"本院认为"就该问题的论述：

陈某海再审主张其对开会事项不知情，但其在此前向公司其他股东发送邮件时涉及了相关内容，其参与了涉及事项的往来汇款等，其陈述对会议涉及内容完全不知情的主张不合理。其关于公司没有股东会议记录及董事长未主持参加会议等属于召集股东会的程序事项，依法其可以在决议作出之日起六十日内请求撤销决议。由于陈某海起诉时已经超过《中华人民共和国公司法》规定的起诉期间，故二审法院以超过起诉期间为由未支持其关于撤销决议的主张，适用法律正确。

第十章 股权转让合同的解除

066 解除股权转让合同的通知应在多长时间内发出？解除异议应在何时提出？

裁判要旨

本案双方当事人在合同中没有约定合同解除权期限，原告在股权转让变更登记手续办理后近四年期间内未行使合同解除权，显然超过合理期限，不利于维护交易安全和稳定经济秩序，解除无效。

案情简介①

1. 杜某君、夏某萍均为浙江青田县人，系朋友关系。某海公司原来唯一的股东为杜某君。

2. 2009年6月16日，杜某君与夏某萍签订《股权转让协议》，约定：杜某君将某海公司50%的股权转让给夏某萍，转让价格为原股价的一半。协议签订后一个月内，双方办理了工商变更登记。

3. 2009年6月16日，双方签订结算协议约定，夏某萍转汇给杜某君1435万元人民币，但是该款未明确表示为股权转让款；另外，股权转让合同签订后至案发前，杜某君从其个人账户汇给夏某萍人民币2810万元，某海公司先后汇给夏某萍人民币2032.6013万元。

4. 2013年初，二者矛盾开始升级，2013年5月20日杜某君以夏某萍未支付股权转让款致使合同目的不能实现为由向夏某萍发出解除通知，要求解除股权转让协议，夏某萍返还股权。

---

① 最高人民法院，杜某君与夏某萍股权转让纠纷二审民事判决书［(2015)民四终字第21号］。

5. 夏某萍未予理睬，杜某君提起本案诉讼，请求确认《股权转让协议》已解除。本案经安徽省高院一审，最高法二审，最终判定：杜某君证据不足且未在合理期限内行使合同解除权，不能确认合同已解除。

实务经验总结

为避免未来发生类似争议，提出如下建议：

1. 享有合同解除权的一方务必在合理期限内发出解除通知。因为合同解除权的性质为形成权，权利的行使存在除斥期间。根据《中华人民共和国民法典》第五百六十四条的规定，对于合理期间双方有约定的按约定，没有约定自解除权人知道或者应当知道解除事由之日起一年。

2. 对于合同解除有异议的，应当在解除合同通知到达之日起及时向人民法院起诉，逾期未起诉的，异议方即丧失了就合同解除提出异议的权利，《中华人民共和国民法典》对于合同解除异议期限没有明确规定，具体可参照合同法司法解释的相关规定，即在收到通知之日起三个月内行使。

相关法律规定

《中华人民共和国合同法》（已失效）

第九十五条　法律规定或者当事人约定解除权行使期限，期限届满当事人不行使的，该权利消灭。

法律没有规定或者当事人没有约定解除权行使期限，经对方催告后在合理期限内不行使的，该权利消灭。

第九十六条　当事人一方依照本法第九十三条第二款、第九十四条的规定主张解除合同的，应当通知对方。合同自通知到达对方时解除。对方有异议的，可以请求人民法院或者仲裁机构确认解除合同的效力。

法律、行政法规规定解除合同应当办理批准、登记等手续的，依照其规定。

《最高人民法院关于适用〈中华人民共和国合同法〉若干问题的解释（二）》（已失效）

第二十四条　当事人对合同法第九十六条、第九十九条规定的合同解除或者债务抵销虽有异议，但在约定的异议期限届满后才提出异议并向人民法院起诉的，人民法院不予支持；当事人没有约定异议期间，在解除合同或者债务抵销通知到达之日起三个月以后才向人民法院起诉的，人民法院不予支持。

《中华人民共和国民法典》

第五百六十四条 法律规定或者当事人约定解除权行使期限，期限届满当事人不行使的，该权利消灭。

法律没有规定或者当事人没有约定解除权行使期限，自解除权人知道或者应当知道解除事由之日起一年内不行使，或者经对方催告后在合理期限内不行使的，该权利消灭。

第五百六十五条 当事人一方依法主张解除合同的，应当通知对方。合同自通知到达对方时解除；通知载明债务人在一定期限内不履行债务则合同自动解除，债务人在该期限内未履行债务的，合同自通知载明的期限届满时解除。对方对解除合同有异议的，任何一方当事人均可以请求人民法院或者仲裁机构确认解除行为的效力。

当事人一方未通知对方，直接以提起诉讼或者申请仲裁的方式依法主张解除合同，人民法院或者仲裁机构确认该主张的，合同自起诉状副本或者仲裁申请书副本送达对方时解除。

法院判决

以下为该案在法院审理阶段，判决书中"本院认为"就该问题的论述：

本院认为：杜某君认为夏某萍一直没有支付其股权转让对价款，经书面催告后仍未支付，杜某君给夏某萍送达了合同解除函，现股权转让合同已经解除。对此，法院认为，合同当事人行使合同解除权的前提条件之一是当事一方迟延履行主要债务，经催告后在合理期限内仍未履行。从杜某君提供的2009年6月16日的结算协议证据看，夏某萍对结算事实予以认可，该证据表明杜某君、夏某萍签订《股权转让合同》时双方进行了结算，该结算协议并未提及夏某萍未支付股权转让款。从杜某君提供的2011年11月10日算账记录证据看，双方均已按50%享有了某海公司的分配权。庭审查明的事实表明：自股权转让合同签订后，杜某君从其个人账户汇给夏某萍人民币2810万元，某海公司先后汇给夏某萍人民币2032.6013万元，杜某君也认为某海公司汇款给夏某萍是一种还款行为，据此，如果夏某萍没有支付股权转让款，仍欠杜某君股权转让款，杜某君及某海公司不可能还款给夏某萍，该行为与常理不符。从巢湖市商务局的批复及工商登记档案材料看，杜某君、夏某萍办理了股权转让变更手续，杜某君诉称夏某萍私自拿走某海公司公章，单方办理股权转让批准及工商变更登记手续缺乏事实依据，也与诉讼前2013年5月20日杜某君给夏某萍的《合同解除通知函》中提及的"合同签订以后，本人及某海公司已经办理了股权转让批准及工商变更登记手续"相矛盾。涉案股权转让合同未约定股权转让款的支付期限，从2009年6月23日办理股权转让变更手续后至2013年5月17日，杜某君诉称对股权转让款多次电话催告亦无证据证实。杜某君、夏某萍办理了股权转让变更登记手续，所签订的股权转让合同已经履行完毕，对履行完毕的合同，当事人不存在行使合同解除权。此外，杜某君、夏某萍已报于巢湖市商务局，完成了股东内部的设权性登记和工商部门的变更股东及股份的宣示性登记，即表明夏某萍已取得了某海公司的股东资格。由于股权转让涉及多方利益和法律关系，且外资企业的股权转让等因涉及股东及股份的变更需履行报批手续，因此，对股权转让合同解除权的行使条件不仅要符合一般债权合同的解除条件，而且要受外资企业法等其他法律特别规定的规制。因此，杜某君通过发解除转让合同通知的形式要求法院确认股权转让合同已解除的请求不符合法律规定，对此请求不予采纳。同时，根据《中华人民共和国合同法》第九十五条之规定精神，合同解除的权利属于形成权，虽然现行法律没有明确规定该项权利的行使期限，但为维护交易安全和稳定经济秩序，该权利应当在一定合理期间内行使，并且由于这一权利的行使属于典型的商事行为，对于合理期间的认定应当比通常的民事行为更加严格。本案双方当事人在合同中没有约定合同解除权期限，杜某君从2009年6月23日股权转让变更登记手续办理后至2013年5月没有行使解除权，在近四年期间内未行使合同解除权，显然超过合理期限，不利于维护交易安全和稳定经济秩序。

杜某君以夏某萍未支付股权转让款为由请求解除《股权转让合同》，其对自己的诉讼主张负有举证责任。夏某萍和杜某君有多年的合作关系，双方及某海公司之间有大量资金往来。在签署《股权转让合同》的同时，双方还签署了《结算协议》，其中没有夏某萍欠付股权转让款的记载。夏某萍自2009年起已成为某海公司股东，杜某君没有证据证明其对夏某萍因股权转让而享有债权，一审判决认为《股权转让合同》已经履行完毕并无不当，杜某君有关解除合同的理由不能成立，杜某君在本案中不享有合同解除权。

067 股权转让合同的解除权应在何时行使？

裁判要旨

诉讼前，转让方有合同解除权而未行使，故《股权转让协议》未解除，对双方当事人仍有法律约束力。转让方在诉讼期间发出的解除通知虽明确包含了解除合同的意思表示，但在合同当事人因对合同履行情况发生争议，起诉到人民法院后，对于该合同的效力及履行情况，应当由人民法院依法作出认定。

案情简介[①]

1. 2009年7月22日，某湖公司、刘某良与某龙公司签订《股权转让协议》约定：某湖公司与刘某良以5.4亿余元的价格将某展公司等5个公司的100%股权转让给某龙公司，某龙公司先付1000万元保证金，并在2010年3月22日前付清全款。

2. 该《股权转让协议》还约定：逾期支付任何款项超过10日的，不论延迟支付金额多少，一律视为某龙公司单方违约，某湖公司、刘某良有权随时单方解除合同，某龙公司必须予以配合并承担违约金2000万元。

3. 在2010年3月22日前，某龙公司共只支付2亿元款项，在2010年6月24日至同年7月29日期间又陆续支付了5460万元，至此涉及某展公司的股权转让款全部到位，某湖公司与刘某良应办理某展公司股权的工商变更登记。

4. 某湖公司与刘某良接受了迟延支付的5460万元，且未提出异议，也无证据证明在诉讼前向某龙公司发出了解除《股权转让协议》通知。2010年8月至11月，某湖公司与刘某良在未告知某龙公司的情形下又将涉事股权转让给了其他第三方并办理了工商登记。

5. 2010年12月30日，某龙公司提起诉讼要求继续履行合同；诉讼中，某湖公司、刘某良以迟延支付为由于2011年2月22日向某龙公司发出了解除通知，并于2011年4月7日提起反诉要求确认合同解除；某龙公司于2011年8月9日增加诉讼求要求确认解除无效。

---

① 最高人民法院，四川某建设集团有限公司与简阳某旅游快速通道投资有限公司等及成都某置业顾问有限公司等股权转让纠纷二审民事判决书〔（2013）民二终字第54号〕。

6. 本案经四川高院一审，最高法二审，最终认定：《股权转让协议》未解除。

争议原因

诉讼前，某湖公司与刘某良有合同解除权而未行使，故《股权转让协议》未解除，对双方当事人仍有法律约束力。因某龙公司未按合同约定在2010年3月22日前付清全部股权转让款，已构成违约，某湖公司、刘某良享有合同解除权。但某湖公司、刘某良无证据证明其在本案诉讼程序开始前曾经向某龙公司发出过解除合同的通知，且其接受了某龙公司迟延支付的5460万元价款而未提出异议。据此，可以认定《股权转让协议》仍在履行。

某湖公司、刘某良在诉讼期间发出的解除通知虽明确包含了解除合同的意思表示，但在合同当事人因对合同履行情况发生争议，起诉到人民法院后，对于该合同的效力及履行情况，应当由人民法院依法作出认定。某湖公司、刘某良在本案一审诉讼期间发出解除合同通知的行为，并不能改变本案诉讼前已经确定的合同效力及履行状态。基于在诉讼前合同仍在履行的事实，根据合同约定，5460万元款项支付完毕后，某龙公司已将某展公司的股权转让款支付完毕，合同的履行义务转移到某湖公司、刘某良一方，即应当由某湖公司、刘某良负责办理某展公司的股权变更手续。此时某湖公司、刘某良既未对逾期支付的款项提出异议，也未办理某展公司的股权变更手续，而是将已经约定转让给某龙公司的案涉股权再次转让给第三人并办理了工商登记变更手续，阻碍生效合同的继续履行，已构成违约。二者诉讼过程中行使合同解除权，以对抗某龙公司要求其继续履行合同的诉讼请求，有违诚信原则，解除无效。

实务经验总结

为避免未来发生类似争议，提出如下建议：

1. 有权不用，过期作废。在股权转让协议中，通常约定，受让方迟延付款情况下，转让方拥有单方的合同解除权，但是该解除权的行使并不是任意的、没有期限的，转让方欲行使合同解除权务必要在对方的违约行为补正之前及时发出解除通知，否则在解除通知发出之前合同仍在继续履行。而在已接受对方的补正履行且触发己方的合同义务的情形下，特别是在诉讼过程中，再以对方违约而行使合同解除权，会被法院认定为有违诚信原则解除无效。

2. 亡羊补牢，为时未晚。对于股权受让方来讲，在因某些原因迟延付款触发对方的合同解除权的情形下，若想继续履行合同取得目标股权，务必要先发制人，在转让方未发出解除通知前补正自己的违约行为，补正的力度要达到转换合同义务履行顺序的要求，将合同继续履行的责任转嫁到对方身上；与此同时，需要和转让方友好协商，争取对方谅解，同时，在对方置之不理，未通知解除即再次转让股权的情形下，需及时提起诉讼要求继续履行合同。

相关法律规定

《中华人民共和国合同法》（已失效）

第九十三条 当事人协商一致，可以解除合同。

当事人可以约定一方解除合同的条件。解除合同的条件成就时，解除权人可以解除合同。

第九十四条 有下列情形之一的，当事人可以解除合同：

（一）因不可抗力致使不能实现合同目的；

（二）在履行期限届满之前，当事人一方明确表示或者以自己的行为表明不履行主要债务；

（三）当事人一方迟延履行主要债务，经催告后在合理期限内仍未履行；

（四）当事人一方迟延履行债务或者有其他违约行为致使不能实现合同目的；

（五）法律规定的其他情形。

第九十五条 法律规定或者当事人约定解除权行使期限，期限届满当事人不行使的，该权利消灭。

法律没有规定或者当事人没有约定解除权行使期限，经对方催告后在合理期限内不行使的，该权利消灭。

第九十六条 当事人一方依照本法第九十三条第二款、第九十四条的规定主张解除合同的，应当通知对方。合同自通知到达对方时解除。对方有异议的，可以请求人民法院或者仲裁机构确认解除合同的效力。

法律、行政法规规定解除合同应当办理批准、登记等手续的，依照其规定。

《中华人民共和国民法典》

第五百六十三条 有下列情形之一的，当事人可以解除合同：

（一）因不可抗力致使不能实现合同目的；

（二）在履行期限届满前，当事人一方明确表示或者以自己的行为表明不履行主要债务；

（三）当事人一方迟延履行主要债务，经催告后在合理期限内仍未履行；

（四）当事人一方迟延履行债务或者有其他违约行为致使不能实现合同目的；

（五）法律规定的其他情形。

以持续履行的债务为内容的不定期合同，当事人可以随时解除合同，但是应当在合理期限之前通知对方。

第五百六十四条 法律规定或者当事人约定解除权行使期限，期限届满当事人不行使的，该权利消灭。

法律没有规定或者当事人没有约定解除权行使期限，自解除权人知道或者应当知道解除事由之日起一年内不行使，或者经对方催告后在合理期限内不行使的，该权利消灭。

第五百六十五条 当事人一方依法主张解除合同的，应当通知对方。合同自通知到达对方时解除；通知载明债务人在一定期限内不履行债务则合同自动解除，债务人在该期限内未履行债务的，合同自通知载明的期限届满时解除。对方对解除合同有异议的，任何一方当事人均可以请求人民法院或者仲裁机构确认解除行为的效力。

当事人一方未通知对方，直接以提起诉讼或者申请仲裁的方式依法主张解除合同，人民法院或者仲裁机构确认该主张的，合同自起诉状副本或者仲裁申请书副本送达对方时解除。

法院判决

以下为该案在法院审理阶段，判决书中"本院认为"就该问题的论述：

本院再审认为：（一）关于某湖公司、刘某良与某龙公司之间的《股权转让协议》及其《补充协议》是否已经解除的问题。

某湖公司、刘某良以其未收到某龙公司在 2010 年 3 月 22 日之后支付的 5460 万元价款、某龙公司实际支付的 20000 万元价款尚不足总价款的一半、某龙公司将某骋公司的股权转让给张某构成根本违约导致合同无法继续履行、其在诉讼前及诉讼中均已通知某龙公司合同解除为由，主张《股权转让协议》及其《补充协议》已经解除。某龙公司则以某湖公司、刘某良接受其逾期支付的 5460 万元价款且未表示异议证明某湖公司、刘某良愿意继续履行合同以及某湖公司、刘某良在本案诉前未行使合同解除权、诉讼中发出《解除函》不能产生解除合同的法律效力为由，主张《股权转让协议》及其《补充协议》未解除。

根据某湖公司、刘某良2009年7月24日向某龙公司出具的《代收款授权委托书二》所载，某湖公司、刘某良授权并委托某置业公司在该代收款委托书签发之日起，代某湖公司、刘某良收取《股权转让协议》第四条所述的股权转让价款，直至其另行通知某龙公司为止。因某龙公司向该置业公司给付5460万元价款期间，某湖公司、刘某良并未另行通知某龙公司取消该项授权，且该置业公司于2010年7月29日出具收条，注明收到某龙公司8笔款项共5460万元，故应认定某龙公司向某湖公司、刘某良支付了5460万元价款。因该授权委托书未就出具收据的主体与所收款项的性质差异作出约定，故该5460万元所对应的收据系由该置业公司出具并不影响该置业公司收取该5460万元款项所实际产生的法律效力。某湖公司、刘某良主张委托书中的代收"《股权转让协议》第四条所述的股权转让价款"的授权仅限于在2010年3月22日的最后付款日之前，但根据对该授权委托书的文义解释及体系解释，委托书所载"直至另行通知某龙公司为止"已经对委托收款时间作出了明确约定，此处的"第四条所述的股权转让价款"仅系限定所收款项的数额及性质，而不包括收款期限。否则，该委托书中则出现了两个不同的"委托收款期限"，二者显然是矛盾的。某湖公司、刘某良在一审反诉状中已明确某龙公司至其提出反诉之日起尚余290399500元价款未予支付，亦表明其自认已收到某龙公司支付的股权转让价款计25460万元。故对某湖公司、刘某良有关未收到该5460万元股权转让价款的主张，本院不予支持。

因某龙公司未按合同约定于2010年3月22日前付清全部股权转让款，已构成违约。根据《股权转让协议》及其《补充协议》的约定，某湖公司、刘某良享有合同解除权。但某湖公司、刘某良无证据证明其在本案诉讼程序开始前曾经向某龙公司发出过解除合同的通知，且其接受了某龙公司在2010年3月22日至7月29日期间陆续支付的5460万元价款，而未就某龙公司的逾期付款行为提出异议。据此，可以认定《股权转让协议》及其《补充协议》仍在履行，某湖公司、刘某良在本案诉讼程序开始前并未行使合同解除权，《股权转让协议》及其《补充协议》并未解除，对双方当事人仍有法律约束力。

某湖公司、刘某良以其于2011年2月22日、7月26日、7月28日发出的三份《解除函》为据，主张其再次向某龙公司发出了解除合同的通知，并主张其在某龙公司违约的情况下，有权根据合同约定随时行使合同解除权，该权利并不因某龙公司向法院提起诉讼而消灭。此三份《解除函》虽明确包含了某湖公司、刘某良解除合同的意思表示，但在合同当事人因对合同履行情况发生争议，起诉到人民法院后，对于该合同的效力及履行情况，应当由人民法院依法作出认定。某湖公司、刘某良在本案一审诉讼期间发出解除合同通知的行为，并不能改变本案诉讼前已经确定的合同效力及履行状态。诉前事实表明，某湖公司、刘某良在享有合同解除权的情况下，未行使合同解除权，并接受了某龙公司逾期支付的价款而未提出异议，表明其已接受某龙公司继续履行合同的事实，故《股权转让协议》及其《补充协议》并未解除，仍在履行之中。根据合同约定，5460万元款项支付完毕后，某龙公司已将某展公司的股权转让款支付完毕，合同的履行义务转移到某湖公司、刘某良一方，即应当由某湖公司、刘某良负责办理某展公司的股权变更手续。此时某湖公司、刘某良既未对逾期支付的款项提出异议，也未办理某展公司的股权变更手续，而是将已经约定转让给某龙公司的案涉股权再次转让给了某泰公司、某众公司并办理了工商登记变更手续，阻碍生效合同的继续履行，已构成违约。某湖公司、刘某良在某龙公司提起本案及（2011）川民初字第3号案件的诉讼过程中行使合同解除权，以对抗某龙公司要求其继续履行合同的诉讼请求，有违诚信原则，一审判决根据《中华人民共和国合同法》第六条"当事人行使权利、履行义务应当遵循诚实信用原则"的规定，认定某湖公司、刘某良在本案及（2011）川民初字第2号案件的诉讼过程中行使合同解除权的行为不能产生解除合同的法律效果，并无不妥，本院予以维持。

某龙公司于2011年1月29日将某骋公司的全部股权转让给张某的行为，虽违反了《补充协议》第5条的约定，已构成违约，但某湖公司、刘某良亦未以此为由行使合同解除权。

综上，《股权转让协议》及其《补充协议》未解除，对合同当事人均有法律约束力。对某湖公司、刘某良有关《股权转让协议》及其《补充协议》已经解除的主张，本院不予支持。

068 合同解除权的通知可否通过诉讼的方式行使？若可以，合同在何时发生解除的效力？

阅读提示

在股权转让过程中，转让方遇到最多的问题便是，股权过户了但是钱没有收到，或虽然股权没过户公司却交给了对方，但对方不付股权转让款，在这种情形下，转让方可否要求解除合同呢？若可以，转让方合同解除权应当如何行使？而合同又在何时解除呢？本文将通过北京高院的一则案例予以解答。

裁判要旨

合同解除权为形成权，可以通过诉讼的方式行使，提起诉讼是解除权人意思表示的另一种表达方式，起诉状就是解除权行使的通知。载有解除请求的起诉状送达被告时，发生合同解除的效力。

案情简介[①]

1. 2012年1月18日，某元公司、牛某（甲方）与乔某晓（乙方）签订《股权转让合同》，约定：甲方将其持有的某海公司的全部股权转让给乙方，转让总价款为12.9亿元。

2. 《股权转让合同》的支付方式为：2012年6月30日前支付2亿元，2012年12月31日前支付2亿元，2013年12月31日前支付2亿元，在2014年12月31日前支付2亿元，剩余款项在2015年12月31日前付清。另外《股权转让合同》约定了"乙方如逾期支付前述价款超过六个月以上，甲方有权终止本合同"的解除条件。

3. 乔某晓于2012年6月30日前付款4200万元，于2012年7月19日付款1000万元。此后，乔某晓未再继续付款。

4. 2013年7月15日，某元公司、牛某曾起诉至北京一中院，要求解除《股权转让合同》。2013年8月1日，乔某晓收到了某元公司及牛某请求解除合同的起诉状。

5. 此后，甲乙双方均同意合同解除，但对于合同解除的时间节点发生了争议。乔某晓认为自2013年1月1日起合同即解除了，而某元公司和乔某晓则认为在起诉时合同解除。

6. 本案经北京一中院一审、北京高院二审，最终判定，《股权转让合同》的解除时间为2013年8月1日。

[①] 北京市高级人民法院，乔某晓与北京某元投资有限公司等股权转让纠纷二审民事判决书［(2014)高民终字第730号］。

实务经验总结

1. 股东在股权转让过程中，合同双方均有必要约定合同解除的条件，以便在因一方的违约行为致使合同不能履行时，享有解除权的一方可以解除合同，跳出合同枷锁，继续寻找新的买家或卖家。

2. 合同解除的效力并不是当然发生的，需要解除权人向违约方发出解除通知，合同自解除通知到达违约方时方可发生解除的效力。另外，需要注意的是，行使解除权的对象一定是合同中的违约方，而不是合同外的第三方，解除权人向合同外的第三方发出解除通知并不能达到合同解除的效果。

3. 合同解除的行使方式，也可以通过诉讼或仲裁的方式行使。只要解除权人在起诉状中载明了解除合同的意思表示，在该起诉状送达给对方时，也可产生合同解除的效果。

相关法律规定

《中华人民共和国合同法》（已失效）

第九十三条　当事人协商一致，可以解除合同。

当事人可以约定一方解除合同的条件。解除合同的条件成就时，解除权人可以解除合同。

第九十四条　有下列情形之一的，当事人可以解除合同：

（一）因不可抗力致使不能实现合同目的；

（二）在履行期限届满之前，当事人一方明确表示或者以自己的行为表明不履行主要债务；

（三）当事人一方迟延履行主要债务，经催告后在合理期限内仍未履行；

（四）当事人一方迟延履行债务或者有其他违约行为致使不能实现合同目的；

（五）法律规定的其他情形。

第九十五条　法律规定或者当事人约定解除权行使期限，期限届满当事人不行使的，该权利消灭。

法律没有规定或者当事人没有约定解除权行使期限，经对方催告后在合理期限内不行使的，该权利消灭。

第九十六条　当事人一方依照本法第九十三条第二款、第九十四条的规定主张解除合同的，应当通知对方。合同自通知到达对方时解除。对方有异议的，可以请求人民法院或者仲裁机构确认解除合同的效力。

法律、行政法规规定解除合同应当办理批准、登记等手续的，依照其规定。

第九十七条 合同解除后，尚未履行的，终止履行；已经履行的，根据履行情况和合同性质，当事人可以要求恢复原状、采取其他补救措施，并有权要求赔偿损失。

《中华人民共和国民法典》

第五百六十二条 当事人协商一致，可以解除合同。

当事人可以约定一方解除合同的事由。解除合同的事由发生时，解除权人可以解除合同。

第五百六十三条 有下列情形之一的，当事人可以解除合同：

（一）因不可抗力致使不能实现合同目的；

（二）在履行期限届满前，当事人一方明确表示或者以自己的行为表明不履行主要债务；

（三）当事人一方迟延履行主要债务，经催告后在合理期限内仍未履行；

（四）当事人一方迟延履行债务或者有其他违约行为致使不能实现合同目的；

（五）法律规定的其他情形。

以持续履行的债务为内容的不定期合同，当事人可以随时解除合同，但是应当在合理期限之前通知对方。

第五百六十五条 当事人一方依法主张解除合同的，应当通知对方。合同自通知到达对方时解除；通知载明债务人在一定期限内不履行债务则合同自动解除，债务人在该期限内未履行债务的，合同自通知载明的期限届满时解除。对方对解除合同有异议的，任何一方当事人均可以请求人民法院或者仲裁机构确认解除行为的效力。

当事人一方未通知对方，直接以提起诉讼或者申请仲裁的方式依法主张解除合同，人民法院或者仲裁机构确认该主张的，合同自起诉状副本或者仲裁申请书副本送达对方时解除。

第五百六十六条 合同解除后，尚未履行的，终止履行；已经履行的，根据履行情况和合同性质，当事人可以请求恢复原状或者采取其他补救措施，并有权请求赔偿损失。

合同因违约解除的，解除权人可以请求违约方承担违约责任，但是当事人另有约定的除外。

主合同解除后，担保人对债务人应当承担的民事责任仍应当承担担保责任，但是担保合同另有约定的除外。

法院判决

以下为该案在法庭审理阶段，判决书中"本院认为"就该问题的论述：

本院认为，本案所涉《股权转让合同》对解除权的约定是：乙方（乔某晓）不按期支付价款的，承担逾期付款的违约责任，按应付款项的日万分之四支付甲方（某元公司和牛某）利息。如逾期超过六个月以上，甲方有权终止本合同。而第一期支付转让款的履行期限是 2012 年 6 月 30 日。上诉人乔某晓据此认为被上诉人某元公司、牛某在 2012 年 8 月就曾针对本案诉争提起诉讼，虽然后来撤诉，但一直坚持解除合同。在逾期六个月未付清应付款的情况下，从 2013 年 1 月 1 日起应视为已经解除了合同。对此，本院认为，被上诉人某元公司、牛某虽然在 2012 年 8 月起诉解除合同，但随后撤诉。同时在本案二审庭审中，各方当事人均认可在 2013 年 1 月 1 日前，各方一直在就合同继续履行的问题进行协商。因此可以认定，即便是 2012 年 8 月被上诉人某元公司、牛某曾针对本案诉争提起诉讼、发出了解除合同的意思表示，也因后续各方当事人的协商履行而撤回了解除的意思表示。同时，上诉人乔某晓虽提出在 2013 年 1 月 1 日后合同已经解除，但未能提交任何被上诉人某元公司、牛某再次向其提出合同解除的证据材料，被上诉人某元公司、牛某亦予以否认，故不应认定合同在 2013 年 1 月 1 日解除。2013 年 7 月 15 日，北京市第一中级人民法院受理了本案，乔某晓于 2013 年 8 月 1 日收到了某元公司及牛某请求解除合同的起诉状。按照《中华人民共和国合同法》的相关规定，合同自通知到达对方时解除，载有解除请求的起诉状送达被告时，发生合同解除的效力。本案所涉《股权转让合同》应在起诉状送达乔某晓之日解除。故一审法院判决确认《股权转让合同》于 2013 年 12 月 19 日解除错误，本院予以纠正。

延伸阅读

合同解除权的行使可以通过诉讼的方式行使的两个最高法案例。

最高人民法院，山西某盛房地产有限公司、山西某民集团有限公司房屋买卖合同纠纷二审民事判决书［（2016）最高法民终715号］认为：关于 2003 年 10 月 8 日某盛公司与某民公司签订的《协议书》应否解除以及相应法律后果的问题。根据案涉《协议书》的约定，某盛公司的主要义务是将案涉房屋交付给某民公司并协助办理产权转移手续，某民公司的主要义务是在2004年10月31日前付清购房款66497040元。某盛公司于当月即将房屋所有权转移登记至某民公司名下，并将案涉房屋交付给某民公司占有使用；而除抵顶购房款的348万元材料款外，某民公司至今仍欠某盛公司绝大部分购房款未付，显然已经构成严重违约，导致某盛公司的合同目的不能得到实现，故符合《中华人民共和国合同法》第九十四条规定的解除合同的情形。对此，某盛公司于2005年即已提起诉讼主张相应权利，虽然在诉讼中形成的（2005）晋民初字第21号民事调解书在2010年被本院（2010）民提字第41号民事裁定所撤销，但某盛公司在合同解除条件具备后，某民公司未催告其行使解除权的情况下，已经及时通过提起诉讼的方式主张权利，故并不符合《中华人民共和国合同法》第九十五条、《最高人民法院关于审理商品房买卖合同纠纷案件适用法律若干问题的司法解释》第十五条第二款规定的解除权消灭的情形。此外，《中华人民共和国合同法》第九十三条规定了当事人的约定解除权，第九十四条规定了当事人的法定解除权，两者之间在行使上并不矛盾或互相排斥，在当事人未行使约定解除权、但符合法定解除条件时，可行使法定解除权解除合同。本案中，虽然当事人在《协议书》中约定了解除条件，但某盛公司未予行使的行为并不导致其法定解除权的丧失，故其有权主张行使法定解除权解除《协议书》。综上，某盛公司通过提起本案诉讼的方式请求解除案涉《协议书》，有事实和法律依据，本院予以支持。

最高人民法院，潘某海、某海资本有限公司股权转让纠纷再审民事判决书[（2017）最高法民再315号]认为：根据前述分析，《框架协议》及相关附件中的多个交易应视为一个整体合同，故附件《陈述和保证》所约定的合同解除条件构成《框架协议》项下的合同解除条件。蔡某标因涉嫌经济犯罪并被逮捕，违反了其向某海公司作出的《陈述和保证》，说明《框架协议》约定的合同解除条件成就，某海公司有权据此解除其与潘某海之间的股权转让交易，某海公司与潘某海之间的交易解除必然导致《框架协议》下其他交易一并解除。某海公司主张其于2011年11月30日发出解除合同通知，潘某海对当日即收到该通知以及某海公司提出的解除《框架协议》全部交易的主张均不持异议。虽然本案没有证据证明蔡某标是否有在当日收到该通知，但至少在一审诉讼时蔡某标就已知晓该通知内容。因此，《框架协议》及相关附件系因约定的解除条件成就而由某海公司行使解除权而解除，合同解除自蔡某标、潘某海收到解除通知后发生法律效力。

069 出让方违约致使受让方未取得股东资格，受让方可解除股权转让合同

裁判要旨

双方虽存在股权转让合同关系，但转让方在收取受让人股权购买款后，既未协助办理相关的股东变更手续，后又将目标公司的100%股权转让给案外人，构成违约，双方的股权转让合同无法继续履行，受让人的合同目的无法实现，法院据此依法判令双方解除合同，要求转让方返还股权转让款并赔偿损失。

案情简介①

1. 张某军自2009年12月25日起受聘担任某盛公司经理。2010年6月7日，某盛公司受让某和公司全部1000万元股权，成为某和公司股东，张某军亦受聘担任某和公司经理。

2. 某盛公司召集公司职工购买某和公司股份。张某军共向某盛公司交纳股金200万元购买某和公司股份200万股，某盛公司为张某军出具收据，并在"收款事由"一栏注明"股金"，但双方未签订股权转让协议或股份代持协议，且张某军交纳200万元股金后并未享有股东权利。

3. 某盛公司其他24名职工共计出资100万元购买某和公司股份100万股，某盛公司与24名职工签订了股份代持协议。

4. 2011年2月17日，某和公司将注册资本由1000万元变更为2000万元，并进行了工商登记变更，但该公司登记股东仍为某盛公司。在某和公司的章程、股东名册及其他工商登记材料之中均未记载张某军持股情况。

5. 2011年12月底，张某军从某盛公司离职，不再担任两公司经理。2013年9月13日，某盛公司与案外人李某芳、仇某签订协议书，约定将某和公司100%的股权全部转让给李某芳、仇某，并进行了工商变更登记。

6. 后张某军起诉至法院，请求判令某盛公司返还股金200万元并赔偿利息损失。某盛公司抗辩称：双方之间形成了口头的股权转让合同，张某军已基于合法

---

① 山东省高级人民法院，张某军与淄博某房地产开发有限公司股权转让纠纷再审民事判决书[（2015）鲁民提字第341号]。

有效的股权转让合同取得某和公司的股权，成为某和公司的股东，因此不同意返还股金。淄博市张店区法院、淄博中院均支持了张某军的诉讼请求。

7. 某盛公司向淄博中院申请再审，淄博中院再审维持原判。某盛公司仍不服，又向山东省检察院申诉，山东省检察院向山东省高院抗诉，山东省高院再审仍维持原判。

争议原因

首先，山东省高院认可张某军与某盛公司间存在股权转让的合同关系。虽然双方未签订书面的股权转让合同，但结合200万元股金的收据等证据，可认定双方存在股权转让合同关系。

其次，基于以下理由，山东省高院认为张某军并未取得某和公司的股东资格：1. 在某和公司的章程、股东名册及其他工商登记材料之中均没有记载张某军的持股情况；2. 某盛公司主张张某军是隐名股东，亦未提供相应的证据证明；3. 某盛公司也没有证据证明张某军享有过某和公司股东应有的股东权利；4. 某盛公司已于2013年将某和公司100%的股权转让给案外人。

因此，山东省高院认为双方虽存在股权转让合同关系，但某盛公司在收取张某军200万元购买款后，既未协助办理相关的股东变更手续，后又将某和公司的100%股权转让给案外人，构成违约，双方的股权转让合同无法继续履行，张某军的合同目的无法实现，法院据此依法判令双方解除合同，某盛公司向张某军返还股权转让款200万元并赔偿损失。

实务经验总结

为避免未来发生类似争议，提出如下建议：

1. 未签股权转让协议，不代表双方不存在股权转让合同关系。本案中，张某军向某盛公司支付200万元，某盛公司为张某军出具收据，并在"收款事由"一栏注明"股金"，法院认为该证据可以证明双方间存在股权转让合同关系。因此，虽然双方未签订股权转让协议，但股权转让的合同关系已经成立并生效，股权出让人不能将股权再转让他人，否则构成违约。

2. 股权转让双方如欲建立股权代持关系（由股权出让人继续代持转让股权，不办理股东变更登记），必须签订股权代持协议。股权转让协议签订后，股权出让人负有履行转让股权的义务，即应当配合受让人办理股权的变更手续，除非双方约定由股权受让人继续代持股权出让人的股权。但此时必须签订股权代持协议，否则法院不会认可存在代持关系。

3. 如由于出让人的原因，致使股权受让人在签订股权转让协议后无法取得股东资格的，股权受让人有权解除股权转让协议，并要求出让人返还股权转让价款、赔偿损失。

相关法律规定

《中华人民共和国公司法》（2018年，已被修订）

第三十二条 有限责任公司应当置备股东名册，记载下列事项：

（一）股东的姓名或者名称及住所；

（二）股东的出资额；

（三）出资证明书编号。

记载于股东名册的股东，可以依股东名册主张行使股东权利。

公司应当将股东的姓名或者名称向公司登记机关登记；登记事项发生变更的，应当办理变更登记。未经登记或者变更登记的，不得对抗第三人。

第七十三条 依照本法第七十一条、第七十二条转让股权后，公司应当注销原股东的出资证明书，向新股东签发出资证明书，并相应修改公司章程和股东名册中有关股东及其出资额的记载。对公司章程的该项修改不需再由股东会表决。

《中华人民共和国公司法》（2023修订）

第五十六条 有限责任公司应当置备股东名册，记载下列事项：

（一）股东的姓名或者名称及住所；

（二）股东认缴和实缴的出资额、出资方式和出资日期；

（三）出资证明书编号；

（四）取得和丧失股东资格的日期。

记载于股东名册的股东，可以依股东名册主张行使股东权利。

第八十七条 依照本法转让股权后，公司应当及时注销原股东的出资证明书，向新股东签发出资证明书，并相应修改公司章程和股东名册中有关股东及其出资额的记载。对公司章程的该项修改不需再由股东会表决。

《中华人民共和国合同法》（已失效）

第九十四条 有下列情形之一的，当事人可以解除合同：

（一）因不可抗力致使不能实现合同目的；

（二）在履行期限届满之前，当事人一方明确表示或者以自己的行为表明不履行主要债务；

（三）当事人一方迟延履行主要债务，经催告后在合理期限内仍未履行；

（四）当事人一方迟延履行债务或者有其他违约行为致使不能实现合同目的；

（五）法律规定的其他情形。

《中华人民共和国民法典》

第五百六十三条 有下列情形之一的，当事人可以解除合同：

（一）因不可抗力致使不能实现合同目的；

（二）在履行期限届满前，当事人一方明确表示或者以自己的行为表明不履行主要债务；

（三）当事人一方迟延履行主要债务，经催告后在合理期限内仍未履行；

（四）当事人一方迟延履行债务或者有其他违约行为致使不能实现合同目的；

（五）法律规定的其他情形。

以持续履行的债务为内容的不定期合同，当事人可以随时解除合同，但是应当在合理期限之前通知对方。

法院判决

以下为该案在法院审理阶段，判决书中"本院认为"就该问题的论述：

本院再审认为，本案争议的焦点问题是张某军在向某盛公司支付200万元股权转让款后是否取得某和公司的股东资格，其要求返还股金并赔偿损失应否得到支持。从本案查明的事实看，张某军向某盛公司支付200万元购买其持有的某和公司的股份，但在某和公司的章程、股东名册及其他工商登记材料之中均没有记载张某军的持股情况。某盛公司主张张某军是隐名股东，亦未提供相应的证据证明。某盛公司也没有证据证明张某军享有过某和公司股东应有的股东权利。且某盛公司已于2013年将某和公司100%的股权转让给案外人，因此，抗诉机关以及某盛公司主张张某军在其支付200万元后取得某和公司股东资格与上述事实不符。原审认定张某军没有取得某和公司股东资格，认定得当。某盛公司在收取张某军200万元购买款后，既未协助办理相关的股东变更手续，后又将某和公司的100%股权转让给案外人，构成违约，双方的股权转让合同无法继续履行，张某军的合同目的无法实现，原审据此依法判令双方解除合同，某盛公司返还张某军股权转让款200万元并赔偿损失并无不当。

070 股权转让款分期支付，未付到期款项达总款五分之一，转让方可否单方解除合同？

裁判要旨

股权转让分期付款合同，与一般以消费为目的分期付款买卖合同有较大区别。对案涉股权转让合同不宜简单适用合同法第一百六十七条规定的合同解除权。

案情简介[①]

1. 汤某龙与周某海于2013年4月3日签订《股权转让协议》，约定：周某海将其持有的某星电器6.35%股权转让给汤某龙。股权合计710万元，分四期付清，即2013年4月3日付150万元；2013年8月2日付150万元；2013年12月2日付200万元；2014年4月2日付210万元。

2. 协议签订后，汤某龙于2013年4月3日依约向周某海支付第一期股权转让款150万元。此后，周某海所持有的6.35%股权变更登记至汤某龙名下。

3. 因汤某龙逾期未支付约定的第二期股权转让款，周某海于同年10月11日，向汤某龙送达了《解除通知》，以汤某龙根本违约为由，提出解除双方签订的《股权转让协议》。

4. 次日，汤某龙即向周某海转账支付了第二期150万元股权转让款，并按照约定的时间和数额履行了后续第三、四期股权转让款的支付义务。

5. 周某海以其已经解除合同为由，如数退回汤某龙支付的4笔股权转让款。汤某龙遂向人民法院提起诉讼，要求确认周某海发出的解除协议通知无效，并责令其继续履行合同。

6. 本案经成都中院一审、四川高院二审、最高法再审，最终确认解除合同行为无效，汤某龙向周某海支付股权转让款710万元。

[①] 最高人民法院指导案例67号，汤某龙诉周某海股权转让纠纷案民事裁定书［(2013)成民初字第1815号］。

实务经验总结

为避免未来发生类似争议，提出如下建议：

1. 对于股权转让方来讲，务必在股权转让协议中，约定对方迟延付款的违约金，并约定当受让方迟延支付的金额和时间达到一定程度时，转让方可以单方解除合同。如果合同没有将迟延支付当作合同解除的条件，转让方不得适用分期付款买卖合同关于法定解除权的规定。

2. 对于股权受让方来讲，应当严格按照合同约定付款，否则将会产生违约金，而迟延违约金有可能给受让方造成严重的资金压力。另外，当股权受让方过分迟延支付股权转让款，致使合同目的不能实现时，股权转让方可依照民法典第五百六十三条的规定解除股权转让合同。

相关法律规定

《中华人民共和国合同法》（已失效）

第九十四条　有下列情形之一的，当事人可以解除合同：

（一）因不可抗力致使不能实现合同目的；

（二）在履行期限届满之前，当事人一方明确表示或者以自己的行为表明不履行主要债务；

（三）当事人一方迟延履行主要债务，经催告后在合理期限内仍未履行；

（四）当事人一方迟延履行债务或者有其他违约行为致使不能实现合同目的；

（五）法律规定的其他情形。

第一百六十七条　分期付款的买受人未支付到期价款的金额达到全部价款的五分之一的，出卖人可以要求买受人支付全部价款或者解除合同。

出卖人解除合同的，可以向买受人要求支付该标的物的使用费。

《最高人民法院关于审理买卖合同纠纷案件适用法律问题的解释》（2020修正）

第二十七条　民法典第六百三十四条第一款规定的"分期付款"，系指买受人将应付的总价款在一定期限内至少分三次向出卖人支付。

分期付款买卖合同的约定违反民法典第六百三十四条第一款的规定，损害买受人利益，买受人主张该约定无效的，人民法院应予支持。

《中华人民共和国民法典》

第五百六十三条 有下列情形之一的，当事人可以解除合同：

（一）因不可抗力致使不能实现合同目的；

（二）在履行期限届满前，当事人一方明确表示或者以自己的行为表明不履行主要债务；

（三）当事人一方迟延履行主要债务，经催告后在合理期限内仍未履行；

（四）当事人一方迟延履行债务或者有其他违约行为致使不能实现合同目的；

（五）法律规定的其他情形。

以持续履行的债务为内容的不定期合同，当事人可以随时解除合同，但是应当在合理期限之前通知对方。

第六百三十四条 分期付款的买受人未支付到期价款的数额达到全部价款的五分之一，经催告后在合理期限内仍未支付到期价款的，出卖人可以请求买受人支付全部价款或者解除合同。

出卖人解除合同的，可以向买受人请求支付该标的物的使用费。

法院判决

以下为该案在法院审理阶段，判决书中"本院认为"就该问题的论述：

本院认为：本案争议的焦点问题是周某海是否享有《中华人民共和国合同法》（以下简称《合同法》）第一百六十七条规定的合同解除权。

一、《合同法》第一百六十七条第一款规定，"分期付款的买受人未支付到期价款的金额达到全部价款的五分之一的，出卖人可以要求买受人支付全部价款或者解除合同"。第二款规定，"出卖人解除合同的，可以向买受人要求支付该标的物的使用费"。《最高人民法院关于审理买卖合同纠纷案件适用法律问题的解释》第三十八条规定，"合同法第一百六十七条第一款规定的'分期付款'，系指买受人将应付的总价款在一定期间内至少分三次向出卖人支付。分期付款买卖合同的约定违反合同法第一百六十七条第一款的规定，损害买受人利益，买受人主张该约定无效的，人民法院应予支持"。依据上述法律和司法解释的规定，分期付款买卖的主要特征为：一是买受人向出卖人支付总价款分三次以上，出卖人交付标的物之后买受人分两次以上向出卖人支付价款；二是多发、常见在经营者和消费者之间，一般是买受人作为消费者为满足生活消费而发生的交易；三是出卖人向买受人授予了一定信用，而作为授信人的出卖人在价款回收上存在一定风险，为保障出卖人剩余价款的回收，出卖人在一定条件下可以行使解除合同的权利。

本案系有限责任公司股东将股权转让给公司股东之外的其他人。尽管案涉股权的转让形式也是分期付款，但由于本案买卖的标的物是股权，因此具有与以消费为目的的一般买卖不同的特点：一是汤某龙受让股权是为参与公司经营管理并获取经济利益，并非满足生活消费；二是周某海作为有限责任公司的股权出让人，基于其所持股权一直存于目标公司中的特点，其因分期回收股权转让款而承担的风险，与一般以消费为目的分期付款买卖中出卖人收回价款的风险并不同等；三是双方解除股权转让合同，也不存在向受让人要求支付标的物使用费的情况。综上特点，股权转让分期付款合同，与一般以消费为目的分期付款买卖合同有较大区别。对案涉《股权转让资金分期付款协议》不宜简单适用《合同法》第一百六十七条规定的合同解除权。

二、本案中，双方订立《股权转让资金分期付款协议》的合同目的能够实现。汤某龙和周某海订立《股权转让资金分期付款协议》的目的是转让周某海所持青岛变压器集团成都某星电器有限公司6.35%股权给汤某龙。根据汤某龙履行股权转让款的情况，除第2笔股权转让款150万元逾期支付两个月，其余3笔股权转让款均按约支付，周某海认为汤某龙逾期付款构成违约要求解除合同，退回了汤某龙所付710万元，不影响汤某龙按约支付剩余3笔股权转让款的事实的成立，且本案一、二审审理过程中，汤某龙明确表示愿意履行付款义务。因此，周某海签订案涉《股权转让资金分期付款协议》的合同目的能够得以实现。另查明，2013年11月7日，青岛变压器集团成都某星电器有限公司的变更（备案）登记中，周某海所持有的6.35%股权已经变更登记至汤某龙名下。

三、从诚实信用的角度，《合同法》第六十条规定："当事人应当按照约定全面履行自己的义务。当事人应当遵循诚实信用原则，根据合同的性质、目的和交易习惯履行通知、协助、保密等义务。"鉴于双方在股权转让合同上明确约定"此协议一式两份，双方签字生效，永不反悔"，因此周某海即使依据《合同法》第一百六十七条的规定，也应当首先选择要求汤某龙支付全部价款，而不是解除合同。

四、从维护交易安全的角度，一项有限责任公司的股权交易，关涉诸多方面，如其他股东对受让人汤某龙的接受和信任（过半数同意股权转让），记载到股东名册和在工商部门登记股权，社会成本和影响已经倾注其中。本案中，汤某龙受让股权后已实际参与公司经营管理、股权也已过户登记到其名下，如果不是汤某龙有根本违约行为，动辄撤销合同可能对公司经营管理的稳定产生不利影响。

综上所述，本案中，汤某龙主张的周某海依据《合同法》第一百六十七条之规定要求解除合同依据不足的理由，于法有据，应当予以支持。

第十一章 合同性质认定

071 约定一定期限内签署股权转让协议的意向书应认定为预约合同，股权转让协议签署完成后该意向书效力即终止

裁判要旨

《意向书》作为预约，其法律约束力主要体现在双方当事人应当基于诚实信用的原则，协商订立本约。《意向书》签订后，双方签订了《股权转让协议》，应当认定双方已经履行了《意向书》约定的签订本约的义务。依据法律规定债务已经按照约定履行的，合同的权利义务终止。据此，应当认定《意向书》的效力已经终止。

案情简介①

1. 2012年10月30日，某和公司与某鼎公司签订《股权转让意向书》，约定：某和公司向某鼎公司转让其所持某和矿业公司51%股权，总价8.466亿元。付款方式：2012年11月30日，某鼎公司支付3亿元预付款；在意向书签署之日起45日内完成股权转让正式协议的签署，并在签署当日支付1.233亿元；工商注册变更后支付余款4.233亿元，意向书未尽事宜经双方协商，在股权转让协议中约定。

2. 同日，某鼎公司与某和公司签订《谅解备忘录一》，约定：《意向书》仅作为双方合作意向，其最终的履行，双方将另行签订正式股权转让协议作为依据，意向书与正式股权转让协议书有悖之处，以正式股权转让协议书为准。

3. 2013年4月13日，某鼎公司与某和公司签订《股权转让协议》，约定：

---

① 最高人民法院，安徽某控股集团有限公司与上海某实业投资有限公司股权转让纠纷二审民事判决书［（2015）民二终字第143号］。

某和公司转让某和矿业公司 51% 股权，转让价款为 8.466 亿元等内容，并确认某鼎公司已于 2012 年 10 月底前向某和公司支付了 1 亿元。

4. 2013 年 4 月 15 日，某鼎公司与某和公司签订《谅解备忘录二》，内容为：2013 年 4 月 13 日版《股权转让协议》对双方不具有法律效力，不构成对对方的制约，均承诺不依据《股权转让协议》内容要求对方承担任何法律责任。

5. 此后，双方未再另行签订正式股权转让协议，某鼎公司要求返还 1 亿元预付款及利息；某和公司则称双方仍存在股权转让合同关系，要求继续履行付款义务，不同意返还并支付利息。后，某鼎公司诉至法院。

6. 安徽高院认为：《意向书》为意向性文件，不具有法律约束力，判决某和公司返还 1 亿元预付款及利息。某和公司不服，上诉至最高法。

7. 最高法二审认为：《意向书》为预约合同，但随着 2013 年 4 月 13 日版《股权转让协议》的签订而效力终止，维持原判。

争议原因

本案的《意向书》是预约合同。《意向书》约定在签署之日起 45 日内，双方完成股权转让正式协议的签署。且双方同日签订的《谅解备忘录一》中约定，该意向书仅作为双方合作意向，其最终的履行，双方将另行签订正式股权转让协议作为依据，故该意向书为预约合同。

《意向书》作为预约，其法律约束力主要体现在双方当事人应当基于诚实信用的原则，协商订立本约。《意向书》签订后，双方签订了《股权转让协议》，应当认定双方已经履行了《意向书》约定的签订本约的义务。依据合同法（已失效）第九十一条第一项（民法典第五百五十七条）规定：债务已经按照约定履行的，合同的权利义务终止。据此，应当认定本案中《意向书》的效力已经终止。

实务经验总结

为避免未来发生类似争议，提出如下建议：

意向书的法律含义并不明确，法律性质也呈多样化，可能是磋商性文件、预约合同或者本约合同。如果只是磋商性文件，则一般无法律约束力；如果构成预约合同，若违反则应承担预约合同违约责任或者损害赔偿责任；如果构成本约合同，则应按合同法等有关规定承担违约责任。对其性质和效力，应从约定形式是否典型、内容是否确定以及是否有受约束的意思表示等方面出发，根据有关法律和司法解释的规定具体审查认定。如标的、数量不确定，缺少当事人受其约束的意思表示，一般应认定为磋商性文件。所以签订该类文件务必谨慎，根据自己的交易目的，合理设置合同条款，选择不同法律效力的法律文件。

第一，只想表达交易意愿，促进下一步协商，可以明确载明该意向书对双方没有法律约束力，并且不要在文件中明确在某一确定日期签订正式协议，进而将法律性质锁定为磋商性的，没有法律约束力的意向文件。

第二，拟确定已谈妥的交易条件，但又对某些合同条款不能确定，建议在意向书中明确在某一具体日期签订正式合同，并约定在已确定的交易条件的基础上签订正式协议。为能够依据新情况制定新条款，双方可约定以正式签订的本约合同为准，进而将法律性质锁定为预约合同。

第三，合同条款都已谈妥，没有必要再以意向书作为合同名称，可直接命名为某某合同，以免发生歧义。合同中对合同标的、对价、支付方式等主要内容在合同中明确约定，进而将法律性质锁定为本约合同。

第四，意向书中约定的保密条款及争议解决等程序性条款，无论是法律性质被定为磋商性文件还是预约合同，对于各方均具有约束力。所以，重大交易事项的意向性文书也需谨慎，必要时聘请专业律师把关。

意向书、预约、本约族谱关系表

（备注：本书笔者依据学界的观点予以汇总，供读者参考。）

特征＼类型	意向书	预约合同	本约合同
阶段	要约承诺过程之前的磋商阶段	要约承诺过程之中，确定在某一时刻订立本约	要约承诺阶段完毕，本约合同已成立
性质	表达交易意愿的磋商性文件	合同	合同
目的	表达交易意愿，继续诚信磋商	在确定的时间订立本约	建立具体的法律关系，履行完所有合同内容
确定性	交易内容不确定	对于交易对象、何时订立本约已确定，对其他内容尚有不确定之处	各类合同内容均已确定

续表

类型 特征	意向书	预约合同	本约合同
约束力	无约束力	有约束力，但本约成立后即终止	有约束力
义务	诚信磋商的义务	在确定时间订立本约的义务	履行完毕所有合同内容的义务
责任承担	缔约过失责任	违约责任，但一般不能强制缔约	违约责任
关键区分点	1. 看是否明确约定了订立本约的时间点； 2. 看是否明确表达或排除具有约束力的意思表示； 3. 看记载内容是否具体明确，包括价金、支付方式、数量、标的、违约责任等。		

相关法律规定

最高人民法院关于适用《中华人民共和国合同法》若干问题的解释（二）（已失效）

第一条 当事人对合同是否成立存在争议，人民法院能够确定当事人名称或者姓名、标的和数量的，一般应当认定合同成立。但法律另有规定或者当事人另有约定的除外。

对合同欠缺的前款规定以外的其他内容，当事人达不成协议的，人民法院依照合同法第六十一条、第六十二条、第一百二十五条等有关规定予以确定。

《最高人民法院关于审理买卖合同纠纷案件适用法律问题的解释》（2012年，已被修正）

第二条 当事人签订认购书、订购书、预订书、意向书、备忘录等预约合同，约定在将来一定期限内订立买卖合同，一方不履行订立买卖合同的义务，对方请求其承担预约合同违约责任或者要求解除预约合同并主张损害赔偿的，人民法院应予支持。

《中华人民共和国合同法》（已失效）

第九十一条 有下列情形之一的，合同的权利义务终止：

（一）债务已经按照约定履行；

（二）合同解除；

（三）债务相互抵销；

（四）债务人依法将标的物提存；

（五）债权人免除债务；

（六）债权债务同归于一人；

（七）法律规定或者当事人约定终止的其他情形。

第九十七条 合同解除后，尚未履行的，终止履行；已经履行的，根据履行情况和合同性质，当事人可以要求恢复原状、采取其他补救措施，并有权要求赔偿损失。

《中华人民共和国民法典》

第四百九十五条 当事人约定在将来一定期限内订立合同的认购书、订购书、预订书等，构成预约合同。

当事人一方不履行预约合同约定的订立合同义务的，对方可以请求其承担预约合同的违约责任。

第五百五十七条 有下列情形之一的，债权债务终止：

（一）债务已经履行；

（二）债务相互抵销；

（三）债务人依法将标的物提存；

（四）债权人免除债务；

（五）债权债务同归于一人；

（六）法律规定或者当事人约定终止的其他情形。

合同解除的，该合同的权利义务关系终止。

法院判决

以下为该案在法院审理阶段，判决书中"本院认为"就该问题的论述：

本院认为：一、关于《股权转让意向书》的效力问题。就某鼎公司受让某和矿业公司的股权一事，2012年10月30日双方签订的《股权转让意向书》约定在意向书签署之日起45日内，双方按照意向书约定条款完成股权转让正式协议的签署，意向书未尽事宜经双方协商，在股权转让协议中约定。且双方于同日签订的《谅解备忘录一》中约定，该意向书仅作为双方合作意向，其最终的履行，双方将另行签订正式股权转让协议作为依据。因此，《股权转让意向书》的法律性质依法应当认定为预约合同。一审判决未能正确界定该《股权转让意向书》的法律性质并在此基础上认定其与本案其他协议之间的关系，系适用法律错误，本院予以纠正。上诉人上海某和公司关于《股权转让意向书》和《谅解备忘录一》中的相关约定是对本约和预约适用先后顺序的约定的上诉理由，并无相应的法律依据，本院不予采信。《股权转让意向书》作为预约，是当事人之间约定将来订立本约的合同，其法律约束力主要体现在双方当事人应当基于诚实信用的原则，协商订立本约。对预约的效力评价，应当适用《合同法》总则的相关规定。本案中，《股权转让意向书》签订后，双方当事人于2013年4月13日正式签订了《股权转让协议》，应当认定双方已经履行了2012年10月30日签订的《股权转让意向书》及《谅解备忘录一》中约定的签订本约的义务。《中华人民共和国合同法》第九十一条第一项规定："债务已经按照约定履行的，合同的权利义务终止。"据此，应当认定本案中《股权转让意向书》的效力已经终止。一审判决关于该《股权转让意向书》亦仅是双方签约的意向性文件，对双方当事人不具有正式合同的法律约束力的认定不当，本院予以纠正。上诉人上海某和公司关于《股权转让意向书》应当作为双方股权转让权利义务关系的依据，双方之间的股权转让合同关系仍然存续且具有法律效力的上诉理由，无事实和法律依据，本院不予采信。本案中，安徽某鼎公司根据双方于2012年9月26日签订的《备忘录》的约定，在2012年9月底之前已经向上海某和公司预支付股权转让价款1亿元。虽然双方嗣后在《股权转让意向书》中约定安徽某鼎公司应当于2012年11月30日之前向上海某和公司支付3亿元股权预付款。但在2013年4月13日双方签订的《股权转让协议》中，上海某和公司并未就安徽某鼎公司的付款金额问题提出异议，而是在确认已付款1亿元的基础上，就剩余价款分期付款的金额和期限做出了重新约定。根据双方当事人于2012年10月30日签订的《股权转让意向书》及《谅解备忘录一》的约定，应当认定双方当事人在意向书中关于价款支付的约定已经被《股权合作协议》所更新。上诉人上海某和公司关于根据《股权转让意向书》的约定，安徽某鼎公司负有于2012年11月30日前向其支付3亿元合同义务的上诉理由，无事实和法律依据，本院不予支持。

二、关于安徽某鼎公司是否有权要求赔偿利息损失的问题。本案中，双方在2013年4月13日签订《股权转让协议》后，又于同年4月15日签订《谅解备忘录二》，约定《股权转让协议》对合作各方不具有法律效力。一审判决据此认定双方之间的股权转让关系解除，符合法律规定，本院予以确认。上诉人上海某和公司关于《股权转让协议》的签订并不影响双方此前签订的《股权转让意向书》的效力的上诉理由,系对预约与本约之间关系的错误理解,在本约签订后,预约合同即因约定义务已经履行而终止,故本院对其此点上诉理由不予采信。《中华人民共和国合同法》第九十七条规定:"合同解除后,尚未履行的,终止履行;已经履行的,根据履行情况和合同性质,当事人可以要求恢复原状、采取其他补救措施,并有权要求赔偿损失。"本案中,因双方已经协商解除《股权转让协议》,故上海某和公司依法应当承担返还已经收取的价款的责任。关于利息损失的赔偿问题,安徽某鼎公司在2012年9月底向上海某和公司支付了1亿元股权转让预付款之后,双方之间就股权转让事宜签订过多项协议或备忘录,且在本案中,上海某和公司并未举证证明双方之间的股权转让未能完成系因安徽某鼎公司违反诚信原则所导致,故安徽某鼎公司主张上海某和公司应当自2014年9月17日起按同期银行贷款利率支付利息的诉讼请求,符合法律规定,依法应当予以支持。故一审判决关于上海某和公司应当向安徽某鼎公司赔偿利息损失的认定正确,本院予以维持。上诉人上海某和公司关于安徽某鼎公司违约在先、其不应承担利息损失的主张,无事实及法律依据,本院不予支持。

072 对赌协议应具备何种必备条款?如何区分对赌协议及股权转让协议?

裁判要旨

对赌协议的双方一般会约定在一个固定期限内要达成的经营目标,在该期限内如果企业不能完成经营目标,则一方应当向另一方进行支付或者补偿。

案情简介①

1. 2010年10月,某立公司与某凯公司的股东LKE公司(系一家新加坡公司)签订《增资扩股协议》,某立公司对某凯公司投资人民币2000万元,某立公司和LKE公司增资扩股,并约定如果LKE公司违反协议任何条款并使协议目的无法实现,某立公司有权终止协议并收回增资扩股投资款项。

---

① 最高人民法院"一带一路"建设典型案例第二批案例七:山东某投资有限公司与新加坡某公司股权转让合同纠纷上诉案。

2. 为履行上述协议，2010年12月6日，双方又签订一份《股权转让协议》，约定：某凯公司改制为股份有限公司后，某立公司有权向LKE公司提出转让所持某凯公司股份，LKE公司承诺无条件以自身名义或指定第三方收购某立公司提出的拟转让股份。

3. 2011年1月27日，某凯公司的各方股东签订《增资扩股协议》，某立公司溢价认购某凯公司增资，并占10%股权。该协议经主管部门批准后各方办理股权变更登记，某立公司持有某凯公司10.001%股权，LKE公司拥有76.499%股权。后LKE公司未能如期改制为股份有限公司。

4. 某立公司以LKE公司拒不依约履行增资义务，又不及时履行回购股份担保责任为由，请求判令LKE公司收购某立公司所持有的某凯公司股权并支付款项人民币2000万元及利息。珠海市中院判决驳回某立公司的全部诉讼请求。

5. 某立公司以双方协议实为股权投资估值调整协议，故其有权在融股公司不能按期上市时请求回购股权为由提出上诉。广东高院二审认为，《股权转让协议》的内容是附事实条件的股权转让，而非对赌协议，所附条件即某凯公司改制成为股份有限公司并未成就，据此驳回某立公司的上诉，维持原判。

争议原因

本案系涉外股权转让合同性质而引发的纠纷，争议的焦点为《股权转让协议》是属于对赌协议，还是附事实条件的股权转让协议？

对此，广东高院认为，对赌协议的双方一般会约定在一个固定期限内要达成的经营目标，在该期限内如果企业不能完成经营目标，则一方应当向另一方进行支付或者补偿。但案涉《股权转让协议》并没有将某凯公司改制成为股份有限公司作为双方预先设定的经营目标，且协议中也没有约定作为股东的LKE公司在目标公司某凯公司无法完成股份制改造情况下应承担股权回购的责任。《股权转让协议》的内容是附事实条件的股权转让，即只有在某凯公司改制成为股份有限公司后，某立公司才能将其所持有的某凯公司的股权转让给LKE公司。

实务经验总结

为避免未来发生类似争议，提出如下建议：

1. 对于投资方与目标公司的股东或者实际控制人订立的"对赌协议"，如无其他无效事由，认定有效并支持实际履行，实践中并无争议。但投资方与目标公司订立的"对赌协议"是否有效以及能否实际履行，存在争议。对此，2019年《全国法院民商事审判工作会议纪要》明确：投资方与目标公司订立的"对赌协议"在不存在法定无效事由的情况下，目标公司仅以存在股权回购或者金钱补偿约定为由，主张"对赌协议"无效的，人民法院不予支持，但投资方主张实际履行的，人民法院应当审查是否符合公司法关于"股东不得抽逃出资"及股份回购的强制性规定，判决是否支持其诉讼请求。

2. 投资者与目标公司的股东签订对赌协议时，应当在合同中明确约定经营目标、经营目标无法实现时股权回购的责任支付、补偿等。若合同中未对上述事项作出明确约定，将不被认定为对赌协议，而是普通的股权转让协议。

相关法律规定

《中华人民共和国公司法》（2018年，已被修订）

第一百四十二条 公司不得收购本公司股份。但是，有下列情形之一的除外：

（一）减少公司注册资本；

（二）与持有本公司股份的其他公司合并；

（三）将股份用于员工持股计划或者股权激励；

（四）股东因对股东大会作出的公司合并、分立决议持异议，要求公司收购其股份；

（五）将股份用于转换上市公司发行的可转换为股票的公司债券；

（六）上市公司为维护公司价值及股东权益所必需。

公司因前款第（一）项、第（二）项规定的情形收购本公司股份的，应当经股东大会决议；公司因前款第（三）项、第（五）项、第（六）项规定的情形收购本公司股份的，可以依照公司章程的规定或者股东大会的授权，经三分之二以上董事出席的董事会会议决议。

公司依照本条第一款规定收购本公司股份后，属于第（一）项情形的，应当自收购之日起十日内注销；属于第（二）项、第（四）项情形的，应当在六个月内转让或者注销；属于第（三）项、第（五）项、第（六）项情形的，公司合计持有的本公司股份数不得超过本公司已发行股份总额的百分之十，并应当在三年内转让或者注销。

上市公司收购本公司股份的，应当依照《中华人民共和国证券法》的规定履行信息披露义务。上市公司因本条第一款第（三）项、第（五）项、第（六）项规定的情形收购本公司股份的，应当通过公开的集中交易方式进行。

公司不得接受本公司的股票作为质押权的标的。

《中华人民共和国公司法》（2023 修订）

第一百六十二条 公司不得收购本公司股份。但是，有下列情形之一的除外：

（一）减少公司注册资本；

（二）与持有本公司股份的其他公司合并；

（三）将股份用于员工持股计划或者股权激励；

（四）股东因对股东会作出的公司合并、分立决议持异议，要求公司收购其股份；

（五）将股份用于转换公司发行的可转换为股票的公司债券；

（六）上市公司为维护公司价值及股东权益所必需。

公司因前款第一项、第二项规定的情形收购本公司股份的，应当经股东会决议；公司因前款第三项、第五项、第六项规定的情形收购本公司股份的，可以按照公司章程或者股东会的授权，经三分之二以上董事出席的董事会会议决议。

公司依照本条第一款规定收购本公司股份后，属于第一项情形的，应当自收购之日起十日内注销；属于第二项、第四项情形的，应当在六个月内转让或者注销；属于第三项、第五项、第六项情形的，公司合计持有的本公司股份数不得超过本公司已发行股份总数的百分之十，并应当在三年内转让或者注销。

上市公司收购本公司股份的，应当依照《中华人民共和国证券法》的规定履行信息披露义务。上市公司因本条第一款第三项、第五项、第六项规定的情形收购本公司股份的，应当通过公开的集中交易方式进行。

公司不得接受本公司的股份作为质权的标的。

法院判决

以下为该案在法院审理阶段，判决书中"本院认为"就该问题的论述：

广东省高级人民法院二审认为，《股权转让协议》的内容是附事实条件的股权转让，即只有在某凯公司改制成为股份有限公司后，某立公司才能将其所持有的某凯公司的股权转让给 LKE 公司。该协议对将来发生事实的约定未违反中国法律、行政法规的强制性规定，依法应认定有效。股权投资估值调整协议是投资公司在向目标公司投资时为合理控制风险而拟定的估值调整条款。订约双方一般会约定在一个固定期限内要达成的经营目标，在该期限内如果企业不能完成经营目标，则一方应当向另一方进行支付或者补偿。但《股权转让协议》并没有将某凯公司改制成为股份有限公司作为双方预先设定的经营目标，且协议中也没有约定作为股东的 LKE 公司在目标公司某凯公司无法完成股份制改造情况下应承担股权回购的责任。双方在履行协议过程中，既没有出现违约行为导致协议终止的情形，某立公司也已于 2011 年 6 月 9 日取得某凯公司的股权，故某立公司依据《股权转让协议》和《增资扩股协议》请求收回增资扩股投资款的理由缺乏事实和法律依据。据此，广东省高级人民法院判决驳回上诉，维持原判。

073 名为股权置换协议，实为股权转让关系，如何对两者进行区分？

裁判要旨

当事人签订《股权置换协议》时，虽约定通过置换的方式，将各自持有或享有权利的股份转让给对方，但在双方同日签订的《借款协议》和《委托处置股份协议》中，约定以一方借款债务与《股权置换协议》应履行的向对方交付股份的债务相互抵销。即一方无需再向对方履行转让目标公司股份的义务，且股权受让方在付款时明确表示该款项为股权转让款并确认系履行双方之间的《股权置换协议》等相关协议。因此，认定双方当事人之间系股权转让关系。

案情简介①

1. 2007 年 6 月 21 日，许某龙、吴某玲与何某、张某黎签订《股权置换协议》，约定：许某龙、吴某玲将其持有的南京某公司 2200 万股份转让给何某，何某将其享有权利的某环球公司 2200 万股份转让给许某龙、吴某玲；许某龙、吴某玲需在 2007 年 6 月 21 日起 10 个工作日内将南京某公司股份变更登记至何某名下。任何一方不履行或不完全履行协议，则应依法承担违约责任，违约罚金为

---

① 最高人民法院，许某龙、吴某玲与何某、张某黎、张某平股权转让纠纷二审民事判决书［（2013）民二终字第 52 号］。

4亿元。协议未就何某向许某龙、吴某玲交付某环球公司股份作出约定，但约定协议属于股权等价置换，不向对方支付转让款。后南京某公司办理了股东变更登记。

2. 同日，何某与许某龙、吴某玲签订《借款协议》，约定：何某于2007年6月29日前，向许某龙、吴某玲提供借款3.92亿元，许某龙、吴某玲若不能按期归还借款，同意将其通过置换方式获得的某环球公司2200万股份交给何某清偿债务。同时，三人签订《委托处置股份协议》，约定：因许某龙、吴某玲对何某负有3.92亿元债务，何某对许某龙、吴某玲负有交付某环球公司2200万股份的义务，双方协商同意债务相互抵销；许某龙、吴某玲委托何某自行处理某环球公司2200万股份。

3. 同年6月29日，某宁集团公司代何某向许某龙、吴某玲支付3.90236亿元，许某龙、吴某玲出具收条，载明收到某宁集团公司代何某支付的股权转让款3.92亿元，扣除176.4万元印花税，实际收到3.90236亿元；还写明上述款项是实际履行双方签署的《股权置换协议》和《借款协议》。

4. 因何某自始不享有某环球公司2200万股份，不能履行《股权置换协议》，构成违约，许某龙、吴某玲向江苏省高院起诉，请求判令何某支付违约金4亿元。一审江苏省高院和二审最高人民法院均认为当事人之间系股权转让关系，已履行完毕，驳回其诉讼请求。

实务经验总结

为避免未来发生类似争议，提出如下建议：

1. 股权置换的双方必须履行各自公司的董事会批准程序及必要的工商变更登记手续，以及国有资产的评估和审批程序。因此，当事人在进行股权置换时应当遵守相关的程序，使得股权置换顺利进行，实现双方的目的。

2. 股权置换的法律性质是代物清偿，代物清偿契约为实践合同，其生效以当事人实际履行为条件，当事人一方必须履行实际交付代偿标的物的行为，才能产生消灭原有债务的法律效果。当一方当事人办理了股权变更登记履行了合同义务，而另一方没有履行时，可以认为该股权置换协议不生效，双方之间形成股权转让的法律关系，已履行义务的一方可以请求对方支付对价。

相关法律规定

《中华人民共和国合同法》（已失效）

第九十一条 有下列情形之一的，合同的权利义务终止：

（一）债务已经按照约定履行；

（二）合同解除；

（三）债务相互抵销；

（四）债务人依法将标的物提存；

（五）债权人免除债务；

（六）债权债务同归于一人；

（七）法律规定或者当事人约定终止的其他情形。

《中华人民共和国民法典》

第五百五十七条 有下列情形之一的，债权债务终止：

（一）债务已经履行；

（二）债务相互抵销；

（三）债务人依法将标的物提存；

（四）债权人免除债务；

（五）债权债务同归于一人；

（六）法律规定或者当事人约定终止的其他情形。

合同解除的，该合同的权利义务关系终止。

法院判决

以下为该案在法院审理阶段，判决书中"本院认为"就该问题的论述：

关于本案所涉三份协议的性质问题，许某龙、吴某玲上诉认为，《股权置换协议》、南京某公司股东会决议均明确双方当事人之间属于股权等值置换，且置换标的价值相当；最高人民法院（2008）民二终字第54号民事判决亦认定双方当事人之间系股权置换关系。本院认为，根据本案查明的事实，2007年6月21日，许某龙、吴某玲与何某在《股权置换协议》中约定，许某龙、吴某玲将其持有的南京某公司2200万股份转让给何某，何某将其享有权利的某环球公司2200万股份转让给许某龙、吴某玲；许某龙、吴某玲需在2007年6月21日起10个工作日内将南京某公司股份变更登记至何某名下。同日，何某与许某龙、吴某玲在《借款协议》中约定，何某于 2007 年 6 月 29 日前，向许某龙、吴某玲提供借款 3.92 亿元，许某龙、吴某玲若不能按期归还借款，同意将其通过置换方式获得的某环球公司 2200 万股份交给何某清偿债务，何某处置该股份的处置款无论高于或低于 3.92 亿元，盈亏均与许某龙、吴某玲无关。亦在同日，许某龙、吴某玲与何某又在《委托处置股份协议》中约定，因许某龙、吴某玲对何某负有 3.92 亿元债务，何某对许某龙、吴某玲负有交付某环球公司 2200 万股份的义务，双方协商同意债务相互抵销；许某龙、吴某玲委托何某自行处理某环球公司 2200 万股份。同年 6 月 29 日，某宁集团公司代何某向许某龙、吴某玲支付 3.90236 亿元，许某龙、吴某玲出具收条，载明收到某宁集团公司代何某支付的股权转让款 3.92 亿元，实际收到 3.90236 亿元；还写明上述款项是实际履行双方签署的《股权置换协议》和《借款协议》。上述事实表明，许某龙、吴某玲与何某签订《股权置换协议》时，虽约定双方通过置换的方式，将各自持有或享有权利的股份转让给对方，但在双方同日签订的《借款协议》和《委托处置股份协议》中，因何某向许某龙、吴某玲提供借款而形成 3.92 亿元债务，双方约定该债务与何某依《股权置换协议》应履行的交付某环球公司 2200 万股份的债务相互抵销，即何某无需再向许某龙、吴某玲履行转让某环球公司股份的义务。因此，双方当事人通过签订系列协议的方式，对双方之间的股权转让达成了一致的意思表示。特别是在许某龙、吴某玲收到某宁集团公司代何某支付的 3.90236 亿元后，明确表示该款项为股权转让款并确认系履行双方之间的《股权置换协议》等相关协议。据此，应当确认许某龙、吴某玲收到的 3.90236 亿元并非借款，而是何某受让南京某公司 2200 万股份后向许某龙、吴某玲支付的股权对价，该对价已经双方协议确认，且许某龙、吴某玲承诺，何某处置某环球公司股份的处置款无论高于或低于 3.92 亿元，盈亏均与许某龙、吴某玲无关，亦说明许某龙、吴某玲收取的 3.92 亿元股权转让款，不因某环球公司 2200 万股份价值的高低而发生任何变化。故许某龙、吴某玲仍以《股权置换协议》、南京某公司股东会决议的内容主张双方之间系股权置换关系，显然已与双方履行合同后的客观实际情况不符。关于本院（2008）民二终字第 54 号民事判决，该案系许某龙、吴某玲与张某平之间关于南京某公司的股权纠纷，涉及许某龙、吴某玲提起该案诉讼时在南京某公司的股东身份问题，并未就本案中许某龙、吴某玲与何某之间的争议进行审理。故许某龙、吴某玲关于本院（2008）民二终字第 54 号民事判决认定其与何某之间系股权置换关系的上诉理由没有事实和法律依据。综上，原审判决关于本案当事人之间形成的是股权转让关系的认定正确，应予维持。许某龙、吴某玲关于当事人之间系股权置换关系的上诉理由不能成立，本院不予支持。

074 收购矿山企业100%股权不属于矿业权转让，无需国土部门审批

裁判要旨

合作协议的性质应认定为探矿权转让还是股权转让，主要应取决于探矿权人更名与否的事实以及合作协议约定的内容是否涉及探矿权转让等因素。

案情简介①

1. 某辉公司股东为薛某懿、薛某蛟，分别持股60%与40%。某辉公司名下有多处探矿权。

2. 2013年7月12日，国能公司与薛某懿、薛某蛟签订合作协议，约定：国能公司以4583万元收购薛某懿与薛某蛟合计持有的100%股权，其中，签约后7日内首笔付1500万元，工商变更后7日付1000万元，余款于2012年12月31日付。双方还约定，本协议经各方签署后成立，并经各方有权机构批准后生效。

3. 《西藏自治区人民政府关于进一步规范矿产资源勘查开发管理的意见》规定，即便是纯粹转让涉矿公司的股权，未获得西藏国土厅的批准，转让合同亦不能生效。

4. 协约履行过程中，国能公司首笔款中的450万元迟延交付了一个月，完成了印章证照的交接，但未完成股权变更登记。

5. 此后，薛某懿、薛某蛟要求终止合同，主张合作协议实质上属探矿权转让合同，因未经国土资源管理部门批准而未生效，应不再履行；国能公司主张合作协议为股权转让协议，无需审批，合法有效，应继续履行。

6. 本案经西藏自治区高院一审，最高法二审，均判定：合作协议为股权转

---

① 最高人民法院，西藏某矿业发展有限公司与薛某懿、薛某蛟等股权转让纠纷二审民事判决书[（2014）民二终字第205号]。

让协议，无需审批，自合同成立时生效，应继续履行。

实务经验总结

为避免未来发生类似争议，提出如下建议：

1. 并购双方需厘清矿业权转让与股权转让的区分标准。主要考虑矿业权人更名与否的事实以及合同约定的内容是否涉及探矿权转让等因素，也即矿业权转让相当于公司转让自己的一项资产，一旦转让完毕，矿业权证上的所有权人就会发生变更；而股权转让是公司股东在转让股权，股权转让完毕后，矿业权证上的所有权人并没有发生变更。

2. 受让方可以通过受让股权的方式间接取得矿业权。《探矿权采矿权转让管理办法》规定：矿业权转让须经管理机关审批后生效，该办法对出让方的出让条件及受让方的受让条件都做了限制，但是现行法律法规并没有规定，矿权公司的股东转让股权也需要审批后才生效，所以受让方可直接收购股权，省去烦琐的审批手续。

3. 在收购拥有矿权的企业时，受让方务必要做好法律尽职调查、设计科学的公司收购合同。不但需要在国家层面的法律、行政法规的方面调查对收购矿业权公司股权或资产的规定，还需看在地方层面规范性文件上对前述事项是否作出了更细化更严格的规定，例如本案中，西藏自治区政府作出即使转让矿业权公司股权，也需审批的约定。该规定虽不必然导致合同无效，但地方政府可能会因未经审批而不能办理股权变更登记。

相关法律规定

《中华人民共和国合同法》（已失效）

第四十四条　依法成立的合同，自成立时生效。

法律、行政法规规定应当办理批准、登记等手续生效的，依照其规定。

《中华人民共和国民法典》

第五百零二条　依法成立的合同，自成立时生效，但是法律另有规定或者当事人另有约定的除外。

依照法律、行政法规的规定，合同应当办理批准等手续的，依照其规定。未办理批准等手续影响合同生效的，不影响合同中履行报批等义务条款以及相关条款的效力。应当办理申请批准等手续的当事人未履行义务的，对方可以请求其承担违反该义务的责任。

依照法律、行政法规的规定，合同的变更、转让、解除等情形应当办理批准等手续的，适用前款规定。

《中华人民共和国矿产资源法》（2009 修正）

第六条 除按下列规定可以转让外，探矿权、采矿权不得转让：

（一）探矿权人有权在划定的勘查作业区内进行规定的勘查作业，有权优先取得勘查作业区内矿产资源的采矿权。探矿权人在完成规定的最低勘查投入后，经依法批准，可以将探矿权转让他人。

（二）已取得采矿权的矿山企业，因企业合并、分立，与他人合资、合作经营，或者因企业资产出售以及有其他变更企业资产产权的情形而需要变更采矿权主体的，经依法批准可以将采矿权转让他人采矿。

前款规定的具体办法和实施步骤由国务院规定。

禁止将探矿权、采矿权倒卖牟利。

《探矿权采矿权转让管理办法》（2014 修订）

第十条 申请转让探矿权、采矿权的，审批管理机关应当自收到转让申请之日起 40 日内，作出准予转让或者不准转让的决定，并通知转让人和受让人。

准予转让的，转让人和受让人应当自收到批准转让通知之日起 60 日内，到原发证机关办理变更登记手续；受让人按照国家规定缴纳有关费用后，领取勘查许可证或者采矿许可证，成为探矿权人或者采矿权人。

批准转让的，转让合同自批准之日起生效。

不准转让的，审批管理机关应当说明理由。

法院判决

以下为该案在法院审理阶段，判决书中"本院认为"就该问题的论述：

本院认为：关于案涉合作协议及转让合同的性质和效力问题。案涉合作协议的性质应认定为探矿权转让还是股权转让，主要应取决于探矿权人更名与否的事实以及合作协议约定的内容是否涉及探矿权转让等因素。根据本案查明事实，案涉探矿权系登记在一审被告某辉公司名下，协议内容中，双方当事人仅约定由薛某懿、薛某蛟将其持有某辉公司的股份转让给国能公司以及与该股权转让相关的事宜，并未涉及探矿权人更名的内容；再者，作为协议转让方的薛某懿、薛某蛟，该二人并非案涉探矿权持有人，其无权在协议中处置某辉公司所持有的探矿权；而作为探矿权人某辉公司，其并非案涉合作协议的当事人，亦不可能在该协议中进行探矿权转让。协议中虽包括矿产合作的相关内容，但均属基于股权转让所产生的附随权利义务，探矿权人仍系某辉公司，该协议的实质仍然属于股权转让。因此，本案国能公司与薛某懿、薛某蛟所签订的合作协议应认定为股权转让协议，而非探矿权转让协议。关于协议效力，合同法第四十四条规定："依法成立的合同，自成立时生效。法律、行政法规规定应当办理批准、登记等手续生效的，依照其规定。"由于本案合作协议属股权转让性质，并不属于法律、行政法规规定应当办理批准、登记等手续生效的情形，协议成立时即生效。协议中双方当事人在第十四条14.1款约定："本协议经各方签署后协议成立，并经各方有权机构批准后生效。"由于协议各方当事人并不存在其他有权机构，当事人自身对协议成立均无异议，即视为批准。因此，根据上述法律规定及当事人约定，本案合作协议依法成立并生效。当事人虽在协议第一条"定义"部分载明："除本协议另有解释外，本协议中出现的下列术语含义如下：股权转让生效日指经某辉矿业向工商行政管理局办理完股权转让变更登记之日。"但该约定系当事人对协议术语"股权转让生效日"作相应的解释和备注，约定的内容仅针对协议中出现该术语的相应条款所特指的情形，而并非对合作协议生效条件的约定。一审判决将该约定内容认定为协议生效条件，并认为与当事人约定的其他协议生效条款相矛盾不当，但该认定不影响最终协议效力的认定结果。此外，"西藏政府矿产管理意见"不属法律法规范畴，不是认定合同效力的依据，案涉合作协议的效力认定不受其约束。

综上，上诉人关于案涉合作协议及转让合同系探矿权转让合同，合作协议未生效，而转让合同为有效合同的上诉理由不能成立，本院不予支持。

延伸阅读

区分矿业权转让与股权的三条裁判规则

规则一：矿业权证上的权利主体没有发生变更，转让合同被认定为股权转让。

案例一：最高人民法院，某宗集团有限公司、宗某晋与淮北某矿业有限公司、淮北某房地产开发有限责任公司、涡阳某房地产开发有限公司股权转让纠纷案〔（2015）民二终字第236号〕认为：双方在协议中约定，某宗公司、宗某晋将合法持有宿州某圣公司和淮北某圣公司各44%的股权全部转让给某矿业公司，该矿业公司支付转让款项。三处煤炭资源的探矿权许可证和采矿权许可证始终在两个目标公司名下,不存在变更、审批的问题。《股权转让协议》签订后,该矿业公司也实际控制了两个目标公司,实现了合同目的。因此,双方系股权转让的法律关系,该矿业公司主张本案系转让探矿权,因未经审批合同未生效,对该主张,本院不予支持。

案例二:新疆维吾尔自治区高级人民法院,某投资(集团)有限公司、哈巴河县某奔矿业有限责任公司股权转让纠纷一案[(2011)新民二终字第00028号]认为:从《中华人民共和国矿产资源法》第六条、《探矿权采矿权转让管理办法》第三条所规定的内容看,对探矿权、采矿权除特殊规定外是不得转让的,转让也需要经过审批管理机关批准。但该法律、法规所禁止的是将探矿权、采矿权倒卖牟利行为。本案中,采矿权系登记在某奔公司名下,属于某奔公司的财产权利。黄某、葛某军所转让的是其在某奔公司所享有的股权,采矿权人仍为某奔公司,不涉及通过股权转让的行为变相转让采矿权及须履行审批手续的问题。

案例三:最高人民法院,伊春市某丰矿业有限公司与青岛某仁矿业投资有限公司股权转让纠纷二审民事判决书[(2015)民二终字第352号]认为,某仁公司在与某丰公司等签订的《合作协议书》第三条中约定,某丰公司将所持的某博公司70%股权转让给某仁公司后,某仁公司向某丰公司支付首付款,首付款用于某丰公司收购七〇七队持有的某博公司30%股权,并且将某博公司所用矿区的采矿权人办理至某博公司名下。该约定可以表明,某仁公司与某丰公司就某博公司形成的买卖法律关系中,买卖标的物是某博公司的股权。在某博公司相应股权转让给某仁公司且某仁公司支付款项后,某丰公司负有将七〇七队享有的涉诉采矿权变更至某博公司名下的义务。那么,在某丰公司将股权转让给某仁公司而某仁公司未支付首付款的情况下,某丰公司起诉要求某仁公司支付款项,应属于股权转让纠纷。某仁公司与某丰公司等签订的《合作协议书》《补充协议》中虽约定某丰公司负有将涉诉七〇七队享有的采矿权变更至某博公司名下,但因该约定仅系上述协议当事人间的意思表示,而并未实际发生采矿权的转让和权利主体变更,所以,某仁公司以法律法规规定采矿权、探矿权转让需经政府有关部门批准为据来主张涉诉采矿权转让因未经批准进而上述二协议应无效,以及某仁公司主张某丰公司对涉诉采矿权无权处分进而上述二协议应无效,均不能成立,对其主张本院不予支持。

案例四:最高人民法院,李某林与黄某虎、杨某华等股权转让纠纷申诉、申请民事裁定书〔（2015）民申字第2672号〕认为：对于李某林与杨某华、黄某虎于2011年11月19日签订的《股权转让协议》的性质，黄某虎认为三方签订股权转让协议的目的是进行采矿权交易买卖，故本案纠纷应认定为股权及采矿权转让合同纠纷，由于协议三方均不具备转让受让采矿权的民事主体资格，且未经行政机关审批，故涉案转让协议应认定无效。根据本案股权转让协议的约定内容，当事人之间表面上似乎转让了两项内容，一是李某林在目标公司即某钛矿有限公司的100%股权，二是目标公司所属的钛矿采矿权。然而，采矿权主体在目标公司股份转让前后并没有发生任何变更，始终属于目标公司。我国矿产资源法确实规定了采矿权转让须经依法批准，但本案并不存在该钛矿有限公司转让其依法取得的采矿权的事实，杨某华、黄某虎并没有通过《股权转让协议》从该钛矿有限公司处受让采矿权，杨某华、黄某虎作为股权受让方是通过股东身份而参与目标公司的经营管理，并通过目标公司享有的采矿权而获得其相应的投资利益。因此，虽然转让协议中约定了转让采矿权的内容，但事实上采矿权并未在当事人之间进行转让，涉案转让协议的实质仍为股权转让而非采矿权转让，故原审判决认定转让协议合法有效并无不当，黄某虎关于本案转让协议应认定无效的主张缺乏事实和法律依据，本院不予支持。

案例五：最高人民法院，王某新与徐某勤、青海某矿业有限公司与西北某地质勘查局物化探总队、中国冶金地质总局某地质勘查院的股权转让纠纷申请再审民事裁定书〔（2014）民申字第1421号〕认为：由于法人的财产独立于股东，股东不能直接支配矿业权，仅股权的变化不能认定为矿业权人的变化，一、二审判决查明的事实以及王某新自己提交的证据均能证明在本案股权转让前后，矿业权人没有发生变化，故涉案合同属于股权转让合同而非矿业权转让合同。法律并未禁止民事主体通过转让股权的形式，成为享有矿业权的法人的股东。当事人通过股权转让间接变更对矿业权的实际经营，在股权转让不影响矿业权归属的情况下，一方当事人以合同双方真实意思是变更矿业权人，进而主张合同无效，不能予以支持。

规则二：矿业权主体发生变更、转让合同被认定为矿业权转让，未经审批，不生效力。

案例六：最高人民法院，井某华与准格尔旗某煤炭有限责任公司、卓某生买卖合同纠纷二审民事判决书〔（2013）民一终字第156号〕认为：案涉《经营权合同》明确约定讼争煤田股权转让总价格88502.36万元，当井某华支付转让费达到50%时，井某华派两人到煤矿协助财务经营管理；当井某华支付转让费达到80%时，煤炭公司需将其公司煤田股权、经营权等，经全体股东签字同意，将公司合法有效证件（采矿许可证、组织机构代码证、安全生产许可证、煤炭生产许可证、法人资格证、公司营业证、税务证）转办在井某华名下；剩余款项在办理完上述证件后，三个月内付清全部煤田股权转让费；当井某华将全部股权转让费付清后，景富公司将煤矿整体移交给井某华。上述合同约定的内容表明，双方的真实意思并不是约定转让景富公司的股权，而是约定转让景富公司所有的下属煤矿采矿权和经营权。当井某华付清全部转让款后，双方并未约定办理景富公司的股权变更登记手续，而是约定景富公司将相关采矿许可证、组织机构代码证、安全生产许可证、煤炭生产许可证、法人资格证、公司营业证、税务证转办在井某华名下并将案涉煤矿整体移交给井某华，由井某华直接控制煤矿。因此，案涉《经营权合同》应为采矿权转让合同。依照《中华人民共和国矿产资源法》第六条规定，采矿权的转让必须经过审批；《探矿权采矿权转让管理办法》第十条规定，采矿权经批准转让的，转让合同自批准之日起生效。因案涉《经营权合同》未依法经过审批，故一审判决认定案涉合同未生效并无不当，煤炭公司将煤矿整体移交给井某华。上述合同约定的内容表明，双方的真实意思并不是约定转让煤炭公司的股权，而是约定转让煤炭公司所有的下属煤矿采矿权和经营权。当井某华付清全部转让款后，双方并未约定办理煤炭公司的股权变更登记手续，而是约定煤炭公司将相关采矿许可证、组织机构代码证、安全生产许可证、煤炭生产许可证、法人资格证、公司营业证、税务证转办在井某华名下并将案涉煤矿整体移交给井某华，由井某华直接控制煤矿。因此，案涉《经营权合同》应为采矿权转让合同。

规则三：矿业权主体为合伙企业，合伙份额整体转让导致矿业权权利证书发生变更的，转让合同需要进行审批，未经审批不生效。

案例七：最高人民法院，贵州某光大能源有限公司与柳某金、马某奎采矿权纠纷二审民事判决书［（2015）民一终字第159号］认为：（一）关于一审判决认定案涉《协议》性质及效力是否有误的问题。关于合同性质的认定，原则上应根据合同的名称予以判断，但如果合同名称与该合同约定的权利义务内容不一致的，则应以该合同约定的权利义务内容确定。除此之外，尚需考察签约双方的真实意思表示。本案中，2011年1月10日，柳某金、马某奎作为转让方与某光大公司作为受让方签订的《协议》，名称规范、明确，如该协议约定的权利义务内容与名称一致,则该协议即应定性为股权转让协议。经审查,尽管该协议约定转让的是股权,但由于某山煤矿属于合伙企业,并没有改制为有限责任公司,作为投资人的柳某金、马某奎转让的只能是某山煤矿的合伙财产份额,且属于全部转让。根据《中华人民共和国合伙企业法》的规定,合伙人有权向合伙人以外的人转让其在合伙企业中的财产份额。一般合伙企业财产份额转让并没有行政审批的要求,但案涉合伙企业属于矿山企业,而矿山合伙企业全部财产份额的转让将导致原投资合伙人全部退出该企业,原登记在"咸宁县某山煤矿(柳某金)"名下的采矿许可证亦需要进行相应变更,而采矿权的变更必须经由地质矿产主管部门的行政审批。因此,在矿山合伙企业投资人转让其全部财产份额、采矿权主体发生变更的情况下,应按照采矿权转让的规定对案涉《协议》的效力进行审查。就此而言,一审判决将本案双方的交易定性为采矿权转让、双方之间的协议定性为采矿权转让合同并无不当。柳某金、马某奎主张本案属于企业并购协议纠纷,采矿权变更只是企业并购协议履行项下的一个组成部分即附随义务的主张与上述事实和法律规定不符,本院不予支持。关于案涉《协议》的效力问题。根据《中华人民共和国矿产资源法》第六条第一款第二项关于"已取得采矿权的矿山企业,因企业合并、分立、与他人合资、合作经营,或者因企业资产出售以及有其他变更企业资产产权的情形而需要变更采矿权主体的,经依法批准可以将采矿权转让他人采矿"的规定,案涉采矿权的转让应报请地质矿产主管部门批准,未经批准不发生法律效力。鉴于本案一审法庭辩论终结前,采矿权转让并未办理审批手续,一审判决根据《探矿权采矿权转让管理办法》第十条第三款、《最高人民法院关于适用〈中华人民共和国合同法〉若干问题的解释(一)》第九条之规定,将案涉协议认定为未生效并无不当。

075 是股还是债?"名股实债"问题案例分析

阅读提示

"名股实债"作为一种投融资方式,并非严格的法律概念,而是指投资人将资金以股权投资的方式投入目标公司,并约定在一定期限届满或者一定条件下收回投资本金和获得固定的收益回报的投资模式。其法律关系性质究竟是"股权投资"还是"债权投资"？由于该模式的运用之广泛，在信托、私募基金、民间借贷等非标准化债权投资领域十分常见，涉及市场利益重大，因此该问题得到私募、信托、投资、法律等实务界人士的热烈讨论与关注。

早年，关于该问题，我国在司法实践中出现了"同案不同判"的情形。直至 2019 年初，《最高人民法院民二庭第 5 次法官会议纪要》的公布，才给出了明确的司法认定规则。鉴于实践中"名股实债"的操作模式种类繁多，究竟如何认定"股权投资"和"债权投资"的边界呢？本期案例中，本书笔者将和读者一同探讨。

裁判要旨

投资协议中约定固定收益、回购条款的所谓"名股实债"投资方式，仅仅是股东之间、股东与公司之间分配风险与收益的安排，且在投资存续期间，投资人仍享有参与管理、表决等股东权利，不能因投资方式的不同，而将投资人与目标公司的股权投资关系认定为借款关系。

案情简介[①]

1. 某联公司是某川公司的大股东，为挽救陷入困境的某川公司，2015 年间，某联公司、某发公司、某川公司三方签订了《投资协议》，以"名股实债"的模式，由某发公司注资约 1.8 亿元给某川公司。

2. 该《投资协议》约定：某发对某川公司增资后持股约 30%。期限届满后，某发有权要求某联公司按照 1.2% 的年化收益回购该 30% 股权，另外，如某川遇有解散、破产之情形，某发亦可以要求某联回购该股权。

3. 2017 年，某川公司资不抵债，汉中中院启动了对某川公司的破产重整程序，触发了《投资协议》中约定的回购机制。

4. 随后，某发公司向某联发函要求回购，但某联未履行回购义务，某发公司遂将其起诉至陕西高院。

5. 在陕西高院一审中，某联辩称，案涉《投资协议》属于"名股实债"，该协议约定了明确的借款期限、年化固定收益，还约定某发不参与某川管理，属于借款法律关系，并非公司股权投资协议。

---

① 某联资本管理有限公司、中国某发重点建设基金有限公司股权转让纠纷二审民事判决书 [（2019）最高法民终 355 号]。

6. 陕西高院认为，本案《投资协议》虽约定了年华固定收益，但该收益是基于某发所持某川股权而得的收益，并且协议约定了某发享有的股东权利，已超出借款法律关系的内容。故此，陕西高院认定该协议为股权投资协议，判决某联按约定以1.2%的收益率回购某发所持30%股权。

7. 某联公司不服，上诉至最高法院。最高法院在二审中认可了陕西高院的观点，并维持了原判。

实务经验总结

"名股实债"中股债关系边界较为模糊，本文观察大量案件后总结认为，"谁来承担风险""股转转让价格公允性""是否办理了股权变更登记""是否存在担保"等要点，是判断其是"股权投资"或"债权投资"的基本依据：

1. 如果由被投资公司来承担回购义务，可能会被认定为"债"，而如果由被投资公司的股东来承担回购义务，可能会被认定为"股"。

正如本文介绍的某联公司与某发公司一案，因由另一股东某联公司承担回购义务而非被投资的某川公司，因此该关系被认定为"股"。相反，被认定为"债"的情形如某国投与某佳公司与公司有关的纠纷案［（2017）青民终210号］。在该案中，青海高院认为："本案中，某国投公司与某佳公司（被投资公司）签订的《股权回购补充协议》客观上极大减少了某佳公司的资本，损害公司债权人的利益。某国投公司2500万元的出资性质名为投资，实为借贷，主张给付投资补偿收益的请求，不能支持。"

2. 如果股转让价格确定、公允且办理了股权工商变更登记，有可能被认定为"股"，反之为"债"。

当股权转让价格不公允、不确定且不办理股权工商变更登记时，法院可能会认为股权转让并非当事人真实意思表示，从而将其认定为"债"。如李某喜、刘某山民间借贷纠纷案［（2016）最高法民终435号］中，法院因股权交易价格不确定把其关系认定为"债"："李某喜作为股权出让人，在合同约定的两年履行期限届满后，其不能偿还刘某山支付的借款本金及相应利息时，将以实际借款本金核定的相应股权份额实际转让给刘某山即交付担保物。（实际上，李在收到刘的本金时，并未将股权变更登记至刘的名下。）"

在某信托与某峰房地产合同纠纷案中（详见下述"延伸阅读"），法院则作出了同样的认定："《合作协议》约定某信托公司'以1元资金受让某峰房地产公司原股东持有的90%股权'，显然与该股权的实际市场价值不符，也不符合常理。"因此，法院将股权交易价格过低作为了"债"的认定依据之一。

3. 是否存在其他担保，如有为"债"，没有为"股"。

因担保必须有主债权的存在，而在有些"名股实债"的交易模式中，融资方为了能够获得融资，会向投资方提供一定的担保作为增信措施，因融资方对于投资方不负有支付义务，因此该担保措施没有设定的主债权存在，与当事人之间办理担保的意思表示不符，有法院将此作为认定"债"的理由之一。反之，则可能被认定为"股"。参见某信托与某峰公司合同纠纷一审一案（详见下述"延伸阅读"部分）。

相关法律规定

《最高人民法院民二庭第5次法官会议纪要》对于"名股实债"性质与效力的认定：

名股实债并无统一的交易模式，实践中，应根据当事人的投资目的、实际权利义务等因素综合认定其性质。

投资人目的在于取得目标公司股权，且享有参与公司的经营管理权利的，应认定为股权投资，投资人是目标公司的股东，在一定条件下可能构成抽逃出资。

反之，投资人目的并非取得目标公司股权，而仅是为了获取固定收益，且不享有参与公司经营管理权利的，应认定为债权投资，投资人是目标公司或有回购义务的股权的债权人。

不论在哪种情形中，投资人取得的固定回报都来自其先前的投入，故其退出公司亦非无偿退出，一般不存在抽逃出资问题。

法院判决

以下为该案在法院审理阶段，判决书中"本院认为"就该问题的论述：

关于协议性质，某联公司主张案涉《投资协议》性质为借款协议，并非股权投资协议。本院认为，结合协议签订背景、目的、条款内容及交易模式、履行情况综合判断，某发公司与某川公司之间并非借款关系，而是股权投资关系。理由如下：1. 本案系某发公司按照国家发改委等四部委联合印发《专项建设基金监督管理办法》（发改投资〔2016〕1199号）的规定通过增资方式向某川公司提供资金，该投资方式符合国家政策，不违反《中华人民共和国公司法》及行业监管规定。事实上，基金通过增资入股、逐年退出及回购机制对目标公司进行投资，是符合商业惯例和普遍交易模式的，不属于为规避监管所采取的"名股实债"的借贷情形。2. 某发公司增资入股后，某川公司修改了公司章程、某发公司取得了股东资格并享有表决权，虽然不直接参与某川公司日常经营，但仍通过审查、审批、通知等方式在一定程度上参与管理，这也是基金投资模式中作为投资者的正常操作，显然不能以此否定其股东身份。3. 虽然案涉协议有固定收益、逐年退出及股权回购等条款，但这仅是股东之间及股东与目标公司之间就投资收益和风险分担所作的内部约定，并不影响交易目的和投资模式。并且在投资期限内，某发公司作为实际股东之一，其对外仍是承担相应责任和风险的。4. 某发公司根据协议约定获得了固定收益，但该固定收益仅为年1.2%，远低于一般借款利息，明显不属于通过借贷获取利息收益的情形。其本质仍是某发公司以股权投资方式注入资金帮助企业脱困的投资行为，只有这样某川公司及其股东某联公司才以极低的成本获取巨额资金。综上，案涉《投资协议》系股权投资协议，一审认定其性质并非借款协议是正确的。

最后，需要指出的是，无论是投资还是借贷，按合同约定使用资金是用款人及相关方的基本义务。本案中，某发公司依照国家法规和政策向相关企业提供巨额资金支持帮助相关行业和地区发展，某川公司作为资金使用人，以极低的成本获得巨额投资，本应正确、充分地利用资金，勤勉经营，诚实守信。某联公司作为某川公司的大股东亦受益于本次投资，应当遵守合同约定和承诺，而不应以资金性质用途、资金监管为理由逃避付款责任。对融资方而言，享受了股权融资具有的成本低、周期长的益处，却不承担因回购条款产生的损失风险，难言公平合理，其主张不能得到法律支持。

延伸阅读

本书笔者还检索了其他案例。前两个案例中法院将涉案投资协议性质认定为股权投资协议，而最后一个案例中法院则认定为借款协议。

案例一：最高人民法院在范某禄与某国际信托股份有限公司、某创（天津）投资有限公司等股权转让纠纷申请再审［（2015）民申字第1198号］一案中认为：本案是基于某信托公司发起的信托计划，在该信托公司以信托资金对某丰公司增资入股、信托期限届满后，对信托资金进行清退而引发的股权转让纠纷。中国银保监会颁布《信托公司私人股权投资信托业务操作指引》第十五条第一款规定:"信托公司在管理私人股权投资信托计划时,可以通过股权上市、协议转让、被投资企业回购、股权分配等方式,实现投资退出。"由上述规定可见,根据信托计划进行股权投资和清退与企业之间借贷并不相同。该信托公司将案涉资金投入某丰公司完成增资入股、登记为股东后,即应承担持股期间出资人的责任。而企业之间借贷,出借人只是借款人的债权人,并非股东,不承担出借款项期间借款人股东的责任。而且,本案中,接受增资方为某丰公司,受让股权方为某创公司,接受资金方和给付资金方并非同一主体,不能因股权转让事实认定该信托公司与某丰公司之间实质为企业之间借贷法律关系。

案例二:湖州市吴兴区人民法院在某信托股份有限公司与湖州某城置业有限公司破产债权确认纠纷一审[(2016)浙0502民初1671号]一案中认为:本院认为,本案不是一般的借款合同纠纷或股权转让纠纷……信托公司作为一个有资质的信托投资机构,应对此所产生的法律后果有清晰的认识,故该信托公司提出的"名股实债""让与担保"等主张,与本案事实并不相符。综上,确认该信托公司对破产企业不享有破产债权是正确的。基于该信托公司在某城置业中的股东身份,该信托公司有关国有土地使用权及在建工程享有抵押权,并变卖该抵押物优先受偿的请求,有悖法律,本院依法予以驳回。

案例三:重庆市高级人民法院在某信托股份有限公司与诸城市某峰房地产开发有限公司合同纠纷一审[(2014)渝高法民初字第00010号]一案中认为:信托公司与某峰房地产公司签订的《合作协议》和《收益权转让合同》的实质均为借款合同。理由:1.《合作协议》约定信托公司"以1元资金受让某峰房地产公司原股东持有的90%股权",显然与该股权的实际市场价值不符,也不符合常理。2.因《合作协议》中某峰房地产公司对信托公司不负有支付义务,该合同项下办理的在建商铺抵押和股权质押没有设定担保的主债权存在。某峰房地产公司庭审中主张《合作协议》的性质应为股权转让合同,这与当事人签订《合作协议》并办理相关担保财产的抵押、质押手续的意思表示不符。因此,该《合作协议》名为股权转让合同,实为借款合同。

第十二章　国有企业股权退出

076 国有企业退出股权投资项目公司的路径及操作流程

笔者团队近期为一家国有企业（系央企的全资孙公司）拟退出股权投资项目公司（系该国有企业与另一家民营企业共同设立，该国有企业持股49%，民营企业持股51%）的相关法律事宜提供了法律服务，最终为其出具法律意见。笔者根据公司法等相关法律法规以及办理该业务的经验，就国有企业退出股权投资项目公司的方式进行了梳理总结，主要包括：1. 通过股权转让的方式退出；2. 通过定向减资的方式退出；3. 通过解散清算的方式退出。现对该三种退出方式的基本流程、所需材料及相关风险，梳理分析如下，谨供相关市场主体参考。

一、第一种退出方式：股权转让

根据《企业国有资产交易监督管理办法》第三条的规定，本办法所称企业国有资产交易行为包括：（一）履行出资人职责的机构、国有及国有控股企业、国有实际控制企业转让其对企业各种形式出资所形成权益的行为（以下称企业产权转让）；（二）国有及国有控股企业、国有实际控制企业增加资本的行为（以下称企业增资），政府以增加资本金方式对国家出资企业的投入除外；（三）国有及国有控股企业、国有实际控制企业的重大资产转让行为（以下称企业资产转让）。笔者团队的项目就属于第一种，即企业产权转让。

根据企业国有资产法第五十四条与《企业国有资产交易监督管理办法》第二条的规定，企业国有资产交易应当在依法设立的产权交易场所（机构）中公开进行。

（一）进场交易的基本流程

根据企业国有资产法第五十一条至第五十七条，《企业国有资产交易监督管理办法》第十条至第三十条的相关规定，国有企业产权转让的流程如下：

1. 产权转让应当由国有企业按照企业章程和企业内部管理制度进行决策，

形成书面决议。国有控股和国有实际控制企业中国有股东委派的股东代表，应当按照本办法规定和委派单位的指示发表意见、行使表决权，并将履职情况和结果及时报告委派单位。国有独资公司的产权转让，应当由董事会审议；没有设立董事会的，由总经理办公会议审议。

2. 国有企业应当按照企业发展战略做好产权转让的可行性研究和方案论证。产权转让涉及职工安置事项的，安置方案应当经职工代表大会或职工大会审议通过；涉及债权债务处置事项的，应当符合国家相关法律法规的规定。

3. 征求项目公司其他股东过半数同意。

4. 报经国有企业的股东同意，或者报经履行出资职责的机构批准。

5. 产权转让事项经批准后，由国有企业委托会计师事务所对转让标的企业进行审计。涉及参股权转让不宜单独进行专项审计的，国有企业应当取得转让标的企业最近一期年度审计报告。

6. 对按照有关法律法规要求必须进行资产评估的产权转让事项，国有企业应当委托具有相应资质的评估机构对转让标的进行资产评估，产权转让价格应以经核准或备案的评估结果为基础确定。

7. 国有企业可以根据企业实际情况和工作进度安排，采取信息预披露和正式披露相结合的方式，通过产权交易机构网站分阶段对外披露产权转让信息，公开征集受让方。其中正式披露信息时间不得少于 20 个工作日。

因产权转让导致转让标的企业的实际控制权发生转移的，转让方应当在转让行为获批后 10 个工作日内，通过产权交易机构进行信息预披露，时间不得少于 20 个工作日。

根据《北京产权交易所企业国有产权转让操作规则》第七条规定，国有企业应当按照要求向北交所提交预披露信息内容的纸质文档材料，并对预披露的内容和所提交材料的真实性、完整性、准确性负责；第十七条规定，国有企业应当委托交易服务会员向北交所提交信息披露申请，按照要求提交披露信息内容的纸质文档材料，并对披露内容和所提交材料的真实性、完整性、准确性负责；第二十三条规定，信息披露公告应当在北交所网站上发布；第二十四条规定，信息披露公告时间应当不少于 20 个工作日，并以北交所网站发布次日为起始日。

8. 产权转让信息披露期满、产生符合条件的意向受让方的，按照披露的竞价方式组织竞价。竞价可以采取拍卖、招投标、网络竞价以及其他竞价方式，且不得违反国家法律法规的规定。

转让项目自首次正式披露信息之日起超过 12 个月未征集到合格受让方的，应当重新履行审计、资产评估以及信息披露等产权转让工作程序。《北京产权交易所企业国有产权转让操作规则》第二十八条的规定与此相同。

《北京产权交易所企业国有产权转让操作规则》第二十六条规定，信息披露公告期间未征集到符合条件的意向受让方，可以延期或在变更转让底价、变更受让条件后重新进行公告。

9. 受让方确定后，国有企业与受让方应当签订产权交易合同，交易双方不得以交易期间企业经营性损益等理由对已达成的交易条件和交易价格进行调整。

交易价款原则上应当自合同生效之日起 5 个工作日内一次付清。金额较大、一次付清确有困难的，可以采取分期付款方式。采用分期付款方式的，首期付款不得低于总价款的 30%，并在合同生效之日起 5 个工作日内支付；其余款项应当提供转让方认可的合法有效担保，并按同期银行贷款利率支付延期付款期间的利息，付款期限不得超过 1 年。

10. 产权交易合同生效，并且受让方按照合同约定支付交易价款后，产权交易机构应当及时为交易双方出具交易凭证。国有企业和受让方凭产权交易凭证，按照国家有关规定及时办理产权变更登记手续。

（二）需要准备的文件资料

根据《公司法》《企业国有资产交易监督管理办法》以及参考北京市市场监督管理局发布的《有限责任公司变更登记（备案）一次性告知单》，国有企业进行国有产权转让需要准备或取得的文件如下：

序号	材料	提示
1	《公司变更（改制）登记申请书（公司备案申请书）》	由法定代表人亲笔签署。（其他填写要求请详见申请书上的说明提示）
2	项目公司其他股东过半数同意国有企业转让股权的文件及放弃优先购买权的声明文件	
3	国有企业和项目公司营业执照复印件	需加盖公司印章。
4	国有企业和项目公司现行有效的公司章程	
5	国有企业同意股权转让事项的决策文件或书面决议	

续表

序号	材料	提示
6	国有企业的股东或者国资监管机构的批准文件	
7	国有企业对股权转让事项的可行性研究和方案论证	产权转让涉及职工安置事项的，安置方案应当经职工代表大会或职工大会审议通过。
8	项目公司的资产负债表和资产移交清册	
9	审计报告	
10	资产评估报告	
11	国有企业刊登在报刊和网站上的相关公告信息	国有企业应当按照要求向产权交易机构提供披露信息内容的纸质文档材料，并对披露内容和所提供材料的真实性、完整性、准确性负责。
12	拍卖、招投标或网络竞价文件	经公开征集，产生两个以上受让方时，需要该等程序及相关文件。
13	股权转让协议	
14	项目公司修改后的公司章程或者公司章程修正案	由公司法定代表人签署。
15	新股东（受让方）的主体资格证明	一般为自然人身份证复印件或法人证书复印件。
16	产权交易凭证	涉及中央国有产权转让的，应提交中央企业国有产权交易试点机构出具的《产权交易凭证》。

（三）关于股权转让的风险提示

根据《最高人民法院关于适用〈中华人民共和国公司法〉若干问题的规定（三）》（2020修正）第十八条第一款的规定，有限责任公司的股东未履行或者未全面履行出资义务即转让股权，受让人对此知道或者应当知道，公司请求该股东履行出资义务、受让人对此承担连带责任的，人民法院应予支持；公司债权人依照本规定第十三条第二款向该股东提起诉讼，同时请求前述受让人对此承担连带责任的，人民法院应予支持。同时，《最高人民法院关于民事执行中变更、追加当事人若干问题的规定》第十九条规定，作为被执行人的公司，财产不足以清偿生效法律文书确定的债务，其股东未依法履行出资义务即转让股权，申请执行人申请变更、追加该原股东……为被执行人，在未依法出资的范围内承担责任的，人民法院应予支持。

根据上述规定，如国有企业在尚未对项目公司实缴出资的情况下对外转让股权，则国有企业的出资义务不因此免除，项目公司及其债权人仍有权要求国有企业承担出资义务、追加其为被执行人。即使国有企业与受让人就出资义务的承担主体问题进行约定，但该约定仅在国有企业及受让人内部有效，不能对抗项目公司及其债权人。因此，即使国有企业股权转让，若受让方不履行完毕出资义务的，国有企业仍应当承担出资责任。

为避免上述风险的发生，国有企业可通过先向项目公司出资、履行完毕出资义务，然后再将股权以不低于出资价格转让的方式退出项目公司。

（四）非进场交易

1. 非公开协议转让的情形

国有企业在特定情形下也可通过非进场交易的方式完成股权转让。根据《企业国有资产交易监督管理办法》第三十一条的规定，以下情形的产权转让可以采取非公开协议转让方式：（一）涉及主业处于关系国家安全、国民经济命脉的重要行业和关键领域企业的重组整合，对受让方有特殊要求，企业产权需要在国有及国有控股企业之间转让的，经国资监管机构批准，可以采取非公开协议转让方式；（二）同一国家出资企业及其各级控股企业或实际控制企业之间因实施内部重组整合进行产权转让的，经该国家出资企业审议决策，可以采取非公开协议转让方式。

2. 非公开协议转让的价格

采取非公开协议转让方式转让企业产权，转让价格不得低于经核准或备案的评估结果。以下情形按照《中华人民共和国公司法》、企业章程履行决策程序后，转让价格可以资产评估报告或最近一期审计报告确认的净资产值为基础确定，且不得低于经评估或审计的净资产值：（一）同一国家出资企业内部实施重组整合，转让方和受让方为该国家出资企业及其直接或间接全资拥有的子企业；（二）同一国有控股企业或国有实际控制企业内部实施重组整合，转让方和受让方为该国有控股企业或国有实际控制企业及其直接、间接全资拥有的子企业。

3. 非公开协议转让需要准备的文件

国资监管机构批准、国家出资企业审议决策采取非公开协议方式的企业产权转让行为时，应当审核下列文件：（一）产权转让的有关决议文件。（二）产权转让方案。（三）采取非公开协议方式转让产权的必要性以及受让方情况。（四）

转让标的企业审计报告、资产评估报告及其核准或备案文件。其中属于第三十二条（一）、（二）款情形的，可以仅提供企业审计报告。（五）产权转让协议。（六）转让方、受让方和转让标的企业的国家出资企业产权登记表（证）。（七）产权转让行为的法律意见书。（八）其他必要的文件。

二、第二种退出方式：定向减资

国有企业可以通过"定向减资"的方式退出项目公司，即项目公司股东会作出减资决议，其中国有企业的出资金额、股权比例均变更为0。

（一）定向减资的法律流程

根据公司法（2018年，已被修订）第一百七十七条、第一百七十九条的规定，项目公司的减资程序及具体操作流程如下：

1. 作出减少注册资本的股东会决议；根据公司法（2018年，已被修订）第四十三条的规定，项目公司定向减资的股东会决议，必须经代表三分之二以上表决权的股东通过。

2. 必须编制资产负债表及财产清单。

3. 应当自作出减少注册资本决议之日起十日内通知债权人，并于三十日内在报纸上公告；债权人自接到通知书之日起三十日内，未接到通知书的自公告之日起四十五日内，有权要求项目公司清偿债务或者提供相应的担保。

4. 实施减资方案。

5. 依法向公司登记机关办理变更登记。

（二）定向减资程序需要准备的文件资料

根据公司法的相关规定及参考北京市市场监督管理局发布的《有限责任公司变更登记（备案）一次性告知单》，项目公司进行定向减资需要准备的文件如下：

序号	材料	提示
1	《公司变更（改制）登记申请书（公司备案申请书）》	具体填写要求请详见表格注释
2	减少注册资本的决议	必须经代表三分之二以上表决权的股东通过
3	资产负债表及财产清单	
4	项目公司营业执照	
5	现行有效的项目公司章程	

续表

序号	材料	提示
6	在报纸上刊登公司减少注册资本公告报样	
7	公司债务清偿或者债务担保情况的说明	
8	修改后的项目公司章程或者项目公司章程修正案	由项目公司法定代表人签署

（三）关于定向减资程序的风险提示

1. 若项目公司负有外债、国有企业尚未实缴出资，则国有企业存在实缴注册资本义务或承担连带责任的风险。

如果项目公司在减资前对外负有债务，而国有企业尚未履行出资义务，则国有企业存在需要实缴注册资本或者被债权人要求承担责任的风险。《最高人民法院关于适用〈中华人民共和国公司法〉若干问题的规定（三）》（2020修正）第十三条规定，股东未履行或者未全面履行出资义务，公司或者其他股东请求其向公司依法全面履行出资义务的，人民法院应予支持。公司债权人请求未履行或者未全面履行出资义务的股东在未出资本息范围内对公司债务不能清偿的部分承担补充赔偿责任的，人民法院应予支持……

根据上述规定，国有企业未履行出资义务，项目公司或者其他股东有权请求国有企业向项目公司依法全面履行出资义务，项目公司的债权人有权请求国有企业在未出资本息范围内对项目公司债务不能清偿的部分承担补充赔偿责任。

司法审判中多数裁判观点认为，公司减资中，未完全履行出资义务的股东在未出资本息范围内对公司债务承担补充清偿责任。例如，成都市中级人民法院审理的某星制衣有限公司与蓝某萍、黄某孟公司减资纠纷案［（2015）成民初字第2124号］认为："鉴于某桥服装公司已无力清偿债务，蓝某萍、黄某孟作为某桥服装公司股东，在未履行全面出资义务的情形下，不当减资，导致公司不能清偿债务，则作为公司股东应当依法在未出资本息范围内对公司债务不能清偿部分承担补充赔偿责任。因此，对于某星制衣公司起诉主张蓝某萍、黄某孟分别在20万元、80万元减资范围内对某桥服装公司所欠债务承担补充赔偿责任，符合法律规定，本院予以支持。"北京市石景山区人民法院审理的某达电器有限公司与许某辉等公司减资纠纷案［（2014）石民初字第2366号］判决持类似观点。

为避免上述风险的发生，国有企业可以事先对项目公司的对外债务情况和数额进行调查、统计。如果项目公司负有外债，待项目公司偿还完毕债务后，再启动减资事项。

2. 项目公司违反法定减资程序，国有企业须承担连带责任的风险。

如果项目公司减资事项违反法定程序，没有通知、公告债权人，则对国有企业比照抽逃出资的法律规定进行责任认定，在减资范围内承担补充责任。

《最高人民法院关于适用〈中华人民共和国公司法〉若干问题的规定（三）》（2020修正）第十四条第二款规定，公司债权人请求抽逃出资的股东在抽逃出资本息范围内对公司债务不能清偿的部分承担补充赔偿责任……的，人民法院应予支持……

根据上述规定，项目公司减资时未通知债权人的，债权人有权请求抽逃出资的股东在抽逃出资本息范围内对项目公司债务不能清偿的部分承担补充赔偿责任。例如，江苏省高级人民法院审理的某达公司减资纠纷案［（2015）苏商终字第00034号］认为："因某达公司未就减资事项通知债权人，使得债权人丧失了要求公司清偿债务或者提供相应担保的权利，而公司减资系公司股东会决议的结果，减资的受益人是公司股东，该情形与股东抽逃出资对于债权人的侵害有着本质上的一致性，因此，对于公司减资未通知已知债权人的责任，比照股东抽逃出资的法律责任进行认定。钟某东、钟某晔在明知公司大额债务未付清的情况下，仍然通过股东会决议减少公司注册资本；钟某东系某达公司减资行为的直接受益人，已取得公司减资财产，该行为亦导致某达公司对于某能公司偿债能力的下降，故钟某东应在减资范围内承担责任。"湖北省高级人民法院审理的湖北银行股份有限公司宜昌某支行与吴某公司减资纠纷案［（2012）鄂民二终字第00084号］判决持相同观点。

为避免上述风险的发生，项目公司应严格执行法定减资程序，通知和公告债权人，以消除减资完成后存在的潜在风险。

三、第三种退出方式：自行解散清算

国有企业可以通过与其他股东自行解散、清算项目公司的方式退出项目公司，即国有企业和其他股东作出解散项目公司的股东会决议，通过解散、清算和注销项目公司的方式，实现国有企业退出的目的。

（一）解散、清算项目公司的程序及具体操作流程

根据公司法(2018年，已被修订)第一百八十条至第一百九十条的规定，解散、清算项目公司的程序及具体操作流程如下：

1. 作出解散公司的股东会决议：由国有企业和其他股东作出决定解散公司的股东会决议。根据公司法(2018年，已被修订) 第四十三条第二款的规定，解散项目公司的股东会决议，必须经代表三分之二以上表决权的股东通过。

2. 股东会作出关于成立清算组的决议：根据公司法(2018年，已被修订) 第一百八十三条的规定，在股东会决议解散之日起十五日内，由国有企业和其他股东组成清算组。清算组的负责人由自然人担任。

3. 办理工商备案：项目公司到登记机关办理清算组成员、清算组负责人名单的备案，取得市场监督管理部门出具的《备案确认通知书》。

4. 清算公告：清算组自成立之日起10日内书面通知项目公司债权人，并登录国家企业信用信息公示系统向社会免费公示清算组信息，并于60日内通过国家企业信用信息公示系统发布债权人公告（也可在报纸上发布公告），公告期为45个自然日。

5. 债权申报：根据公司法(2018年，已被修订) 第一百八十五条的规定，债权人应当自接到通知书之日起30日内，未接到通知书的自公告之日起45日内，向清算组申报其债权。债权人依公司法规定申报债权，由清算组登记。在申报债权期间，清算组不得对债权人进行清偿。

6. 清理财产：根据公司法(2018年，已被修订) 第一百八十四条第一项的规定，清算组清理公司财产，分别编制资产负债表和财产清单。

7. 制定清算方案：根据公司法(2018年，已被修订) 第一百八十六条第一款的规定，由清算组制定清算方案。

8. 股东确认清算方案：根据公司法(2018年，已被修订) 第一百八十六条第一款的规定，由国有企业和其他股东确认清算方案。

9. 实施清算方案：根据公司法(2018年，已被修订) 第一百八十六条第二款的规定，分配公司财产，按照以下顺序进行支付，清算费用—职工工资—社会保险费用和法定补偿金—欠缴税款—清偿公司债务—按出资比例进行股东分配。

10. 制作并由股东确认清算报告：根据公司法(2018年，已被修订) 第一百八十八条的规定，清算结束后，清算组制作清算报告并报国有企业和其他股东确认。

11. 根据《中华人民共和国税收征收管理法实施细则》第十五条的规定，注销税务登记证、银行开户许可证。

12. 根据公司法(2018年，已被修订) 第一百八十八条的规定，向公司登记机关报送清算报告，清算结束之日起30日内申请注销公司登记。

(二) 执行解散清算方式需要准备的文件资料

根据公司法及参考北京市市场监督管理局发布的《公司及分公司注销登记办理一次性告知单》，解散、清算及注销项目公司需要准备的文件如下：

序号	材料	提示
1	企业注销登记申请书	
2	解散项目公司的决议	必须经代表三分之二以上表决权的股东通过。
3	关于成立清算组的决议	
4	市场监督管理部门出具的《备案确认通知书》	到登记机关备案时需提交：（1）清算组成员主体身份证明文件（加盖公章的营业执照复印件）；（2）项目公司股东会关于成立清算组的决议。
5	刊登项目公司解散清算公告的报纸样张	
6	项目公司债务清偿或者债务担保情况的说明	
7	资产负债表及财产清单	
8	债权登记表	
9	清算方案	
10	清算报告	
11	项目公司营业执照原件正、副本	
12	现行有效的项目公司章程	
13	税务登记证原件	
14	银行开户许可证原件	
15	税务部门出具的企业清税文件	

(三) 关于执行解散清算程序的风险提示

1. 债权人要求国有企业对项目公司的债务承担连带责任的风险。

若国有企业在出资期限届满后并未履行出资义务，即使项目公司被解散清算，国有企业仍存在在未缴出资范围内对项目公司债权人承担连带清偿责任的风险。

《最高人民法院关于适用〈中华人民共和国公司法〉若干问题的规定（二）》（2020修正）第二十二条规定，公司解散时，股东尚未缴纳的出资均应作为清算财产。股东尚未缴纳的出资，包括到期应缴未缴的出资……公司财产不足以清偿债务时，债权人主张未缴出资股东……在未缴出资范围内对公司债务承担连带清偿责任的，人民法院应依法予以支持。"

根据上述规定，项目公司解散时，国有企业尚未缴纳的出资应作为项目公司的清算财产，项目公司不足以清偿债务时，项目公司的债权人有权要求国有企业对项目公司债务在未缴出资范围内承担连带清偿责任。

在吉林省某文企业管理有限公司与胡某、吉林省某投资有限公司公司解散纠纷二审民事判决书［（2019）吉01民终1805号］中，长春市中级人民法院认为："公司解散时股东尚未履行的出资属清算财产，公司或其他股东有权请求未全面履行出资义务的股东向公司依法全面履行出资义务，债权人有权要求未全面履行出资义务的股东向其承担连带清偿责任，故某文公司关于胡某通过解散公司达到逃避出资义务目的的主张于法无据，本院不予支持。"在吴某勇、成都某华医疗科技有限公司股东出资纠纷二审民事判决书［（2018）川01民终18592号］中，成都市中级人民法院认为："公司是否面临解散，均不能免除未出资股东的出资义务。"

为避免上述风险的发生，国有企业可事先调查了解、梳理项目公司的对外债务信息，以便顺利开展后续的解散清算工作。

2. 项目公司主要财产、账册、重要文件等灭失，无法进行清算，债权人要求国有企业对项目公司债务承担连带清偿责任的风险。

《最高人民法院关于适用〈中华人民共和国公司法〉若干问题的规定（二）》（2020修正）第十八条第二款规定，有限责任公司的股东……因怠于履行义务，导致公司主要财产、账册、重要文件等灭失，无法进行清算，债权人主张其对公司债务承担连带清偿责任的，人民法院应依法予以支持。

如果国有企业因怠于履行清算义务，导致项目公司主要财产、账册、重要文件等灭失，无法进行清算，则存在债权人要求其对项目公司的债务承担连带清偿责任的风险。

为避免上述风险的发生，国有企业应当依照法定程序、在法定期限内，勤勉尽责、及时全面履行清算义务，妥善保管或者督促其他股东、项目公司妥善保管项目公司的证照、印章、主要财产、账册及重要文件。

四、关于退出项目公司有关程序的结论和建议

结合以上梳理和分析，我们认为，国有企业可以选择通过上述任意一种方式退出项目公司。从每种退出方式存在的风险来讲，无论是股权转让，还是定向减

资或解散清算，都存在债权人就项目公司的债务要求尚未履行出资义务的国有企业承担连带责任的风险。

从操作流程的简洁性、时间周期、工作量，我们认为，定向减资的操作流程相对更为简单快捷，所需准备的文件资料较少，可以合理预计整个流程费时较短。我们提请国有企业注意：

首先，在减资之前调查和掌握项目公司的对外债务情况。项目公司应在减资过程中严格根据公司法、公司章程的相关规定，履行通知和公告债权人等义务。

其次，国有企业在实施股权转让、定向减资或解散清算之前，是否应事先取得履行出资人职责的机构批准文件或者其股东的同意，我们根据企业国有资产法第三十条、第三十三条等规定认为：国有资本控股公司转让重大财产，国有资本参股公司减少注册资本、解散等事项，依照法律、行政法规以及公司章程的规定，由公司股东（会）决定即可。但为了审慎、稳妥起见，我们特此提请国有企业就该问题与其股东沟通，或者向国有资产监督管理部门咨询、请示。

再次，根据中共中央办公厅、国务院办公厅印发的《关于进一步推进国有企业贯彻落实"三重一大"决策制度的意见》，国有企业实施股权转让事项、项目公司定向减资及解散清算事项，均属于企业发展战略、资产调整、产权转让、利益调配等重大决策事项的范围，故我们提请国有企业根据前述文件的具体要求，认真严格履行"三重一大"事项的决策程序和实施程序。

最后，为确保国有企业退出项目公司后，项目公司不再使用与国有企业相同或类似的商号，国有企业可在退出项目公司的同时，要求项目公司变更企业名称，删除与国有企业相同或者类似的字样。

人民法院案例库关于股权纠纷裁判规则及机关案例附录

本书正文案例均系笔者在裁判文书网检索获取，除此之外，笔者以"股权"为关键词（检索时间为2024年10月21日）在人民法院案例库进行检索，其中涉及股权纠纷的裁判规则共有16则案例，其中1则为指导案例，其余15则为参考案例，该等案例就涉及股权纠纷的裁判规进行明确，具体规则简要列示如下：

1. 关于股权转让合同解除情形及后果的裁判规则。

（1）股权转让分期付款合同不适用买卖合同关于买受人未支付到期价款的合同金额达到合同全部价款的五分之一时即可解除合同的规定。

（2）股权转让合同因情势变更解除后，转让方返还已收取的股权转让款的，受让方也应返还取得的标的物。当标的物价值明显减损时，就减损价值按照过错原则由当事人分担。

2. 关于公司回购股权条款效力的裁判规则。

（1）公司章程规定"人走股留"由公司回购股权的条款，只要不违反公司法等法律强制性规定，可认定为有效。

（2）对赌条款是投资方为保障资金安全及利益的最大化所设定的投资条件，在目标公司未完成对赌目标时多设定以股权回购方式要求对赌投资方持有的目标公司股权，实质为附条件的股权转让行为。该股权转让是对赌方在对赌失败后被动性受让投资方股权的合同约定，应属有效。

3. 关于股权转让合同效力的裁判规则。

（1）未经配偶同意转让股权不影响股权转让合同的效力，但有证据证明受让人与出让人恶意串通损害出让人配偶合法权益的，该配偶有权依法主张股权转让合同无效。

（2）根据我国法律和行政法规规定，普通高中教育机构属于限制外商投资项目，义务教育机构属于禁止外商投资项目。境外注册成立的公司受让义务教育机构的股权，违反法律、行政法规的强制性规定，股权转让协议应当认定无效。

（3）瑕疵出资与股权转让合同系属两个层面的法律关系，出让方是否实际履行出资义务与股权转让协议的效力并无必然联系，只要股权转让协议不存在其他法定无效事由，即为有效。

（4）自2016年10月1日起，外商投资管理体制由全面审批制改为普遍备案制与负面清单下的审批制。其中，外商投资准入负面清单以外的外商投资企业股权转让合同适用备案制。此项备案属于告知性备案，不再构成外商投资准入负面清单以外的外商投资企业合同的生效要件。相应地，未报批的该类外商投资企业股权转让合同亦为生效合同。同时，当事人关于股权转让合同"自审批机关批准之日起生效"的约定不再具有限定合同生效条件的意义。

（5）目标公司股东对投资方的补偿承诺不违反法律法规的禁止性规定，应为合法有效。但投资方主张实际履行的，人民法院应当审查是否符合公司法关于"股东不得抽逃出资"及股份回购的强制性规定，判决是否支持其诉讼请求。

4. 关于股权转让合同性质的裁判规则。

区分股权让与担保和股权转让，主要应从合同目的以及合同是否具有主从性特征来判断。当事人关于可以在约定的期限内购买股权的约定系相关各方达成的一种商业安排，不同于让与担保中采用的转让方应当在一定期限届满后回购所转让财产的约定。一方当事人的经营权仅在回购期内受到一定限制，并未约定对回购期满后的股东权利进行任何限制，亦不同于股权让与担保常见的对受让方股东权利进行限制的约定。

5. 关于股权代持、股东资格确认的裁判规则。

（1）代持金融机构股权的行为是否为监管所允，需得充分结合相应规章上下文规定及同时期施行的其他部门规章内容进行判断。就金融租赁公司而言，根据2000年颁布的管理办法以及2007年修订后的管理办法，可得推知自然人不具备金融租赁公司持股主体资格系以贯之的基本原则，代持合同与规章中涉及特定公共利益的规定相悖，应属无效。

（2）对实际出资人及其相应出资权益的认定、应综合公司设立过程中各股东关于设立公司的合意、各自所持股权比例的合意以及公司成立时实际出资人的出资情况、实际出资人与名义股东之间的真实意思表示等因素判断。当事人虽将从他人处借来的款项投入公司的经营活动，但既未明确款项性质，且在投入后不久即以债务转移方式由公司实际负担清偿，该当事人主张其以借款投资并据此享有公司全部股权以及出资人权益的，人民法院不应予以支持。

（3）有限责任公司实际权利人与名义权利人的关系，应当通过经营管理上的控制力及财产的实质归属来进行判定，而不能单纯地取决于公示外观。在可能存在股权代持合意的情况下，股权代持关系是否存在，应重点审查代持人是否实际出资以及是否享有股东权利。在缺乏股权代持直接证据的情况下，如实际股东提交的证据能够形成完整的证据链，证明隐名股东系实际出资人，且实际参与了公司的经营管理或对名义股东有较大的公司经营管理上的控制力，应当综合案件事实，对股权代持关系作出认定。

（4）一方当事人起诉请求确认另一方当事人与第三人之间不存在民事法律关系的，不符合确认之诉的构成要件。对于公司股东起诉要求确认其他股东不具有股东资格的，人民法院不能在未经公司决议的情况下直接以司法裁判来剥夺公司股东的身份，公司股东可在公司法范围内通过公司规章、制度实现自身权利的救济。

6. 关于股权转让后转让方责任承担的裁判规则。

（1）股权转让协议的双方在协议中明确约定各方对转让前后的债务承担，股权受让方在受让后发现公司需负担转让前未结清的债务，主张股权转让方承担违约责任的，法院应予支持。违约赔偿责任应以实际损失为限，可通过股权受让方持股比例、股权转让金额等因素综合确定。

（2）股权转让合同纠纷中，目标公司存在虚增银行存款、利润情况不真实、虚构应收账款以及隐瞒担保及负债等情形，目标公司的实际控制人及股东故意提供虚假信息、隐瞒真实情况，对投资人接受股权转让条件构成欺诈，目标公司的实际控制人及股东需对其签订《购买资产协议》中存在的欺诈行为和自己的其他行为承担责任。

以上裁判规则涉及裁判案例附录如下：

001 股权转让分期付款合同能否适用买卖合同关于买受人未支付到期价款的合同金额达到合同全部价款的五分之一时即可解除合同的规定？

【入库编号 2016-18-2-269-001】指导案例 67 号：汤某龙诉周某海股权转让纠纷案

一、裁判要旨

有限责任公司的股权分期支付转让款中发生股权受让人延迟或者拒付等违约情形，股权转让人要求解除双方签订的股权转让合同的，不适用《中华人民共和国合同法》第一百六十七条关于分期付款买卖中出卖人在买受人未支付到期价款的金额达到合同全部价款的五分之一时即可解除合同的规定。

二、基本案情

原告汤某龙与被告周某海于2013年4月3日签订《股权转让协议》及《股权转让资金分期付款协议》。

双方约定：周某海将其持有的青岛变压器集团成都某星电器有限公司6.35%股权转让给汤某龙。股权合计710万元，分四期付清，即2013年4月3日付150万元；2013年8月2日付150万元；2013年12月2日付200万元；2014年4月2日付210万元。此协议双方签字生效，永不反悔。

协议签订后，汤某龙于2013年4月3日依约向周某海支付第一期股权转让款150万元。因汤某龙逾期未支付约定的第二期股权转让款，周某海于同年10月11日，以公证方式向汤某龙送达了《关于解除协议的通知》，以汤某龙根本违约为由，提出解除双方签订的《股权转让资金分期付款协议》。次日，汤某龙即向周某海转账支付了第二期150万元股权转让款，并按照约定的时间和数额履行了后续第三、四期股权转让款的支付义务。周某海以其已经解除合同为由，如数退回汤某龙支付的4笔股权转让款。

汤某龙遂向人民法院提起诉讼，要求确认周某海发出的解除协议通知无效，并责令其继续履行合同。

另查明，2013年11月7日，青岛变压器集团成都某星电器有限公司的变更（备案）登记中，周某海所持有的6.35%股权已经变更登记至汤某龙名下。

三、裁判结果

四川省成都市中级人民法院于2014年4月15日作出（2013）成民初字第1815号民事判决：驳回原告汤某龙的诉讼请求。

汤某龙不服、提起上诉。四川省高级人民法院于2014年12月19日作出（2014）川民终字第432号民事判决：一、撤销原审判决；二、确认周某海要求解除双方签订的《股权转让资金分期付款协议》行为无效；三、汤某龙于本判决生效后十日内向周某海支付股权转让款710万元。

周某海不服四川省高级人民法院的判决，以二审法院适用法律错误为由，向最高人民法院申请再审。最高人民法院于 2015 年 10 月 26 日作出（2015）民申字第 2532 号民事裁定，驳回周某海的再审申请。

四、裁判理由

法院生效判决认为：本案争议的焦点问题是周某海是否享有《中华人民共和国合同法》（以下简称合同法）第一百六十七条规定的合同解除权。

合同法第一百六十七条第一款规定，"分期付款的买受人未支付到期价款的金额达到全部价款的五分之一的，出卖人可以要求买受人支付全部价款或者解除合同"。第二款规定，"出卖人解除合同的，可以向买受人要求支付该标的物的使用费"。《最高人民法院关于审理买卖合同纠纷案件适用法律问题的解释》第三十八条规定，"合同法第一百六十七条第一款规定的"分期付款"，系指买受人将应付的总价款在一定期间内至少分三次向出卖人支付。分期付款买卖合同的约定违反合同法第一百六十七条第一款的规定，损害买受人利益，买受人主张该约定无效的，人民法院应予支持"。

依据上述法律和司法解释的规定，分期付款买卖的主要特征为：一是买受人向出卖人支付总价款分三次以上，出卖人交付标的物之后买受人分两次以上向出卖人支付价款；二是多发、常见在经营者和消费者之间，一般是买受人作为消费者为满足生活消费而发生的交易；三是出卖人向买受人授予了一定信用，而作为授信人的出卖人在价款回收上存在一定风险，为保障出卖人剩余价款的回收，出卖人在一定条件下可以行使解除合同的权利。

本案系有限责任公司股东将股权转让给公司股东之外的其他人。尽管案涉股权的转让形式也是分期付款，但由于本案买卖的标的物是股权，因此具有与以消费为目的的一般买卖不同的特点：一是汤某龙受让股权是为参与公司经营管理并获取经济利益，并非满足生活消费；二是周某海作为有限责任公司的股权出让人，基于其所持股权一直存在于目标公司中的特点，其因分期回收股权转让款而承担的风险，与一般以消费为目的分期付款买卖中出卖人收回价款的风险并不同等；三是双方解除股权转让合同，也不存在向受让人要求支付标的物使用费的情况。

综上特点，股权转让分期付款合同，与一般以消费为目的分期付款买卖合同有较大区别。对案涉《股权转让资金分期付款协议》不宜简单适用合同法第一百六十七条规定的合同解除权。

002 股权转让合同因情势变更解除后的法律后果如何？

【入库编号 2023-08-2-269-003】万某某、万某新、候某某诉甘肃某商贸公司等股权转让纠纷案。

一、裁判要旨

当事人一方请求解除合同，另一方反诉继续履行合同，人民法院以情势变更判决解除合同时应按照公平原则对解除后果一并作出处理，不能仅就诉请解除一方的请求进行处理，应同时处理合同解除对主张履行一方的法律后果。股权转让合同因情势变更解除后，转让方返还已收取的股权转让款的，受让方也应返还取得的标的物。当标的物价值明显减损时，就减损价值按照过错原则由当事人分担，更符合公平原则。

二、基本案情

2013 年 4 月 1 日，万某某、万某新、候某某（以下将万某某、万某新、候某某简称为万某某方）作为甲方，甘肃某商贸公司（以下简称某源公司）作为乙方，甘肃某工矿公司（以下简称某鼎公司）作为丙方，签订《投资权转让合同》，就某煤矿的投资权及完整权益的转让达成协议。案涉某煤矿登记成立于 2001 年 8 月，经济性质登记为集体，出资人为黑水村委会，2011 年 7 月 29 日，法定代表人变更为候某某。该企业取得了采矿许可证、煤炭生产许可证、安全生产许可证等，采矿许可证有效期限至 2015 年 12 月 23 日。

合同签订前，某源公司已支付 500 万元。合同签订当日，某源公司向合同指定的收款人转账 5000 万元。2013 年 4 月 3 日至 4 月 8 日，万某某方向某源公司移交某煤矿相关设备、印章、文件、图纸等资料。截至 2013 年 5 月 27 日，某源公司按约向合同指定的收款人合计付款 10720 万元。因甘肃省发生煤矿安全事故，2012 年 9 月 25 日，甘肃省安全生产委员会下发《紧急通知》，要求对年生产能力 30 万吨及以下生产矿井实行全面停产整顿。

2012 年 10 月，甘肃省安全生产监督管理局、甘肃矿山安全监察局分别对黑水煤矿通风系统改造设计作出了批复。2013 年 4 月，某源公司即开始对案涉煤矿进行技术改造；2013 年 7 月 22 日，安全生产监督管理局因某煤矿未按规定办理开工备案手续，作出强制措施决定书，责令停止违规建设行为；7 月 26 日作出行政处罚决定书，责令停止建设，封填井口。

2013年10月2日，国务院办公厅印发了《关于进一步加强煤矿安全生产工作的意见》，要求加快落后小煤矿关闭退出。2013年12月17日，白银市人民政府办公室印发了《关于白银市煤矿企业兼并重组的实施意见》，对辖区煤矿企业实施兼并重组。2014年5月12日，国家安全监管总局等十二部门下发了《关于加快落后小煤矿关闭退出工作的通知》，明确对核定生产能力在3万吨/年及以下煤矿进行关闭。2014年6月10日，白银市人民政府《关于某鼎公司所属单井处置方案审查意见报告的批复》认为，某鼎公司所属黑水煤矿属淘汰关闭矿井，但鉴于一定情况，可申请配置，具备改造扩能条件，因此决定对该矿暂缓处置。2014年8月18日，某鼎公司向平川区人民政府申请保留白银市平川区某煤矿。2014年9月4日，白银市平川区人民政府发布关于关闭煤矿的公告，决定关闭某煤矿。

2014年12月31日，甘肃省人民政府发布《关于全省76处3万吨/年及以下关闭退出煤矿名单的公告》，某煤矿关闭退出。某源公司提起本案诉讼，请求：解除案涉《投资权转让合同》；判令万某某方、某鼎公司返还某源公司已支付的煤矿转让价款107384095元并承担利息损失；判令万某某方、某鼎公司赔偿某源公司投资损失1300万元。万某某方反诉请求：某源公司支付剩余转让款5280万元。

本案审理中，某源公司明确其主张《投资权转让合同》解除的主要依据为：一是因未办理变更登记手续案涉煤矿的所有权未转移，现煤矿因关闭而灭失合同目的无法实现，故主张法定解除；二是万某某方未按合同约定保证煤矿手续畅通，也未排除经营障碍，约定解除条件已经成就，故主张约定解除；三是某源公司已经将案涉相关手续及印章移交回万某某方，故双方已经合意解除；四是退一步讲，在以上解除情形都不符合的情况下，依据情势变更也应当解除合同。

三、裁判结果

甘肃省高级人民法院于2021年8月17日作出（2020）甘民初87号民事判决：一、解除《投资权转让合同》；二、万某某方、某鼎公司共同返还某源公司转让款10720万元，并支付利息；三、驳回某源公司的其他诉请和万某某方的反诉请求。宣判后，万某某、万某新、候某某、某鼎公司提出上诉。

最高人民法院于2022年6月30日作出（2021）最高法民终1255号民事判决：一、解除《投资权转让合同》；二、万某某方向某源公司支付65112415.02

元（双方返还责任和赔偿责任冲抵后计算金额）；三、某鼎公司对上述给付承担补充责任，承担责任后有权向万某某方追偿；四、驳回其他本诉及反诉请求。

四、裁判理由

法院生效裁判认为，原《中华人民共和国合同法》（以下简称原合同法）第九十七条规定："合同解除后，尚未履行的，终止履行；已经履行的，根据履行情况和合同性质，当事人可以要求恢复原状、采取其他补救措施，并有权要求赔偿损失。"据此，《投资权转让合同》解除后，万某某方应当返还所收取的转让款并承担资金占用费，某源公司应当向万某某方返还煤矿。对于返还转让款的认定。各方对于已付转让款为107200000元均无异议，故合同解除后万某某方应向某源公司返还107200000元及资金占用费，资金占用费按照一审认定的利息标准认定，计算至2020年12月8日利息为31499919.45元，2020年12月9日之后按照全国银行间同业拆借中心公布的贷款市场报价利率计算至判决之日即2022年6月30日为6412495.57元，故万某某方应向某源公司返还的股权转让款及资金占用费合计145112415.02元。

合同解除后，某源公司应当同时向万某某方返还案涉煤矿，但煤矿已经关闭，无法返还，万某某方因而受有损失。对于该损失，根据原合同法的相关规定，应当根据当事人的过错进行分担。对此，某源公司应根据其在合同履行中的过错，承担部分赔偿责任。具体理由如下：各当事人虽对关闭小煤矿政策的出台无法预见，但在政策出台前，可通过技术改造提高产能的方式避免煤矿关闭。各方当事人在二审中亦认可如果案涉煤矿完成技术改造可以提高产能，将不在国家淘汰落后产能的范围内。但案涉煤矿未能完成技术改造，最终白银市平川区人民政府于2014年9月4日关闭案涉煤矿。

《投资权转让合同》签订后，万某某方已经向某源公司交接了案涉煤矿及相关资料、印章等，包括煤矿改造项目的行政批复，某源公司应当在完成交接并取得煤矿印章后积极申请开工备案手续，以保证完成技术改造提高产能，从而避免煤矿被关停风险。但某源公司却未进行开工备案，并在受到行政处罚后未积极采取措施继续完成煤矿改造，某源公司对案涉煤矿的关闭存在过错。办理开工备案手续虽不是万某某方的义务，但在工商登记变更前，万某某方作为出让方应当积极配合某源公司办理开工备案手续，确保合同的正常履行，故万某某方对煤矿没有改造完成而被关闭亦存在过错。根据《投资权转让合同》的履行情况，各方的过错程度，案涉煤矿的补偿款180万元已由某鼎公司领取的事实，由某源公司承担50%的赔偿责任，参照《投资权转让合同》约定的价款1.6亿元，某源公司应当赔偿万某某方8000万元。由上所述，万某某方应向某源公司返还的股权转让款及资金占用费为145112415.02元，折抵后万某某方应向某源公司返还65112415.02元（145112415.02元-80000000元）。

关于某鼎公司是否承担合同解除的返还责任问题。某鼎公司作为案涉煤矿的管理单位，在《投资权转让合同》中作为丙方出现，该合同约定，"甲、丙双方承诺标的矿纳入丙方宏观管理以及乙方正常经营标的矿的手续畅通，否则乙方有权要求甲方、丙方承担根本违约责任（乙方有权选择是否继续履行合同，如乙方选择解除合同，甲方、丙方应当按照标的矿市值向乙方赔偿损失，赔付损失不得少于投资权及其完整权益转让总价及相应贷款利息）"。

此外，该合同还约定转让方与某鼎公司应无条件保证某源公司顺利入场、顺利经营标的矿；某鼎公司需确保转让登记不存在法律障碍。某鼎公司作为合同中的义务主体，其应当与转让方共同保证合同的正常履行。某鼎公司以其于2014年8月18日向白银市平川区人民政府申请保留某煤矿为由，主张其履行了管理责任并积极避免煤矿关闭，认为其不应当承担责任。对此，法院认为某鼎公司申请保留煤矿是其履行管理职责的一部分，其并未积极申请办理开工备案手续，煤矿最终因无开工备案手续未能完成技术改造而被关停，某鼎公司作为管理方对于煤矿关停存在过错。且根据二审查明的事实，煤矿关闭后的补偿款亦由某鼎公司领取进行分配。故某鼎公司基于其过错应对万某某方返还转让款承担补充责任，一审判决其承担共同返还责任适用法律错误，应予纠正。某鼎公司承担责任后有权向万某某方追偿。

本案中，某源公司诉请解除合同，万某某方以继续履行提出反诉请求，一审在认定合同解除后对合同解除的后果进行处理时仅按照主张解除方即某源公司的诉讼请求进行判决，未考虑合同解除对万某某方的后果，导致合同解除后仅由万某某方向某源公司返还的不公平结果，亦造成诉累，不利于纠纷的一次性解决，法院向万某某方进行了释明，听取了万某某方对于合同解除后果的意见，依法对合同解除的后果予以改判。

003 公司章程规定"人走股留",由公司回购股权是否有效?

【入库编号 2018-18-2-262-001】指导案例 96 号:宋某军诉西安市大某餐饮有限公司股东资格确认纠纷案。

一、裁判要旨

国有企业改制为有限责任公司,其初始章程对股权转让进行限制,明确约定公司回购条款,只要不违反公司法等法律强制性规定,可认定为有效。有限责任公司按照初始章程约定,支付合理对价回购股东股权,且通过转让给其他股东等方式进行合理处置的人民法院应予支持。

二、基本案情

西安市大某餐饮有限责任公司(以下简称大某公司)成立于 1990 年 4 月 5 日。2004 年 5 月,大某公司由国有企业改制为有限责任公司,宋某军系大某公司员工,出资 2 万元成为大某公司的自然人股东。大某公司章程第三章"注册资本和股份"第十四条规定"公司股权不向公司以外的任何团体和个人出售、转让。公司改制一年后,经董事会批准后可在公司内部赠予、转让和继承。持股人死亡或退休经董事会批准后方可继承、转让或由企业收购,持股人若辞职、调离或被辞退、解除劳动合同的,人走股留,所持股份由企业收购……",第十三章"股东认为需要规定的其他事项"下第六十六条规定"本章程由全体股东共同认可,自公司设立之日起生效"。该公司章程经大某公司全体股东签名通过。

2006 年 6 月 3 日,宋某军向公司提出解除劳动合同,并申请退出其所持有的公司的 2 万元股份。

2006 年 8 月 28 日,经大某公司法定代表人赵某锁同意,宋某军领到退出股金款 2 万元整。

2007 年 1 月 8 日,大某公司召开 2006 年度股东大会,大会应到股东 107 人,实到股东 104 人,代表股权占公司股份总数的 93%,会议审议通过了宋某军、王某青、杭某国三位股东退股的申请,并决议"其股金暂由公司收购保管,不得参与红利分配"。

后宋某军以大某公司的回购行为违反法律规定,未履行法定程序、公司法规定股东不得抽逃出资等为由,请求依法确认其具有大某公司的股东资格。

三、裁判结果

西安市碑林区人民法院于 2014 年 6 月 10 日作出（2014）碑民初字第 01339 号民事判决，判令：驳回原告宋某军要求确认其具有被告西安市大某餐饮有限责任公司股东资格之诉讼请求。

一审宣判后，宋某军提出上诉。西安市中级人民法院于 2014 年 10 月 10 日作出了（2014）西中民四终字第 00277 号民事判决书，驳回上诉，维持原判。

终审宣判后宋某军仍不服，向陕西省高级人民法院申请再审。陕西省高级人民法院于 2015 年 3 月 25 日作出（2014）陕民二申字第 00215 号民事裁定，驳回宋某军的再审申请。

四、裁判理由

法院生效裁判认为：通过听取再审申请人宋某军的再审申请理由及被申请人大某公司的答辩意见，本案的焦点问题如下：1. 大某公司的公司章程中关于"人走股留"的规定，是否违反了《中华人民共和国公司法》（以下简称公司法）的禁止性规定，该章程是否有效；2. 大某公司回购宋某军股权是否违反公司法的相关规定，大某公司是否构成抽逃出资。

针对第一个焦点问题，首先，大某公司章程第十四条规定，"公司股权不向公司以外的任何团体和个人出售、转让。公司改制一年后，经董事会批准后可以公司内部赠与、转让和继承。持股人死亡或退休经董事会批准后方可继承、转让或由企业收购，持股人若辞职、调离或被辞退、解除劳动合同的，人走股留，所持股份由企业收购"。依照公司法第二十五条第二款"股东应当在公司章程上签名、盖章"的规定，有限公司章程系公司设立时全体股东一致同意并对公司及全体股东产生约束力的规则性文件，宋某军在公司章程上签名的行为，应视为其对前述规定的认可和同意，该章程对大某公司及宋某军均产生约束力。

其次，基于有限责任公司封闭性和人合性的特点，由公司章程对公司股东转让股权作出某些限制性规定，系公司自治的体现。

在本案中，大某公司进行企业改制时，宋某军之所以成为大某公司的股东，其原因在于宋某军与大某公司具有劳动合同关系，如果宋某军与大某公司没有建立劳动关系，宋某军则没有成为大某公司股东的可能性。

再次，大某公司章程将是否与公司具有劳动合同关系作为取得股东身份的依据继而作出"人走股留"的规定，符合有限责任公司封闭性和人合性的特点，亦系公司自治原则的体现，不违反公司法的禁止性规定。

最后，大某公司章程第十四条关于股权转让的规定，属于对股东转让股权的限制性规定而非禁止性规定，宋某军依法转让股权的权利没有被公司章程所禁止，大某公司章程不存在侵害宋某军股权转让权利的情形。

综上，本案一、二审法院均认定大某公司章程不违反公司法的禁止性规定，应为有效的结论正确，宋某军的这一再审申请理由不能成立。

针对第二个焦点问题，公司法第七十四条第一款所规定的异议股东回购请求权具有法定的行使条件，即只有在"公司连续五年不向股东分配利润，而公司该五年连续盈利，并且符合本法规定的分配利润条件的；公司合并、分立、转让主要财产的；公司章程规定的营业期限届满或者章程规定的其他解散事由出现，股东会会议通过决议修改章程使公司存续的"三种情形下，异议股东有权要求公司回购其股权，对应的是公司是否应当履行回购异议股东股权的法定义务。

而本案属于大某公司是否有权基于公司章程的约定及与宋某军的合意而回购宋某军股权，对应的是大某公司是否具有回购宋某军股权的权利，二者性质不同，公司法第七十四条不能适用于本案。在本案中，宋某军于2006年6月3日向大某公司提出解除劳动合同申请并于同日手书《退股申请》，提出"本人要求全额退股，年终盈利与亏损与我无关"，该《退股申请》应视为其真实意思表示。大某公司于2006年8月28日退还其全额股金款2万元，并于2007年1月8日召开股东大会审议通过了宋某军等三位股东的退股申请，大某公司基于宋某军的退股申请，依照公司章程的规定回购宋某军的股权，程序并无不当。

另外，公司法所规定的抽逃出资专指公司股东抽逃其对于公司出资的行为，公司不能构成抽逃出资的主体，宋某军的这一再审申请理由不能成立。

综上，裁定驳回再审申请人宋某军的再审申请。

004 对赌协议中关于股权回购的条款约定是否有效？

【入库编号2024-08-2-269-001】上海某某公司诉上海某某股权投资中心等、第三人叶某某股权转让纠纷案——"对赌协议"纠纷案件中股权回购约定涉及的股东优先购买权效力认定。

一、裁判要旨

"对赌协议"又称估值调整协议，指投资方与融资方在达成股权性融资协议时，为解决交易双方对目标公司未来发展的不确定性、信息的不对称以及投资成本而设计的包含了股权回购、金钱补偿等对未来目标公司的估值进行调整的协议，是私募股权投资中常用的投资方法。对赌条款是投资方为保障资金安全及利益的最大化所设定的投资条件，在目标公司未完成对赌目标时多设定以股权回购方式要求对赌投资方持有的目标公司股权，实质为附条件的股权转让行为。该股权转让是对赌方在对赌失败后被动性受让投资方股权的合同约定，应属有效。

二、基本案情

原告诉称：五被告某某中心、某甲公司、曾某某、李某某、朱某某系某乙公司股东。2016年5月18日，原告与五被告及某乙公司共同签订《增资协议》《补充协议》，约定原告以增资方式向某乙公司投资1500万元，若某乙公司2016年注册用户数少于8000万人、2017年净利润未达到3000万元、未于2017年2月30日前递交新三板挂牌申请资料、公司及实际控制人从事违法犯罪行为等，原告有权要求五被告按照投资金额并考虑12%资金成本全部或部分回购原告持有的股权。

嗣后，原告向某乙公司交付投资款1500万元并登记为某乙公司股东，但某乙公司违反任一项承诺，股权回购条件成就，故原告要求五被告按照1500万元×(1+12%T)计算标准（T为自2016年5月27日至实际支付股权回购款的自然天数除以365）回购原告持有的某乙公司股权。原告不参与某乙公司实际经营，不清楚李某某与第三人叶某某的股权代持关系及某乙公司的违法犯罪行为，不同意适用股东优先购买权规则或股东按份承担回购责任。

被告某某中心辩称：根据江苏省苏州市中级人民法院（2018）苏05刑终766号刑事裁定书内容，曾某某、朱某某利用某乙公司自2016年1月经营网络赌博，涉案协议实质以合法形式掩盖非法目的，应为无效。即使五被告承担股权回购责任，根据《中华人民共和国公司法》相关规定，同等条件下的股权转让，因股东主张优先购买权且协商不成时，应按股东各自出资比例购买，现五被告对股权回购存在争议，无法确定各自的回购比例，故应按持股比例承担股权回购责任，并非共同责任。

被告某甲公司辩称：确认《增资协议》的效力，但其未在《补充协议》上加盖骑缝章，不清楚具体内容。即使骑缝章真实，因李某某及第三人均非本人签字，《补充协议》未生效，五被告不应承担回购责任。不主张股东优先购买权，不同意按份承担回购责任。

被告曾某某辩称：确认涉案协议的真实性，某乙公司股东除李某某外均为本人签名或盖章。李某某与第三人为股权代持关系，第三人为实际权利人，因二人均居住在外地，故涉案协议由第三人指定他人代签；股东微信群内讨论过涉案协议，第三人及其他股东均知晓并同意签订。原告不参与某乙公司经营，不清楚某乙公司犯罪行为，同意原告的诉讼请求。

被告李某某辩称：其非实际股权所有人，系为其子即第三人代持股权，未参与某乙公司经营，也未在涉案协议上签字，故不应当承担股权回购责任。

被告朱某某辩称：涉案协议为曾某某让其签字，未查看协议具体内容，不清楚股权回购责任，不同意原告的诉讼请求。

第三人叶某某述称：其股权由李某某代持，但二人均不参与公司经营。第三人在股东微信群内明确提出股权回购决定权在五被告而非原告，与《补充协议》内容不符，且笔迹鉴定表明涉案协议均非其与李某某本人签字，二人也未委托他人代签，不确认《补充协议》的效力。因其知晓增资事宜，故确认《增资协议》的效力。

法院经审理查明：（1）2016年5月18日，原告与某乙公司、五被告共同签订《增资协议》，约定原告以增资扩股方式向某乙公司投资1500万元，占增资完成后某乙公司股权的7.5%。同日，原告与五被告再签订《补充协议》，"业绩承诺与补偿"及"股权回购"主要约定，若某乙公司2016年注册用户数少于8000万人、2017年净利润未达到3000万元、未于2017年2月30日前申请新三板挂牌、公司或实际控制人从事违法犯罪行为等，原告有权要求五被告全部或部分回购原告持有的股权，回购金额为原告投资金额减去已补偿金额再考虑12%的资金成本；"担保条款"主要包括，五被告愿意对承诺和相关责任承担不可撤销的连带责任担保。（2）落款日期为2016年5月23日的《股东会决议》约定，公司注册资本由1870万元增加至2021.622万元，原告投资1500万元，151.622万元计入注册资本，被告曾某某、李某某、朱某某、某甲公司、某某中心及原告的持股比例分别为33.3737%、24.2721%、3.0342%、22.57%、9.25%、7.5%等。（3）2017年5月11日，原告分别向某某中心、某甲公司发送《关于要求回购股权的函》，以某乙公司未完成对赌标为由要求回购原告持有的某乙公司全部股权。（4）江苏省苏州市中级人民法院（2018）苏05刑终766号刑事裁定于2019年1月15日维持江苏省张家港市人民法院一审判决，因曾某某、朱某某等人利用互联网招揽人员赌博，某乙公司负责提供资金结算、技术维护、工资发放等，以开设赌场罪分别判处二人有期徒刑。(5) 曾某某、某某中心副总经理方某、某甲公司法定代表人庄某某及第三人所在某乙公司股东微信群于 2016 年 5 月 12 日、5 月 18 日多次讨论涉案协议内容，其中第三人虽称"补充协议"的"选择性"在原股东，但因微信记录提交不全，"最终版本"及其他微信内容均不详。

审理中，某甲公司及李某某、第三人分别申请对《补充协议》中骑缝印文及涉案协议中"李某某"签名进行鉴定，司法鉴定科学研究院分别出具司法鉴定意见书，确认《补充协议》中某甲公司骑缝印文真实，确认"李某某"签名非二人书写。

三、裁判结果

上海市虹口区人民法院于 2019 年 9 月 29 日作出（2019）沪 0109 民初 13238 号民事判决：一、五被告按照 1500 万元×（1+12%T）（T 为自 2016 年 5 月 27 日至实际履行之日的天数除以 365）计算方式连带支付原告股权回购款；二、股权回购款支付完毕后 15 日内，原告配合将其持有的某乙公司 7.5%股权变更登记至五被告名下。

宣判后，某某中心、某甲公司、李某某提出上诉。上海市第二中级人民法院于 2020 年 6 月 8 日作出（2020）沪 02 民终 2334 号民事判决：驳回上诉，维持原判。

四、裁判理由

法院生效裁判认为：本案的争议焦点有两个。包括：一是《补充协议》的效力及被告李某某、第三人叶某某是否受《增资协议》及《补充协议》的约束；二是股权回购是否涉及股东优先购买权及责任承担。

一、《补充协议》的效力及被告李某某、第三人叶某某是否受《增资协议》及《补充协议》的约束。

某乙公司的犯罪行为虽然早于涉案协议签订的时间，但无证据证明原告知晓并参与该犯罪行为或投资款用于犯罪经营，故本案仍属民事法律调整范畴。《补充协议》中某甲公司骑缝印章的真实性已由司法鉴定确认。李某某及第三人虽主张某乙公司相关文件中有其签名，但无法指出具体文件名，且从法院查明的情况来看，《增资协议》《股东会决议》及工商登记文件上的签字均非二人本人签字，但二人从未提出异议，可推定存在长期由他人代为签字的惯常做法；某乙公司股东微信群内容表明第三人知晓并参与讨论，且在涉案协议均非二人签名的情况下，第三人仅确认《增资协议》的效力而否认《补充协议》的效力有违常理，故法院推定涉案协议系第三人授权他人代为签订，二人受涉案协议的约束。由于二人的股权代持关系未向原告披露，故涉案协议的法律后果由显名股东即李某某承担。

二、股权回购是否涉及股东优先购买权及责任承担。

现有证据证明，某乙公司未完成《补充协议》约定的对赌目标，应当按约承担股权回购义务。对于股权回购责任的承担方式，因股权回购是在对赌失败情况下对赌方被动受让股权的行为，具有消极性，与一般股权转让的积极性不同；对赌失败后的回购责任系全体股东协商确定的结果，其特征为投资方成为股东后的再行转让行为，仅涉及股权在股东内部间的转让，与向股东之外的第三人转让股权不同，系约定权利；而股东优先购买权行使的前提条件为股权向股东以外的第三人流转，现有股东在同等条件下可享有法律规定的优于他人的购买权，系法定权利。涉案股权回购与股东优先购买权在适用条件及法律特征上均存在较大差别，因此，本案股权回购争议不适用股东优先购买权。本案中，《补充协议》约定五被告对股权回购承担不可撤销的连带责任担保，其意思表示为五被告对回购原告股权负有同一债务，各债务人所负债务不分主次，彼此对所负债务承担连带责任，故五被告应连带支付原告股权回购款。此外，基于权利与义务相对等原则，在五被告支付全部股权回购款后，原告应配合将其持有的某乙公司股权变更登记至五被告名下。

005 未经配偶同意，股权转让是否有效？

【入库编号 2023-10-2-269-001】孙某某诉张某某、张某公司股权转让纠纷案——股权转让不以配偶同意为必要，但存在恶意串通损害另一方配偶合法权益的，另一方配偶有权主张转让无效。

一、裁判要旨

股权转让这一商事行为受公司法调整，股东个人是公司法确认的合法处分主体，股东对外转让登记在其名下的股权并非必须经过其配偶同意，不能仅以股权转让未经配偶同意为由否认股权转让合同的效力。但夫妻一方实施的以不合理低价转让股权的行为，股权受让人知道或者应当知道的，配偶作为债权受损方可以通过债权保全制度请求撤销。有证据证明受让人与出让人恶意串通损害出让人配偶合法权益的，该配偶有权依法主张股权转让合同无效。

二、基本案情

原告孙某某诉称：其与被告张某系夫妻关系，于 2001 年 11 月 9 日在徐州市云龙区民政局登记结婚。1999 年 11 月 19 日，徐州市工商行政管理局批准设立被告某电力公司，注册资本 100 万元，股东为张某某、于某海、吴某。2005 年 4 月 5 日，张某某将其持有的公司 40 万股权转让给张某，并办理了工商登记手续。2013 年 10 月 15 日，股东吴萍转让所持有股权，张某认缴新增出资 272.4352 万元，持股比例为 45.44%，认缴出资额为 2275.6352 万元。

因孙某某移居澳大利亚，与张某长期两地分居、感情淡薄，婚姻关系难以继续维系。孙某某于 2013 年向张某提出离婚，于 2015 年向澳大利亚的法院提起离婚诉讼。

2015 年 7 月澳大利亚法院第一次开庭审理离婚案之后，张某于 2015 年 11 月 9 日将其持有的某电力公司 45.44% 的股权以人民币 320 万元的低价转让给张某某（系张某的父亲）。张某明知其名下某电力公司的股权属于夫妻共同财产，为了逃避夫妻共同财产的分割，在未征得孙某某同意的情况下，将该股权转让给其父亲。张某某知道且应当知道以上股权系孙某某与张某的夫妻共同财产的事实，却在未征得孙某某同意的情况下受让该股权，不构成善意取得。

另外，张某和张某某签署的《股权转让协议》约定 45.44% 股权的对价明显低于正常价格，存在明显的恶意，孙某某认为，张某和张某某的行为已经严重侵害了孙某某的合法权益，应当被认定无效。故请求判令：一、张某和张某某于 2015 年 11 月 9 日签订的《股权转让协议》无效；二、某电力公司配合办理相关工商变更登记手续；三、本案诉讼费用由张某和张某某承担。

被告张某某、张某、某电力公司辩称：1. 张某转让股权是迫于形势所需。2. 股权不属于夫妻共同财产，只有投资所得的收益才能成为夫妻共同财产。3. 孙某某在澳大利亚法庭上已经认可了张某的股权转让行为。4. 张某通过公开竞价的方式转让股权能够体现股权的真正市场价值。5. 孙某某没有提供任何证据能够证明被告存在恶意。6. 张某某受让股权没有恶意，合法权益应受保护。所以，孙某某的诉讼请求既没有事实依据，更缺乏法律依据。

法院经审理查明：张某与孙某某离婚诉讼中，孙某某以张某未经其同意，将其持有的某电力公司的股权转让给其父亲张某某，且股权转让的价格明显低于市场价格，两者之间存在恶意转移财产的目的为由，请求宣告转让无效。张某、张某某和某公司称，股权转让价格是否合理应受制于股东对市场等多种因素的判断。案涉股权转让是因张某投资的莫某（江苏）电气有限公司急需注资，在相关行政机关催促下，为避免承担更严厉的法律责任，急需筹措资金才转让的案涉股权，并以公开拍卖的方式公开竞价，选择向价高者转让股权，本身就是以合理的方式为自己及配偶争取了最大利益。案涉股权转让已经某电力公司股东同意，张某某、张某并未恶意串通。该转让符合法律规定。股权交易属于商事活动，案涉股权转让协议的效力只要符合《中华人民共和国公司法》（以下简称公司法）的规定，即产生法律效力，无需孙某某同意。即使案涉股权属于张某与孙某某的夫妻共有财产，决定股权转让的权利只能由张某行使，孙某某只对因股权产生并实际获得的财产性收益享有权利。

三、裁判结果

江苏省徐州市中级人民法院于2017年8月30日作出（2016）苏03民初16号民事判决：驳回孙某某的诉讼请求。

孙某某以原审判决适用法律错误为由，提起上诉。江苏省高级人民法院于2019年4月30日作出（2018）苏民终18号民事判决：一、撤销中华人民共和国江苏省徐州市中级人民法院（2016）苏03民初16号民事判决；二、张某与张某某2015年11月9日签订的涉案《股权转让协议》无效；三、张某、张某某及徐州市华能电力开关有限公司于本判决生效之日起十日内，将张某某依据2015年11月9日张某与张某某之间的《股权转让协议》取得的股权，变更登记至张某名下。

张某某、张某不服二审判决，向最高人民法院申请再审。最高人民法院于2021年9月23日作出（2019）最高法民申4083号民事裁定：驳回张某某、张某的再审申请。

006 外国投资者受让具有义务教育办学内容的学校股权的股权转让协议无效

【入库编号2023-10-2-269-002】某公司诉李某晋、洪某馨、陈某某股权转让纠纷案。

一、裁判要旨

根据我国法律和行政法规规定，普通高中教育机构属于限制外商投资项目，义务教育机构属于禁止外商投资项目。境外注册成立的公司受让义务教育机构的股权,违反法律、行政法规的强制性规定,股权转让协议应当认定无效。

二、基本案情

原告某公司诉称:2015年9月11日,其与被告李某晋签订《泉州某中学收购协议书》一份,协议约定:李某晋拥有泉州某中学100%的股权,将其持有股权及相关资产全部转让给某公司,转让价格为人民币1.6亿元(以下币种未特别注明处均为人民币)。该协议由李某晋授权代表被告洪某馨签署。协议签署后,某公司于2015年9月14日按协议第5.2条约定向李某晋指定账户支付第一期股权转让款24318000港元整(按当日汇率折合人民币2000万元整)。2016年6月16日,某公司与李某晋签订《补充协议书》一份,约定双方如发生争议,均有权向合同签订地人民法院起诉,如收购协议与补充协议不一致的,以补充协议为准。根据《泉州某中学股权收购协议书》第1.1.3条、第5.1条约定,某公司委托甲企业并购服务有限公司对泉州某中学的财务状况进行商业尽职调查,某公司对尽职调查报告结果未完全满意前,支付的任何款项均有权随时要求退还。经甲企业并购服务有限公司进行调查后出具尽职调查报告,报告显示泉州某中学2014年度、2015年度均为负债状态,且在收入、费用支出、现金、预付账款、固定资产、土地及房屋、在建工程、应交税金、应付账款等方面均存在无相关文件证明、账目不清的问题。该尽职调查报告结果与李某晋在收购协议书中的陈述与保证不相符合,李某晋故意隐瞒泉州某中学真实的财务及资产状况,已严重违反协议约定的义务。另,根据《中华人民共和国民办教育促进法》第十条第一款的规定,"举办民办学校的社会组织,应当具有法人资格",而依据《中华人民共和国民法通则》第三十七条的规定,李某晋并不具备法律规定的法人资格。《教育部关于鼓励和引导民间资金进入教育领域促进民办教育健康发展的实施意见》(教发〔2012〕10号)第七条规定:"外商投资公司在我国境内开展教育活动须符合《外商投资产业指导目录(2011年修订)》的规定。"泉州某中学办学范围包括全日制高中、初中教育,而国家发展和改革委员会、商务部联合发布的《外商投资产业指导目录》明确规定,普通高中教育机构与义务教育机构属于限制和禁止外商投资的项目。根据中国现行的法律法规及相关政策,某公司作为一家境外企业无法通过主管机关的审批成为国内民办学校的举办者,从而某公司亦无法实现收购泉州某中学的合同目的。李某晋、洪某馨为夫妻关系,股权转让事宜发生于二人夫妻关系存续期间,且涉案股权收购协议、股权转让款亦由洪某馨签署、收取。根据《最高人民法院关于适用〈中华人民共和国婚姻法〉若干问题的解释（二）》第二十四条第一款的规定，"债权人就婚姻关系存续期间夫妻一方以个人名义所负债务主张权利的，应当按夫妻共同债务处理"。故本案债务应按夫妻共同债务处理。某公司遂诉至法院请求判令：1. 立即解除其与李某晋签订的《泉州某中学收购协议书》《补充协议书》；2. 李某晋、洪某馨立即向某公司返还股权转让款 2000 万元并支付自起诉之日起至还款之日止按中国人民银行同期同类贷款利率计算的资金占用期间的利息；3. 李某晋、洪某馨承担本案的诉讼费。

一审法院第一次开庭后，经合议庭释明案涉收购合同系无效合同，某公司变更诉讼请求为，请求判令：1. 其与李某晋签订的《泉州某中学收购协议书》《补充协议书》无效；2. 李某晋、洪某馨立即向某公司返还股权转让款 2000 万元并支付自转款之日起至还款之日止按中国人民银行同期同类贷款利率计算的资金占用期间的利息；3. 李某晋、洪某馨承担本案的诉讼费。

被告李某晋、洪某馨共同辩称：第一，关于某公司提出的两份协议无效理由不能成立。某公司提出的主要理由是甲企业并购服务有限公司出具的尽职调查报告认为，李某晋在收购协议中的陈述和保证不相吻合。两被告对尽职报告的三性均有异议。第二，某公司引用教育部有关规定，这些规定都不是合同法规定的禁止性规定，这些是管理性规定而且不是法律法规的禁止性规定，不能作为解除合同的依据，更谈不上认定合同无效。某公司存在违约行为，在签订《泉州某中学收购协议书》后，某公司仅支付了 2000 万元，剩余价款未支付，故之后又签订了《补充协议书》改变付款方式，但某公司仍没有按照协议付款。李某晋、洪某馨在第一份协议中没有作出任何披露和保证。第三，关于返还股权转让价款 2000 万元的主张，与事实不符。陈某某支付了 2000 万元，当天两被告又退回给某公司 1000 万元，李某晋、洪某馨实际只拿到某公司 1000 万元。另外，关于利息，过错在于某公司，其请求李某晋、洪某馨承担利息没有依据。

第三人陈某某未提交意见。法院经审理查明：某公司于 2015 年 8 月 12 日在英属维尔京群岛注册成立，洪某馨占有 34% 的股份，陈某某占有 15% 的股份，李某安占有 51% 的股份。李某晋拥有泉州某中学 100% 的股权，该中学的办学许可范围包括全日制高中、初中教育。李某晋、洪某馨系夫妻关系。2015 年 9 月 11 日，李某晋与某公司签订《泉州某中学收购协议书》约定：李某晋将其持有的泉州某中学 100% 的股权及相关资产全部转让给某公司，转让价款为 1.6 亿元整，股权及资产转让价款之支付分为 8 期，每期 2000 万元，协议签订之日后 3 日内，某公司应当支付李某晋 2000 万元作为第一期支付，第二期至第八期按每月支付一期的方式支付，直至完成整个收购价。双方约定汇款至洪某馨的账户。

2015 年 9 月 14 日，某公司按照约定，指令某环球有限公司向洪某馨账户支付了第一期股权转让款 24318000 港元，同日，洪某馨出具书面证明确认收妥 24318000 港元。收到款项当日，洪某馨的账户向陈某某汇款 12159000 港元。2016 年 6 月 16 日，某公司与李某晋签订《补充协议书》，载明：依照收购协议书第 5.2 条，甲方（李某晋）已经于 2015 年 9 月 14 日收到乙方（某公司）支付的 24318000 港元，折合人民币 2000 万元。

李某晋与某公司于 2015 年 9 月 11 日达成《泉州某中学收购协议书》，洪某馨代表李某晋在该协议书上签字，陈某某代表某公司在该协议书上签字。洪某馨持有李某晋授权的公证文书，现有证据未体现陈某某持有代表某公司的公证授权材料，但某公司对陈某某代表公司洽谈签字的行为予以认可，未有异议。

三、裁判结果

福建省高级人民法院于 2019 年 12 月 25 日作出（2017）闽民初 1 号民事判决：一、李某晋、洪某馨自判决生效之日起十日内向某公司返还 2000 万元及利息（利息按中国人民银行同期同类存款利率计算，自 2015 年 9 月 14 日计至实际还款之日止）；二、驳回某公司的其他诉讼请求。

宣判后，李某晋、洪某馨以原审判决其应当返还 2000 万元及利息依据不足、原审法院审判程序违法等为由，提起上诉。最高人民法院于 2021 年 9 月 29 日作出（2021）最高法民终 332 号民事判决：驳回上诉，维持原判。

四、裁判理由

法院生效裁判认为：

一、关于合同效力问题。

《中华人民共和国民办教育促进法》第十条第一款规定："举办民办学校的社会组织，应当具有法人资格。"《指导外商投资方向规定》（国务院令第 346 号）第四条规定："外商投资项目分为鼓励、允许、限制和禁止四类。鼓励类、限制类和禁止类的外商投资项目，列入《外商投资产业指导目录》。不属于鼓励类、限制类和禁止类的外商投资项目，为允许类外商投资项目。允许类外商投资项目不列入《外商投资产业指导目录》。"而《外商投资产业指导目录》（2015 年修订）载明：限制外商投资产业目录：32. 普通高中教育机构（限于合作、中方主导）；禁止外商投资产业目录：24. 义务教育机构。因此，根据我国法律和行政法规，普通高中教育机构属于限制外商投资项目，义务教育机构属于禁止外商投资项目。经查，泉州某中学《民办非企业单位登记证书》（2012年5月23日至2016年5月22日）载明，泉州某中学办学范围为全日制高中、初中教育；该校《中华人民共和国民办学校办学许可证》（2015年8月至2020年8月）载明，学校类型为普通完全教育；办学内容为初中、高中普通教育。因此，根据上述事实，一审判决认定泉州某中学的办学内容包括全日制义务教育，某公司受让案涉股权主体不适格，其合同目的不能实现，双方签订的《泉州某中学收购协议书》《补充协议书》违反了国家法律法规的强制性规定，应确认为无效。李某晋、洪某馨上诉主张一审判决认定案涉协议无效错误，理由不能成立，最高人民法院不予支持。

二、关于某公司诉请李某晋、洪某馨返还股权转让款2000万元及其利息应否支持的问题。

首先，关于洪某馨转给陈某某的1000万元应否从2000万元中扣除。第一，《泉州某中学收购协议书》约定，某公司向李某晋支付第一期股权转让款2000万元，所载汇款账户名为洪某馨。2015年9月14日，某公司按约向洪某馨的账户转账2000万元，同日，洪某馨出具书面证明确认收妥该笔款项。因此，某公司已经履行约定的2000万元股权转让款的付款义务。洪某馨在收款当日将1000万元转账给陈某某，并抗辩应在2000万元股权转让款中抵扣，其应举证证明该转款行为与本案股权转让纠纷具有关联，或者依法可以抵销。一审判决不存在对此举证责任分配错误的问题。本案双方所争议的1000万元款项，系从洪某馨账户转到陈某某账户，李某晋、洪某馨主张该1000万元系支付给某公司用于公司的上市包装费用，但未能提交双方就此达成合意的相关证据，亦未能提供相关证据证明该笔1000万元与本案股权转让法律关系存在关联性。第二，2015年9月11日签订《泉州某中学收购协议书》的9个月之后，2016年6月，李某晋与某公司签订《补充协议书》，再次确认已经于2015年9月14日收到某公司支付的2000万元股权转让款。因《补充协议书》签订于洪某馨转款给陈某某之后，如果李某晋与某公司有变更有关股权转让款用途的意思表示，理应在《补充协议书》中予以明确，但该《补充协议书》中并未提及1000万元款项的问题，亦未明确洪某馨向陈某某账户转款1000万元与本案股权转让合同有关。第三，某公司认可陈某某代其签订案涉《泉州某中学收购协议书》的行为，但不认可授权陈某某代收1000万元。在此情况下，李某晋、洪某馨主张陈某某收取该1000万元是某公司的授权行为，应举证证明某公司授权陈某某代收 1000 万元，但其未能完成举证责任。李某晋、洪某馨主张陈某某构成表见代理，但是其上诉所述事实均不足以使其相信陈某某是代某公司收取 1000 万元。而且，即使构成表见代理，该 1000 万元确系李某晋、洪某馨主张的前期公司上市包装费用，与本案股权转让纠纷也不属于同一法律关系，李某晋、洪某馨可另行寻求救济途径。因此，一审判决判令李某晋、洪某馨返还某公司 2000 万元股权转让款，具有事实和法律依据。李某晋、洪某馨上诉主张陈某某收取的 1000 万元应从 2000 万元股权转让款中予以扣除，缺乏事实依据，最高人民法院不予支持。

007 瑕疵出资股东股权转让是否有效？

【入库编号 2023-08-2-269-005】范某诉徐某股权转让纠纷案。

一、裁判要旨

瑕疵出资与股权转让合同系属两个层面的法律关系，出让方是否实际履行出资义务与股权转让协议的效力并无必然联系，只要股权转让协议不存在其他法定无效事由，即为有效。

股权转让合同中，出让方的出资情况对合同签订时股权的价值并不具有实质性的影响。即便出让方未实际出资，股权合同签订时，公司可能因为经营情况较好，亦会具有相当的资产，受让方基于对公司资产的信赖而与出让方签订股权转让合同时，受让方对股权价值的衡量并不受出让方出资情况的影响。故出让方并无义务且无必要告知自己的出资情况。受让方不得以此为由主张撤销股权转让合同。

二、基本案情

上海某甲实业有限公司系有限责任公司，成立于 2009 年 8 月 24 日。上海某甲实业有限公司成立时，其注册资本为 10 万元（人民币，下同），股东为邱某某、原告及陈某某，持股比例分别为 70%、20% 及 10%。2009 年 11 月 16 日，上海某甲实业有限公司进行增资，增资后注册资本变更为 200 万元，三位股东及其持股比例均保持不变，并已办理工商变更登记手续。2011 年 9 月 5 日，原、被告签订股权转让协议，约定原告将其持有的上海某甲实业有限公司 20% 的股权作价 400000 元转让给被告，付款时间为协议签订之日起 3 日，并约定："……任何一方违约将支付对方违约金 1 万元。"协议签订后，原告即协助上海某甲实业有限公司办理了相应的股东及股权变更登记手续，现上海某甲实业有限公司的股权状况为：邱某某持股70%、被告持股20%、姚某某持股10%（陈某某持有的10%的股权转让给姚某某）。至今，被告未支付原告股权转让款。原告催讨未果，遂涉讼。另查明，邱某某及陈某某对原告向被告转让的上海某甲实业有限公司的股权已经放弃优先购买权。原告（反诉被告）范某诉称，2011年9月5日，原、被告签订股权转让协议，约定原告将其持有的上海某甲实业有限公司20%的股权作价400000元转让给被告。协议签订后，原告依约履行了自己的义务，但被告却迟迟未支付股权转让款。原告催讨未果，遂请求判令：1. 被告支付原告股权转让款400000元；2. 被告支付原告违约金10000元。

被告（反诉原告）徐某辩称，原告在签订股权转让协议时明确表示是无偿转让，被告无需支付股权转让款。上海某甲实业有限公司在注册时系某经济园区代垫资的，原告从未实际出资过。被告（反诉原告）徐某反诉称，反诉原、被告于2011年9月5日签订股权转让协议，约定反诉被告将其持有的上海某甲实业有限公司20%的股权作价400000元转让给反诉原告。因在上海某甲实业有限公司登记时，反诉被告的注册资金系向他人借入，注册成功后又被抽走，在签订股权转让协议时，双方都知道该股权转让系无条件转让，无需支付股权转让款。故反诉原告请求撤销上述股权转让协议。据此，反诉原告请求判令撤销反诉原、被告于2011年9月5日签订的股权转让协议。

原告（反诉被告）范某辩称，不同意反诉原告的反诉请求，其事实与理由不成立。

三、裁判结果

上海市奉贤区人民法院于2013年11月25日作出（2013）奉民二（商）初字第2379号民事判决：一、被告（反诉原告）徐某于本判决生效之日起十日内给付原告（反诉被告）范某股权转让款400000元；二、被告（反诉原告）徐某于本判决生效之日起十日内偿付原告（反诉被告）范某违约金10000元；三、驳回被告（反诉原告）徐某的反诉请求。

一审宣判后，原、被告均未提起上诉。一审判决已生效。

四、裁判理由

法院生效裁判认为，原、被告之间的股权转让协议合法有效，双方均应遵循诚实、信用的原则全面履行义务。原告已经将其持有的上海某甲实业有限公司的股权转让给被告，并办理了工商变更登记手续，而被告未能按时支付股权转让款，显属违约，应承担给付原告股权转让款及违约金的民事责任。被告辩称，在签订股权转让协议时，原告明确是无偿转让，无需支付股权转让款。

法院审理后认为，因原、被告之间的股权转让协议明确约定有股权的对价及付款时间，现被告认为上述股权转让协议无需支付股权转让款，被告应对上述事实承担举证责任。但本案中，被告并未提供充分的证据证明原、被告之间形成无需支付股权转让款的合意，亦未提供证据证明被告存在其他无需支付股权转让款的理由，故法院对被告的观点不予采纳。

被告还辩称，原告未向上海某甲实业有限公司进行实际出资，且原告存在抽逃出资的情况，被告无需支付股权转让款。对此，法院认为，被告上述辩称内容与原、被告之间的股权转让并无关联，因股权转让协议签订之前，原告是上海某甲实业有限公司的股东，享有上海某甲实业有限公司的股权和依法处置其股权的权利。至于原告是否实际向上海某甲实业有限公司进行出资以及原告是否存在抽逃出资的问题，属于股东出资层面的纠纷，若查证属实，相关权利人可向原告另行主张权利，但与本案股权转让纠纷无关。

关于被告提出的对上海某甲实业有限公司 2009 年 8 月 24 日至 2011 年 9 月 5 日经营状况进行审计的申请，法院认为，被告申请审计的内容与本案股权转让之间并无关联，退一步而言，即便审计结果如被告所预期，但因原、被告就股权转让已经明确约定价值，该协议对原、被告均具有约束力，双方之间的股权转让价格仍应以该股权转让协议的约定为准，故一审法院对被告的申请不予准许。

针对反诉原告要求撤销股权转让协议的反诉请求，因反诉原告未提供充分证据证明涉案股权转让协议存在可撤销的事由，一审法院对反诉原告的反诉请求不予支持。

008 未经审批，外商投资企业股权转让合同是否有效？

【入库编号 2023-10-2-269-004】吉某公司诉河南某集团等外商投资公司股权转让纠纷案——审批对外商投资准入负面清单以外的外商投资企业股权转让合同效力的影响。

一、裁判要旨

1. 按照原《中华人民共和国中外合作经营企业法》确立的全面审批制要求，

外商投资企业股权转让合同须经外商投资企业审批机关批准后才生效；未经批准的，人民法院应当认定该合同未生效。即便是在合同尚未生效阶段，一方当事人怠于履行报批义务的，也属于违反民法诚实信用原则的行为，应当接受法律的负面评价。

2. 自2016年10月1日起，外商投资管理体制由全面审批制改为普遍备案制与负面清单下的审批制。其中，外商投资准入负面清单以外的外商投资企业股权转让合同适用备案制。此项备案属于告知性备案，不再构成外商投资准入负面清单以外的外商投资企业合同的生效要件。相应地，未报批的该类外商投资企业股权转让合同亦为生效合同。同时，当事人关于股权转让合同"自审批机关批准之日起生效"的约定不再具有限定合同生效条件的意义。

二、基本案情

原告吉某公司诉称：2012年7月，经河南省人民政府批准，吉某公司与河南某集团、某丰集团设立了中外合作经营企业平顶山某房地产公司。吉某公司共投入平顶山某房地产公司1.5亿元人民币（以下币种均为人民币），持股40%。2016年3月，吉某公司与河南某集团签署《股权转让合同》，约定吉某公司向河南某集团转让持有的平顶山某房地产公司40%股权，河南某集团于2016年3月31日前支付吉某公司出资转让款1亿元，张某义、张某提供连带责任保证。但河南某集团至今未依约履行《股权转让合同》，张某义、张某亦未履行连带付款义务。故请求判令：河南某集团、张某义、张某连带支付吉某公司股权转让款1亿元和本案诉讼费。

河南某集团、张某义、张某辩称：《股权转让合同》第七条"合同生效"约定："本合同自甲、乙、丙三方签字或盖章之日起成立，自审批机关批准之日生效。"至今，《股权转让合同》没有获得审批机关的批准，未取得批准证书。且平顶山某房地产公司目前明确表示不再报批。因此，根据法律规定和合同约定，该《股权转让合同》尚未生效。故请求：驳回吉某公司的诉讼请求。

法院经审理查明：2012年7月，吉某公司与河南某集团及某丰集团，经批准设立了外商投资企业平顶山某房地产公司。2016年3月，吉某公司与河南某集团签署《股权转让合同》，约定：吉某公司将其持有的平顶山某房地产公司40%的股权，以1亿元价格转让给河南某集团，河南某集团于2016年3月31日前支付吉某公司；合同自各方签字或盖章之日起成立，自审批机关批准之日起生效。2016年4月11日，河南省平顶山市商务局（以下简称平顶山商务局）作出同意股权转让的批复，同日又发出通知书，根据平顶山某房地产公司的撤回申请，不再继续受理股权转让报批事项，故未作出批准证书。吉某公司据此提起诉讼，请求河南某集团支付1亿元股权转让款。

三、裁判结果

河南省高级人民法院于2016年10月28日作出（2016）豫民初19号民事判决：驳回吉某公司的诉讼请求。

吉某公司，河南某集团张某义、张某不服一审判决，提起上诉。最高人民法院于2017年12月28日作出（2017）最高法民终651号民事判决：一、撤销河南省高级人民法院（2016）豫民初19号民事判决；二、河南某集团于本判决生效之日起十日内向吉某公司支付股权转让款1亿元；三、张某义、张某对河南某集团第二项债务承担连带清偿责任。

四、裁判理由

法院生效裁判认为，本案系涉外股权转让合同纠纷，二审争议的主要问题是：一是《股权转让合同》的效力；二是河南某集团张某义、张某是否应当连带支付1亿元股权转让款及利息。

一、关于本案法律适用问题。

本案因系履行中外合作经营企业合同过程中产生的涉外股权转让合同纠纷，根据《中华人民共和国涉外民事关系法律适用法》第二条第一款"涉外民事关系适用的法律，依照本法确定。其他法律对涉外民事关系法律适用另有特别规定的，依照其规定"以及当时有效的《中华人民共和国合同法》第一百二十六条第二款"在中华人民共和国境内履行的中外合资经营企业合同、中外合作经营企业合同、中外合作勘探开发自然资源合同，适用中华人民共和国法律"的规定，案涉《股权转让合同》应当适用中华人民共和国法律。一审判决认定应适用我国法律解决本案纠纷的结果是正确的，但其援引《中华人民共和国涉外民事关系法律适用法》第四十一条关于当事人可以协议选择合同适用的法律的规定欠妥，最高人民法院予以指出。

二、关于《股权转让合同》的效力问题。

首先，案涉《股权转让合同》的履行期间跨越了外资审批制度改革的实施日期，故需对其效力分阶段予以阐明。在2016年9月30日前，当时有效的《中华人民共和国中外合作经营企业法》（2000修正）实行外资审批制度，该法于第十条规定："中外合笔者的一方转让其在合作企业合同中的全部或者部分权利、义务的，必须经他方同意，并报审查批准机关批准。"当时有效的《中华人民共和国中外合作经营企业法实施细则》第十一条规定："合作企业协议、合同、章程自审查批准机关颁发批准证书之日起生效……"根据《中华人民共和国合同法》第四十四条"依法成立的合同，自成立时生效。法律、行政法规规定应当办理批准、登记等手续生效的，依照其规定"以及《最高人民法院关于审理外商投资企业纠纷案件若干问题的规定（一）》第一条第一款"当事人在外商投资企业设立、变更等过程中订立的合同，依法律、行政法规的规定应当经外商投资企业审批机关批准后才生效的，自批准之日起生效；未经批准的，人民法院应当认定该合同未生效。当事人请求确认该合同无效的，人民法院不予支持"的规定，中外合作经营企业股权转让合同自外资审批机关颁发批准证书之日起生效。因此，尽管本案中平顶山商务局就案涉股权转让作出了批复，但没有作出外商投资企业批准证书，故至2016年9月30日，案涉《股权转让合同》因未经审批，合同的法定生效要件未满足，处于合同成立但未生效的状态。一审判决认定截至2016年9月30日案涉《股权转让合同》未生效是正确的。

其次，《中华人民共和国合同法》第八条规定："依法成立的合同，对当事人具有法律约束力。当事人应当按照约定履行自己的义务，不得擅自变更或者解除合同。依法成立的合同，受法律保护。"《股权转让合同》未生效并不代表对当事人没有拘束力，相反，河南某集团负有报批促使合同生效的义务。河南某集团控制的平顶山某房地产公司在外资审批程序终结前单方撤回报批申请的行为，不仅违反了《股权转让合同》约定应由河南某集团完成的报批义务，也违背了民法的诚实信用原则。河南某集团控制的平顶山某房地产公司撤回报批申请的行为不影响《股权转让合同》的效力状态。《最高人民法院关于审理外商投资企业纠纷案件若干问题的规定（一）》第九条规定："外商投资企业股权转让合同成立后，受让方未支付股权转让款，转让方和外商投资企业亦未履行报批义务，转让方请求受让方支付股权转让款的，人民法院应当中止审理，指令转让方在一定期限内办理报批手续……"本案一审审理过程中，河南省高级人民法院指令吉某公司办理报批手续，但因河南某集团、平顶山某房地产公司不予配合，未能成功办理，故《股权转让合同》仍处于成立但未生效状态。

最后，关于2016年10月1日后《股权转让合同》的效力状态。2016年10月1日，当时有效的《中华人民共和国中外合作经营企业法》（2016修正）正式施行。该法第二十五条规定，"举办合作企业不涉及国家规定实施准入特别管理措施的,对本法第五条、第七条、第十条、第十二条第二款、第二十四条规定的审批事项,适用备案管理。国家规定的准入特别管理措施由国务院发布或者批准发布",即对外商投资准入特别管理措施(即外商投资准入负面清单)以外的外商投资企业的设立、变更,由行政审批制转为适用备案管理制,而备案管理的性质为告知性备案,不属于合同的效力要件。2016年10月,商务部发布《外商投资企业设立及变更备案管理暂行办法》。该办法第二十九条规定:"本办法实施前商务主管部门已受理的外商投资企业设立及变更事项,未完成审批且属于备案范围的,审批程序终止,外商投资企业或其投资者应按照本办法办理备案手续。"由于本案股权转让的标的公司平顶山某房地产公司经营范围不在外商投资准入负面清单之列,案涉股权转让依法不需要再提交行政审批。《中华人民共和国立法法》(2015修正)第九十三条规定:"法律、行政法规、地方性法规、自治条例和单行条例、规章不溯及既往,但为了更好地保护公民、法人和其他组织的权利和利益而作的特别规定除外。"我国立法在法律溯及力问题上,采用"从旧兼有利"原则。在因法律修改而使得合同效力要件不复存在的情形下,则应当适用新法而认定合同有效。一审判决关于《股权转让合同》因法律规定的变化自2016年10月1日起生效的认定正确。此外,河南某集团、张某义、张某还上诉认为,《股权转让合同》第七条约定"自审批机关批准之日起生效",故该合同依约未生效,即使生效其也以股东会决议的方式解除了《股权转让合同》。但如前所述,该合同签订时,案涉《股权转让合同》依据当时的法律需要外资审批机关审批才生效,这是当事人约定合同自批准之日起生效的背景。2016年10月1日《中华人民共和国中外合作经营企业法》(2016修正)施行后,《股权转让合同》不再属于审批对象,亦不具有审批可能,而备案也不是合同的生效条件,因此该合同第七条"自审批机关批准之日起生效"的约定不再具有限定合同生效条件的意义。根据《中华人民共和国合同法》第八条第一款的规定,依法成立的合同,对当事人具有法律约束力,当事人不得擅自变更或解除合同。平顶山某房地产公司的股东会决议,没有得到吉某公司的同意,不构成约定解除的情形,亦不符合法定解除的条件,故不产生解除《股权转让合同》的法律效果。综上,河南某集团、张某义、张某主张一审判决错误认定《股权转让合同》效力的上诉理由不能成立,最高人民法院不予支持。

综上所述,《股权转让合同》是各方当事人真实意思表示,不违反我国法律、行政法规的强制性规定,合法有效。吉某公司关于案涉合同有效的上诉理由成立，最高人民法院予以支持。河南某集团、张某义、张某请求确认案涉合同未生效、应予撤销、已被平顶山某房地产公司确认无效并解除的上诉理由不能成立，最高人民法院予以驳回。

三、关于河南某集团、张某义、张某是否应连带支付股权转让款及逾期付款利息的问题。

首先，吉某公司上诉请求判令河南某集团、张某义、张某承担延期支付股权转让款的利息，该项请求未在一审程序中提出，属于二审中增加的独立的诉讼请求，二审庭审中河南某集团、张某义、张某不同意一并审理，各方亦不能达成调解协议。根据《最高人民法院关于适用〈中华人民共和国民事诉讼法〉的解释》（2015年）第三百二十八条"在第二审程序中，原审原告增加独立的诉讼请求或者原审被告提出反诉的，第二审人民法院可以根据当事人自愿的原则就新增加的诉讼请求或者反诉进行调解；调解不成的，告知当事人另行起诉。双方当事人同意由第二审人民法院一并审理的，第二审人民法院可以一并裁判"的规定，对吉某公司该项上诉请求，最高人民法院不予审理，吉某公司可依法另行起诉。

其次，关于吉某公司要求河南某集团按照《股权转让合同》的约定支付1亿元股权转让款本金的上诉请求。《中华人民共和国合同法》第六十条第一款规定："当事人应当按照约定全面履行自己的义务。"《股权转让合同》约定股权转让款于2016年3月31日支付吉某公司，股款金额可延期支付，但河南某集团应按月支付利息，且股款金额延期支付日期不得晚于2017年7月15日。至2016年10月28日一审法院作出判决时，《股权转让合同》已生效且河南某集团股权转让款的付款义务已到期，而河南某集团并未请求延期支付并按月加付利息，故一审法院未判决河南某集团承担付款责任，与合同约定不符，适用法律欠当，最高人民法院予以纠正。

本案二审中，河南某集团在《股权转让合同》项下的最迟付款履行期间也已届满，河南某集团应即时向吉某公司支付股权转让款1亿元。《股权转让合同》第二条约定："协议各方及涉及股权权益转让有关的申请批准手续由乙方（即河南某集团）办理，甲方（吉某公司）予以配合，在股权转让申请批准后，双方共同到工商行政管理部门办理股权变更登记。"本案中，河南某集团未诉请办理股权变更登记手续，为避免产生讼累，吉某公司亦应配合河南某集团办理平顶山某房地产公司的股权变更登记手续。

最后，关于张某义、张某的保证责任问题。张某义、张某在《股权转让合同》中均是以其本人名义为河南某集团的债务提供的连带保证，该保证是其真实意思表示，其应依约承担连带保证责任，且对张某的个人保证事宜亦无需审查是否经得某丰集团同意。张某乂、张某主张不承担保证责任的上诉理由不能成立，最高人民法院予以驳回。

009 投资方与目标公司间"对赌协议"的效力及其可履行性

［入库编号 2024-08-2-269-003］山东某某创业投资有限公司诉山东某某纸业有限公司、陈某1、陈某2、陈某3等股权转让纠纷案。

一、裁判要旨

1. 投资方与目标公司原股东或实际控制人之间"对赌协议"的效力及可履行性。目标公司股东对投资方的补偿承诺不违反法律法规的禁止性规定，应为合法有效。在合同约定的补偿条件成立的情况下，根据当事人意思自治、诚实信用原则，目标公司股东作为引资者应信守承诺，投资方应当得到约定的补偿。

2. 投资方与目标公司之间"对赌协议"的效力及可履行性。投资方与目标公司订立的"对赌协议"在不存在法定无效事由的情况下目标公司仅以存在股权回购或者金钱补偿约定为由，主张"对赌协议"无效的，人民法院不予支持，但投资方主张实际履行的，人民法院应当审查是否符合公司法关于"股东不得抽逃出资"及股份回购的强制性规定，判决是否支持其诉讼请求。投资方请求目标公司回购股权的，人民法院应当依据《中华人民共和国公司法》第三十五条关于"股东不得抽逃出资"或者第一百四十二条关于股份回购的强制性规定进行审查。经审查，目标公司未完成减资程序的，人民法院应当驳回其诉讼请求。投资方请求目标公司承担金钱补偿义务的，人民法院应当依据《中华人民共和国公司法》第三十五条关于"股东不得抽逃出资"和第一百六十六条关于利润分配的强制性规定进行审查。经审查，目标公司没有利润或者虽有利润但不足以补偿投资方的，人民法院应当驳回或者部分支持其诉讼请求。今后目标公司有利润时，投资方还可以依据该事实另行提起诉讼。

人民法院在审理"对赌协议"纠纷案件时，不仅应当适用合同法（民法典）的相关规定，还应当适用公司法的相关规定；既要坚持鼓励投资方对实体企业特别是科技创新企业投资原则，从而在一定程度上缓解企业融资难问题，又要贯彻资本维持原则和保护债权人合法权益原则，依法平衡投资方、公司债权人、公司之间的利益。

二、基本案情

原告山东某某创业投资有限公司诉称：原、被告于2011年签订增资扩股协议和补充协议，原告已如期履行支付投资款的协议义务，成为被告公司的投资人。其间，被告公司未曾分发红利且至提起诉讼未上市，陈某1、陈某2、陈某3亦未依约无偿划拨股权，导致原告重大经济损失。被告陈某4、唐某某、陈某5与上述三自然人被告有婚姻关系，应承担连带责任。故请求判令：1.被告立即向原告支付股权回（收）购款1856万元；2.陈某1、陈某2、陈某3无偿划拨股权（注册资本金）397万元；3.山东某某纸业股份有限公司向原告分配利润371万元；4.各被告赔偿原告经济损失595万元；5.陈某4、唐某某、陈某5对上述款项承担连带责任；6.诉讼费用、担保费用由被告承担。

被告山东某某纸业股份有限公司、陈某1、陈某2、陈某3、陈某4、唐某某、陈某5辩称：1.按照公司章程和《增资扩股协议》规定，原告取回入股股金违反公司法第三十五条关于"股东不得抽逃出资"、第一百四十二条关于"股份回购的强制性规定"，该诉求不应得到支持。2.原告要求陈某1、陈某2、陈某3无偿划拨股权的请求不符合《章程》和《中华人民共和国公司法》规定，根据补充协议第二条约定的无偿划转条件，原告起诉已超出诉讼时效，且陈某2、陈某3目前已不是公司股东，不应再承担责任。另外，原告对无偿划拨股权的计算公式有误，还忽略了2011年调整后原告持股比例的变化。3.原告根据《补充协议》约定计算利润和损失，《补充协议》因履行完毕及已过诉讼时效而无效，再者入股是双方自愿行为，在公司面临困难时原告要求分红和赔偿损失的诉讼请求不应得到支持。4.涉案投资款是用于企业生产经营，未用于夫妻共同生活。故原告的起诉无事实和法律依据，请求法院依法驳回原告的诉讼请求。

法院经审理查明：2011年12月，原告山东某某创业投资有限公司等单位与被告陈某1、陈某2、陈某3、山东某某集团有限公司签订增资扩股协议，协议主要约定：原告等对公司进行增加投资，原告以现金1000万元出资认购公司新增注册资本218.6844万元，其中781.3166万元计入资本公积。同日，原告等单位与被告陈某1、陈某2、陈某3、山东某某集团有限公司签订引入外部投资者补充协议，协议主要约定：山东某某集团有限公司于2011年、2012年、2013年任何一年中，其经原告认可的审计机构审计的财务数据显示亏损则原告有权要求并指定山东某某集团有限公司（或被告陈某1、陈某2、陈某3）回购（或受让）股东所持有的全部股权，价款为股东投入的本金×（1+10%×持有股权的天数/360）－已获得的分红收入。山东某某集团有限公司2011年完成的经原告认可审计机构审计的净利润低于4200万元，则原告此次增资扩股后估值重新计算，山东某某集团有限公司此次增资扩股后估值=山东某某集团有限公司原估值5亿元×2011年经审计净利润/2011年承诺净利润4200万元。原告现有投资金额将依重新计算后的估值确定持股数量，与原投资协议所约定持股数量之间的差额，由被告陈某1、陈某2、陈某3向原告依比例分别无偿划拨。山东某某集团有限公司2012年完成的经原告认可审计机构审计的净利润低于6000万元，则原告此次增资扩股后估值重新计算，山东某某集团有限公司此次增资扩股后估值=山东某某集团有限公司原估值5亿元×2011年经审计净利润/2012年承诺净利润6000万元。原告现有投资金额将依重新计算后的估值确定持股数量，与原投资协议所约定持股数量之间的差额，由被告陈某1、陈某2、陈某3向原告依比例分别无偿划拨。自本轮增资投资者资金到位后四年后，山东某某集团有限公司如不能实现公开发行股票并上市，投资者、股权受让方有权要求山东某某集团有限公司、被告陈某1、陈某2、陈某3或山东某某集团有限公司与被告陈某1、陈某2、陈某3安排第三方收购股权，回购或收购价款，按以下两者中高者为准：1.回购或收购基准日经审计的投资者账面股东权益；2.提出要求的股东投入的本金×（1+10%×持有股权的天数/360）－已获得分红收入。公开发行股票并上市之前，山东某某集团有限公司实现的可分配利润10%至30%应用现金股利分配，在此范围内的具体比例及详细利润分配方案，由董事会提出并报股东会决定。

2012年1月20日，原告将1000万元汇入山东某某集团有限公司账户。同年3月，原告成为山东某某集团有限公司股东。同年5月19日，山东某某集团有限公司出具收款收据。截至2020年6月30被告山东某某纸业股份有限公司未进行利润分配、也未公开发行股票并上市。根据补充协议约定，股权回购（收购）款为1856万元，被告山东某某纸业股份有限公司、陈某1、陈某2、陈某3均未支付。另查明，山东某某集团有限公司后进行股份制改制为山东某某纸业股份有限公司。原告作为发起人之一认购227.5821万股。原告因申请财产保全，支出费用32190元。诉讼中，原告撤回要求被告无偿划拨股权（注册资本金）397万元的诉讼请求。

三、裁判结果

山东省泰安市中级人民法院于 2020 年 12 月 2 日作出（2020）鲁 09 民初 217 号民事判决：一、陈某 1、陈某 2、陈某 3 支付山东某某创业投资有限公司股权收购款 1856 万元（计算至 2020 年 6 月 30 日），于本判决生效后十日内付清；二、陈某 1、陈某 2、陈某 3 支付山东某某创业投资有限公司担保费用 32190 元，于本判决生效后十日内付清；三、驳回山东某某创业投资有限公司其他诉讼请求。

宣判后陈某 1、陈某 2、陈某 3 提起上诉。山东省高级人民法院于 2021 年 3 月 17 日作出（2021）鲁民终 647 号民事判决：驳回上诉，维持原判。

四、裁判理由

法院生效裁判认为："对赌协议"，又称估值调整协议，是指投资者与融资方在达成股权性融资时，为解决双方对目标公司未来发展的不确定性、信息不对称以及代理成本而设计的，包含了股权回购等对未来不确定的目标公司的估值进行调整的协议。本案中，"对赌协议"既包含投资方与目标公司股东之间的协议，又包含投资方与目标公司之间的协议。

关于投资方与目标公司股东之间"对赌协议"的效力及可履行性。某某投资公司与陈某 1、陈某 2、陈某 3 签订引入外部投资者补充协议中关于回购股权、分红部分的约定系"对赌协议"，为各方当事人的真实意思表示，内容不违反法律、行政法规禁止性规定，应为合法有效。协议约定特定情形出现时某某投资公司有权要求陈某 1、陈某 2、陈某 3 承担股份受让义务的条款，陈某 1、陈某 2、陈某 3 所作出的受让承诺，均属民事主体在缔约过程中应当充分认识的商业风险，未超过签订协议的当事人合理预期，亦不违反法律法规的禁止性规定。故合同约定情形出现时，负有契约义务的当事人依法应当按约定履行自己的承诺。根据协议约定，自本轮增资投资者资金到位四年后，山东某某纸业股份有限公司如不能实现公开发行股票并上市，投资者有权要求目标公司、陈某 1、陈某 2、陈某 3 或目标公司与陈某 1、陈某 2、陈某 3 安排第三方收购股权，回购或收购价款。由于某某纸业公司未能在协议约定的期限内实现上市（IPO），陈某 1、陈某 2、陈某 3 应当按照协议约定的计算方式履行相应义务。现某某投资公司根据协议约定，选择固定公式计算股权收益，依法予以支持。陈某 1、陈某 2、陈某 3 辩称股权已经转让，不应当再承担民事责任，于法无据，依法不予支持。陈某 1、陈某 2、陈某 3 支付对价后，某某投资公司持有的某某纸业公司股权转让于陈某1、陈某2、陈某3。由于补充协议中并没有对某某投资公司要求股权回购的时间作出明确具体的要求，其可以随时主张，因此某某投资公司主张权利并未超过诉讼时效。

关于投资方与目标公司之间"对赌协议"的效力及可履行性。关于投资方与目标公司之间"对赌协议"的效力同前所述的投资方与目标公司股东之间"对赌协议"的效力，系当事人真实意思的表示，未违反法律、行政法规的强制性规定，应为合法有效。补充协议中约定，某某纸业公司从某某投资公司处融资，某某投资公司成为某某纸业公司的股东。现某某纸业公司在约定的期限内未能完成预设目标，其应当按照事先约定的方式回购原告持有的股权。但在审理"对赌协议"纠纷案件时，法院除应当根据合同法进行审查，还应当根据公司法的有关规定进行审查。我国公司法采取"原则禁止、例外许可"的规定，目标公司回购股权或者金钱补偿花费目标公司的自有资本，违反"股东不得抽逃出资"原则，事实上减少了公司资本，有损公司债权人的利益，因此目标公司必须履行减资程序，实质是贯彻资本维持原则，当公司股东与债权人利益出现冲突时，优先保护公司债权人的利益。只有通过减资程序，公司债权人利益得到保护之后，作为公司股东原告作为投资方要求公司回购股权的诉讼请求才具有正当性。某某投资公司没有提交证据证明某某纸业公司已经履行了减资程序，故其要求某某纸业公司回购股权的诉讼请求，依法不予支持。某某投资公司可以待目标公司履行了减资程序后，另行主张。

010 复杂国际商事合同中股权转让与股权让与担保的区分原则

【入库编号 2023-10-2-483-004】伯利兹籍居民张某某诉谢某某、深圳某有限公司等合同纠纷案。

一、裁判要旨

区分股权让与担保和股权转让，主要应从合同目的以及合同是否具有主从性特征来判断。当事人关于可以在约定的期限内购买股权的约定系相关各方达成的一种商业安排，不同于让与担保中采用的转让方应当在一定期限届满后回购所转让财产的约定。一方当事人的经营权仅在回购期内受到一定限制，并未约定对回购期满后的股东权利进行任何限制，亦不同于股权让与担保常见的对受让方股东权利进行限制的约定。

二、基本案情

原告张某某诉称：1. 刘某某、谢某某向张某某、鞍山某科技公司提供6.82555亿元借款，登记在深圳某有限公司名下深圳某投资发展公司99%的股权，系张某某、鞍山某科技公司向谢某某提供的股权让与担保措施。2. 登记在深圳某有限公司名下深圳某投资发展公司43.86%的股权归张某某所有。深圳某有限公司原由张某某实际控制，名下持有深圳某投资发展公司43.86%的股权。《股权回购协议》签署过程中，深圳某有限公司并无独立意志，而是在其股东安排下，将其100%股权作为壳工具，以零对价交谢某某持有，便于谢某某控制担保物。故深圳某有限公司原持有的深圳某投资发展公司43.86%股权应始终归张某某所有。3. 根据《股权回购协议》的约定，谢某某及深圳某有限公司有义务配合完成某资产管理公司投资深圳某投资发展公司项目。张某某一直在积极推进该项目，但谢某某、刘某某、深圳某有限公司、陈某通过拒绝配合项目尽调工作、提起虚假诉讼等手段恶意阻挠张某某向某资产管理公司融资以回购深圳某投资发展公司股权，应当连带赔偿张某某融资成本损失，张某某保留要求赔偿其他损失的权利。综上所述，张某某请求法院支持其全部诉讼请求。

谢某某辩称：1. 张某某起诉时提交的身份证明文件不符合我国法律要求的形式，且民事起诉状的真实性存在重大问题。2. 张某某提起的本案与鞍山某科技公司在广东高院提起的1号案是基于同一事实，核心争议相同，诉求也基本一致，且两案的核心证据都是《股权回购协议》，构成重复诉讼。3. 张某某以鞍山某科技公司的实际控制人身份主张案涉股权为让与担保并请求确认股权归其所有，缺乏必要的请求权基础，其无权提起本案诉讼。4. 《股权回购协议》是案涉股权转让的合同依据，通过对《股权回购协议》的条款分析，可真实反映股权交易的背景、交易目的和交易方式，从而认定《股权回购协议》的法律性质为股权转让，不是让与担保。5. 张某某主张谢某某恶意阻挠其行使股权购买权，毫无事实根据。

深圳某有限公司辩称：1. 张某某并不具备提出本案诉请的权利基础和诉的利益。张某某并不是案涉股权的转让方，也非深圳某投资发展公司的股东，无权提出案涉股权性质的诉争。2. 案涉法律关系的性质是股权转让而非让与担保。3. 张某某称谢某某及深圳某有限公司阻挠其购买案涉股权的说法没有任何事实依据，张某某提出的由其资产管理公司出具的复函，没有交付凭证，真实意图不明，更没有客观证据予以佐证。张某某并不能够提出任何证据证明其在协议约定的回购期内主张过股权回购以及深圳某有限公司有所谓不予配合其进行回购的情形存在。4. 本案是张某某提起的与广东高院1号案争议重复的滥诉案件。

刘某某辩称：刘某某并未参与谢某某与张某某之间基于《股权回购协议》的合作，张某某所称刘某某系谢某某的实际控制人，是毫无根据的，刘某某参与签署的《股权收购前置框架协议》与《原则框架协议》并未生效，也未实际履行。刘某某未参与签署《股权回购协议》《承诺函》和《和解协议》，并非当事方，张某某以违反该等文件约定为由要求刘某某连带赔偿50万元，显然缺乏事实和法律依据。

陈某辩称：陈某曾与张某某签订的《合作协议》及其相关补充协议，约定由陈某出资与张某某及达某系公司进行项目合作，但其与《股权回购协议》无关，陈某不是案涉《股权回购协议》《承诺函》《和解协议》的当事人和签署方，也未因之获得任何收益，并非适格被告，张某某据之向陈某主张连带赔偿，无视合同的相对性原则，毫无事实和法律依据。

法院经审理查明：深圳某投资发展公司最初由鞍山某科技公司和深圳某有限公司分别持股56.14%和43.86%，根据2013年至2014年鞍山某科技公司、深圳某有限公司、深圳某投资发展公司等签署的一系列协议，张某某系鞍山某科技公司、深圳某有限公司、深圳某投资发展公司的实际控制人，鞍山某科技公司及其关联公司将深圳某投资发展公司100%股权变更登记至某文化企业名下作为向某文化企业融资的风险保障措施。后张某某、鞍山某科技公司与深圳某有限公司、谢某某等签订协议，约定深圳某有限公司股权正式由谢某某等持有，并由深圳某有限公司筹资用于回购登记在某文化企业名下的深圳某投资发展公司99%股权，还约定张某某和鞍山某科技公司有权在深圳某有限公司完成回购后12个月内向深圳某有限公司购买深圳某投资发展公司99%的股权以及购买的价款等。该协议签订后，深圳某有限公司筹资回购了深圳某投资发展公司99%股权并完成了工商变更登记，张某某认为案涉协议约定的有关深圳某投资发展公司股权的交易安排系股权让与担保，其作为深圳某投资发展公司的实际控制人，请求确认登记在深圳某有限公司名下的深圳某投资发展公司99%股权系向谢某某提供的让与担保措施并确认深圳某投资发展公司43.86%的股权归其所有。鞍山某科技公司另案起诉请求确认相关交易安排系让与担保并确认深圳某投资发展公司55.14%的股权归其所有。

三、裁判结果

最高人民法院于 2022 年 7 月 27 作出（2020）最高法商初 5 号生效民事判决：驳回张某某的全部诉讼请求。

四、裁判理由

法院生效裁判认为，张某某系伯利兹国籍，依照《最高人民法院关于适用〈中华人民共和国涉外民事关系法律适用法〉若干问题的解释（一）》第一条第一项、《最高人民法院关于设立国际商事法庭若干问题的规定》第三条的规定，本案系国际商事案件。庭审中，张某某与谢某某、深圳某有限公司、刘某某、陈某均表示同意本案适用中华人民共和国法律进行审理。根据《中华人民共和国涉外民事关系法律适用法》第三条"当事人依照法律规定可以明示选择涉外民事关系适用的法律"的规定，本案应适用中华人民共和国法律作为准据法。

本案的争议焦点为：1. 本案与广东高院 1 号案是否构成重复诉讼；2. 原告的起诉主体是否适格以及刘某某、陈某能否列为本案被告；3. 本案深圳某投资发展公司 99%股权交易是民间借贷及让与担保还是股权转让及回购合同纠纷，如果构成让与担保，是否应确认深圳某有限公司持有的 43.86%的深圳某投资发展公司股权归原告所有；4. 四被告是否应向原告连带赔偿 50 万元损失。

关于本案是否构成重复诉讼的问题。《最高人民法院关于适用〈中华人民共和国民事诉讼法〉的解释》第二百四十七条第一款规定："当事人就已经提起诉讼的事项在诉讼过程中或者裁判生效后再次起诉，同时符合下列条件的，构成重复起诉：（一）后诉与前诉的当事人相同；（二）后诉与前诉的诉讼标的相同；（三）后诉与前诉的诉讼请求相同，或者后诉的诉讼请求实质上否定前诉裁判结果。"本案的原告是张某某，广东高院 1 号案的原告是鞍山某科技公司；张某某在本案中的主要诉讼请求是确认登记在深圳某有限公司名下的深圳某投资发展公司 43.86%股权归其所有等，1 号案的主要诉讼请求是确认深圳某有限公司名下的深圳某投资发展公司 55.14%股权归鞍山某科技公司所有等。因此，两案的当事人、诉讼请求均不同，且相互不能替代或涵盖，故本案与 1 号案不构成重复诉讼。谢某某与深圳某有限公司抗辩认为本案与 1 号案构成重复诉讼，不能成立。

关于原告的起诉主体是否适格以及刘某某、陈某能否列为被告的问题。根据《中华人民共和国民事诉讼法》第一百二十二条的规定，除其他条件外，起诉必须符合下列条件：原告是与本案有直接利害关系的公民、法人和其他组织。本案中，原告张某某是案涉《股权回购协议》等的签署方，在协议中经常与鞍山某科技公司作为一个整体承受相关权利义务,现其以自己的名义依据案涉合同主张其民事权益受到侵害或与被告发生民事争议,应视为其原告主体适格。故谢某某与深圳某有限公司抗辩认为张某某原告主体不适格,法院不予支持。《中华人民共和国民事诉讼法》第一百二十二条第二项规定,原告起诉时必须有明确的被告。因刘某某是与本案《股权回购协议》密切相关的2014年12月18日《原则框架协议》的缔约方,陈某是2013年9月26日《某达菲福永项目合作协议》的缔约方,两人同时还系案涉其他合同中的缔约方,故可以被列为被告。因此,刘某某声称自己不是合同当事方、陈某主张自己不是适格被告,法院不予支持,至于原告请求被告承担责任的事实和法律依据问题,以及被告是否应承担相应的民事责任,需由人民法院根据查明的案件事实和适用的法律综合判断后作出实体裁判。

关于本案深圳某投资发展公司99%股权变动性质以及其中43.86%股权应否归张某某所有的问题。在案涉《股权回购协议》之前,本案当事人以及相关案外人曾签订《合作协议》及一系列补充协议、《某达菲福永项目合作协议》《〈某达菲福永项目合作协议〉之补充协议(二)》,在案涉《股权回购协议》之后,还有《承诺函》以及《和解协议》。本案主要涉及《股权回购协议》的履行,与在此之前的相关协议及补充协议的履行无涉,本案所涉《股权回购协议》,缔约当事人众多,条款约定复杂。从内容上看,合同标的包括深圳某投资发展公司股权、5.4896亿元历史债务、深圳某有限公司股权、某资产管理公司回款。向某文化企业回购深圳某投资发展公司股权、鞍山某科技公司股权等,包含数个法律关系,属于复合型、非典型商事合同。

案涉《股权回购协议》虽对数个商事交易进行了安排,但涉及本案争议的焦点问题主要是上述协议中股权变动的性质。对此,张某某主张,《股权回购协议》名为股权回购协议、实为民间借贷合同,将深圳某投资发展公司43.86%的股权变更登记在深圳某有限公司名下是作为保障债权实现的股权让与担保,深圳某投资发展公司案涉股权仍归张某某所有。深圳某有限公司、谢某某认为,案涉《股权回购协议》是股权转让合同,谢某某已出资6.82555亿元收购了深圳某投资发展公司99%的股权,深圳某有限公司受让案涉深圳某投资发展公司股权是基于真实的股权转让并设定了回购条款,而非让与担保。

法院认为,区分让与担保和股权转让,主要应从两者的合同目的以及合同是否具有主从性特征来判断。《全国法院民商事审判工作会议纪要》第七十一条第一款规定:"债务人或者第三人与债权人订立合同,约定将财产形式上转让至债权人名下,债务人到期清偿债务,债权人将该财产返还给债务或第三人,债务人到期没有清偿债务,债权人可以对财产拍卖、变卖、折价偿还债权的,人民法院应当认定合同有效……"由此可知,让与担保作为一种非典型担保,其目的在于为主债务提供担保,属于从合同范畴,对于受让的财产,受让人在主债务清偿期未届满前不得行使相关权利或处分担保物;财产权转让或股权转让作为一种交易安排,其目的在于转让财产权或股权后获取买受人应当支付的对价款,是通过出卖人根据合同约定交付出让财产用来获取对价款的合同行为。具体可分为以下三点:

第一,合同条款中无让与担保内容,未体现合同的主从性特征。从协议内容看,根据该协议鉴于条款以及第一条、第二条的约定,张某某及鞍山某科技公司原欠谢某某的历史债务 5.4896 亿元,原登记在谢某某名下的深圳某有限公司 90%股权、登记在某光电产业公司名下的深圳某有限公司 10%股权,是让与担保方式持有;深圳某投资发展公司股权原由鞍山某科技公司持有 56.14%、深圳某有限公司持有 43.86%,因向某文化企业借款还债而将深圳某投资发展公司 100%过户登记至某文化企业名下;由于张某某、鞍山某科技公司一方同意谢某某帮助深圳某有限公司筹资向某文化企业回购深圳某投资发展公司 100%股权,谢某某持有深圳某有限公司 90%股权不再是前述"历史债务"欠款的担保方式,而由谢某某正式持有;因某文化企业释放深圳某投资发展公司股权时,99%股权由深圳某有限公司持有、1%股权由鞍山某科技公司持有,根据《股权回购协议》第一条关于谢某某正式持有深圳某有限公司股权的约定,谢某某亦应通过正式持有深圳某有限公司股权而间接持有深圳某投资发展公司股权。

由上可知,案涉《股权回购协议》内容中未就张某某、鞍山某科技公司向谢某某民间借贷进行约定,亦未就深圳某投资发展公司 99%股权向谢某某、深圳某有限公司办理让与担保进行安排,更无条款体现合同的主从性特征。因此,张某某主张登记在深圳某有限公司名下的深圳某投资发展公司 99%股权系张某某和鞍山某科技公司向谢某某提供的股权让与担保措施,无事实和法律依据,法院不予支持。同时,张某某关于争议股权价值是认定案涉《股权回购协议》中股权变动法律关系为借款担保关系还是股权转让关系的主张,因区分股权转让和让与担保的决定性因素并非其所称的股权价值,故法院亦不予支持。

第二,案涉《股权回购协议》对股权回购进行了安排。张某某、鞍山某科技公司曾参与签订《合作协议》《某达菲福永合作项目合作协议》及《补充协议二》，在约定股权持有方式时均使用"代持""风险保障措施"等字样，而张某某、鞍山某科技公司在签订案涉《股权回购协议》中使用的是"正式""实际"持有，反映出张某某、鞍山某科技公司在本案所涉复杂商事交易中意思表示的重大转变。为了实现各自的商业目的，各方当事人还设定了案涉深圳某投资发展公司股权的购买权。《股权回购协议》第五条约定，张某某、鞍山某科技公司有权在本次深圳某有限公司从某文化企业处回购深圳某投资发展公司股权后的12个月内，向深圳某有限公司购买深圳某投资发展公司99%股权；并约定，6个月内购买述股权的，对价款为10.3亿元；6至12个月内购买的，对价款为11亿元。同时，还约定了深圳某有限公司通过处置深圳某投资发展公司股权实现投资所得金额后的余额与差额处理方法，如果处置金额超出深圳某有限公司应得款项（历史债务加约定的股权回购总价），超额部分由张某某、鞍山某科技公司享有；如果处置金额不足以满足深圳某有限公司应得款项，则不足部分由张某某、鞍山某科技公司承担。

法院认为，本案所涉目标项目标的额巨大，案涉相关合同或协议内容复杂，各方当事人之间的约定非常具体细致，体现了参与主体均为成熟商事交易主体的设计和安排。商事交易的权利与义务主要根据当事人自由意志下的约定来确定，法律并未禁止债权投资与股权投资在一定条件下的转换。张某某、鞍山某科技公司作为独立成熟的商事主体，在原先持有深圳某投资发展公司股权过程中曾有让与担保的安排，应当知道让与担保合同与股权转让合同的区别，本案当事人之间对于协议中股权转让以及股权购买权的约定，即在股权转让后通过保留一定期限内回购该部分股权的安排保护自身的利益，而未作让与担保安排，即未约定张某某、鞍山某科技公司偿还谢某某、深圳某有限公司所筹资金并获得深圳某投资发展公司股权，应视为商事交易当时情况下其对自身利益最审慎的考量和安排。由于这种商业交易约定系各方当事人真实意思表示且协商一致，在不违反法律法规强制性规定的情况下，各商事主体的约定应当得到尊重，各方应按照约定履行义务，承担民事责任。

第三，回购期满后深圳某有限公司已正式持有深圳某投资发展公司股权并享有完整股东权利。经查，案涉《股权回购协议》签订后，深圳某有限公司依约筹款并向某文化企业付款，某文化企业收款后释放目标项目公司100%股权，深圳某投资发展公司的股权比例变更为深圳某有限公司占99%股权，鞍山某科技公司占 1% 股权。同时，深圳某投资发展公司的法定代表人、总经理变更为谢某某，监事、董事也予以了变更。根据案涉《股权回购协议》第二条和第六条约定，在 1 年回购期及深圳某有限公司同意的展期（以下统称为回购期）内，深圳某有限公司保证深圳某投资发展公司不得开展其他无关的经营工作，深圳某投资发展公司对外合作事宜由鞍山某科技公司和深圳某有限公司协商确定，深圳某有限公司、深圳某投资发展公司相关印信由鞍山某科技公司和深圳某有限公司共管，也不得对外出售所持深圳某投资发展公司股权及资产。由上可知，在回购期内，深圳某有限公司作为深圳某投资发展公司股东，其不得对外出售深圳某投资发展公司股权，经营权也受到一定限制。且根据《股权回购协议》第五条第五款约定，在回购期内张某某、鞍山某科技公司保留了对争议股权的控制权，并实际承担了争议股权价值变动的风险。但是，回购期满后深圳某有限公司对其持有深圳某投资发展公司股权部分可以行使经营权，也未明确限制处分权。此后，张某某、鞍山某科技公司与谢某某、深圳某有限公司之间还就在回购期满后，展期回购（或赎回）案涉深圳某投资发展公司股权形成了《承诺函》与《和解协议》，这在一方面体现了目标项目整体价值上涨后，2016 年 3 月 21 日前回购股权价格为 12.57 亿元，2016 年 12 月 6 日和解总金额为 2.68 亿元。另一方面，这种安排亦进一步表明案涉股权变动为转让后的回购安排而非让与担保。现因张某某、鞍山某科技公司未能提交证据证明其已按期并提示谢某某、深圳某有限公司行使回购权，故应认定深圳某有限公司已实际持有本案争议的股权并享有完整股东权利。

此外，张某某虽为深圳某投资发展公司原实际控制人，但深圳某投资发展公司股权原为深圳某有限公司与鞍山某科技公司两股东持有，其并未提供曾直接持有深圳某投资发展公司股权的证据。且即便张某某曾为深圳某有限公司实际控制人，但深圳某有限公司拥有公司法意义上的独立法人人格，张某某无理由绕开深圳某有限公司而直接主张深圳某投资发展公司股权。故深圳某有限公司认为张某某未持有过深圳某投资发展公司股权，缺乏主张案涉股权的请求权基础，理由成立。

综上，张某某主张深圳某有限公司所持有深圳某投资发展公司 99% 股权是让与担保措施，其中 43.86% 应归其所有，没有事实和法律依据，且张某某也未提供其已归还 6.82555 亿元的证据，故法院不予支持。

关于四被告是否应向原告连带赔偿 50 万元损失的问题。张某某主张在案涉合同约定的回购期内，其根据深圳某有限公司、谢某某的回购承诺，与某资产管理公司达成融资合作意向并已支付 50 万元保证金，因对方恶意阻挠而造成 50 万元损失，请求四被告连带赔偿。现张某某提交了某资产管理公司复函及相关裁判文书、材料，试图证明四被告拒不配合尽职调查、恶意阻挠其融资；谢某某提交了深圳某投资发展公司、深圳某有限公司及其本人均积极配合用印的证据。法院认为，张某某提交的证据不足以支持其主张，且双方此后还就回购事项签署《和解协议》，也未能履行。故张某某主张由四被告连带赔偿 50 万元损失，缺乏事实和法律依据，不予支持。

011 代持金融机构股权是否有效？

【入库编号 2023-08-2-483-015】陈某某诉上海某某投资管理有限公司、某某金融租赁股份有限公司合同纠纷案——金融机构持股主体资格与监管规章所涉公序良俗间牵连。

一、裁判要旨

1. 代持金融机构股权的行为是否为监管所允，需充分结合相应规章上下文规定及同时期施行的其他部门规章内容进行判断。就金融租赁公司而言，根据 2000 年颁布的管理办法以及 2007 年修订后的管理办法，可推知自然人不具备金融租赁公司持股主体资格系一以贯之的基本原则。

2. 金融机构持股主体资格与公序良俗牵连明显，在股权代持的情境下，标的股权实际权益主体的情况并不明确，放任此种不透明的股权关系存在，会将代持双方的投资风险转嫁给金融机构及与机构相关的不特定多数人。规章涉及持股主体资格的规范，系维护金融机构平稳运行的重要举措、系保障不特定多数人身、财产利益等的必要手段，与金融秩序的安全稳定密切相关，代持合同与规章中涉及特定公共利益的规定相悖，应属无效。

3. 认定股权代持合同无效后的处理应区分情况，当事人达成委托购买及委托代持合意的，无效后果为受托人向委托人返还认购款项，并不再为委托人持有金融机构股权，委托人能否成为金融机构持股主体，需结合委托人是否具有显名资格等具体判断。当事人达成股权转让及委托代持合意的，无效后果为受托人向委托人返还股权转让款，标的股份权利人仍为受托人。无论何种代持模式，对代持期间产生的收益或损失均应依照公平原则合理分配或承担。

二、基本案情

原告陈某某诉称：2011 年 1 月，其与被告上海某某投资管理有限公司（以下简称上海某投资公司）签署《股权代持协议》《股权代持补充协议》（以下分别简称代持协议、补充协议），约定被告以自己的名义为原告认购第三人某某金融租赁公司（以下简称某金融租赁公司）定向增发的 1000 万股股份（发行价格为 1.30 元/股），并为其代持标的股份，原告同意代持关系解除时，向被告支付股权增值部分的 20% 作为受托管理费。原告后向被告支付投资款 1300 万元及其先行垫付款项产生的利息 116700 元。2019 年，被告出具《确认书》，确认第三人 2019 年净资产为 3.50 元/股。因第三人未曾分红，原告亦未行使过股东权利，经咨询方知某金融租赁公司不得由自然人投资入股，案涉协议与涉及金融安全等规章内容相冲突，违背公序良俗，故请求判令：一、确认原、被告间代持协议及补充协议无效；二、被告向原告返还投资款 1300 万元及利息 116700 元；三、被告赔偿原告损失 1760 万元〔（3.50 元－1.30 元）×1000 万×80%〕。

被告上海某投资公司辩称，不同意原告诉请：1. 案涉协议签署时，法律、行政法规未对代持金融租赁公司股权持强制否定态度，原告所述部门规章并不构成无效依据。2. 被告自身持股比例及其为原告代持比例较小，不足以影响第三人经营，无涉金融安全、市场秩序及国家宏观政策等公序良俗。3. 即便案涉协议无效，被告返还部分仅为基于代持协议取得的款项。

第三人某金融租赁公司述称：根据监管规定，自然人不得成为金融租赁公司股东，针对股份价值，从会计学的角度，参考公司发布的 2019 年年度报告数据计算得出股份价值为 3.79 元/股。

法院经审理查明：2010 年 3 月，第三人与被告等签订《增资扩股协议》，其中约定被告出资 3.90 亿元，持股比例 5.89%。后银监局作出批复，同意第三人增资扩股方案。

2011 年 1 月 8 日，原、被告签署代持协议及补充协议，约定被告受原告委托，以其名义将原告所有 1300 万元资金用于认购第三人定向增发的 1000 万股股份（发行价格为 1.30 元/股），原告有意在定向增发完成后继续委托被告代其持有并管理标的股份，并同意在股权代持解除时，向被告支付受托代持管理费，计算方式为（股份代持解除时全部标的股份评估价值或市场价值－标的股份总股数×1.30 元－当期标的股份变现应缴交易税、费）×20%。后原告向被告转账合计 13116700 元。

2019年，被告出具《确认书》，确认原告支付认购初始标的股份资金1300万元及利息116700元，其中1300万元资金于2011年为原告认购了第三人1000万股股份（发行价格1.30元/股），亦即，在被告所持第三人股份中，其中1000万股股份为原告所有，由被告代持。被告确认自2011年起未收到第三人分红或其他收益，第三人2019年净资产为3.50元/股。就代持协议的履行，原告于2019年1月向被告提出异议，双方已进行多次协商。

另查明，第三人资产负债表（2018年12月31日）显示，所有者权益合计17909920613.96元，负债和所有者权益合计1738.72亿元。第三人公布的2019年年度报告中《合并资产负债表和资产负债表（续）》显示，截至2019年12月31日，第三人"股东权益"部分"股本"金额为50.95亿元，"股东权益合计"金额为19289953000元，"负债及股东权益总计"金额为1876.97601亿元。中国某银行股份有限公司公布的2020年半年度报告载明，截至2020年6月30日，第三人总资产1950.77亿元，比上年末增长3.91%，净资产195.47亿元，比上年末增长2.07%。案件审理中，各方均认可自2011年以来，第三人未分红。

三、裁判结果

上海市黄浦区人民法院于2020年12月28日作出民事判决：一、原、被告间代持协议及补充协议无效；二、被告应于判决生效之日起十日内向原告返还1300万元及116700元；三、被告应于判决生效之日起十日内向原告支付1760万元。

被告不服该判决，向上海市第二中级人民法院提出上诉。上海市第二中级人民法院于2022年2月28日作出民事判决：驳回上诉，维持原判。

四、裁判理由

法院生效裁判认为：本案争议焦点主要有二，一是原、被告间代持协议及补充协议效力如何；二是如若协议无效，相应后果应为何。

就争议焦点一，案涉协议是否有效，应判断其是否违反影响合同效力的法律、行政法规的强制性规定或是否违背公序良俗。对于协议效力的审查，应立足于与金融租赁公司监管相关的规定上。

就法律和行政法规层面，全国人大常委会于2006年颁布的银行业监督管理法第二条第三款规定，对在中华人民共和国境内设立的金融租赁公司的监督管理，适用该法对银行业金融机构监督管理的规定；第十九条规定，未经国务院银行业监督管理机构批准，任何单位或者个人不得设立银行业金融机构或者从事银行业金融机构的业务活动。国务院于2011年颁布的《非法金融机构和非法金融业务活动取缔办法》第三条规定，未经中国人民银行批准，擅自设立从事或者主要从事金融租赁的机构属于非法金融机构；第四条规定，未经中国人民银行批准，擅自从事金融租赁活动属于非法金融业务活动；第五条第一款规定，未经中国人民银行依法批准，任何单位和个人不得擅自设立金融机构或者擅自从事金融业务活动。结合银行业监督管理法第十五条规定，即国务院银行业监督管理机构依照法律、行政法规制定并发布对银行业金融机构及其业务活动监督管理的规章、规则，可知金融租赁公司及金融业务活动系属金融机构及金融业务活动的监管范围内，至于具体监管措施的制定权限，系授权由国务院银行业监督管理机构行使，国务院银行业监督管理机构依据监督管理之实际需要制定并发布规章、规则。故本案中，原、被告间协议是否为监管部门所允许，应根据国务院银行业监督管理机构针对金融租赁公司监管制定并发布的相应规章的内容予以审查。

就部门规章层面，银保监会颁布的《金融租赁公司管理办法》（以下简称管理办法）以及《中国银保监会非银行金融机构行政许可事项实施办法》（以下简称实施办法）就金融租赁公司的设立、变更、终止等事项规定明确，且随着监督管理的实际需要而历经修订。本案中，案涉协议达成时，彼时施行的系2007年1月颁布的管理办法及2007年8月颁布的实施办法，协议履行期间，管理办法于2014年进行修订，实施办法分别于2015年、2018年、2020年进行修订。

2007年管理办法于第八条至第十条针对金融租赁公司出资人条件作出规定，明确出资人分为主要出资人和一般出资人，主要出资人是指出资额占拟设金融租赁公司注册资本50%以上的出资人，包括符合特定条件的在中国境内外注册的具有独立法人资格的商业银行，在中国境内外注册的租赁公司，在中国境内注册的主营业务为制造适合融资租赁交易产品的大型企业以及银保监会认可的可以担任主要出资人的其他金融机构，一般出资人是指除主要出资人以外，符合银保监会投资入股金融机构相关规定的其他出资人，结合第十三条"申请筹建金融租赁公司，申请人应当提交下列文件"的第四项"出资人基本情况，包括出资人名称、法定代表人、注册地址、营业执照复印件及营业情况以及出资协议"可知，金融租赁公司出资人的主体资格限于法人，自然人并不符合该项要求。2007年实施办法于第三十条至第三十三条重申上述主要出资人条件的同时，另于第三十四条至第三十六条明确境内非金融机构、境内金融机构作为金融租赁公司一般出资人以及境外金融机构作为中资金融租赁公司一般出资人应具备的条件，并于第七十五条规定，变更股权及调整股权结构，拟投资入股的出资人适用第三十条至第三十七条（单个出资人及其关联方投资入股的金融租赁公司不得超过2家）规定的条件，其中现有金融租赁公司变更股权，出资人的条件适用该办法第三十四条至第三十七条规定的条件。故虽然上述规章并未直接表述自然人不得成为金融租赁公司出资人，但从有关出资人主体资格要件的规定可知，金融租赁公司出资人主体资格仅限于法人而不包括自然人。

金融租赁公司出资人限于法人的基本原则也于后续修订的管理办法、实施办法中明确体现。具体而言，2014年颁布的管理办法第八条至第十六条规定了金融租赁公司发起人的条件，将主体资格限于在中国境内外注册的具有独立法人资格的商业银行、在中国境内注册的、主营业务为制造适合融资租赁交易产品的大型企业、在中国境外注册的融资租赁公司以及银保监会认可的其他境内法人机构和境外金融机构，并于第二十条规定，变更股权及调整股权结构，拟投资入股的出资人需符合本办法第八条至第十六条规定的新设金融租赁公司发起人条件。2015年颁布的实施办法第二十四条至第三十三条规定了金融租赁公司发起人的条件，在重申2014年管理办法上述规定的同时，另于第三十一条第六项明确，代他人持有金融租赁公司股权的，不得作为金融租赁公司的发起人，并于第一百一十三条规定，变更股权及调整股权结构，拟投资入股的出资人亦适用第二十四条至第三十三条的规定。此后实施办法数次修订均沿袭上述规定。

综合规章内容可知，金融租赁公司出资人主体资格限于法人系一以贯之的原则，且随着监督管理之实际情况，代他人持有金融租赁公司股份为监管部门所禁止。本案中，案涉协议与其订立时施行的管理办法、实施办法规定相悖，亦与后续修订的两规章中关于禁止代持股份的规定相悖。

法院认为，不同时期颁布、修订的管理办法、实施办法均系银保监会依据银行业监督管理法第十五条明确授权，根据促进融资租赁业务发展，规范金融租赁公司经营行为之实际需要所制定。两规章中关于金融租赁公司出资人的主体资格及禁止代持股权的规定与银行业监督管理法立法目的一致，且未与法律、行政法规等相冲突，系属加强金融机构的监督管理，防范和化解金融风险，促进金融机构健康发展，维护社会经济秩序与社会公共利益之必要保障。案涉协议与规章内容相悖，原、被告基于股份转让所达成的代持合意违反涉及金融安全、市场秩序、国家宏观政策等的规章内容，违背公序良俗，依法应属无效。

就争议焦点二，案涉协议因违背公序良俗而无效，原告不享有标的股份的权益，鉴于各方确认，原告从未获得分红，其无需向被告返还财产，而被告则应当返还原告为获得相应股份权益所支付的款项。本案中，被告基于协议所获得的财产为原告支付的投资款 1300 万元对原告要求被告返还 1300 万元的主张可予支持。至于利息 116700 元，实系被告先行为原告垫付投资款所产生的资金占用费，鉴于被告同意返还该款项，法院对原告要求被告返还 116700 元的主张亦予支持。至于原告主张的赔偿因股份增值而产生的损失，实系要求对股份增值部分的收益予以分配，就股份价值，鉴于被告不申请评估，且原告主张的价值低于依照第三人 2019 年年度报告所涉资产负债表计算所得的每股对应金额，对于原告主张的价值可予支持，就分配比例，代持协议约定了协议解除时股份变现收益 4∶1 之比例。法院认为，案涉协议系因违背公序良俗，而非因意思表示存在瑕疵，协议约定的分配比例系双方综合协议项下权利义务、投资风险等因素所达成，仍体现双方真实意思，故对于原告主张获得代持期间股份增值收益部分的 80%，即按（3.50 元−1.30 元）×1000 万元×80% 计算所得的 1760 万元，可予支持。

012 当事人投入项目公司工程的借款以债务转移方式由公司实际承担后如何认定实际出资人身份？

【入库编号 2023-08-2-262-008】兰州某商贸公司、厉某、赵某某诉武威某商贸公司、余某某等股东资格确认纠纷案。

一、裁判要旨

对实际出资人及其相应出资权益的认定，应综合公司设立过程中各股东关于设立公司的合意、各自所持股权比例的合意以及公司成立时实际出资人的出资情况、实际出资人与名义股东之间的真实意思表示等因素判断。当事人虽将从他人处借来的款项投入公司的经营活动，但既未明确款项性质，且在投入后不久即以债务转移方式由公司实际负担清偿，该当事人主张其以借款投资并据此享有公司全部股权以及出资人权益的，人民法院不应予以支持。

二、基本案情

1998 年 4 月 28 日，兰州某商贸公司（以下简称兰州公司）成立，厉某以兰州公司股东之一地基公司委派股东代表身份在兰州公司担任副董事长。1999 年 6 月 10 日，武威某商贸公司（以下简称武威公司）成立，法定代表人为厉某、注册资本500万元。武威公司工商档案显示：武威公司股东（发起人）为厉某、余某某，其中厉某出资额400万元占出资比例80%，余某某出资100万元占出资比例20%；厉某担任执行董事，余某某担任监事；公司章程上有厉某签字、余某某签字字样。

1999年6月2日，某某实业公司与武威公司签订《关于联合开发某某商贸城的协议书》及《补充协议》，约定某某商贸城由双方联合开发。1999年6月3日，省建总公司与兰州公司签订《借款合同》，约定兰州公司向省建总公司融资借款1000万元。省建总公司按照兰州公司委托分别于1999年6月4日、7月2日向兰州公司转账200万元、300万元，于1999年7月15日、8月11日向兰州公司转账200万元、300万元，收据用途载明为借款。1999年7月29日、8月13日兰州公司向武威公司开户行账户转账200万元和300万元，其中300万元的银行汇票委托书显示汇款用途为"投资款"。

1999年11月22日，省建总公司、兰州公司、武威公司签订《债务转让协议书》，约定经债权人省建总公司、债务人兰州公司及债务接受人武威公司三方协商，同意债务转移，兰州公司将借省建总公司1000万元的债务，转移至武威公司。2001年8月20日，省建总公司向甘肃省高级人民法院起诉武威公司请求其支付欠款，双方当事人在该案中达成调解协议。后省建总公司因与案外人借款合同纠纷被诉至兰州中院，因省建总公司等未履行生效法律文书确定的义务，案外人申请强制执行，查封了省建总公司已经取得武威公司房产，2005年5月21日，武威公司向执行法院申请以拍卖价购买该房产，并将购房款汇入兰州中院账户。2000年3月13日，厉某未经余某某本人同意，伪造其签名与朱某1签名的《股份转让协议》，将余某某名下20%股权无偿转让给朱某1。2011年4月26日，朱某1又将其名下20%股权无偿转让给赵某某。2012年8月6日，厉某、赵某某与董某1、朱某2、董某2签订股权转让协议，将武威公司全部股权转让给后三者，董某1、朱某2、董某2按照协议支付了股权转让款。

2012年3月28日，余某某向武威市工商行政管理局申请撤销2000年3月13日将余某某名下20%股权转让给朱某1的行为，但工商部门以2000年3月13日变更登记时申请人提交的材料齐全、符合法律规定为由未支持余某某的申请。后兰州公司提起本案诉讼，主张其为武威公司实际出资人，根据借款金额其对武威公司享有100%股权的实际出资人权益。

三、裁判结果

甘肃省高级人民法院于 2022 年 2 月 21 日作出（2019）甘民初 186 号民事判决：兰州公司享有余某某在武威公司 20%股权的实际出资人权益；厉某与赵某某向兰州公司支付股权赔偿款及利息。

宣判后，兰州公司、厉某、赵某某提出上诉。最高人民法院于 2022 年 6 月 24 日作出（2022）最高法民终 191 号民事判决：驳回上诉，维持原判。

四、裁判理由

认定武威公司实际出资人及其相应权益的问题，应综合武威公司设立过程中各股东关于设立公司的合意、各自所持股权比例的合意以及公司成立时实际出资人的出资情况、实际出资人与名义股东之间的真实意思表示等因素作出判断。从武威公司工商登记情况看，武威公司成立时发起人为余某某、厉某两位自然人，其中余某某持有 20%股权，厉某持有 80%股权。在无相反证据证明的情况下，据此认定余某某和厉某具有作为公司股东设立武威公司的真实意思表示，具备事实依据。对于余某某持有的 20%股权，厉某不持异议；对于厉某持有的 80%股权，虽然余某某主张厉某在武威公司注册登记文件是伪造签名，兰州公司主张厉某是其派驻武威公司的代表，其行为属于职务行为，但均未提供充分证据证明，厉某对此亦不予认可。故余某某和兰州公司针对厉某名下 80%股权的主张理由不成立。

关于兰州公司的出资情况，从一审已查明事实看，兰州公司与省建总公司签订《借款合同》约定借款 1000 万元全部用于武威"某某商贸城"工程建设，并于 1999 年 7 月 29 日、8 月 13 日分两笔向武威公司开户银行的账户转账 200 万元和 300 万元，其中 300 万元汇款用途载明为"投资款"。对于兰州公司转入武威公司的 200 万元，并未记载转款用途，难以认定为股东出资。另外 300 万元虽载明汇款用途为"投资款"，但未明确其性质为股权性投资抑或债权性投资，并且上述款项在投入后不久即通过债务转移的方式，由武威公司实际负担对省建总公司的全部借款债务。因此，该 300 万元"投资款"难以径行认定为兰州公司以发起人身份对武威公司的股东出资；即便将兰州公司的上述行为认定为对武威公司的出资行为，但兰州公司在武威公司成立后不久即将该出资款债务转移的行为，也应被视为出资转让。综上，兰州公司提出的其对武威公司 100%股权出资应享有 100%出资人权益的主张，法院不予支持。

013 一人公司股权代持关系如何认定？

【入库编号 2023-08-2-262-006】兰某诉新疆某矿业公司、钟某某股东资格确认纠纷案。

一、裁判要旨

有限责任公司实际权利人与名义权利人的关系，应当通过经营管理上的控制力及财产的实质归属来进行判定，而不能单纯地取决于公示外观。在可能存在股权代持合意的情况下，股权代持关系是否存在，应重点审查代持人是否实际出资以及是否享有股东权利。在缺乏股权代持直接证据的情况下，如实际股东提交的证据能够形成完整的证据链，证明隐名股东系实际出资人，且实际参与了公司的经营管理或对名义股东有较大的公司经营管理上的控制力，应当综合案件事实，对股权代持关系作出认定。

二、基本案情

2015年8月3日，钟某某成立新疆某矿业公司（以下简称某矿业公司），该公司为自然人独资的有限责任公司，注册资本10000000元，钟某某担任该公司的执行董事兼经理，系公司的法定代表人。2015年11月27日，兰某向新疆某建材公司（以下简称某建材公司）转账1000000元用于缴纳新疆矿权交易中心招拍挂押金。

2016年4月19日，某建材公司向新疆维吾尔自治区国土资源厅缴纳探矿权价款100000元。2016年6月13日，新疆维吾尔自治区国土资源厅向某建材公司发放矿产资源勘查权证，勘查项目名称为新疆阜康市某某沙漠石英砂矿普查，勘查单位为新疆某地质勘查有限公司。2016年10月8日，某矿业公司（作为甲方）与新疆某地质勘查有限公司（作为乙方）签订《新疆阜康某某沙漠石英砂矿勘查合同》，约定甲方委托乙方对石英砂矿进行野外地质勘查及编制，合同金额为450000元，所有费用由甲方支付。其后，兰某及于某某向新疆某地质勘查有限公司支付勘查费用共计350000元。

2016年10月23日，原告兰某与被告钟某某签订《法定代表人聘用合同》，主要约定：聘用方（以下简称甲方）：兰某（全本股东），受聘方（以下简称乙方）：钟某某（某矿业公司916523023287883364T），鉴于甲方拟聘用乙方担任甲方的法定代表人，乙方决定接受甲方的聘任，出任甲方法定代表人；合同期限自

2016年10月23日起至2021年10月22日止,聘用期为5年;聘用合同期满前一个月,经双方协商同意,可以续订聘用合同;乙方只负责公司的正常生产经营和管理,在生产经营过程中自负盈亏,除乙方负责缴纳和公司生产经营的有关各项税费和正常费用支出外,所得利润归甲方支配;因公司股份实属甲方所有,在乙方被聘用为甲方法定代表人期间,甲方享有公司股东的一切权利和义务,甲方只授权乙方对公司生产经营管理;乙方负责与工商、税务、国土、安监等部门进行沟通办理与公司有关手续,解决公司生产经营中遇到的一些困难,确保公司的正常运行;乙方只负责公司生产经营管理,并按规定交缴和公司有关的税费及其他支出,并承担公司生产的安全责任;乙方不承担公司生产经营以外的公司债权债务;乙方不参与公司的经营管理决策工作,但必须对公司负责,在职责范围内行使权利、不越权,遵守国家的法律法规,遵守公司的各项规章制度规定,维护公司的利益;乙方必须以公司最大利益为出发点行事,不得私自从事损害公司利益的活动;未经公司甲方同意授权,乙方不得以公司名义与他人签订任何合同进行交易,或者参与进行关联交易;公司的所有资产属甲方所有,乙方对甲方财产无处分权,不得转让、出租、抵押等;乙方不得以甲方(公司名义)和公司资产进行借款、贷款、提供债务担保等。

2019年8月15日,原告兰某的妻子于某某向王某某(时任某建材公司法定代表人)支付转让石英砂探矿权税费19108.86元。

2019年11月13日,某建材公司将名下的探矿权过户至被告某矿业公司名下,有效期限为2019年11月13日至2021年1月23日。

2020年7月17日,原告兰某的妻子于某某支付被告某矿业公司的化验费4050元。此外,被告某矿业公司向原告兰某的妻子于某某借款48000元用于住房及办公室用。

2020年9月1日,被告某矿业公司向原告兰某的妻子于某某出具借条一张,载明2015年至2017年借款28800元,2018年至2020年借款18900元,合计借款47700元用于支付被告某矿业公司的会计工资。

2020年10月30日,原告兰某的妻子于某某向被告某矿业公司转账支付10000元用于办证。2013年9月17日至2014年1月16日,原告兰某向被告钟某某转账支付共计330000元。2015年10月至2017年12月,原告兰某向被告钟某某转账支付共计205400元。2017年6月6日至2020年1月22日,原告兰某的妻子于某某向被告钟某某转账支付共计112800元,其中,2018年3月30日转账支付5000元，交易附言为4月工资。2015年至2020年，被告某矿业公司的记账费用由于某某支付。

2017年，原告兰某系绵竹市某矿业有限责任公司法定代表人及股东，2017年，绵竹市某矿业有限责任公司向被告钟某某转账支付共计40400元。

2020年8月31日，兰某、钟某某、于某某在阜康市迎宾路信合苑×号楼×单元×室房屋内召开某矿业公司工作会议，形成工作会议记录一份，在该会议记录中载明兰某系董事长，钟某某系总经理，于某某系财务总监，主持人为董事长兰某。2020年12月8日，兰某、钟某某、王某在员工寝室内召开某矿业公司工作会议，形成工作会议记录一份，在该会议记录中载明兰某系董事长，钟某某系总经理，王某系办公室主任。

2021年4月19日，原告兰某向法院申请保全，法院于2021年4月20日作出（2021）新2302财保89号民事裁定书，原告兰某因本案申请保全缴纳保全费5000元。兰某诉称：2015年，原告兰某欲参与阜康市矿权竞拍，与某建材公司合作投标竞买。为此，原告于2015年11月27日向某建材公司转账支付押金1000000元，再由某建材公司向新疆矿权交易中心缴纳"招拍挂押金"。竞拍成功后，由某建材公司向新疆维吾尔自治区国土资源厅缴纳探矿权价款100000元。

2016年6月，新疆维吾尔自治区国土资源厅向某建材公司发放探矿权证。2015年8月3日，兰某在阜康市设立某矿业公司，该公司系自然人独资有限责任公司。因兰某在四川业务较多，故委托自己的亲戚钟某某为该公司的代持股人，代持兰某在该公司的全部股份，公司工商登记股东为钟某某，持股比例为100%。原告兰某为明确被告钟某某系代持股人及其他事项，双方于2016年10月23日签订《法定代表人聘用合同》，合同第3条载明：因公司股份实属甲方（兰某）所有，在乙方（钟某某）聘为甲方法定代表人期间，甲方享有公司股东的一切权利和义务，甲方只授权乙方对公司生产经营管理。

2020年底，原告为规范公司管理，要求被告钟某某交出部分印章，钟某某以各种理由拒绝交出。被告钟某某得知原告将于2021年4月5日下午到达阜康市，于2021年4月5日上午携带某矿业公司全部印章、证照及文件出走。原告为维护自身合法权利，依法起诉，请求：（1）确认原告兰某是被告某矿业公司实际股东，持股比例为100%；（2）判令被告某矿业公司在工商登记中的股东由被告钟某某变更为原告兰某；（3）判令被告钟某某向原告兰某移交某矿业公司的印章（①公司行政章；②公司财务章；③公司合同专用章；④发票专用章；⑤

法定代表人印鉴）及证照（①营业执照正副本原件；②银行开户许可证；③银行账户卡；④探矿许可证）；（4）判令保全费由被告承担。

某矿业公司、钟某某辩称：原告所诉与事实不符。一是原告与钟某某之间不存在股权代持的合意。某矿业公司是钟某某通过合法程序注册成立，钟某某系唯一股东，原告向法庭提交的《法定代表人聘用合同》与本案没有关联性，并非双方股权代持协议，该协议签订时间为2016年，且该协议中并没有表明系某矿业公司的股份，该协议的签订背景是2016年原告准备在新疆成立一家公司，委托钟某某管理而签订，后因公司未设立，该协议未实际履行。原告仅提交该协议无法证实双方之间存在股权代持的合意。二是钟某某在经营公司过程中，原告确实向钟某某提供过帮助，但原告支付给钟某某及某矿业公司的款项系钟某某向原告的借款，并非《公司法》意义上的出资款。事实上，原告并未向某矿业公司出资，亦无出资证明。原告与两被告之间的资金往来是基于其他的民事债权、债务关系。原告未曾向钟某某支付过工资，其于2019年向钟某某付款备注为4月工资系其单方备注。钟某某向某矿业公司实际出资共计1291500元，其中2021年3月30日支付的50000元用于公司各项开支，其他款项均支付至公司账户。原告无法证实其履行了股东的出资义务，应当承担举证不能的不利后果。三是原告也没有基于股东身份对公司进行实际经营和管理，亦未行使股东权利。某矿业公司成立至今，均由钟某某自行经营与管理。某矿业公司的相关经营人员，包括副经理、公司财务等均由钟某某聘任，表明原告根本没有实际经营过公司，亦未行使过股东权利。四是本案系股东资格确认纠纷，钟某某不是本案的适格被告，应当以第三人的身份参加诉讼。综上所述，钟某某系某矿业公司的唯一合法股东，原告的诉讼请求不能成立，请求依法驳回原告的诉讼请求。

三、裁判结果

新疆维吾尔自治区阜康市人民法院于2021年10月13日作出（2021）新2302民初1569号民事判决：一、确认兰某为某矿业公司的股东，持股比例为100%；二、某矿业公司于判决生效后10日内至公司登记机关办理上述股权的变更登记手续（从钟某某名下变更登记至兰某名下）；三、钟某某于本判决生效后10日内向兰某移交某矿业公司的印章（①公司行政章；②公司财务章；③公司合同专用章；④发票专用章；⑤法定代表人印鉴）及证照（①营业执照正副本原件；②银行开户许可证；③银行账户卡；④探矿许可证）；四、钟某某于本判决生效后10日内向兰某支付保全费5000元。

宣判后，当事人均未提出上诉，判决已发生法律效力。

四、裁判理由

生效裁判认为，依法成立的合同，对当事人具有法律约束力。原告兰某与被告钟某某在平等自愿、协商一致的基础上签订《法定代表人聘用合同》，系双方真实意思表示，且不违反法律、行政法规的强制性规定，合法有效，法院予以确认。

《最高人民法院关于适用〈中华人民共和国公司法〉若干问题的规定（三）》第二十一条规定："当事人向人民法院起诉请求确认其股东资格的，应当以公司为被告，与案件争议股权有利害关系的人作为第三人参加诉讼。"本案案由为股东资格确认纠纷，根据上述司法解释的规定，钟某某应当作为第三人参加诉讼，但因本案被告某矿业公司系自然人独资的有限责任公司，原告不仅要求确认其股东身份，亦要求钟某某向其移交被告某矿业公司的相关印章及证照，故将钟某某作为被告并无不当。

原告要求确认其为被告某矿业公司持股100%的股东，被告钟某某对原告主张的诉讼请求与事实理由均不认可。原告认可其与被告钟某某未签订书面的股权代持协议，亦无证据证实其与被告钟某某之间存在口头代持协议，其主张与被告钟某某之间存在股权代持合意。根据上述司法解释的相关规定，在缺乏股权代持直接书面证据的情况下，如实际股东提交的证据能够形成完整的证据链，证明隐名股东系实际出资人，且实际参与了公司的经营管理或对名义股东有较大的公司经营管理上的控制力，应当综合案件事实，依据优势证据原则，对股权代持关系作出认定。根据庭审调查及当事人举证情况，通过以下事实可以认定原告与被告钟某某之间存在股权代持关系：一是原告与被告钟某某签订的《法定代表人聘用合同》中受聘方钟某某的身份信息后明确备注为某矿业公司，并载明有被告某矿业公司的统一社会信用代码。该合同载明公司股份实属原告所有，在被告钟某某被聘用为法定代表人期间，原告享有公司股东的一切权利和义务，原告只授权被告钟某某对公司生产经营管理。联系合同的具体内容可以认定原告聘用被告钟某某为被告某矿业公司的法定代表人，且原告系被告某矿业公司的实际股东。被告钟某某辩称系聘用的其他公司的法定代表人，而非某矿业公司，但并未提供相应的证据证实。据此，对被告钟某某的该项抗辩意见不予采纳。

二是被告某矿业公司作为矿业投资公司，办理探矿权证系公司的重要重大事项，根据原告、被告举证情况，探矿权证系原告具体参与办理的，办理探矿权证及矿产勘查须缴纳支付的招拍挂押金、办证税费、勘查费用均由原告及其妻子于某某支付，被告钟某某辩称系其委托原告办理，但并未提供相应的证据证实委托事实的存在及资金的性质。涉及如此重大的公司事项，没有相关证据印证有违常理。根据法律规定，当事人对自己提出的诉讼请求所依据的事实或者反驳对方诉讼请求所依据的事实有责任提供证据加以证明，未能提供证据或者证据不足以证明其事实主张的，负有举证责任的当事人应当承担不利的后果。据此，对被告钟某某的该项抗辩意见不予采纳。

三是原告提交的两份某矿业公司工作会议记录中明确列明了原告与被告钟某某的身份，即原告为某矿业公司的董事长，被告钟某某为总经理，于某某为财务总监，王某为办公室主任，会议亦是由原告主持召开，会议的内容涉及被告某矿业公司的具体经营管理。此外，被告钟某某亦称原告对外以被告某矿业公司董事长的身份办理业务。对于原告的以上行为，被告钟某某不仅没有提出异议，反而通过会议记录的形式予以了肯定。实际股东提供的参加公司相关会议的证据，可以作为证明其实际参与了公司的经营管理的直接证据。原告提交的会议记录可以说明原告不仅是被告某矿业公司经营管理的参与者，而且对公司的各项事务具有较大程度上的控制权和决策权。

四是原告及其妻子于某某对被告某矿业公司进行了直接与间接的出资，且资金用途均用于支付公司的税费、租金、技术费用等日常开支及经营。被告钟某某辩称资金往来系双方之间基于借款等其他民事债权、债务关系而产生。法院认为，资金往来的性质确实存在多种可能性，例如借款、还款、投资、赠与等。对于原告支付款项的性质，被告钟某某负有举证义务，否则应当承担举证不能的法律后果。现被告钟某某未提供任何证据证实原告及其妻子于某某支付的款项系基于其他法律关系而产生，原告及其妻子于某某向被告某矿业公司支付的款项可以认定为出资。

五是被告钟某某认可被告某矿业公司成立至今一直未分红，原告未享受过股东权益，被告钟某某亦未享受过股东权益。对于是否享有股东权利，不仅包括参与公司的分红收益，还应当包括是否实际进行公司管理经营、投资决策等。被告钟某某以原告未行使过股东权利为由否认原告实际股东身份不具有合理性。此外，对于原告及王某向被告钟某某发送的手机短信内容，被告钟某某既不予正面回应，亦不予以否认，虽然短信的内容不能作为认定原告是否系实际股东的直接证据，但可以作为原告与被告钟某某之间法律关系的间接证据。根据法律规定，实际出资人要求显名，请求公司变更股东、签发出资证明书、记载于股东名册、记载于公司章程并办理公司登记的，需要经公司其他股东半数以上同意。但被告某矿业公司系自然人独资的有限责任公司，股东仅有一名，不存在需要经公司其他股东半数以上同意的问题。现原告要求显名，确认其是被告某矿业公司实际股东，持股比例为100%，并要求被告某矿业公司在工商登记中的股东由被告钟某某变更为原告兰某，合理合法，法院予以确认。

被告钟某某认可原告主张的相关印章及证照在其手中，故对原告要求被告钟某某向其移交被告某矿业公司的印章（①公司行政章；②公司财务章；③公司合同专用章；④发票专用章；⑤法定代表人印鉴）及证照（①营业执照正副本原件；②银行开户许可证；③银行账户卡；④探矿许可证）的诉讼请求予以支持。根据《诉讼费用交纳办法》第六条第二项关于"当事人应当向人民法院交纳的诉讼费用包括：申请费"及第十条第二项关于"当事人依法向人民法院申请下列事项，应当交纳申请费：申请保全措施"的规定，原告申请财产保全需要向法院交纳申请保全费，该费用属于诉讼费用的范畴。根据《诉讼费用交纳办法》第二十九条第一款关于"诉讼费用由败诉方负担，胜诉方自愿承担的除外"的规定，引发本案诉讼及促使原告申请保全的原因在于被告钟某某，且原告的诉讼请求合理合法，原告交纳的申请保全费5000元理应由被告钟某某承担。

014 公司股东能否起诉要求确认其他股东不具备股东资格？

【入库编号 2023-08-2-262-007】燕某某诉唐某某、胡某某、郭某某股东资格确认纠纷案。

一、裁判要旨

确认之诉是诉讼一方当事人请求法院确认其与诉讼另一方当事人之间存在或不存在某种民事法律关系的诉，其目的是通过法院确认法律关系存在或不存在，进而肯定自己所享有的实体权利或否定自己应承担的义务。一方当事人起诉请求确认另一方当事人与第三人之间不存在民事法律关系的，不符合确认之诉的构成要件。

确认之诉仅能对民事法律关系存在与否进行确认，不能对现存民事关系进行改变。故对于公司股东起诉要求确认其他股东不具有股东资格的，人民法院不能在未经公司决议的情况下直接以司法裁判来剥夺公司股东的身份，公司股东可在公司法范围内通过公司规章、制度实现自身权利的救济。

二、基本案情

2006年9月8日，燕某某与郭某某、唐某某签订《投资协议》一份，约定经三人协商成立某程公司，在宁夏地区进行房地产开发建设，总投资为800万元，其中燕某某投资400万元，占总投资的50%，郭某某、唐某某分别投资200万元，各占总投资的25%，并商议确定燕某某为法定代表人。公司章程第17条记载公司设监事一名，经股东选举胡某某为公司监事。

2006年9月7日，郭某某从其工商银行灵武支行账户向某程公司同一支行账户转账800万元，用途记载投资款。同时由宁夏某正会计师事务所向该支行发出银行往来询证函，该支行在银行往来询证函上盖章确认。燕某某、郭某某、唐某某三方共同签字捺印出具《承诺函》，载明全体股东已出资到位。该会计师事务所出具宁方正会验字（2006）111号验资报告，载明截至2006年9月7日，某程公司已收到实际缴纳的注册资本800万元，均以货币资金出资。

2006年9月12日，宁夏回族自治区工商行政管理局为某程公司颁发《企业法人营业执照》，载明注册资本人民币800万元，实收资本人民币800万元，经营范围为房地产开发与经营，营业期限为2006年9月12日至2007年3月31日。2007年1月19日，某程公司变更经营期限为2006年9月12日至2026年9月11日。

2007年5月18日，某程公司向贺兰县工商行政管理局提交了2007年5月15日形成的《股东会决议》《宁夏某房地产公司股东会决议》《股权转让合同》等材料，申请将唐某某、郭某某各持有的25%股权变更登记为胡某某持有50%股权，股东由燕某某、唐某某、郭某某变更为燕某某、胡某某。2007年6月12日，唐某某向贺兰县工商行政管理局举报某程公司未经其同意，将其持有股权非法转让给胡某某。贺兰县工商行政管理局经调查后于2018年1月9日作出《行政处罚决定书》，认定某程公司于2007年5月18日提交的申请变更公司股东及股权的相关材料系虚假材料，遂作出如下处罚：一、责令改正；二、罚款人民币5万元。

2009年2月10日，贺兰县工商行政管理局委托宁夏某源会计师事务所对某程公司进行专项审计，专项审计报告载明某程公司注册登记后将800万元注册资本全部作为对外投资转走，并挂应收账款800万元，应收燕某某400万元，应收郭某某、唐某某分别为 200 万元。2009 年 4 月 8 日，该会计师事务所向贺兰县工商行政管理局出具补充说明，载明后唐某某补交注册资本 200 万元。

2018 年 1 月 10 日，某程公司向贺兰县工商行政管理局提交了由燕某某、唐某某、郭某某三人签字确认的于 2007 年 11 月 21 日召开的股东大会决议等材料，申请办理公司变更登记，将股东由燕某某、胡某某恢复变更为燕某某、唐某某、郭某某，将胡某某非法持有的 50% 股权变更为唐某某、郭某某各持有 25%。变更登记后，某程公司持续经营，直至 2013 年 2 月 22 日被吊销企业营业执照。

2021 年 7 月 20 日，津天鼎宁〔2021〕文书鉴字第 101 号天津市天鼎物证司法鉴定所宁夏分所司法鉴定意见书载明，2006 年 9 月 7 日至 2006 年 9 月 8 日期间形成的公司章程、承诺函、投资协议、聘任书、股东会议纪要中"郭某某"的签字均非其本人所书写。

三、裁判结果

宁夏回族自治区贺兰县人民法院于 2022 年 4 月 14 日作出（2021）宁 0122 民初 3140 号之二民事裁定：驳回燕某某的起诉。

裁定作出后，当事人均未提出上诉，裁定已发生法律效力。

四、裁判理由

本案系同一公司内股东与股东之间因具体出资等因素而产生的股东资格确认纠纷，系确认之诉。确认之诉是诉讼一方当事人请求法院确认其与诉讼另一方当事人之间存在或不存在某种民事法律关系的诉，其目的是通过法院确认某种法律关系存在或不存在，进而肯定自己所享有的实体权利或否定自己应承担的义务。依照公司法及其相关法律解释的规定，公司的股东有权向人民法院起诉请求确认其股东资格，或请求确认其不具备股东资格。因为当事人自身是否具备股东资格本质上就是当事人与公司之间是否存在民事法律关系的问题，故当事人向法院提起诉讼请求确认自己具备或不具备公司股东资格符合确认之诉的要件，亦于法有据。但公司的股东与公司的另一名股东之间，并不具备当然的民事法律关系，一名股东与公司之间是否具备民事法律关系（是否具备股东资格），并不影响另一名股东与公司之间的关系（不影响另一名股东的股东资格）。本案燕某某的诉求是要求确认唐某某、郭某某与案外人某程公司之间不存在民事法律关系，而不是要求确认燕某某与唐某某、郭某某之间的民事法律关系，不符合确认之诉的构成要件。

同时，本案各方对于唐某某、郭某某被登记为某程公司股东的事实均无异议。在燕某某的起诉理由中，燕某某以唐某某、郭某某均未实际出资，某程公司设立期间股东会决议等材料中"郭某某"的签名均不是其本人书写、郭某某未实际参与公司经营管理等理由，主张唐某某、郭某某不具备股东资格。根据燕某某的表述，其目的并不是确认现存的某种法律关系，而是希望通过法院的判决来改变或消灭现有的唐某某、郭某某与案外人某程公司之间的民事法律关系。而确认之诉仅能对民事法律关系存在与否进行确认，并不需要而且不能对现存民事法律关系进行改变。从这个角度讲，燕某某提起的诉讼亦不符合确认之诉的构成要件。

关于法院能否认唐某某、郭某某的股东资格的问题。《最高人民法院关于适用〈中华人民共和国公司法〉若干问题的规定（三）》第十六条、第十七条之规定，对公司股东未实际出资、提交虚假材料等情形，都规定了明确的救济途径和惩罚措施，公司可对未实际出资股东相应的股东财产权利作出合理限制，即使股东没有实际出资也并不必然导致其丧失股东资格。法律并未赋予法院直接剥夺唐某某、郭某某所享有的案外人某程公司股东资格的权利，法院也不应在未经公司决议的情况下直接以司法判决来剥夺公司成员的股东身份。燕某某可在公司法范围内通过公司的规章、制度等救济自身的权利，其请求法院直接剥夺另一股东的股东资格并无法律依据。

015 受让股权后发现公司需负担转让前未结清的债务，能否向转让方主张承担违约责任？

【入库编号 2023-08-2-269-002】张某某诉李某某等股权转让纠纷案——股权转让前后标的公司债务处理。

一、裁判要旨

股权转让协议的双方在协议中明确约定各方对转让前后的债务承担，股权受让方在受让后发现公司需负担转让前未结清的债务，主张股权转让方承担违约责任的，法院应予支持。违约赔偿责任应以实际损失为限，可通过股权受让方持股比例、股权转让金额等因素综合确定。

二、基本案情

张某某诉称：2019 年 6 月 3 日，张某某与李某某签署了一份协议书：李某某同意将其持有昆山某纺织品有限公司的60%股权转让给张某某，根据协议书第三条：若李某某隐瞒昆山某纺织品有限公司的债权债务情况，该债务由李某某自行承担。本次股权转让前，尽管张某某持有昆山某纺织品有限公司的40%股权，但该公司一直由李某某实际控制并负责管理，张某某未参与经营活动。

2019年6月19日，昆山某纺织品有限公司完成了股权变更登记。本次股权转让后，张某某成为昆山某纺织品有限公司的唯一股东。张某某接收昆山某纺织品有限公司后不久，昆山某纺织品有限公司便收到了17张发票，要求昆山某纺织品有限公司支付超市服务费145131.73元。该发票的开具方系昆山某纺织品有限公司的合作方江苏某超市，开票时间为2018年8月28日至2019年8月27日。根据发票的开具时间。李某某涉嫌故意隐瞒了公司的实际债务，从而影响股权转让价格。故请求：判令李某某赔偿张某某145131.73元。

李某某辩称，张某某诉请没有事实和法律依据，请求依法驳回。1. 李某某按照双方协议书完成了相关交接任务，且张某某诉状描述的17张发票的事实情况，实际是江苏某超市在货款中予以扣除，诉请的债务已经在结算时就结清了，双方是在结清后才签订了协议书，约定互不支付对价款。协议是双方协商一致的结果，在协议交接后又提起诉请是违反约定的。2. 根据张某某诉请的金额，李某某至今未看到张某某付清该笔债务的依据，单凭17张发票要求李某某承担没有法律依据。3. 依据17张发票的履行方是江苏某超市和昆山某纺织品有限公司，即便要支付，也是昆山某纺织品有限公司支付，即使诉讼，也应该是昆山某纺织品有限公司对李某某的诉讼，张某某的主体资格有问题。

经法院审理查明：2019年2月27日，李某某发送一份结算明细，就双方的投资、收入、应收等进行了结算，其中，在应收一项中，载明：昆山某纺织品有限公司：开票数包括未开票835040.20元，收超市回款407736.25元，结余427303.95元，上海某纺织品有限公司：开票数包括未开票1669801.42元，收超市回款1099628.62元，结余412917.35元。并依据现金、应收、存货减去投资额得出利润总额，张某某占利润总额的40%，李某某占利润总额的60%，张某某的利润151226.69元＋投资款544000元＝昆山某纺织品有限公司现金余额126797.46元＋昆山某纺织品有限公司超市应收427303.95元＋存货分配141125.28元，李某某利润226840.03元＋投资款327000元＝上海某纺织品有限公司现金余额130339.96元＋上海某纺织品有限公司超市应收412917.35元＋存货分配10582.72元。双方均确认该结算明细即双方签订协议书的前提。

2019年6月3日，张某某（即乙方）与李某某（即甲方）签订一份协议书，甲乙双方就有关公司股权、债权债务有关情况达成以下协议：一、公司基本情况，1.昆山某纺织品有限公司，注册资本50万元，其中：甲方持股60%，乙方持股40%；2.上海某纺织品有限公司，乙方持有该公司某蜂莲花金号毛巾项目40%的权益份额。二、甲方同意将持有的昆山某纺织品有限公司的60%股权转让给乙方，乙方同意将拥有的"上海某纺织品有限公司—某毛巾项目"40%的权益份额转让给甲方，本次股权（权益）转让后，甲方不再持有昆山某纺织品有限公司的股权，乙方不再享有"某毛巾项目"的权益份额。甲乙双方均无需再向对方支付转让款。甲乙双方约定于2019年6月3日至工商局办理股权转让变更登记手续。三、昆山某纺织品有限公司自成立至今，公司营业执照及公章均由甲方保管。甲方承诺：自设立之日至甲方将昆山某纺织品有限公司的公章交付给乙方之日，昆山某纺织品有限公司不存在对外借款或对外担保。若甲方隐瞒昆山某纺织品有限公司的债权债务情况，相关债务及法律责任均由甲方自行承担。甲乙双方确认，甲乙双方已于2019年3月1日分开经营。截至本协议签署之日，甲方、乙方及上海某纺织品有限公司、昆山某纺织品有限公司四方之间债权债务均已经结清。

协议书签订后，2019年6月19日，双方依约进行了股权变更登记手续。2019年8月、9月，张某某陆续收到江苏某超市开具的增值税专用发票，金额为145131.73元，开具时间为2018年8月至2019年8月27日，该部分发票金额在江苏某超市付款中作为扣款进行了扣除。双方确定共计金额为136648.46元的发票金额为2019年3月1日之前业务所产生的扣款，且李某某确认在结算时未将上述扣款计入超市扣款金额中。

审理中，证人龚某某提供证人证言：上述发票均在2019年8月左右收到，2018年8月份的三份发票已在2018年9月抵扣，是经李某某要求进行抵扣，但未收到过发票。其他发票均在2019年9月、10月份抵扣。

三、裁判结果

上海市嘉定区人民法院于2020年6月30日作出（2019）沪0114民初23343号民事判决：一、被告李某某应于本判决生效之日起十日内支付原告张某某款项81989.07元；二、驳回原告张某某的其余诉讼请求。

一审宣判后，李某某提出上诉。上海第二中级人民法院于2020年10月15日作出（2020）沪02民终7420号民事判决：驳回上诉，维持原判。

四、裁判理由

法院生效裁判认为，股权转让协议本质上是一份商事合同，同时受公司法和合同法的约束，股权转让款的金额是合同双方协商后确定的金额，原则上对于股权转让款的金额法院应充分尊重双方意思表示，不应进行司法干预。但在某些情况下，法院可以在股权转让后，要求一方通过承担违约责任的方式对双方利益进行司法干预。

一、张某某主体资格的确定。

本案中李某某辩称，依据17张发票的履行方是江苏某超市和昆山某纺织品有限公司，即便要支付，也是昆山某纺织品有限公司支付，即使诉讼，也应该是昆山某纺织品有限公司对李某某的诉讼，张某某的主体资格有问题。

法院认为，此类纠纷的适格原告应为股权受让方，而不是标的公司，理由如下：首先，公司要求股东承担责任的情形，仅能根据《中华人民共和国公司法》第一百五十一条、第一百四十九条的规定，在董事、高级管理人员在执行公司职务时违反法律、行政法规或者公司章程的规定，给公司造成损失的，由符合条件的公司股东向监事会、监事或者董事会、董事提议，由公司监事会、监事或者董事会、董事以公司名义直接提出诉讼。

本案中，标的公司承担的公司债务属于正常业务过程中发生的债务，也不存在董事、高级管理人员在执行公司职务时违反法律、行政法规或者公司章程的规定给公司造成损失的情形，故不属于股东侵害公司利益责任的情形，张某某的适格主体不是公司。其次，关于股权转让后公司承担了转让前的债务，增加了公司的支出，使公司的净利润减少，进一步导致公司的可分配利润减少，从而使受让方的股东权益客观上受到了损害，故实际利益受到损失的是股权受让方，故股权受让方根据股权转让协议的约定提出相应的诉讼请求，而股权转让协议的签订方为转让方与受让方，故根据合同相对性原则，适格的张某某主体也应当为股权受让方。

二、张某某诉请的请求权基础。

根据前述，股权受让方起诉要求股权转让方承担转让后的公司债务，是根据股权转让协议的约定起诉，那么张某某诉请的请求权基础应该是基于股权转让方违反股权转让协议的约定而承担相应的违约责任。

首先，股权转让协议中如果未对股权转让前的公司债务承担问题进行约定，一般情况下，如果在股权转让后公司承担了属于股权转让前发生的业务的债务，股权受让方也很难基于股权转让协议要求股权转让方承担违约责任，除非股权受让方基于股权转让方欺诈或者重大误解要求撤销股权转让协议，但需举证证明存在欺诈或者重大误解的情况，那么对于股权转让方未披露股权转让时公司应付款情况是否存在能够构成欺诈和重大误解，因为股权受让方在签订股权转让协议前也应尽到谨慎审查义务，如股权转让方实际未谨慎审查股权受让方的公司财务状况，且未要求股权受让方全面披露公司的债务情况，股权受让方是很难证明存在欺诈或者重大误解的，故还需要在个案中根据个案的具体情况进行处理。

其次，如股权转让协议中对股权转让前的公司债务的承担问题进行了约定，一般情况会约定为：股权转让方具有全面披露股权转让时公司财务状况的义务，包括公司的应付款，如果在股权转让后，因为股权转让前发生的债务且未进行过披露的应当由股权转让方承担。或者是承担违约责任。本案中，张某某与李某某之间签订的协议书中约定，李某某承诺：自设立之日至李某某将昆山某纺织品有限公司的公章交付给张某某之日，昆山某纺织品有限公司不存在对外借款或对外担保。若李某某隐瞒昆山某纺织品有限公司的债权债务情况，相关债务及法律责任均由李某某自行承担。那么张某某基于该约定起诉要求李某某承担相应的违约赔偿责任合法有据。

三、转让方承担违约赔偿责任的金额确定。

根据前述，在股权转让协议中约定股权转让前的公司债务的承担，股权受让方可以起诉要求股权转让方承担违约责任，那么，对于股权转让方实际应当承担的违约赔偿责任的金额该如何确定？

本案张某某诉请要求李某某承担公司实际承担的公司债务全部金额，法院认为，该诉请金额并不能得到全部支持，公司承担的债务金额不能等同于股权受让方的实际损失，故不能直接依据公司债务的金额要求股权转让方承担赔偿责任。

根据协议书，本案张某某通过将拥有的40%的上海某纺织品有限公司—某毛巾项目的投资权益作为对价，受让了李某某60%的昆山某纺织品有限公司的股份，根据张某某、李某某确认的结算明细，双方的利益在2019年3月1日前达到了均衡，结算明细中的计算方式得到双方的认可，但是在股权转让后，张某某因为2019年3月1日之前的业务收到江苏某超市的发票，上述款项江苏某超市在实际付款时进行扣除，从而使张某某、李某某之间的结算明细中昆山某纺织品有限公司的应收款减少，进而影响了双方的总利润等数额，最终影响了双方对于存货的分配金额。

综上，本案中的股权转让金额是根据结算明细的计算方式得出的，即使在股权转让后，公司承担了转让前发生的债务，该债务金额并不等于张某某的实际损失，也不能直接要求李某某承担，而需要根据双方结算明细上的计算方式进行再次计算，从而得出股权转让款的差额，该差额即为张某某的实际损失。

故根据双方确认的结算明细中的计算方式重新计算后，将 136648.46 元的发票金额作为超市扣款在昆山某纺织品有限公司的应收款项中扣除，最终计算出张某某应分配的存货金额为 223114.35 元，与双方确定的结算明细张某某应分配的存货金额相差 81989.07 元，该款项李某某理应作为股权转让款支付给张某某。

如果股权转让协议中并没有约定双方股权转让金额的计算方式，那么需要股权受让方举证证明其实际损失，因为实际承担债务的是目标公司，而不是股权受让方，公司承担债务仅能导致公司财产减少，但张某某作为股东实际产生的损失并不等于公司承担的债务金额，如果股权转让协议中约定了在这种情况下，股权转让方应当承担违约责任，并约定了违约责任的具体计算方式，那张某某可以基于该约定主张，如果李某某认为该违约金过高，需要法院调整，也应承担相应的举证责任。如果既未约定违约责任的计算方式，又不能从股权转让款的计算方式来确定股权受让方的实际损失，那么股权受让方应当举证证明其实际受到的损失，此时，法院需要通过股权受让方持股比例、股权转让金额等各种因素综合确定股权受让方的实际损失。

016 目标公司的实际控制人及股东故意提供虚假信息、隐瞒真实情况，对投资人接受股权转让条件构成欺诈

【入库编号 2023-16-2-269-004】广东某乙公司诉某甲生物公司股权转让纠纷案。

一、裁判要旨

股权转让合同纠纷中，目标公司存在虚增银行存款、利润情况不真实、虚构应收账款以及隐瞒担保及负债等情形，目标公司的实际控制人及股东故意提供虚假信息、隐瞒真实情况，对投资人接受股权转让条件构成欺诈，目标公司的实际控制人及股东需对其签订《购买资产协议》中存在的欺诈行为和自己的其他行为承担责任。

二、基本案情

原告广东某乙公司向一审法院提起诉讼，请求判令：被告某甲生物公司立向广东某乙公司支付股权转让款等。某甲生物公司提出反诉，请求判令：某甲生物公司与广东某乙公司之间的股权转让行为暨《购买资产协议》。

法院经审理查明：某甲生物公司（系上市股份有限公司，合同甲方）与陈某宏、广东某乙公司等共计36名某丙广告股份有限公司（非上市公众公司）股东（合同乙方）于2017年9月7日签订《购买资产协议》，约定根据深圳市某某资产评估土地房地产估价有限公司以2017年6月30日为基准日出具的评估报告，某丙股份100%股权的评估值为2470600000元。案涉《购买资产协议》还约定广东某乙公司保证及承诺所提供的资料真实、准确、完整，不存在虚假记载及重大遗漏的情形，亦未向甲方隐瞒任何一经披露便会影响本协议签署或履行的信息等。另查明，目标公司某丙广告公司存在虚增银行存款、利润情况不真实、虚构应收账款以及隐瞒担保及负债等情形。

三、裁判结果

新疆维吾尔自治区昌吉回族自治州中级人民法院于2019年12月23日作出（2019）新23民初36号民事判决：1. 驳回原告（反诉被告）广东某乙公司的诉讼请求；2. 撤销原告（反诉被告）广东某乙公司与被告（反诉原告）某甲生物公司于2017年9月7日签订的《某甲生物公司与陈某宏等关于某丙广告股份有限公司之发行股份及支付现金购买资产协议》中被告（反诉原告）某甲生物公司以支付99224252.31元现金购买原告（反诉被告）广东某乙公司持有的某丙广告股份有限公司4.023%股权的相关约定。案件受理费538820元，反诉案件受理费268961元，合计807781元，由原告（反诉被告）广东某乙公司负担。

宣判后，广东某乙公司提出上诉。新疆维吾尔自治区高级人民法院于2020年6月29日作出（2020）新民终138号民事判决：驳回上诉，维持原判。

广东某乙公司遂提起再审申请。最高人民法院于2021年5月17日作出（2021）最高法民申1599号民事裁定：驳回广东某乙公司的再审申请。

四、裁判理由

最高人民法院经审查认为，本案系再审审查案件，应当依据再审申请人的申请再审事由以及《中华人民共和国民事诉讼法》第二百条的规定进行审查。经审查，广东某乙公司的再审事由均不成立，理由如下：

一、原审判决对本案欺诈事实的认定是否有误的问题。某甲生物公司（系上市股份有限公司，合同甲方）与陈某宏、广东某乙公司等共计 36 名某丙广告股份有限公司（非上市公众公司）股东（合同乙方）于 2017 年 9 月 7 日签订《购买资产协议》，约定根据深圳市某某资产评估土地房地产估价有限公司以 2017 年 6 月 30 日为基准日出具的评估报告，某丙股份 100%股权的评估值为 2470600000 元。本次交易标的资产 96.21%股权的评估值为 2377040300 元，各方同意以该评估值为基础，确定标的资产的最终交易总价为 2372614500 元。甲方以发行股份及支付现金的方式购买 36 名转让方所持有的某丙广告股份有限公司 96.21%的股份（以下简称标的资产），其中发行股份数量为 115624607 股，股价格为 15.53 元，支付比例合计为 75.68%，总计 1795650400 元；现金支付比例合计为 24.32%，总计 576796 4100 元。其中，某甲生物公司需向广东某乙公司支付现金对价 99224252.31 元购买其持有的某丙广告公司 4.023%股权。案涉《购买资产协议》第 10 条还约定："转让方（广东某乙公司）向甲方（某甲生物公司）声明、保证及承诺如下（转让方于本协议签署日或之前已向甲方披露的与下述声明、保证和承诺不一致的事项除外）：转让方及时向甲方提供的资料真实、准确、完整，不存在虚假记载及重大遗漏的情形，亦未向甲方隐瞒任何一经披露便会影响本协议签署或履行的信息；目标公司（某丙广告公司）及其子公司的财务报表真实及公允地反映了目标公司及其子公司于财务报表所对应时点的资产、负债（包括或有事项、未确定数额负债或有争议负债）及目标公司及其子公司截止财务报表所对应财务期间的盈利或亏损；甲方、乙方分别保证，如上述声明、承诺和保证如实质上不真实或有重大遗漏而令对方受到损失，作出该等声明、承诺和保证的一方应向对方作出充分的赔偿，但因甲方或乙方于本协议签署日前已向对方披露的与上述声明、保证和承诺不一致的事项引发的损失除外等内容。"另外，广东某乙公司在《关于本次交易所提供的信息真实、准确、完整的声明与承诺函》（以下简称《承诺函》）承诺对所签订资产协议所提供或者披露的信息真实、准确、完整，承担个别及连带责任内容签署页盖章确认。对于上述信息，原审法院业已查明，目标公司某丙广告公司存在虚增银行存款、利润情况不真实、虚构应收账款以及隐瞒担保及负债等情形，故原审判决认定目标公司某丙广告公司及其实际控制人陈某宏故意提供虚假信息、故意隐瞒真实情况，对投资人某甲生物公司接受股权转让条件构成欺诈行为并无不当，故广东某乙公司关于原审判决依据双方当事人明确约定废除的《承诺函》进行裁判有误的再审主张，本院不予采信。

二、原审判决关于广东某乙公司构成相对人欺诈的认定是否有误的问题。某甲生物公司与陈某宏、广东某乙公司等共计36名某丙广告股份有限公司股东签订《购买资产协议》，约定某甲生物公司需向广东某乙公司支付现金对价99224252.31元购买其持有的某丙广告公司4.023%股权。后广东某乙公司以某甲生物公司至今未向其支付款项及违约为由向一审法院提起本案诉讼，某甲生物公司亦以广东某乙公司隐瞒某丙广告公司等违法违规行为且严重影响评估机构对于某丙广告公司股权价值的评估为由向一审法院提出反诉，请求撤销双方股权转让行为及所签署的《购买资产协议》。原审判决认定陈某宏所为的欺诈行为应视为广东某乙公司的行为，本案构成相对人欺诈以及认定广东某乙公司向某甲生物公司书面承诺其提交的信息真实亦属于欺诈行为并无不当。广东某乙公司关于其在签订涉案《购买资产协议》过程中不存在故意欺诈行为，本案不符合相对方受欺诈进行交易的法律要件的再审请求，本院不予支持。

三、一审法院是否依职权调取不应当调取证据并采用未经查实的证据径行裁判的问题。关于案涉欺诈的事实，原审法院已经通过某某资产评估公司出具的《评估报告》中《货币资金-银行存款清查评估明细表》和某某会计师事务所已审计的《母公司资产负债表》《审计报告》涉及的子公司浙江某丙公司的《流动资产清查评估汇总表》项下的《应收账款清查评估明细表》、子公司西安某丙公司《流动资产清查评估汇总表》项下的《应收账款清查评估明细表》以及《审计报告》重要事项说明及《评估报告》特别事项说明中涉及担保或有负债及重大合同、重大诉讼事项等材料，足以认定本案存在欺诈事实，故广东某乙公司以一审法院依职权调取公安机关侦查阶段的调查笔录所证明的事实作为裁判依据有误以及剥夺了广东某乙公司辩论权的再审主张，与上述情形相悖，本院不予采信。

四、原审判决是否以某甲生物公司没有主张的理由进行裁判的问题。某甲生物公司的反诉请求系撤销某甲生物公司与广东某乙公司之间的股权转让行为暨撤销某甲生物公司与广东某乙公司于2017年9月7日就广东某乙公司向某甲生物公司以99224252.31元现金转让某丙广告股份有限公司4.023%股权所签署的《购买资产协议》，原审法院认定本案广东某乙公司构成对某甲生物公司的欺诈并作出裁判并未超出某甲生物公司的一审反诉请求，故广东某乙公司的该项再审请求，本院不予支持。

五、原审判决是否适用法律错误的问题。1.案涉《购买资产协议》成立且有效，但存在欺诈行为，原审判决依据《中华人民共和国合同法》第五十四条第二款关于"一方以欺诈、胁迫的手段或者乘人之危，使对方在违背真实意思的情况下订立的合同，受损害方有权请求人民法院或者仲裁机构变更或者撤销"的规定，支持某甲生物公司的一审反诉请求，并无不当。广东某乙公司关于应当继续履行《购买资产协议》以及原审判决适用合同法上述条文规定有误的再审主张，本院不予采信。2. 二审法院认定本案构成相对人欺诈，并依据《中华人民共和国合同法》第五十四条第二款及《中华人民共和国民法总则》第一百四十八条的规定处理本案有事实和法律依据。二审法院对一审法院认定第三人欺诈属适用法律不当并予以纠正并无不当。广东某乙公司关于二审法院应当以一审法院认定事实错误适用法律错误为由发回重审而不应予以维持的再审请求，本院不予支持。

六、原审法院判决结果是否错误的问题。原审法院是否对当事人未提起的诉讼请求进行裁判的问题。案涉《购买资产协议》系某甲生物公司与陈某宏、广东某乙公司等共计36名某丙广告公司股东签订的合同，基于某甲生物公司的反诉请求，原审判决撤销广东某乙公司与某甲生物公司于2017年9月7日签订的《购买资产协议》中某甲生物公司以支付99224252.31元现金购买广东某乙公司持有的某丙广告公司4.023%股权的相关约定系在某甲生物公司一审诉讼请求范围内进行裁决，并无不当。广东某乙公司关于原审裁判无法律依据以及原审法院未判决某甲生物公司对依据被撤销的合同取得的财产予以返还属裁判错误的再审请求，本院不予支持。

图书在版编目（CIP）数据

股权纠纷实战指南 / 唐青林，李舒主编；张德荣，刘波玲副主编. -- 北京：中国法治出版社，2024.12.
ISBN 978-7-5216-4838-6

Ⅰ. D922.291.91-62

中国国家版本馆 CIP 数据核字第 2024GP6825 号

策划编辑：赵宏	责任编辑：陈晓冉	封面设计：周黎明

股权纠纷实战指南
GUQUAN JIUFEN SHIZHAN ZHINAN

主编/唐青林　李舒
副主编/张德荣　刘波玲
经销/新华书店
印刷/三河市紫恒印装有限公司
开本/710 毫米×1000 毫米　16 开　　　　　　　　　　　印张/ 29.5　字数/ 436 千
版次/2024 年 12 月第 1 版　　　　　　　　　　　　　　2024 年 12 月第 1 次印刷

中国法治出版社出版
书号 ISBN 978-7-5216-4838-6　　　　　　　　　　　　　　　　　　定价：129.00 元

北京市西城区西便门西里甲 16 号西便门办公区
邮政编码：100053　　　　　　　　　　　　　　　　　　传真：010-63141600
网址：http://www.zgfzs.com　　　　　　　　　　　编辑部电话：010-63141835
市场营销部电话：010-63141612　　　　　　　　　　印务部电话：010-63141606

（如有印装质量问题，请与本社印务部联系。）